中国式应酬

——应酬是门技术活

武敬敏 编著

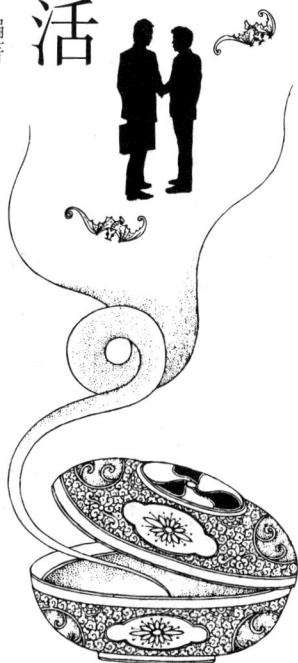

北京联合出版公司

图书在版编目（CIP）数据

中国式应酬：应酬是门技术活 / 武敬敏编著 . — 北京：北京联合出版公司，2013.1
ISBN 978-7-5502-1233-6

Ⅰ . ①中… Ⅱ . ①武… Ⅲ . ①人际关系学—中国—通俗读物 Ⅳ . ① C912.1-49

中国版本图书馆 CIP 数据核字（2012）第 287374 号

中国式应酬——应酬是门技术活

编　　著：武敬敏

责任编辑：喻　静

封面设计：艺和天下

版式设计：李艾红

责任校对：朱立春

美术编辑：杨玉萍

北京联合出版公司出版

（北京市西城区德外大街83号楼9层　100088）

北京楠萍印刷有限公司　　新华书店经销

字数510千字　　720毫米×1020毫米　　1/16　　28印张

2014年11月第3版　　2014年11月第1次印刷

ISBN 978-7-5502-1233-6

定价：59.00元

前言

　　从古至今，中国都是一个讲关系、讲人情的社会，人情和关系也就成了成事的有效工具。如何进行应酬是一门学问，更是一门"技术活"，一个人不管有多聪明、多能干，先天的条件有多好，如果不懂得如何为人处世，不懂得应酬之道，那么最终的结局往往是失败。俗话说"有人好办事"，因此便需要时时去做人情，处处去搞应酬。无论官场、职场、生意场，还是日常生活中，凡有人处，凡有事在，就离不开应酬。

　　平日里，生儿育女、婚丧嫁娶、乔迁升学，总有人设宴请客，请柬一到，为做人情，应酬便在所难免；逢年过节，亲友互访、同学聚会、同事聚餐，更是应酬集中之时。另外，酒桌上、牌桌上、娱乐场所，觥筹交错，处处有应酬；朋友、对手、陌生人，问寒问暖，说面子话，时时要应酬。在各种商务拜访、商务接待、商务宴请、商务谈判中，善应酬者常可决胜千里，轻松博取自己的商业利益。公务应酬中，常面临大大小小的会议、层层级级的检查、迎来送往的接待、接二连三的饭局，若应酬得当，各方面才能关系融洽，联系渠道畅通，人气旺盛，工作顺利。面对媒体时，事关形象和声誉，应酬更需要讲究策略、讲究方法，才能做到有礼有节、有章可循、从容应对。

　　人们常说：智商不用太高，能学会东西就行，能力不用太强，能干好事情就行，但应酬的本事绝不能差。正如励志大师卡耐基所说："一个人成功的因素，归纳起来，15%得益于他的专业知识，85%则得益于其良好的社交能力。"会应酬，大困难也会迎刃而解；不会应酬，小问题也会让你焦头烂额。何为应酬的真本事？一个应付老练、酬对自如者，必定懂得中国式应酬的特征，熟谙并灵活运用中国式应酬的通变智慧。

　　中国式应酬有其独特的文化特征，中国式应酬的关键词常常是"人情""饭局""面子""圈子"等。中国人的一切都围着人情转，其中80%的事情由人情决定，不懂中国式人情就会栽跟头；中国人做事情得有场，最好的场就是饭局，喝开了说开了才好办事；中国人爱面子，面子代表着人格和尊严，有时候，面子甚至高于一切，所以要想法设法保面子、提升面子；在中国，办事要靠关系网，圈子即是关系网，中国人的一生就是在不断地钻圈子、找圈子、造圈子、拉圈子、跳圈子……中国式应酬是一门深奥的学问，微妙而复杂，关涉人性、心理、文化、传统、风俗、民情、禁忌等，要用心细细揣摩，更要靠平日不断积累和训练。

应酬中有规则，有方法，有技巧，需要讲策略，讲心机，讲变通。一个真正的应酬高手，应该掌握应酬的艺术，将应酬做得恰如其分，滴水不漏。如同自然界的优胜劣汰法则，不懂应酬的规则、方法和技巧，必将被淘汰出局。应酬中，有些规则是显性的，明明白白，清清楚楚，人人都可以看得见，照着做；也有些规则并没有明文规定，没有人说出来，但若不去遵守，必定会吃亏，就如同海底的暗礁，不知者容易触礁遇险，甚至人毁船倾，功亏一篑，这方面尤其要注意。

掌握中国式应酬的规则、方法与技巧，是成就大事的关键。懂得与客户应酬，自然能够源源不断地获得订单；懂得与领导应酬，能够轻松获得领导的赏识和支持，不仅开展工作顺利，更容易获得晋升机会；懂得与同事应酬，自然能够广泛借力，至少不会给自己的工作带来外在的障碍。生活之中，人情来往，求人办事，也用得上应酬功夫。应酬到位，不仅能广建人脉，维系好各种人际关系，办事也能达到事半功倍的效果。反之，必将导致事事难成。生意场上的应酬，一点点的不到位，都会让辛苦的汗水付诸东流；酒桌上，即使祝酒、敬酒中一个小小的失误也许就使得整个饭桌空气凝固，所谈之事泡汤；花钱送礼，小小的疏忽也会导致不仅办不成事，反而使双方尴尬……

本书深入剖析中国式应酬的基本特征，介绍其中的规则、方法与技巧，传授应酬之道，助你事业成功，人生圆满。书中汇集大量生动事例，结合不同场景，对应酬中的各种问题和关键点进行介绍，精辟透彻地分析其中的得失，让读者领悟处世智慧和人生真谛，快速精通交际应酬中的技巧，灵活机智地应对各种社交活动，在建立良好人际关系的同时，抓住机遇，坐拥成功。

目录

第一篇　中国式人情

第二篇　绕不过的饭局、宴会

第三篇　场面上，会说场面话

第四篇 圈子对了，事就成了

第五篇　职场也少不了应酬

第六篇　应酬得当，才受欢迎

中国式人情

第一章
在中国 80% 的事情由人情决定

懂"中国式人情"不栽跟头

我们生活在一个现实的社会。你无法改变环境的时候，就必须改变自己，努力让自己适应这个社会。如果不想处处碰壁，你就必须懂得一些人情世故。

人情，在中国的表现方式是多种多样的。与领导的关系、与同事的关系、与家人的关系、与朋友的关系、与亲戚的关系、与同学的关系、与老乡的关系……身边的每一个人都要用心维护，否则一个不小心，就会得罪了谁，给自己招来麻烦。

"人情"在社会生活中扮演重要角色。例如，孩子上学找个好学校，要靠人情；毕业了想找份好工作，有人推荐就要比自己硬闯更有成效；企业之间合作，想拉来大客户，要靠人情；做推销、卖保险，也只有维护好了人情，才能在工作上顺风顺水。

人情可以从两个视角上理解：一是你对别人的"情分"，二是别人对你的"情分"。你对别人的"情"施与多了，从对方的角度看，他就欠了你的"情"；如果别人对你的"情"施与多了，从你的角度看你就欠了对方的"情"。一般来说，"人情"是以三种形式进行传递的。

一是以物质形式进行传递。比如给对方施与钱物，彼此礼尚往来，互助互益，时间长了，人情越来越重。

二是以精神形式互相传递。比如彼此交流思想，倾诉衷肠，互通信息，相互学习，或者趣味相投，感受相近；或者彼此关爱，相互体贴，相互慰藉。这样沟通多了，也就自然而然产生了"人情"。

三是以互助形式相互传递。比如互相帮忙解决困难，或者为对方成就某种事业出过力、说过话、办过事，等等，都可以在彼此之间换取"人情"。

一个人，作为社会的一员，如果平时不注意人际关系的维护，就可能在自己需要的时候没有人帮助，还可能因为在一些事情上没有给足对方面子而得罪了对方，致使他们在你最需要的时候落井下石，破坏了你的机遇。

既然这样，那么我们就一定要在平时做好"人情"的功课。只有这样，我们才能扫除自己在个人发展中的障碍，赢得更多的机会，才能在为人处世中游刃有余。

对待人情必须把握分寸，把握轻重。如果处理不当，你即便给别人施情，别人也不会接受；你向别人求情，别人也不会帮助你。更何况世上还有很多势利之徒，他们对待人情更是"看人下菜"，"人在人情在，人走茶就凉"、"树倒猢狲散"，于是有人慨叹"人情有冷暖，世态有炎凉"。人情必须建立在彼此需要的基础上，而且利用人情也要讲究分寸，失了分寸，人情会愈做愈小，路子会越走越窄；得了分寸，人情会愈做愈大，路子会愈走愈宽。所以，如何对待人情是每个人都应该把握的大学问。

个人大部分成就都是蒙他人所赐

在这个社会中生存，需要寻求他人的帮助，借他人之力，方便自己。即使你有很强的能力，也需要别人的帮助。就算我们浑身都是铁，也打不了几根钉。只有借助于他人的能量，我们才能"成材成器"。

不过，通常所说的"他人"只是一个泛泛的概念，有些不着边际，而且这些"他人"大多都是你不太熟悉、关系也一般的人，不能像朋友一样给予你实际的、具体的帮助。朋友总会给你各种各样的帮助：你遇到危难，他们可以帮你排忧解难，渡过难关；你吉星高照时，他们会为你抬轿捧场。朋友，是一个特定的圈子。圈子虽小，作用却难以估量。

"利用"并不完全是丑恶的，它来源于人们在现实生活中各取所需的关系。一个人，无论在事业、爱情，还是生活等各个方面，都离不开人与人之间的相互利用。在自然界也是如此，动物们相互利用，更有利于捕猎、取暖和生殖。兽群首领更是利用了兽群的相互关系，以及在这种关系基础上建立起来的秩序和习惯，从而可以吃到最多、最好的食物，占有最美、最年轻的雌性。耍单的动物，被淘汰者居多，无论其多么凶猛强悍，如狮子、狼等。群居动物容易繁衍和生存，如蚂蚁、蜜蜂等，因为它们相互借助了对方的力量，哪怕是极微弱的力量。

就社会和自然状况来看，孤单一人斗不赢拉帮结派的。一个人在社会中，如果没有朋友，没有他人的帮助，他的境况会十分糟糕。普通人如此，一个想要成就大事业的人更是如此。如果失去了他人的帮助，不能利用他人之力，任何事业的建立都无从谈起。

刘邦出身低微，学无所长，文不能著书立说，武不能挥刀舞枪，但刘邦善

用他人，胆识过人。早年穷困时，他身无分文，却敢独坐上宾之位。押送囚徒时，居然敢私违王法，纵囚逃散。以后斩白蛇起义，召集四方豪杰，各种背景的人都为他所用。如韩信、彭越、英布，这些威震天下的英雄，原先都是其死敌项羽的手下。至于刘邦身边的文臣武将，如萧何、曹参、樊哙、张良等，都是他早期小圈子里的人，萧何、曹参、樊哙更是刘邦的亲戚。他们在楚汉战争中劳苦功高，最终帮助刘邦建立了西汉王朝。

刘邦能够成就自己的帝王之业，离不开他人的扶持。不仅帝王将相需要借他人之力，就是平民百姓也离不开朋友。人在生活中难免会遇到一些沟沟坎坎，大事小情，自然需要他人的帮助。

俗话说："一个好汉三个帮，一个篱笆三个桩。"好汉离不开帮手，篱笆也离不开桩的支撑。这都是在讲个人的成就需要利用他人之长，借助朋友之力。

个人大部分的成就总是蒙他人之赐。他人常在无形之中把希望、鼓励、辅助投射入我们的生命中，使我们的各种能力趋于锐利。要善于借助别人的力量，让弱小的自己变得强大，让强大的自己趋于完美，使自己的成功更持久。

情亦有价，把人情作为你的筹码

人都是一种情感型动物，人与人之间都需要一种情感的维护。重人情的人，才懂得去播种人情，也才能在关键时刻把人情作为我们获胜的筹码。

一个小渔村，由于地处偏僻，人烟稀少，所以通往外界的公交只有两辆——101和102。开101的是一对夫妇，开102的也是一对夫妇。

坐车的大多是一些船民，由于他们长期在水上生活，因此，往往是一家老小一起进城。

101号的女主人为人很精明，她很少让船民给孩子买票，即使是一对夫妇带几个孩子，她也是熟视无睹，只要求船民买两张成人票。有的船民过意不去，执意要给大点的孩子买票，她就笑着对船民的孩子说："下次给带个小河蚌来，好吗？这次让你免费坐车。"

而102号的女主人恰恰相反，只要有带孩子的，大一点的要全票，小一点的也得买半票。她总是说，这车是承包的，每月要向客运公司交多少多少钱，哪个月不交足，马上就干不下去了。

船民们也理解，几个人就掏几张票的钱，因此，每次也都相安无事。

不过，三个月里，门口的102号不见了。听说停开了。因为搭她车的人少，真应验了她之前的那句话：马上就干不下去了。

故事中，101号的女主人是把人情作为她获胜的筹码，利用感情投资在这场竞争中笑到最后。

感情投资可能是投入产出比最高的一种策略，这一点三国时期的刘备是我们学习的楷模。

三国时期的刘备，就非常注重对朋友的感情投资。当刘备还在私塾读书时，就非常讲义气，经常帮助同学。即使后来大家分开了，刘备还与同学常保持联系。其中有一个叫石全的朋友，为人真诚，但家中很贫苦。刘备不嫌石全家贫，常邀石全到自己家做客，谈论天下大事。

后来，刘备与群雄争夺天下时，在一次战役中，兵败受到敌人的追杀，就是石全冒着生命危险将刘备藏了起来，救了刘备一命。

刘备幸免于难，靠的不是运气，而是懂得把人情作为自己的筹码。当然，感情投资是一种长远的投资，所以不必急于收获这种投资所得的产出，你所要做的就是不断投资和耐心等待。终有一天，你会得到数倍的回报。有的人就常用这种策略让别人甘心为自己卖命，从而在与他人的博弈中取胜。

拥有和谐的人情网便能如鱼得水

"努力 + 实力 + 社会关系 = 成功"，这是成功人生的一条重要法则，你可以优秀，可以成功，更可以建立和谐的社会关系，从而在这个社会如鱼得水。一切皆有可能，只要你依照以下三句格言来建构你的社会关系：

第一句话：我错了。

有个人的狗在公园肆意乱窜，遭到管理员的训斥。很长时间后，那人又放开了自己的狗，再次被管理员看见了。他立刻笑着说："我错了，很抱歉，您就处理吧！"这么一说，那位管理员的口气反倒平和了下来："这地方空旷，也难怪你会让它自由一下。"

你知道管理员为什么会原谅他吗？不错，正是因为那个人坦白认错。有错就改是一个再简单不过的道理，多数人却不肯这么做。这可能和人的天性有关，人们似乎总在努力捍卫自己的观点和行为，不经意中把"我的"等同于"对的"、"正确的"。事实上，我们每个人都不完美，每个人都会犯错误。要解决一种状况，除了坦白承认错误，没有更好的办法。

如果你勇敢地说"我错了"，你会发现，你的错误得到体谅，许多棘手的问题都变得可以解决、改善或化解，你的心胸也豁然开朗。

而在你的工作生涯中，诚实认错有如下好处：为自己塑造了勇于担当责任的形象，主管与同事都会欣赏、接受你的作为。因为你把责任扛了下来，不会诿过于他们，他们感到放心，自然尊敬你，也乐于跟你合作，更乐于向你学习。

第二句话：你的工作做得很好。

这句话告诉我们要肯定他人的成绩，慷慨地称赞别人。有一个稍微有些夸张的小故事：

有个农妇，在辛苦劳累了一天后还要为干活的几个男人准备晚餐，这项工作她做了10多年了，可是那些享用她的美食的男人从来不吭声。于是有一天，她为他们准备了一大堆干草当晚餐。男人们愤怒地责问她时，农妇答道："嘿，我怎么知道你们会在意呢？我做了10年的饭给你们吃，你们从不吭声，也从没告诉我你们并不吃干草啊！"

威廉·詹姆斯说："人类本质最殷切的需求是渴望被肯定。"既然尊重他人，满足对方的自我成就感是人类行为的重要法则，你就要遵守它。违反它，只会让你陷入无止境的挫折中。

肯定和恭维能让人心情愉快，也有助于说服别人，还能保护人的自尊心，在可能的情况下，甚至能激发对方无尽的潜力，改变人的一生。学会赞赏别人，受益的也是自己，你会赢得不少朋友，让人感到容易接受，别人会更多地帮助你，你会成为一个越来越宽容的人、开朗的人，个性也会日臻完善。

第三句话：你的意见是什么？

知道怎样听别人的话，以及怎样让他开启心扉谈话，是我们制胜的唯一法宝。

乔·库尔曼在29岁时就已经成为美国薪水最高的推销员之一。他在25年中销售了40000份寿险，平均每天5份。除了吃苦耐劳和能说会道，库尔曼有一个重要的经验，那就是学会说："您的意见是什么？"仅此一句话，就消除了人们对推销员的戒备心。每个人都有谈论自己的欲望，都希望讲述自己的想法、经历、理想，甚至委屈、悲伤，得到他人的理解和尊重。倾听本身是褒奖对方的一种方式。耐心倾听，等于告诉说话的人："你是一个值得我倾听的人。"在保护对方自尊心的同时加深了他对你的好感和信任，有利于社会交往。

一个人只有对别人感兴趣，别人才会对他感兴趣。只有弄清楚对方的观点，才能找到合适的应对措施。这好比钓鱼，要想使鱼上钩，必须找到适合的鱼饵。倾听的过程就是寻找鱼饵的过程。如果我们试着这样做，我们会很清楚地得知别人对人生的态度——即什么是对方生活中最重要的事，什么是对方所思所想，只要凝神倾听就好了，让别人告诉你什么对他最重要，然后才好对症下药。

以上三句话，包含了建立社会关系时的三个法则——承认自己的错误、赞扬别人的成绩、询问别人的意见，虽然简单，却是行之有效的社交法则。学好这3句话，你将在提高社会交流技巧的过程中积累实力，获得乐趣，离优秀、成功越来越近。

多一份人缘，少一份烦恼

俗话说："多一份人缘，少一份烦恼。"生活是个大舞台，每一个人都在扮演着不同的角色，又在不停地变换着角色，各个角色之间时刻进行着各式各样的人际交往。一个好的人缘就是一张广大而伸缩自如的关系网，这张网可以让你活得轻松自在、潇洒自如，为你塑造一个完美的人生。

有一位女士，不断更换单位，一心要找个合适的工作环境。她说："我上班时，整天听到别人对我发牢骚、抱怨、批评、喊不平，害得我晚上也因此情绪不安。所以，我只好一而再再而三地换工作，只是为了换换新面孔，听听新话题。结果别人仍然是那样对我，几乎没有丝毫的改变……最后我终于发现，问题不在他们，在我自己，因为我没有处理好与同事之间的人际关系，才使自己经常处于被动的地位。"

人缘是一个人能否取得成功、能否在职场如鱼得水的最大资本。没有好的人缘关系，就不会使自己在竞争中处于优势。有时候，一个人能否在职场上获得同事的支持和帮助，赢得升迁的机会，完全取决于他有没有一个好的人缘关系。

刘超与甄晓同时进入某机关，两个人同样有较强的工作能力，无论上司交给他俩什么任务，他俩都能非常漂亮地完成。为此，俩人经常受到上司的表扬。但是，在同事眼里，他俩却有不同的地方：大家都喜欢刘超，有什么事总爱找他帮助，因为他待人谦逊，与大家非常合得来；而甄晓则不同，虽然他也能办许多事，但大家都有意无意地疏远他，有什么事也不会找他帮忙，因为他个性高傲，喜欢独处，不与同事交往。

后来，要在他们两人之中选一名宣传部长。领导有明确的指示，一定要坚持群众选举，任何领导不得从中做主。面对这样一个好机会，甄晓从心底认为自己应该能升职，因为他不但喜欢这份工作，而且文笔也不错，经常在报刊上发些文章，绝对不会辜负上司的厚望。但是，听说这次不是上司任命，而是由群众直接选举，他就有些担心了。他明白单凭自己的"人缘"，绝不是刘超的对手，况且刘超在宣传方法上也有其独特的能力。

结果正如他所预料的那样，刘超几乎以全票得了这个职位。其实要是甄晓去了，工作照样能做好，甚至可能会更好。一个本来平等的机会，却由于二者人缘关系不同而导致巨大的偏差，这个教训值得每一个人仔细思索。

美国一家银行总裁在雇用任何一个高级职员时，第一步要探听的便是这个人是否有为人称道的人缘。他们认为，有好的人缘才能干好工作，没有人缘的人会在工作中处处碰壁。只有好的人缘才能结出好的果子，群众的眼睛是雪亮的，孟子把"天时、地利、人和"看作是战争中取胜的三个要件。其实，战争如此，政坛如此，职场也是如此，人生之成败也莫不如此。关键时刻，人脉会为你开辟出一条全新的道路。

借助他人的力量，成功可以抄近路

尽管成功是艰难的，必须踏踏实实、一步一个脚印地走，否则就不会有任何的收获，然而事实也证明了，并不是所有的成功之路都是"一分付出，一分收获"，有时候，懂得借助别人的力量，成功就可以抄近路。

英国人珍·古道尔是一位著名的动物行为学家。在谈到自己的成功之路时，她讲了一个故事。

鸟儿们争论谁能飞得最高，最后它们决定比赛。在所有的鸟中，鹰是最自信的，所以它就越飞越高，越飞越高，一直到最后它不能再飞了。

这时候其他的鸟都已经飞回地上，只有鹰高高地飞在天上，没有回来。但是鹰没有想到在它的背上趴着另外一只很小的小鸟。当鹰已经飞不动、不能飞得更高的时候，这只小鸟从鹰的背上飞了起来，飞得比鹰还要高。

珍·古道尔总结说："我之所以喜欢这个故事，是因为这就像我们的生活，每个人都可以飞得更高一点。但我们能飞多高在很大程度上依靠我们下面的那只鹰。回想在我的生活中间帮助过我的那些人，就像那只鹰，像鹰身上的羽毛，每一根羽毛都帮助过我。我在全世界旅行的时候遇到了许多许多的好朋友。如果没有他们，我不会飞得像现在这样高。"

我们凭着自身的能力无法飞到预期的高度，这时候把精力花在埋怨自己天资不够、资历不深上，就会白白地浪费时间。我们应该睁大眼睛去寻找一只可以一起高飞的鹰。工作中的良师、生活中的长辈、志同道合的朋友，都可以带着我们前进。只要肯于求教，肯接受他人的经验，我们就无异于找到了一条成功的近路。

70%的机遇来自人脉

人人都渴望好的机遇降临，好的机遇，是可以改变我们每个人命运的，它能使人在短时间内发生翻天覆地的变化，也许昨天的你还是个无名小卒，今天却已经是闻名遐迩，也许昨天你还就着咸菜啃凉馒头，今天却坐在了五星级酒店的餐桌前。但是机遇就像一阵春风一样，来无影、去无踪，它不是随处可见的。

所以，它值得我们好好珍惜，牢牢把握。机遇能够给我们带来成功，带来财富。我们不但要学会抓住机遇，更要善于寻觅机遇、开发机遇、创造机遇。

寻觅机遇、开发机遇、创造机遇，离不开个人的综合素质，更离不开人脉，曾经有人说："一个人70%的机遇来自人脉。"不善于经营人脉的人，即使遇到了迎面走来的机遇，也常常会视而不见，与之擦肩而过。

俞敏洪想把新东方办成全国最好的英语培训机构之一，为了扩大自己的品牌，俞敏洪想出了三招：一是价格战，当时培训课基本收费都在300～400元，而新东方只收160元，而且还是在20次免费授课之后，学生听着满意就交费继续学习，听着感觉不好就可以退学走人。二是推出核心产品，他赖以成名的"红宝书"——《GRE词汇精选》。三是免费演讲，向学生讲述人生哲理，进行成功学式的励志教育，他的演讲深深地吸引了学生。反正是免费的，听听又何妨？于是在大幅度免费的号召力之下，学生们蜂拥而至。

就这样俞敏洪凭借着自己的努力和信念，赢得了众多的学生和老师，也使之成为国内最大的培训机构，还在美国纳斯达克赢得了上市的机会。

在前进的路上，我们可以没有背景，可以没有光环，但是，我们不能没有坚定的信念和经营人脉的理念。俞敏洪成功了。善于经营市场，擅长经营自己的人脉，善于利用自己的人脉资源，就是他成功的关键因素。每当遇到关键时刻，他总能找到能够起关键作用的知心朋友，这就是人脉的力量。

人在职场中打拼，就如同侠客行走江湖。《射雕英雄传》中的黄药师独来独往，也照样需要朋友的帮助。我们不能随心所欲地选择命运，选择境遇，但是我们可以靠自己悉心经营的人脉来寻觅机遇、开发机遇、为自己创造机遇。

掌握了人脉，就等于掌握了自己的命运，如果你的朋友本身就善于发现和创造机遇，许多这样的朋友在一起，你会发现：原本认为机遇就是一叶扁舟在水面划过的一道浅痕，但现在看来，却成了航空母舰后面泛起的浪花。

现在的社会，是一个交际的社会，一个人有了人脉，就拥有了开创新天地的本钱。不要抱着独自打天下的幻想，一个人的力量毕竟有限，众人的力量才可观。让朋友帮助你寻找机遇、发现机遇、创造机遇，并不代表你的能力不行；相反，这更说明你在经营人脉上做得非常出色，而经营人脉出色，也说明了你的工作能力超过常人。

那么我们怎样才能经营自己的人际网呢？你可以像蜘蛛人那样获得神奇的力量，你的人生也因此变得更加精彩。那么，蜘蛛人是怎样吐丝结网的呢？

1. 确立目标

把目标定得具体的人，更容易把自己的关系网联结起来。比如将媒体上频频曝光的经济领域的人物树立为自己的职业偶像。将你的职业愿望用语言表达出来，然后确立你可以分步骤达到的中间目标。

2. 建立联系

每个活动都会为你提供扩大社交圈的机会。先思考一下，你希望认识哪些人，然后收集一些可以参与到与这些人交谈中去的信息。

3. 告诉别人

不管你在做什么，如果你并不知道谁能够帮助你，就应该广泛"撒网"。将你的愿望告诉你所有碰巧遇到的人。这种口头广告肯定会让你受益匪浅。

4. 参加集会

除了正式的派对，还要积极参加各种集会。活动前，讲座休息时，午餐时或是在飞机候机室里，你都不要置身事外。你可以结交一些人。8小时之外也可获取事业的成功。

5. 收集信息

仔细而且积极地倾听，通过提问你可以让谈话朝你希望的方向发展。为了你的现在和将来，为了你自己和他人，应该收集一些联系方式和值得了解的信息。

蜘蛛结网为了捕捉食物，而我们为了生存，一定要为自己编织一张无边的人际网。

没有好人缘等于把自己逼入"死胡同"

卢梭曾说过："人类的脆弱，使我们进入社交圈；共同的不幸，使我们的心互相聚结在一起。"可以说自从世界上出现人类以来，相互交往就一直存在，即使是病人，聚在一起也比独处要轻松，尤其是现代社会，与世隔绝，独处一室是非常不切实际的做法，人际关系就像是一盏灯，在人生的山穷水尽处，指引给你柳暗花明的又一村繁华。创造完美的人生就从铺好你的人脉开始……

张辉在一家公司做管理人员。在公司产品遭遇退货、赔款濒临倒闭，公司高层们急得团团转而又束手无策时，张辉站了出来，提供了一份调查报告，找出了问题的症结。

此举不仅一下子解决了公司的难题，还为公司赚了几百万。

因工作出色，张辉深受老总的重视，不久就成为全公司的一颗明星。凭着自己的智慧和胆略，他又为公司的产品打开国内市场立下了汗马功劳，两年时间内为公司赚回几千万利润，成为公司举足轻重的人物。

张辉踌躇满志，以为销售部经理一职非他莫属。然而，他没有被提职。本来公司董事会要提拔他为公司主管销售的副总经理，却由于在提名时遭到人事部门的强烈反对而作罢，理由是各部门对他的负面反应太大，比如不懂人情世故，不和同事交往，骄傲自大……让这样一个不懂人际关系的人进入公司的决策层显然不太适宜。

销售部经理一职被别人担任了，他只好拱手交出自己创建并培养成熟的国内市场。这就好比自己亲手种下的果树上所结的果子被别人摘走一样，令他非常痛苦和不解。

他不明白，公司怎么能这样对待自己呢？自己到底错在哪里？后来，还是一个同情他的朋友为他破解了他的迷惑。

难怪那一次，他出去为公司办理业务，需要一批汇款，在紧要关头却迟迟不见公司的汇票，业务活动"泡汤"，令他很难堪。实际上是一个出纳员给他穿了一次小鞋。因为，平时他对这个出纳不巴结、不献媚、不送小礼品，也就是说没有把她放在眼里。

还有一次他在外办事，需要公司派人来协助，却不料人还没有到，马上又把人撤回来了，原来是一些资格较老的人觉得他很"狂妄"、"目中无人"，在工作上从不与他们交流……所以想尽办法拖他的后腿，让他的工作无法展开。

尽管张辉工作业绩辉煌，但他忽视了人际关系的重要性。那些他不熟悉的、不放在眼里的小人物，在关键时刻照样会坏他的大事，阻碍他在公司的发展和成功。在无可奈何的情况下，他只好伤心地离开了公司。

许多杰出的人士，之所以被能力不如自己的人击垮，就是因为没有经营好自己的人际关系，被一些非能力因素打败，在中国这样一个重人情世故的国家，没有一个好人缘，不能编织起一个良好人际关系网，就很难获得成功。

聚财先聚人，人脉就是财脉

社会上有这么一类人：他们能力超群，见解深刻，才华横溢，本来可飞黄腾达，却偏偏过着清苦的日子。这是为什么呢？虽然这些人有才华，却也恃才傲物，认为自己比别人优秀，是不可或缺的人才，因狂妄自大，不能很好地与周围的人相处。就这样，他们因为没有人脉，最终都埋没了。

因此，没有人脉资源的从旁协助，光有才华也是不能发财的。要想财源广进、飞黄腾达，还是需要靠人脉取胜。台湾的传奇式人物王永庆，从做生意开始就非常重视建立人脉。

王永庆在刚开始做木材生意的时候，对客户的条件放得很宽，往往都是等到客户卖出木材之后再结账，而且从不需要客户做任何担保。不过没有一个客户曾拖欠和赖账，原因就在于王永庆不但了解每一个客户的为人，也理解他们做生意的难处。正因为有了这份信任，客户很快就跟王永庆建立起了深厚的友谊。

华夏海湾塑料有限公司董事长赵廷箴，曾经与王永庆合作过建筑生意。有一次，赵廷箴需要大量资金周转，于是向王永庆表明自己的困难。王永庆二话不说，立刻借给他十几根金条，还不收分文利息。这样的举动不仅帮助了赵廷箴还使得两人成了好朋友。从此后，赵廷箴营造的工程上所需要的木材全都向王永庆购买，成为王永庆最大的客户。

王永庆后来回忆这段往事的时候说道："正因为结识了木材界众多朋友，我才能在木材业迅速崛起，站稳脚步。"后来，王永庆一直在建筑业发展，并且木材厂的生意非常兴隆。

所以，人是最大的资源，不管做什么事情，都有人的因素。被称为"赚钱之神"的邱永汉说："失去财产，仍有从头再做生意的机会，失去朋友，就没有第二次的机会了。"

世界潜能大师陈安之的著作《超级成功学》中说："成功靠别人而不是靠自己。"这个观点乍听起来是有点不可思议，但是仔细琢磨，其实是非常有道理的。

只有善于借助别人的力量，顺风行船，才能最快地到达目的地。如果想让自己的财富之路走得更加顺畅，就先积累人情，铺就人脉关系网吧！

人情练达铸辉煌

柴田和子出生在日本东京，从东京新宿高中毕业后，进入三洋商会株式会社就职，后因结婚辞职回家做了四年的家庭主妇。1970年，31岁的她进入日本著名保险公司第一生命株式会社新宿分社，开始了保险销售生涯，创造了一个又一个辉煌的保险行销业绩。

1978年，柴田和子首次登上"日本第一"的宝座，此后一直蝉联了16年日本保险销售冠军，成为"日本保险女王"。

1988年，她创造了世界寿险销售第一的业绩，并因此入选吉尼斯世界纪录，此后逐年刷新纪录。她的年度成绩能抵上800多名日本同行的年度销售总和。

既然是保险销售行业，肯定离不开客户的支持，柴田和子是如何利用人脉资源进行销售的呢？

1. 抓牢旧的人脉资源，认识新朋友

柴田和子高中毕业就到三洋商会任职，直到结婚为止，其周边的人脉资源后来给了她极大的帮助。最初的人脉资源完全是以三洋商会为基础，后来的人脉资源是通过他们的介绍以及转介绍而来的。

柴田的母校新宿高中是一所著名的重点高中，它培养了大批优秀人才、社会中坚，其毕业生都在社会上有一定的地位，这些人也成为柴田和子极重要的人脉资源。

2. 有的放矢抓要害

柴田和子认为有效率的做事方法，是将已经建立的人脉资源活用于企业集团之中。每个人都有亲戚、校友和乡亲，可以将这些人脉资源灵活运用于工作中。

前往企业行销团体保险，是以企业的母集团为着眼点的，只要与某企业集团旗下的公司签下契约，该公司所属企业集团的人脉资源就尽可囊括其中，可以迅速地扩大自己的市场。

第二章
关系有薄厚，人情早储备

人情如储蓄，时时储、日日多

人情是中国人维系群体的最佳手段和人际交往的主要工具。朋友之间没有人情往来，友谊就会淡漠，甚至消失。

而当你送朋友一个人情时，朋友便因此欠了你一个人情，他是会想办法回报的，因为这是人之常情。做人情就像你在银行里存款，存得越多，存得越久，利息便越多。所以，我们平时送人情时，一定要把人情做足，好人做到底，你就要想朋友之所想，急朋友之所急，在他最困难、最需要帮助的时候，给朋友一个人情，那这份人情的分量就会更大。做足，包含两个含义：一是人情要做完，二是人情要做得充分。

如果朋友求你办什么事，你满口答应："没问题。"但隔了几天，你给他一个没有下文的结果，对方虽然口头上不说什么，但心里肯定会说："这哥儿们，真不够意思，做就做完，做一半还不如不做，帮倒忙。"

做人情只做一半，叫帮倒忙，越帮越忙，非但如此，还会影响信任度，说话不算数的朋友谁都不愿意结交。人情做一半，叫出力不讨好。

人情做充分，就是不仅要做完，还要做好，做得漂亮。如果你答应帮朋友办某件事，就要尽心去做，不能做得勉勉强强。如果做得太勉强了，即使事情成了，你勉强的态度也会让他在感情上受到伤害。

俗话说"在家靠父母，出门靠朋友"，多一个朋友多一条路。要想人爱己，己须先爱人。

只有时刻存有乐善好施、成人之美的心思，才能为自己多储存些人情的债权。这就如同一个人为防不测，须养成"储蓄"的习惯，这甚至会让自己的子孙后代得到好处，正所谓前世修来的福分。

钱钟书先生一生日子过得比较平顺，但困居上海写《围城》的时候，也窘迫过一阵。辞退保姆后，由夫人杨绛操持家务，所谓"卷袖围裙为口忙"。那时他的学术文稿没人买，于是他写小说的动机里就多少掺进了挣钱养家的成分。一天 500 字的精工细作，却又绝对不是商业性的写作速度。恰巧这时黄佐临导演排演了杨绛的四幕喜剧《称心如意》和五幕喜剧《弄假成真》，并及时支付了酬金，才使钱家渡过了难关。时隔多年，黄佐临导演之女黄蜀芹之所以独得钱钟书亲允，开拍电视连续剧《围城》，实因她怀揣老爸一封亲笔信的缘故。钱钟书是个别人为他做了事他一辈子都记着的人，黄佐临 40 多年前的义助，钱钟书多年后终于回报。

不要小看对一个失意的人说一句暖心的话，对一个将倒的人轻轻扶一把，对一个无望的人赋予一份真挚的信任，也许自己什么都没失去，而对一个需要帮助的人来说，也许就是警醒，就是支持，就是宽慰。相反，不肯帮助人，总是太看重自己丝丝缕缕的得失，这样的人目光中不免闪烁着麻木的神色，心中也会不时地泛起一些阴暗的沉渣。别人的困难，他当做自己得意的资本；别人的失败，他化作安慰自己的笑料；别人伸出求援的手，他会冷冷地推开；别人痛苦地呻吟，他却无动于衷。至于路遇不平，更是不会拔刀相助；就是见死不救，也许他也有十足的理由。自私，使这种人吝啬到了连微弱的同情和丝毫的给予都拿不出来。

这样的人不仅堕落成一个无情的人，而且还会沦落为一个可怜的人。因为他的心只能容下自己，他在一步步堵死自己所有可能的路，同时也在拒绝所有可能的帮助。

储备人情要循序渐进

做什么事情都不可能一蹴而就，经营关系，储备人情也是如此，要保持平静、持续的接触，这样拓展出来的人际关系才是可信赖的。

布朗先生参加一个社交聚会，交换了一大堆名片，握了无数次手，也搞不清楚谁是谁。

几天后，他接到一个电话，原来是几天前见过面，也交换过名片的"朋友"，因为那位"朋友"名片设计特殊，让他印象深刻，所以记住了他。

这位"朋友"也没什么特别的目的，只是和他东聊西聊，好像两人已经很熟了一样。布朗先生不大高兴，因为他和那个人没有业务关系，而且也只见了一次面，他就这样打电话来聊天，让他有被侵犯的感觉，而且，也不知和他聊什么好！

在现代社会中，这种情形常会出现，以这位"朋友"来看，他有可能对布朗先生的印象颇佳，有心和他交朋友，所以主动出击，另外也有可能是为了业务利益而先行铺路。但不管基于什么样的动机，他采取的方式犯了人际交往中的忌讳——操之过急。

拓展人际关系是名利场上的必然行为，但在社会上，有一些法则还是必须注意，这样才能达到预期的效果，而不致弄巧成拙。

这个法则为"一回生，二回半生不熟，三回才全熟"，而不是"一回生二回熟"。"一回生二回熟"还太快了些，"一回生，二回半生不熟，三回才全熟"则是渐进的，而且是长期的、对方不知不觉的。之所以要"一回生，二回半生不熟，三回才全熟"是因为如下两个原因：

一是每个人有戒心，这是很自然的反应，一回生，二回就要"熟"，对方对你采取的绝对是"关上大门"的自卫姿态，甚至认为你居心不良，因而拒绝你的接近，名人、富有或有权势之人，更是如此。

二是每个人都有"自我"，你若一回生，二回就要"熟"，必定会采取积极主动的态度，以求尽快接近对方。也许对方会很快感受到你的热情，而给你热情的回应，可是大部分人都会有自我受到压迫的感觉，因为他还没准备好和你"熟"，他只是痛苦地应付你罢了，很可能第三次就拒绝和你碰面了。

"一回生，二回熟"的缺点还不只上面提的两点。因为你急于接近对方，所以很容易在不了解对方的情形下，以自己作为话题，以此来持续两人交谈的热度，这无疑是暴露自己，若对方不是善类，你岂不是自投罗网吗？

在现代社会生存发展，的确需要拓展人际关系，积累人脉，但朋友是需要时间去交往的。太过心急，只会引起对方的反感而逃避。所以，搞关系也要循序渐进，一步一步慢慢接触，这样拓展出的人脉才是稳定的。

交人交心，人情投资要果断

一个人可以有好几种投资，对于事业的投资，是买股票；对于人缘的投资，是买忠心。买股票所得的资产有限，买忠心所得的资产无限。"纣王有人亿万，为亿万心，武王有臣十人，唯一心。"纣王之所以败亡，武王之所以兴周，就在于有没有人心这份无形资产。

真正头脑灵活的人，是在自己能力范围之内尽量"给予"的。而受到此种看似不求回报的好意的人，只要稍微有心，绝不会毫无回礼的，他会在能力所及的情形下与你合作。通过此种交流，彼此关系自能愈来愈亲密，愈来愈牢固，终至成为对你很有帮助的人。

在日常生活中遇到意想不到的人或好意，往往带给人意外之喜。这种情形下，心中常常只有感动二字。所以，为了要让对方脑海中对自己留下深刻的印象，一些意想不到的行动是很具效果的。

美国老牌影星寇克·道格拉斯年轻时十分落魄潦倒，没有人认为他会成为明星。但是，有一回寇克搭火车时，与旁边的一位女士攀谈起来，没想到这一聊，聊出了他人生的转折点。没过几天，寇克被邀请到制片厂报到。原来，这位女士是位知名制片人。

人脉是创造机遇的一种最有效成本，哈佛商学院的一位教授总结说，哈佛为其毕业生提供了两大工具：首先是对全局的综合分析判断能力；其次是哈佛强大的、遍布全球的校友网络，在各国、各行业都能提供宝贵的商业信息和优待。哈佛校友影响之大，实非言语能形容，全校有一种超越科学界限的特殊集体精神。哈佛商学院建院92年来，有超过6万名校友，这些校友多半已是各行业的精英，在团结精神凝聚下，织成了一张强固的人脉网络。对于后者，几位在中国创业的哈佛MBA体会最深。他们在没有其他背景的情况下，靠的就是哈佛MBA这块金色敲门砖，因为在华尔街，在几大风险投资基金中，对哈佛MBA来说，找到校友，就是找到了信任。

英雄穷困潦倒，是常有的事，但只要懂得利用人脉的投资，就能一飞冲天，一鸣惊人。

人是高级的感情动物，注定要在群体中生活，而组成群体的人又处在各种不同的阶层，适当时进行感情投资，有利于在社会上建立一个好人缘，只有人缘好，你的人际交往才能如鱼得水，而没人缘的人自然会常常陷入进退两难的境地。

懂得存情的聪明人，平时就很讲究感情投资，讲究人缘，其社会形象是常人不可比的，遇到困难很容易得到别人的支持和帮助。因此，这样的聪明者其交友能力都较一般人占有明显的优势。

赢得好人缘要有长远眼光，要在别人遇到困难时主动帮助，不计回报，"该出手时就出手"，日积月累，留下来的都是人缘。

现代人生活忙忙碌碌，没有时间进行过多的应酬，日子一长，许多原来牢靠的关系就会变得松懈，朋友之间逐渐互相淡漠。这是很可惜的。

就像西德尼·史密斯所说："生命是由众多的友谊支撑起来的，爱和被爱中存在着最大的幸福。"一个人如果孤立无援，那他一生就很能幸福；一个人如果不能处理好人际关系，就犹如在雷区里穿行，举步维艰。"条条大路通罗马"，而八面玲珑的人可以在每条大路上任意驰骋。

不是所有的人都可深交

人际交往中，找一个帮手容易，找到一个朋友却很难。现代社会，友谊的内涵变得深刻，朋友的重要性不言而喻。选择朋友一定要慎重，哪些人可交，哪些人不可交，在可交的人中哪些人能进一步深交亦是交友过程的重要一环。掌握与"朋友"的交情深浅，能令我们的应酬生活少一些烦恼，多一份顺心。

某地有个成功人士，朋友无数，三教九流都有，他也曾逢人就夸，说他朋友之多，天下无人能比。后来有人问他，朋友这么多，他都同等对待吗？

他沉思了一下说："当然不可以同等对待，要分等级的。"他说在他的朋友中，清高的朋友固然很多，但想从他身上获取一点利益、不怀好意的朋友也不少。"对方有坏意，不够诚恳，我总不能也对他推心置腹吧。"这位成功人士说，"那只会害了我自己。"

所以，在不得罪"朋友"的情况下，他把朋友分了"等级"，主要有"刎颈之交级"、"推心置腹级"、"可商大事级"、"酒肉朋友级"、"嘻嘻哈哈级"、"保持距离级"，等等。他就根据这些等级来决定和对方来往的密度和自己心窗打开的程度。

其实，要把朋友分等级并不容易，因为人都有主观的好恶，因此有时会把一片赤诚的人当成一肚子坏水的人，也会把凶狠的狼错看成知己。尽管不能客观地给朋友分级，但至少心理上要有分等级的准备，交朋友就会比较冷静客观，就可在关键时用得上，并且把伤害减到最低。

分等级，可以按前述那位商人的方式分，也可以简单地把朋友分为"可深交级"和"不可深交级"。

可深交的，你可以和他分享你的一切；不可深交的，维持基本的礼貌就可以了。这就好比客人来到你家，真正的客人请进客厅，推销员就在门口应付一下。

另外，也可以依据对方的特点，调整和他们交往的方式。但有一个前提要牢牢记住：不管对方多聪明或多有钱，一定要是个"好人"才可深交。也就是说，对方和你做朋友的动机必须是纯正的，其本身的德行好，才值得信任。

平时冷庙烧香，急时才能抱佛脚

在社会中会公关、会应酬的人，其高明之处在于他们不仅注重给热庙烧香，而且也非常注意给冷庙的菩萨上香。

一般人都喜欢到香火旺盛的热庙去烧香，须不知因为香客众多，菩萨反而不会在乎你的香火，你的努力在很大程度上有一部分是白费了。如果你到冷庙烧香情况就大不一样了。因为平时冷庙门庭冷落，无人礼敬，你却很虔诚地去烧香，菩萨对你另眼相看是很自然的事情了，认为你是他的知己，感情自然贴近。

即便你到冷庙烧一炷香，菩萨却认为是天大人情，一旦有事，你去求他，他定会鼎力相助。菩萨如此，人情亦然。

有一人，在他位高权重时，他家里的客人可以说是川流不息，络绎不绝。可是，有一天，他突然成了落难英雄，家里清静得一个月不见几人，这时他真正感觉到了"世态炎凉"这四个字的含义。正当他觉得人生失去意义时，一个平时没什么走动的朋友却拿着东西来看望他，给他安慰和开导。在这个朋友的帮助下，他开始着手建立自己的公司。经过他的努力，公司越做越大，甚至收购了一家规模很大的公司。

这时候，往日的朋友看他又重新站了起来，就又开始到他家串门、送礼，希望能在他公司谋个好职位。然而他对这些人已没有太多的言语。他在等待那个在他最低迷时帮助他的朋友。可是，他却只接到过这个朋友的一通祝福的电话。于是，他决定亲自去请他的那位朋友，让他作为公司的副手，与自己一起管理公司。

生活中，无论做什么事情，遇到什么人，不妨灵活点，经常帮别人一把，别人也会牢记在心，当你有事时，自然对你报之以恩。

真正灵活的人，一定会注意多去冷庙烧香。平时多烧香，用时才灵光。但不是所有的"冷庙"都要去烧香，而是要挑有发展潜力的"冷庙"去烧。

给人一份情，让他还你一辈子

谁都知道，有了"人情"好办事。但"人情"都是有限的，就像银行存款一样，你存进去的多，能取出来的就多，存得少，能取出来的就少。你若和别人只是泛泛之交，你困难时别人帮你的可能就很小，因为人家没有义务帮你。如果你平时多储蓄"人情"，甚至不惜血本地投资，急用时就不至于犯难。

常言道"士为知己者死，女为悦己者容"，能为知己者死的，必欠下了天大的人情，因此偿还人情便成了他们矢志不渝的目标。

公元前239年，燕国太子丹在秦国当人质，秦国对他很不友好，太子丹对此怀恨在心，偷偷逃回燕国，于是秦国派大军向燕国兴师问罪。太子丹势单力薄，难以与秦兵对阵，为报国仇私恨，他广招天下勇士，去刺杀秦王。

　　荆轲是当时有名的勇士，太子丹把他请到家里，像招待贵客一样，对荆轲照顾得无微不至，终于，打动了荆轲。后来，太子丹又对逃到燕国来的秦国叛将樊於期以礼相待，奉为上宾。二人对太子丹感激涕零，发誓要为太子丹报仇雪恨。

　　荆轲虽力敌万钧，勇猛异常，但秦廷戒备森严，五步一岗，十步一哨，且有精兵护卫，接近秦王难于上青天。于是，荆轲对樊於期说："论我的力气和武功，刺杀秦王不难，难在无法接近秦王。听说秦王对你逃到燕国恼羞成怒，现正以千金悬赏你的脑袋，如果我能拿到你的头，冒充杀了你的勇士，找秦王领赏，就能取得秦王的信任，并可乘机杀掉他。"樊於期听罢毫不犹豫，拔剑自刎。

　　荆轲带着樊於期的人头和督元地方的地图，去见秦王，这两件东西都是秦王想要得到的。但他未能杀掉秦王，反被秦王擒杀，只为后人留下了"风萧萧兮易水寒，壮士一去兮不复返"的悲壮诗句和"图穷匕见"的故事。

　　樊於期之所以能"献头"，荆轲之所以能舍命刺杀秦王，都完全是为了回报太子丹的礼遇之恩。"投桃报李"、"滴水之恩，涌泉相报"，足以说明"恩惠"对人心感化的巨大作用。但是在送人情时，也要注意：

　　一是不可过分给予。因为饮足井水者，往往离井而去，所以你应该适度地控制，让他总是有点渴，以便使其对你产生依赖感。

　　二是如果你是位领导，你手下有一些下属，他们都希望能通过你得到一些好处，你应该怎样赐予他们人情呢？一是要经常地赐给他们一点好处，但不可一下子全部满足他们的欲望，否则，对你倾囊施与的恩惠，他们便不以为贵了。

　　三是不要对别人的恩情过重，这会使人感到自卑乃至厌倦你，因为他一方面感到自己无法偿还这份人情，二来觉得自己无能。

　　四是不妨对别人施以小恩小惠，不要让对方以为你在故意讨好他们。否则，你施与的"人情"也就不值钱了。

　　五是对方不需要时，不要"自作多情"，因为这时你送人情会让对方感到多余，对方可能不领你的情。

　　六是送人情不能临时抱佛脚。对方知道你有较重要较麻烦的事要托到他，你临时抱佛脚而施予人情也是不值钱的，至多能把你所托之事办下来，下次有事再托，还要重新送上情分。倘若对方办不了此事，或者你送的人情太小气，抵不住对方所要付出的代价，对方也不会轻易领你这份情。甚至干脆回绝你这份情，让你讨个没趣或尴尬。

以诚动人，抓住他人心

人与人之间如果建立感情，靠的是以诚服人、以情服人、以理服人、以德服人，这是感情、知识和心智力量使然。情感的力量是情感的认知和共鸣，知识的力量能使人们信服观点的论证，心智的力量则能使人们接受辩手本身，并进而在有意无意中相信和支持你的论证与反驳。

正如一位诗人所言："动人心者，莫过于情。"抓住了对方的心，与对方交谈也就成功了一半。

如果为人真诚，说话之前先有了真诚的心，那么即使是"笨嘴拙舌"也是没有什么关系的。有太多的事例一再说明，在与人交流时表达真诚要比单纯追求流畅和精彩更重要。

1915年，小洛克菲勒还是科罗拉多州一个不起眼的人物。当时，发生了美国工业史上最激烈的罢工，并且持续达两年之久。愤怒的矿工要求科罗拉多燃料钢铁公司提高薪水，小洛克菲勒正负责管理这家公司。由于群情激奋，公司的财产遭受破坏，军队前来镇压，因而导致不少罢工工人被射杀。

那种情况，可说是民怨沸腾。小洛克菲勒后来却赢得了罢工者的信服，他是怎么做到的呢？原来小洛克菲勒花了好几个星期结交朋友，并向罢工代表发表了一次充满真情的演说。那次的演说可谓不朽，它不但平息了众怒，还为他自己赢得了不少赞誉。演说的内容是这样的：

"这是我一生当中最值得纪念的日子，因为这是我第一次有幸能和这家大公司的员工代表见面，还有公司行政人员和管理人员。我可以告诉你们，我很高兴站在这里，有生之年都不会忘记这次聚会。假如这次聚会提早两个星期举行，那么对你们来说，我只是个陌生人，我也只认得少数几张面孔。上个星期以来，我有机会拜访整个附近南区矿场的营地，私下和大部分代表交谈过，我拜访过你们的家庭，与你们的家人见过面，因而现在我不算是陌生人，可以说是朋友了。基于这份互助的友谊，我很高兴有这个机会和大家讨论我们的共同利益。由于这个会议是由资方和劳工代表所组成，承蒙你们的好意，我得以坐在这里。虽然我并非股东或劳工，但我深觉与你们关系密切。从某种意义上说，也代表了资方和劳工。"

这样一番充满真诚的话语，可能是化敌为友最佳的途径。假如小洛克菲勒采用的是另一种方法，与矿工们争得面红耳赤，用不堪入耳的话骂他们，或用话暗示错在他们，用各种理由证明矿工的不是，那结果只能是招惹更多怨恨和暴行。

真诚就像一颗种子，你细心维护它，有一天它就会结出让你惊喜的果实。你真挚待他人，他人也会真挚待你，甚至你敬人一尺，人必回你一丈。但是，我们不能够把付出真情当做某种本小利大的低风险投资，使别人觉得你的"真情"只是一种交易的筹码，而算计的权利全在你的手中。

一个旅游团不经意走进了一家甜品店，参观一番后，并没有购买任何甜品的打算。临走的时候，服务员没有抱怨旅游团，相反，他却更加热情，把一盘精美的可可糖捧到了他们面前，并且柔声慢语："这是我们店刚进的新品种，清香可口，甜而不腻，请您随便品尝，千万不要客气。"如此盛情，使顾客不知不觉进入了糖果店营造的一种双方好似亲友的氛围之中。恭敬不如从命，既然领了店家的"情"，又岂能空手而归呢？旅游团成员觉得不买点什么，确实有点过意不去。于是每人买了一大包，在服务员"欢迎再来"的送别声中离去。

如果这位服务员使这个旅游团的成员感到他的热情只是一种算计，那么结果只有一种可能，就是：你越是热情，我越是拒绝。

每一句话都是心里话，而不是把装出来的热情做得不露痕迹，从而在打动自己的同时打动对方。我们所要强调的是，真情，重在自然流露，在乎本性天成，不能仅仅作为一种方法或者策略。

真诚待人，展现人格魅力，这也是吸引他人的一种方法，它是某些人的特质。一个真诚的人，一个具有人格魅力的人，即使不能舌绽莲花，也可以赢得众多人的认可而建立更多的情谊。

多给同感的理解，更容易打动人心

人与人之间应该互相帮助，人们之间能彼此坦诚相待，真诚相帮，双方都有"不是亲人，胜似亲人"的感觉。

当自己有不懂的地方向对方请教后，终于解开了疑惑，自己也由此获得知识，你对对方的尊重更会加深。若不然，你既向别人求教，又对别人持轻视态度，谁会买你的账呢？当你将自己的欢悦与困惑向朋友倾诉时，如果你的朋友对你的倾诉不屑一顾，试问，这样的友情还有必要存在吗？

因此，我们应该学会多给朋友帮助和鼓励，同时，你也会在朋友的帮助和鼓励中达到双方感情上的沟通。

人与人之间情感的沟通，是交往得以维持并向更为密切的方向发展的重要条件，是人对客观事物所持态度的内心体验。情感沟通是由两部分组成：一是"共鸣"，即对同一事物或同类事物具有相仿的态度及相仿的内心体验；二是"振荡"，即由于"共鸣"而双方情绪相互影响，以致达到一种比较强烈的程度。前者是找到共同语言，后者是掏出心来，心心相印。

所谓"同感"，就是对于对方所述，表示自己有同样的想法和经历。

要想达到与人情感沟通，就要注意对方。当对方对某一事物表露出一种情感倾向时，你就要对他所说的这件事表达同样的感受，而且激烈些，于是你们就谈到一起了。

情感沟通的程度，以每当回忆起这段交往时，所导致的兴奋程度为标准。比如，当你读到友人来信中的下面这段话，你俩的感情就绝不会变得冷漠。"不知怎的，你在上次谈论中的一举一动、一言一语都给我留下深刻的记忆，竟是那么清晰动人。真的，我很高兴与你一起度过了那个下午……"当对方常常联想到这段交往时，就伴着愉悦的心境，则这种沟通也就达到了。

在与人交往的时候，你多付出一分感情，就能多得到一分回报。情感的往返交流是自然的、真诚的，任何矫揉造作或夸张，都不能收到情感交融的效果。因为"同感"不是违心的附和，而是朋友间的理解，是心灵的沟通。

弱势时打情感牌，更容易被认可

正所谓"以情动人"，"情"最能开启人的心扉，真正唤起别人的共鸣和认同。现实世界里，聪明的人往往善于打"情感"之牌，尤其在弱势的时候，这样更容易被他人认可、得到帮助。

曹丕和曹植都是曹操的儿子，均能辞赋。在文学史上，父子三人合称"三曹"。曹操被汉献帝封为魏王后，在诸子中选立自己的继承人。长子曹丕和次子曹植都想方设法争宠于曹操。

曹植能文能武，胸有大志，才思敏捷，比曹丕有过之而无不及。曹操筑铜雀台，率诸子登台，令他们各自作赋。曹植当时年仅十九岁，援笔立成，文辞通达耐读，曹操很是惊异。每当曹操问及军国大事，他都能应声而答，因而备受曹操的宠爱。当时曹操身边有名的谋士杨修、丁仪、贾逵、王凌等人，都倾向于立曹植为太子，并为曹植应付曹操的考察出谋划策，使曹操认为曹植比曹丕更有能力。

长子曹丕也与一帮亲信官吏积极谋划。他虽然文才不如曹植，但在政治斗争经验上却胜曹植一筹。他笼络的都是些明于政略而且在朝中掌握实权的官僚人士。出于打击曹植的目的，曹丕经常派人探听弟弟的活动，并收买曹植府中的下人，让他们到曹操那里告密，使曹操知道了杨修等人为曹植出谋划策的事情，这引起了曹操的疑心。

面对曹植争立的威胁，曹丕问深有谋略的太中大夫贾诩，如何才能巩固自己的地位。贾诩说，要宽厚仁德，奉行仁人志士简约勤勉的精神，朝夕兢兢业业，不要违背做长子的规矩。曹丕听了他的话，时时注意修养，深自砥砺，使曹操对他的印象越来越好。

有一次，曹操要率大军出征，曹丕与曹植都前去送行。临别时，曹植作了一篇洋洋洒洒的散文，极力称颂父王功德，并当众朗诵得声情并茂，使得曹操和他的左右文武大臣万分高兴。曹植也因此受到众人的夸奖。曹丕怅然若失。这时，他的谋士吴质悄悄建议他做出流涕伤怀的样子。等到曹操出发时，曹丕什么话也不说，只是泪流满面，趴在地上，悲伤不已，表示为父王将要出生入死而担忧。他一边哭着一边跪拜，祝愿父王与将士平安。曹操及左右将士都大为叹息。

这样一来，形势大转。俗话说，"不怕不识货，就怕货比货"，曹操和左右大臣都认为曹植虽能说会道，但华而不实，论心地诚实仁厚远不如曹丕。一番考察和鉴别之后，曹操最终把曹丕定为太子。

说到像曹丕这样以"情饰"取胜，再拿当今的营销来说，情感服务非常盛行。商家通过情感包装、情感促销、情感广告、情感口碑、情感设计等策略来实现企业的经营目标，使"情"的投射穿过消费者的情感障碍，让消费者受到强烈感染或冲击，从而激发消费者潜在朦胧的购买意识。例如，孔府家酒先后以巩俐"孔府家酒，叫我想家"、刘欢的"千万里，千万里，我回到了家……"打响全国，贵州青酒厂也请香港明星刘青云以一句"喝杯青酒，交个朋友"为情感广告的全部诉求点，颇受消费者的青睐。

那么，想得到别人的认可或帮助，尤其在自己弱势的时候，你不妨使用眼泪等"情饰"的策略，这样往往会赢得很多人的关心，从而赢得更多人脉。

善待落难者，赢得他人的钦佩

俗话说："三十年河东，三十年河西。"人们自然喜欢结交现在看来就很有价值的朋友，但是，面对落难的人，真正道德高尚的人绝对不会置之不理！

晋代一个名叫苟巨伯的人，得知朋友生病卧床，便前去探望。不料正赶上敌军攻破城池，烧杀掳掠无恶不作，百姓们纷纷携妻挈子，四散逃难。朋友劝苟巨伯说："你赶快逃命去吧，我重病在身，根本逃不了，更何况我自知已活不长了，跟着你只能拖累你，你赶快离开这里吧！"

苟巨伯并不是贪生怕死之辈，他对朋友说："我怎么能弃你于不顾呢？你把我看成什么人了？我不辞山高路远来此地就是为了照顾你。现在，敌军进城，你重病在身，我更不能扔下你不管。"说完转身到厨房给朋友熬药去了。

朋友语重心长地劝了半天，让他快些逃走，可苟巨伯却端药倒水跟没听见一样，他反倒安慰朋友说："你就安心养病吧！不要管我，我不会有事的，我在这里你还有个照应，最起码天塌下来我还能替你顶着！"

这时只听砰的一声，门被敌军踢开了，冲进来几个凶神恶煞的士兵，冲着他们大喊大叫道："你们是什么人？好大的胆子还敢在这里逗留，你们难道不怕死吗？"

苟巨伯站起身，从容地走到士兵跟前，指着躺在床上的朋友说："我的朋友病得很厉害，根本无法下地行走，我怎么可以丢下他独自逃命？请你们快快离开这里吧，别吓坏了我的朋友，如果你们有什么事尽管找我好了。如果要死，我可以替他死，对此我绝不会皱一下眉头。"原本面露凶相的士兵，对苟巨伯大义凛然的一番说辞和那无畏的态度很是钦佩，语气较先前缓和了许多说："没想到这里还有品格如此高尚的人，这样的人咱们怎么好迫害呢？走吧！"说着，敌军就走了。

可见，一个懂得善待自己落魄朋友的人，不仅赢得了朋友的真心，而且还为自己赢得了生机和他人的钦佩，真的是好人有好报啊。可是现实中的不少人总是可以敏感地觉察到自己的苦处，却对别人的痛处缺乏了解。他们不了解别人的需要，更不会花工夫去了解；有的甚至知道了却佯装不知，大概是没有切身之苦、切肤之痛吧！

虽然很少有人能做到"人饥己饥，人溺己溺"的境界，但我们至少可以随时体察一下暂时不得势的人的需要，时刻关心他们，帮助他们脱离困境，当他们遭到挫折而沮丧时，你应该给予鼓励。这样不但维系了友情，而且一旦那位落魄朋友时来运转的话，你当初的那份温情就会显得弥足珍贵，如果日后你需要帮助的话，定然会得到转势之友的大力相助，这也许就是"冷庙烧香"的好处吧。

从一定意义上说，对待落魄、失势者的态度不仅是对一个人交际品质的考验，而且也是建立良好人际关系的契机。世事沧桑，复杂多变，起起伏伏，实难预料。昨天的权贵，今天可能成为平民；路边乞丐，一夜之间也可能平步青云……

从人生的角度来看，人们不可能一帆风顺，挫折、背运是难免的。当人们落难的时候，正是对周围的人们，特别是对朋友的考验。远离而去的人可能从此成为路人，同情、帮助他渡过难关的人，他可能铭记一辈子。所谓莫逆之交、患难朋友，往往就是在困难时期产生的，这时形成的友谊是最有价值，最令人珍视的。

结交"实力人物"的身边人

想要结交贵人的话，一定要记住史坦芬·艾勒的一句话："把鲜花送给'实力人物'身边的人，即使他们看起来只是你心目中的小角色。"哪怕他们只是一个小小的秘书、一位家庭主妇，甚至是尚未成年的小孩子，也不要放过结交和讨好他们的机会。有了情意和信任，自然会带来效益：说不定，这些"小角色"会在某个关键时刻影响你的前程和命运。

古往今来，与大人物见面的机会都是很难得的，但是，他们的朋友、亲属或工作中的助手，都是你走向成功的天然踏脚石。

如果他们能帮你在"实力人物"耳边说上几句好话，那真是很珍贵的。当你结识了某位"实力人物"的身边人后，就一定要把握住他，用尽方法得到他的支持。

麦凯小时候，他的父亲就教育他说："麦凯，如果你想成功，从现在开始，你要关心自己所见到的每一个人。"从那以后，麦凯见到的每一个人，他都很关心——先把名字记下来，然后再了解他的其他情况。到了对方的生日，他会送上祝福的卡片，到了对方过结婚纪念日，他就送去一束玫瑰以表心意。后来，他为此设计了一个系统，叫做"麦凯66档案"，表示每个人有66个空格的问题，可以记录包括姓名、性别、年龄、生日、星座、血型、嗜好、学历等各种信息，甚至包括他的孩子和爱人的相关信息……

有一次，麦凯去拜访一个大企业的老板，希望说服这位老板来买他的产品。可是不管麦凯怎么说，这个老板都不肯买。麦凯还在他的66档案上更新了记录，并且不断地和这个老板保持联系。有一天，他得知这个老板去了医院，原来是老板的儿子出了车祸。他马上翻开档案，一看老板的儿子2岁，崇拜篮球明星迈克·乔丹。

麦凯的人缘颇好，他正好认识迈克·乔丹所在的公牛队的教练，麦凯买了一个篮球，寄给公牛队的教练，并拜托他请乔丹和全体球员签了名。公牛队的教练将签好名的篮球寄给了麦凯。麦凯把篮球送到了医院里，小男孩一看篮球上有乔丹的签名，兴奋得睡不着觉。

老板来看他的儿子时，儿子正高兴地抱着球坐在那里。老板问道：

"儿子，你怎么不睡觉？"

他说："爸，你看这是什么？"

老板一看就问："这是乔丹的签名篮球，你怎么会有？"

"是麦凯叔叔送我的！"他兴奋地答道。

老板一听，说道："麦凯，就是想卖给我产品的那个人吧？我一直都没有买过他的产品啊。"

这时，儿子说了这么一句话："你应该买麦凯叔叔的产品，他这么关心我，你也应该关心他才对啊！"

第二天，老板就找到了麦凯，专门向麦凯道谢，并向麦凯订购了大量的产品。

麦凯的工作是销售产品，然而谁能想到，他通过卖产品，结交到了美国政界、新闻界、体育界的知名人物，还能让他们对他产生一种佩服的感觉。要知道，有些人并不是心甘情愿地为你做贵人的，这就要想办法，让他行也得行，不行也得行。麦凯是个聪明人，很会想办法，他先从"实力人物"的身边人入手，使宝贝儿子能在父亲大人面前美言，疼爱儿子的爸爸自然就成了他的贵人。

要想从贵人的身边人入手，最基础的工作当然就是掌握他们的社会关系。现代媒体经常关注一些"实力人物"的情况，你从中定会了解一二。你可以从他的历史上认识他的过去，他的经历，甚至他的祖辈、父辈，然后从他的亲属、他的朋友、他的子女等"小角色"入手，取得他们的信任与支持。那么，"实力人物"帮你呼风唤雨，甘当你贵人的日子将指日可待。

现在的社会，并不是每个人都能结交上权贵，即使有幸结交，也不见得能得到他们的"贵人相助"。然而，结交那些"实力人物"的身边人并没有太大的难度，得到了他们的信任，就相当于接近了"实力人物"，他们总会在某个时机为你卖力，为你进上美言。所以，在交际应酬过程中，千万不能忽视权势的"身边人"。

交往次数越多，心理距离越近

有心理学家曾做过这样一个实验：

在一所中学选取了一个班的学生作为实验对象。他在黑板上不起眼的角落里写下了一些奇怪的英文单词。这个班的学生每天到校时，都会瞥见那些写在黑板角落里的奇怪的英文单词。这些单词显然不是即将要学的课文中的一部分，但它们已作为班级背景的一部分被接受了。

班上学生没发现这些单词以一种有条理的方式改变着——一些单词只出现过一次，而一些却出现了 25 次之多。期末时，这个班上的学生接到一份问卷，要求对一个单词表的满意度进行评估，列在表中的是曾出现在黑板角落里的所有单词。

统计结果表明：一个单词在黑板上出现得越频繁，它的满意率就越高。心理学家有关单词的研究证明了曝光效应的存在，即某个刺激的重复呈现会增加这个刺激的评估正向性。与"熟悉产生厌恶"的传统观念相反，曝光效应表明某个事物呈现次数越多，人们越可能喜欢它。

在人际交往中，要得到别人的喜欢，就得让别人熟悉你，而熟识程度是与交往次数直接相关的。交往次数越多，心理上的距离越近，越容易产生共同的经验，使彼此了解和建立友谊，由此形成良好的人际关系。例如教师和学生、领导和秘书等，由于工作的需要，交往的次数多，所以较容易建立亲近的人际关系。

由此可见，简单的呈现确实会增加吸引力，彼此接近、常常见面的确是建立良好人际关系的必要条件。

当然，任何事物都是辩证的，不是绝对的，我们应该承认交往的次数和频率对吸引的作用，但是不能过分夸大其对交往的作用。俗话说：距离产生美，任何事情都存在一个度的问题。有些心理学家孤立地把研究重点放在交往的次数上，过分注重交往的形式，而忽略了人们之间交往的内容、交往的性质，这是不恰当的。实际上，交往次数和频率并不能给我们带来预想的结果，有时反而会适得其反。

学会通过中间人迅速拓展你的人脉

请你认真思考这样一个问题：算算你现在一共有多少位朋友？这些朋友都是通过何种渠道或方式认识的？

思考后，你一定会发现，自己现在的许多朋友最初都是朋友的朋友。也就是说，我们通过一些朋友作为"中间人"又认识了更多的朋友。其实，要想扩大人脉圈，就要善于发挥中间人的作用。

关于这一点，比尔·盖茨为我们树立了良好的榜样。客观而言，成就比尔·盖茨辉煌事业的，除了他的智慧、眼光和执著外，还有重要的一点是他借助中间人的帮助拥有了相当丰富的人脉资源。

假如把营销比喻成钓鱼的话，是钓大鲸鱼，还是钓小鱼比较好呢？回答肯定是大鲸鱼。因为钓到一条大鲸鱼可以吃一年，但钓小鱼就得天天去钓。比尔·盖茨在创业的时候就了解了这一点，于是一开始就钓了一条大鲸鱼。

他是如何钓大鲸鱼的呢？

第一，利用自己亲人做中间人。

比尔·盖茨20岁时签到了跟IBM的第一份合约，当时，他还是大学在读生，没有太多的人脉资源，他怎能钓到这么大的鲸鱼？很多人都想知道。原来，比尔·盖茨之所以能签到这份合约，有一个中介人——他的母亲。比尔·盖茨的母亲是IBM的董事会董事，她介绍儿子认识董事长，这不是自然而然的事情吗？假如当初比尔·盖茨没有签到IBM的订单，他今天的成功可能就要画上一个问号了。

第二，利用合作伙伴做中间人。

比尔·盖茨重要的合伙人——保罗·艾伦及史蒂夫·鲍默尔，不仅为微软贡献他们的聪明才智，也贡献他们的人脉资源。1973年，盖茨考进哈佛大学，与现在微软的CEO史蒂夫·鲍默尔结为好友，并与艾伦合作为第一台微型计算机开发了BASIC编程语言的第一个版本。大三时，盖茨离开哈佛，和好友保罗·艾伦创建微软，开发个人计算机软件。合作伙伴的人脉资源使微软能够找到更多的技术精英和大客户。1998年7月，史蒂夫·鲍默尔出任微软总裁，随即亲往美国硅谷约见自己熟知的10个公司的CEO，劝说他们与微软成为盟友。这一行动为微软扩大市场扫除了许多障碍。

我们在羡慕比尔·盖茨的成功时，也要向他好好学习一下利用中间人拓展人脉的方法。

谁都知道，没有特殊关系，一般人不会主动将自己的朋友介绍给别人，尤其是在大家非常忙的时候。所以，想认识谁就要主动找熟人，请他给予介绍。比如，当朋友与别人交谈时，你可以主动走上前去同朋友打声招呼，说几句客套话。在一般情况下，他会主动将他说话的对象介绍给你。如果他不介绍，你可随便问一句："这位是……"他告诉你后，便可与对方说点什么，但不要聊太长时间，这样做不但会耽误朋友的事情，对方也会认为你是个不礼貌的人。因此，简单地说两句之后，你应主动告辞，或者再加上一句："回头我们再聊，你俩先聊着吧。"

如果你去的场合是某单位或某人举办的活动，你可以主动请东道主给你介绍几位朋友。如果人不太多，你甚至可以让东道主把你介绍给大家，然后你就可以与任何一位新朋友谈话了。其他人以为你与东道主关系亲密，也会很高兴认识你。如果你与东道主关系一般，但他把你请来了，也就会对你的要求予以满足，但你必须主动提出来。

需要注意的是，你开口请人介绍认识他人之后，必须对中间人表示谢意。这样中间人才会乐于帮助你，乐于介绍更多的新朋友给你。

在重要的场合曝光，让更多人认识你

日常生活中，人们总喜欢用"曝光率高"来形容成功人士或知名人士。其实，真正出色的人都懂得利用一切机会让自己在重要场合"抛头露面"，因为这样可以让更多的人认识自己，扩大自己的影响力，提升知名度。

由于在重要场合"曝光"时需要面对很多人，有认识的，也有不认识的，所以对个人来说，这是需要很大勇气的。想做到这一点，必须克服胆怯、羞涩的心理，要对自己充满自信，讲话或办事应当底气十足，这样才能赢得更多人的青睐。

平时我们应该多关注身边的各种仪式，积极参加。例如，你的公司因职员有红白喜事而举行的仪式，因有人要出国或退休而举办的派对，因有人得到提升或费尽周折挖过来某个能人而举行的欢庆，或因解决了一个大难题而举办的小小的庆典……这些都是你"曝光"自己的好机会。尽量多参与这类活动，并在这些场合里做段精彩的演说，或者送点什么礼物，举止得体，保证不显尴尬、不出洋相，你的个人形象、知名度一定会增色不少。

当朋友举行婚礼的时候，也可以借此机会，在朋友的亲人及朋友面前"曝光"自己。

一般而言，这种情况下大家还不认识你，那么，你不妨在婚礼正式开始前向新郎新娘及其父母们作一番自我介绍，说说你是谁，为什么会来参加婚礼，代表谁来的等，然后呈上你的礼物，并祝福新人。这样他们一定会对你的举止印象深刻并心存感激。

婚礼开始后，你可以在享受这种喜庆聚会的气氛和环境中，观察一下周围形形色色的人，通过聊天、献歌或敬酒等行动，让自己充分"曝光"，使更多的人认识你。

除了主动去参加别人的活动外，你还可以自己组织聚会，如生日宴会、孩子满月、乔迁新居等。一旦你成为聚会的主人，应好好计划一下，或者将它委托给某个具有丰富组织经验的高手，尽量让你的客人和你都感到满意，让他们记住这段快乐的时光，并觉得你不愧为一位细心而好客的主人。这样，一定会有很多人在这次聚会上记住你。

要注意的是，在重要场合仅仅是"曝光"自己你还远远不够，因为"曝光"的真正意义是要给在场的人留下深刻印象。你在"曝光"的同时必须不断地寻找机会宣传你自己——你的主张和你的价值，等等。你可以通过发言、演讲等自我宣传的形式，也可以请知名人士或朋友当众介绍，总之要让自己深入人心。

此外，宣传自己也要遵循一定的原则，过于明显的个人宣传恰恰适得其反，会让别人误以为你在自我吹嘘、炫耀价值，因此在宣传时不要弄许多花招噱头，应当谦虚地、不温不火地展现自己，以免哗众取宠、适得其反。

第三章
常送人情，但不要声张

经常性的投资 "人情生意"

人是感性动物，当然都难逃脱 "人情债"。成功人士都善于投资 "人情生意"，让别人欠下他一笔永远也偿还不了的人情债。

所谓人情投资，就是能够在人情世故上多一份关心，多一份相助。俗话说得好，在家靠父母，在外靠朋友。在社会上生存就得学会做 "人情生意"。

李先生是杭州一家笔庄的老板。1989 年在杭州创业时，他在经济上十分窘迫。即使如此，他也没有放弃，而是经常出没于杭州的各个画廊、美术院校，只要有机会就给别人看他的笔。

一天，李先生在一个画廊里遇见了一家画院的院长。李先生看院长气度不凡，就拿出一支上好的鸡毛笔要送给院长，院长看后感到很惊讶。这次巧遇使院长对他的笔产生了浓厚的兴趣，以笔会友，两个人在研究笔的过程中结下了深厚的友谊。为了让更多的人了解他的笔，院长决定帮他开一个笔会，并免费提供场地。通过笔会，李先生认识了画院的更多的朋友，时间久了，李先生的笔庄在杭州渐渐闯出了名气。

不久后，李先生将他的笔庄开在一个冷清的文化用品市场二楼的拐角里，气氛虽然冷清，但李先生却有他的目的。喜欢毛笔的人都是一些文人，不喜欢很热闹的地方，书法家、画家来这一看就会觉得比较高雅，地方也比较宽敞。

如今，李先生已经拥有两个笔庄、一家工厂，每年制作销售毛笔四五万支，李先生正走在成功的创业路上。

其实，做生意投资人情，谈的就是一个 "缘" 字，彼此能够一拍即合。要保持长期的相互信任、相互关照的关系也不那么容易，成功的人仍然需要不断进行 "感情投资"。

相互最仇视的对手，往往原先是最亲密的伙伴。反目为仇的原因，恐怕谁也说不清，留下的都是互相指责和怨恨。走到这一步是一些人忽略了投资 "人情生意"

的结果，甚至已经忘掉了这一点。

投资"人情生意"应该是经常性的。在商务交际中不可没有，在其他任何时候、任何地点都不能没有。人情如同人际关系中的"盐"，缺之一切都会淡然无味。一个有头脑的人应该懂得把人情生意做得恰到好处，这样才能在恰当的时候让人情变为你成功的捷径。

关键时刻拉人一把，悄悄地把人情送出去

"患难之交才是真朋友"，这话大家都不陌生。人的一生不可能一帆风顺，难免会碰到失利受挫或面临困境的情况，这时候最需要的就是别人的帮助。一旦这个时候你伸手相助，便将让对方记忆一生，日后对方会对你加倍报答。所以，关键时刻拉别人一把，等于为自己的人情账户存入一笔巨款。

德皇威廉一世在第一次世界大战结束时，众叛亲离。他只好逃到荷兰，许多人对他恨之入骨。这时候，有个小男孩写了一封简短但流露真情的信，表达他对德皇的敬仰。这个小男孩在信中说，不管别人怎么想，他将永远尊敬威廉一世为皇帝。德皇深深地为这封信所感动，于是邀请他到皇宫来。这个男孩接受了邀请，由他母亲带着一同前往，他的母亲后来嫁给了德皇。

人情储蓄，不仅仅是在欢歌笑语中和睦相处，更是要在困难挫折中互相提携。有的人在无忧无虑的日常生活中，还能够和朋友嘻嘻哈哈地相处，一旦朋友遇到困难，遭到了不幸，他们就冷落疏远了朋友，友谊也就烟消云散了。这种只能共欢乐不能同患难的人，不仅是无情的，更是愚蠢的。因为他们的自私，会让自己的人情储蓄为零，会让自己日后的人际关系道路越走越窄。

所以，当朋友遇到了困难的时候，我们应该伸出援助的双手。当朋友生活上艰窘困顿时，要尽自己的能力，解囊相助。对身处困难之中的朋友来说，实际的帮助比甜言蜜语强一百倍，只有设身处地地急朋友所急，想朋友所想，才体现出友谊的可贵，让这份交情细水长流。

当朋友遭遇不幸的时候，如病残、失去亲人、失恋等，我们要用关怀去温暖朋友那冰冷的心，用同情去安抚朋友身上的创伤，用劝慰去平息朋友胸中冲动的岩浆，用理智去拨散朋友眼前绝望的雾障。

当朋友犯了错误的时候，我们应该表示理解并尽可能地给予帮助。一般来说，朋友犯了错误，自己感到羞愧，脸上无光。有些人常担心继续与犯了错误的朋友相交会连累自己，因此而离开这些朋友，其实这种自私的行为很不可取。真正的朋友

有福不一定同享，但有难必定上前同担。

当朋友遭到打击、被孤立的时候，我们应该伸出友谊的双手，去鼓励对方，支持对方。如果在朋友遭到歪风邪气打击的时候，我们为了讨好多数人而保持沉默，或者反戈一击，那我们就成了友谊的可耻叛徒。正如巴尔扎克的《赛查·皮罗多盛衰记》中所说的："一个人倒霉至少有这么一点好处，可以认清楚谁是真正的朋友。"一个好朋友常常是在逆境中得到的。假如朋友在遭到打击、被孤立的时候，你能够理解他、支持他，坚决同他站在一起，那么他一定会把你视为一生的挚友，会为找到一个真正的朋友感到高兴。更重要的是，将来某一天如果你需要他的帮助，甚至你有难时没有向他求助，他都会心甘情愿地为你两肋插刀。

总之，人情的赢得往往在关键的时刻，即别人处于困顿的时刻。只要你在关键时刻伸手拉他一把，你就获得了他的好感，为日后储蓄了一笔人情资金。

互惠，让他知道这样做对他有利

一位心理学教授做过一个小小的实验：

他在一群素不相识的人中随机抽样，给挑选出来的人寄去了圣诞卡片。虽然他也估计会有一些回音，但却没有想到大部分收到卡片的人，都给他回了一张。而其实他们都不认识他啊！

给他回赠卡片的人，根本就没有想到过打听一下这个陌生的教授到底是谁。他们收到卡片，自动就回赠了一张。也许他们想，可能自己忘了这个教授是谁了，或者这个教授有什么原因才给自己寄卡片。不管怎样，自己不能欠人家的情，给人家回寄一张，总是没有错的。

这个实验虽小，却证明了互惠在心理学中的作用。它是人类社会永恒的法则，是各种交易和交往得以存在的基础，我们应该尽量以相同的方式回报他人为我们所做的一切。

如果一个人帮了我们一次忙，我们也应该帮他一次；如果一个人送了我们一件生日礼物，我们也应该记住他的生日，届时也给他买一件礼品；如果一对夫妇邀请我们参加了一个聚会，我们也一定要记得邀请他们到我们的一个聚会上来。

由于互惠的影响，我们感到自己有义务在将来回报我们收到的恩惠、礼物、邀请等。人与人之间的互动，就如坐跷跷板一样，不能永远固定某一端高、另一端低，就是要高低交替，一个永远不肯吃亏、不肯让步、不与别人互惠的人，即使真正赢了，讨到了不少好处，从长远来看，他也一定是输家，因为没有人愿意和他玩下去了。

中国古代讲究礼尚往来，也是互惠的表现。这似乎是人类行为不成文的规则。

一个人向朋友请教一件事，两人聚会吃饭，那么账单就理所当然应由请教人的这个人付，因为他是有求于人的一方。如果他不懂这个道理，反而让对方付，就很不得体。

在不是很熟悉的朋友之间，你求别人办事，如果没有及时地回报，下一次又求人家，就显得不太自然。因为人家会怀疑你是否有回报的意识，是否感激他对你的付出。及时地回报，可以表明自己是知恩图报的人，有利于相互之间继续交往。

而且如果不及时回报，会给你带来一些麻烦。你一直欠着这个情，如果对方突然有一件事反过来求你，而你又觉得不太好办的话，就很难拒绝了。俗话说："受人一饭，听人使唤。"可以说，为了保持一定的自由，你最好不要欠人情债。

当然，在关系很亲密的朋友之间，就不一定要马上回报，那样可能反而显得生疏。但也不等于不回报，只是时间可能拖得长一些，或有了机会再回报。

朋友间维护友谊遵循着互惠定律，爱情之间也是如此。其实世上没有绝对无私奉献的爱情，不像歌里和诗里表现的那样。爱情也是讲求互惠互利的，双方需要保持一个利益的平衡。如果平衡被严重打破，就可能导致关系破裂。

强者装脚痛，能更好地处理人际关系

强者有时也要装脚痛，让你更好地处理人际关系。作为弱者的一方，他心里希望看到强大的对手遭遇挫折。所以，作为强者来说，在某些时候，某些场合假装踢到"铁板"喊脚痛，收剑一下自己的锋芒，也是很有必要的。

张某和李某二人是大学同班同学，二人无话不谈，彼此都没有秘密，因此班上同学说他们二人是"难兄难弟"，而他们二人也以彼此间的友情而自豪，并且相当珍惜。大学毕业后，二人仍然保持联系。几年过后，二人的工作分别换了，也先后结了婚，仍然来往频繁。

后来张某一度落魄，李某则不时给予温情。

过了五六年，张某东山再起，站在一个李某根本无法企及的位置。但自此之后，二人关系淡了，张某找李某，李某总是借故逃避。为什么如此？张某十分纳闷。

张某和李某在校时感情甚好，步入社会时仍能维持一定的关系，原因有两个：一是二人出身背景相近，彼此都感受不到对方的"压力"，因此能融洽相处。如果二人中一为豪门世家，一为寒门子弟，恐怕就不是这个样子。二是初入社会，彼此"成就"差不多，"压力"尚未形成，因此还能维持相处的热情。不过，人是好"比"的，"比"的目的是建立自己在同行中的地位，因此，绝大多数人不会去和不同行业者比，不会去和不同年龄者比，不会去和职业差太多者比，总是会和同班同学比，和同行比，和同阶层比；能"比"对方"高"、"好"、"多"，自己就会有一种自我满足。大学生从学校毕业后，前几年看不出先后，但七八年、十多年之后，成就的高下就出现了，所以大学毕业后几年，同学会还办得起来，十年后就不容易办了，因为前几年大家都差不多，十年后成就有了差距，自认没有成就的就不想参加了。

张某和李某的问题也是出在"比"这个字。

本来李某认为他是可以超越张某的，所以他也不吝给予落魄中的张某温情，谁知张某反而在几年后超越了李某，让李某很不是滋味；李某过去的乐观破灭，心理受到了"估算错误"的打击，同时也有了成就比较上的压力，一时无法调适，所以和张某疏远。其实，强者偶尔装装"脚痛"，表现得隐晦一点，会让弱者在心理上多少得到一些平衡，双方的关系也就不会陷入僵局。

这种现象包含着嫉妒、羡慕的心理，基本上是属于维护自我尊严的防卫性行为，但有时也不无转成攻击性行为的可能。

所以，当一个人突然在事业上走在同行的前面，第一个影响就是原来的朋友突然少了；不过，这些突然疏远了的朋友也有可能在过一段时间之后和你重新建立关系——反正也比不上你，不如和你保持接触，以免失去一条可贵的人缘。

女孩子也会有这种情形，而且可能表现得更为直接强烈，例如当某位女孩嫁一位人人羡慕的对象，那么她的"闺中密友"也有可能很快流失，因为她们受不了她的"幸运"而生她的"闷气"。

不过，这也是一件无可奈何的事，友情诚可贵，但为了追求自己的更高成就，也不必过分地勉强。

有些时候，如愿意在弱者面前显示你"脆弱"的一面，表现谦卑，会让对方心理平衡一些，至少在处理人际关系这方面不会让你束手无策，面临尴尬的境地。

雪中送炭，扩大感情投资的性价比

在社会生活中需要感情投资，这个道理很多人都明白，但是如何进行感情投资却没有多少人清楚。其实，感情投资的最佳策略就是雪中送炭，扩大感情投资的性价比。

在《水浒传》中，有这样精彩的一幕：

话说宋江杀了阎婆惜后，逃到柴进庄上避难，碰上了武松。当时武松因在故乡清河县误以为自己伤人致死已躲在柴进庄上。但因为武松脾气不太好，得罪了柴进的庄客，所以柴进也不是十分喜欢他。《水浒传》上说："柴进因何不喜武松？原来武松初来投奔柴进时，也一般接纳管待；次后在庄上，但吃醉了酒，性气刚烈，庄客有些顾管不到处，他便要下拳打他们，因此满庄里庄客，没一个道他好。众人只是嫌他，都去柴进面前，告诉他许多不是处。柴进虽然不赶他，只是相待得他慢了。"所以，武松在柴进的庄上一直被大家孤立，找不到一个可以交心的朋友，只能一个人天天喝闷酒。

宋江知道武松是个英雄，日后定可为自己帮忙，因此，他到了柴进庄上一见到武松马上拉着武松去喝酒，似乎亲人相逢，看武松的衣服旧了，马上就拿钱出来给武松做衣服（后来钱还是柴进出的，但好人却是宋江做的）。而后"却得宋江每日带挈他一处，饮酒相陪"，这饮酒的花费自然还是柴进开销的。临分别时，宋江一直送了六七里路，并摆酒送行，还拿出十两银子给武松做路费，而后一直目送武松远离。

正因为这样，武松一直对宋江忠心耿耿，为宋江出生入死。

宋江所费之钱可以说是小成本，他不过花了十两银子和钱行的一顿饭，却让英雄盖世的武松对他感恩戴德。而柴大官人庇护了武松整整一年，就算后来有所怠慢，也不会少他吃喝用度的，在武松身上的花费岂止区区十两银子。相对于宋江而言，柴大官人真是得不偿失。这位宋大哥在武松心目中的分量恐怕要远远超过柴大官人。为什么柴进名满江湖、出身高贵，却成不了老大，而宋江却可以？因为宋江更懂得如何通过雪中送炭而收买人心。

然而，在现实生活中，人们往往热衷于锦上添花，而不屑于雪中送炭。好像能与事业有成的人缔结关系，便可以巧妙地利用对方那股气势。这是理所当然的一种心理，然而在这种情况下交上的朋友，通常无法培育出可靠的人际关系。对万事顺利、春风得意的人，人人都想与他结识，都想与他交上朋友。一方面他顾不过来，另一方面他也无法与巴结他的人成为真正的朋友。反之，如果与那些暂不得势的人交往，并成为好朋友，那就可能完全不同了。

在他处于困境中的时候，我们能不打折扣地给予帮助，有朝一日，他们飞黄腾达了，就会第一个要还你人情。那时找他们帮忙，他们便会毫不犹豫地答应。

当然，我们说要雪中送炭，并不是说逢人便送，遇人则给，而是"放出眼光，择其有资望者，或将来必有腾达高就者"。如果你认定某个不得势的人将来必定是个成功人物，只是暂时的不得势，将来会大有作为，那你就该多多交往。或者乘机进以忠言，指出他失败的原因，激励他改过向上。如果自己有能力，更应给予适当的协助，甚至给予物质上的救济。而物质上的救济，不要等他开口，要采取主动。有时对方急着要，又不肯对你明言，或故意表示无此急需。你如果得知此情形，更应尽力帮忙，并且不能有丝毫得意的样子。一面使他感到受之有愧，一面又使他有知己之感。日后如有所需，他必全力回报。

锦上添花易，雪中送炭难。真正懂得博弈智慧的人都明白：成功的诀窍之一就是要少一些锦上添花，多一些雪中送炭。多结识一些"困龙"，他们将成为你生活中忠实的朋友，事业上得力的助手。

诚信是一种有持续性回报的投资

诚信就是诚实守信，用更通俗的话说，诚信就是实在，不虚假。诚信是一个人的美德，有了"诚信"二字，一个人就会表现出坦荡从容的气度，焕发出人格的光彩。自古以来，诚实守信就是一种永恒的人性之美。可以说，诚信的品格是要获得成功人生的第一要素，历来被伟人们所尊崇。诚实守信不仅是一种美德、一种吸引人的影响力，而且是构筑人脉和拓展人脉的一个基本要求。试想，如果一个人经常出尔反尔，你还愿意跟这样的人交往吗？

安德鲁·卡内基曾经说过："世界上很少有伟大的企业，如果有，那就一定是建立在最严格的诚信标准之上的。"

下面事例中，主人公的成功就是因为自身守信而赢得的，值得我们品味。

20年前，弗朗西斯开了一家小小的印刷厂。今天，弗朗西斯已经非常富有，并且有一个美满的家庭，还拥有一家很大的印刷公司。他在同行之间很受敬重，最重要的一点是他恪守诚信。

有一个星期六下午，他跟朋友一起去钓鱼，当友人问起他的成功之道时，弗朗西斯很谦虚地说："我生长在一个很保守的家庭，每个礼拜天全家都要去做礼拜，然后回家吃饭，听父亲为我们解说《圣经》上的故事。

"父亲很通俗地为我们讲解牧师所说的每一个道理，用很多生活上的实例来说明，为什么偷窃和说谎是不道德的。从父亲的谈话中可以看出，父亲非常强调守信用的重要性。言行要一致，是父亲最常说的话。

"我上大学时家境不好，所以我就到一家印刷厂去打杂，从清扫房间到送货，什么事都干过。6年的大学生活，我都是在半工半读的情况下度过的。毕业时，我决定开一家印刷厂，当时我身边的2000美元足够我开业。虽然我的厂子是在很偏僻的郊外，但是从创业初期，我就一直遵循父亲所给予我的教诲。我将父亲的话应用到实际生活中，对每位顾客都坚守信用——这是忠诚于他们的最根本的方式。

"如果成品不够精美，我就免费重做一次（直至今日，弗朗西斯还信守这个原则）。此外，我交货也很准时，即使有时连续两三天没睡，我还是信守承诺。就这样，我开始赚钱了，并在3年后拓展了我的事业，使我有能力购置更大的厂房和复杂的设备。但就在这时，我遇到了考验。有一个周末，一场大火把我的厂子燃烧殆尽。保险公司只负责一半的损失，此时我负债累累。我的律师、会计师和主办都劝我宣告破产，但我没有这样做，因为我要勇敢地面对我的问题。那时实在是不容易，但我还是偿清了所欠的债务，并且重新开始。由于我的承诺，赢得了所有债权人和厂商的信赖。

"他们简直不敢相信，我真的偿还了所有的债务。从那次火灾以后，我的事业一帆风顺。过去的5年间，我的业务增长率高达25%到35%。言归正传，你问我的成功之道是什么，我的回答是：信守承诺。如果没有父亲昔日的教诲，我是不会有今天的。"

香港著名实业家李嘉诚先生也曾经就自己多年经营长江实业的经验总结道："做事先做人，一个人无论成就多大的事业，人品永远是第一位的，而人品的要素就是诚信。"因为诚信是一种长期投资，唯有长期遵守诚信的原则，才能建立和维护你的信誉、品牌和忠诚度，也才有可能得到可持续的成功。

很多人把信誉看得非常重要，视它为自己成功必不可少的一个因素，这是正确的。不讲求信誉，不仅仅会给别人造成损失，同时也会使你失去很多东西，使人们都逐渐地远离你。

有的人在人际交往过程中，凭借一两次蒙骗而使自己的阴谋得逞，但这种伎俩绝对不可能长远。俗话说，"群众的眼睛是雪亮的"，这种蒙骗一时的行为迟早会被人们发现。如果你是一个不讲信誉的人，只要有一个人知道，用不了多长时间，所有的人就都会知道，那时候，你就会陷入一个非常难堪的境地中，没有谁会主动来和你交往，甚至还会故意冷落你、躲避你。这样，无论你办什么事情，走到哪里，四面八方都会是厚厚的一堵墙，更别希望别人帮你办事了。

虽然"不诚实"、"欺骗"、"诡诈"被有些人推崇，也会带来一定的近期利益，但最终的后果是负面的。诚信，亏掉的可能只是一时的金钱，赚下的却是一生的信誉。信誉就是财富，而重信誉的人，往往会在众人的帮助中站起来，不会陷入孤立的绝境。只要我们每个人都能够做到诚信，那么我们的人脉关系就会因为承诺而固若金汤、牢不可破。

收获人情，借不如送

当亲戚朋友向你借钱或某些物品时，是借还是不借呢？这是现代人所常常要遇到的问题，钱只要离开自己的口袋，就有回不来的可能；东西一旦借出去，既可能被对方用坏、弄丢，也可能是被对方一直用着，尤其是把财物借给自己的亲人或是朋友，上述情况就更可能发生了。

这个时候，与其整日盘算着如何把财物要回来，不如放宽心，把财物送给他们。这样，虽然在财物上蒙受损失，却收获了人情。

事实上，很多人碰到他人向自己借财物的问题时都很困扰，因为借他财物，有可能就要不回来了，或是一再拖延，到最后历经坎坷才拿回来，或只拿回一小部分。如果时间一到便去催债，好像自己太没人情味，何况也没勇气开口，更怕一开口，就伤了彼此的感情。不借，自己的财物固然是"保住"了，但他们有难，不出手帮忙，道义上似乎也说不过去，也担心二人的感情恐怕从此要变质了。

聪明人的做法是：给他钱，而不是借他钱。

所谓"给他财物"有两个层面的意义：

第一个是表面上是借给他，也言明归还期限和利息多少，但在心理上却抱着这些财物是"一去不回头"的想法，他能还就还，不能还就当做是"送给"他的。这种态度很阿Q，但却有很多好处。第一个好处是不会影响两人的感情，你也不会因为对方还不起钱或不还物品而难过；第二个好处是顾到了朋友间有难相助的道义；第三个好处是在对方心中播下一粒恩与义的种子，这粒种子或许会发芽、茁壮，在他日以"果实"对你作最真诚的回报。

第二个层面的意义是真的给他财物。也就是说，他虽然是向你借用的，但你表明是给他的，是要帮他解决困难的，并不希望他一定还。这样子做也有很多好处。第一个好处是他不大可能再来向你借，而你也可表示"我已竭尽所能"，如将对方开口的数目打折给他，万一对方真的还不起钱，或根本不还钱，你则可以降低损失。第二、三个好处和前面那种一样，兼顾了情与义，同时也在对方心中种了一粒恩与义的种子，而这人情，他总是要担的。

事实上，不管是借还是给，财物能不能收回来都是个未知数。之所以说"给亲戚朋友财物，财物收得回来；借他们财物，钱收不回来"，是基于：财物只要离开你的名下，就有回不来的可能，因为对方是没有钱或缺少某些东西才向你开口的，所以明知有可能回不来，干脆就不抱希望，免得催债时给双方造成不愉快，自己也难过。

如果借或给都觉得很难，那么就狠心拒绝吧！不过，在力所能及的情况下还是不要那么斤斤计较，因为财物毕竟不等同于幸福，人生的真正幸福和欢乐是浸透在亲密无间的家庭关系及友情中的。

主动吃亏，让对方不得不还你人情

如今，很多人都认为"无论做什么，尽量别吃亏"。其实，吃亏并非都是坏事。有些时候，糊涂处世，主动吃亏，山不转水转，也许以后还有合作的机会，又走到一起。若一个人处处不肯吃亏，则处处必想占便宜，于是，妄想日生，骄心日盛。而一个人一旦有了骄狂的态势，难免会侵害别人的利益，于是便起纷争，在四面楚歌之中，又焉有不败之理？

"吃亏"也许只是指物质上的损失，但是一个人的幸福与否，却往往是取决于他的心境如何。如果我们用外在的东西，换来了心灵上的平和，那无疑是获得了人生的幸福，这便是值得的。

不少好朋友，抑或事业上的合作伙伴，由于种种原因，后来反目成仇了，双方都搞得很不开心，结果是大打出手。

有这样一个人，他与朋友合伙做生意，几年后一笔生意让他将所赚的钱又赔了进去，剩下的是一些值不了多少钱的设备。他对朋友说，全归你吧，你想怎么处理就怎么处理。留下这句话后，他就与朋友分手了。显得多有风度，没有相互埋怨，这叫"好合好散"。生意没了，人情还在。他，就是李嘉诚的儿子——李泽楷。

有人问李泽楷："你父亲教了你一些怎样成功赚钱的秘诀吗？"李泽楷说，赚钱的方法他父亲什么也没有教，只教了他一些为人的道理。李嘉诚曾经这样跟李泽楷说，他和别人合作，假如他拿七分合理，八分也可以，那么拿六分就可以了。

李嘉诚的意思是，吃亏可以争取更多人愿意与自己合作。想想看，虽然他只拿了六分，但现在多了一百个合作人，他现在能拿多少个六分？假如拿八分的话，一百个人会变成五个人，结果是亏是赚可想而知。

李嘉诚一生与很多人进行过或长期或短期的合作，分手的时候，他总是愿意自己少分一点钱。如果生意做得不理想，他就什么也不要了，愿意吃亏。这是种风度，是种气量，也正是这种风度和气量，才有人乐于与他合作，他也才越做越大。所以李嘉诚的成功更得力于他的恰到好处的处世交友经验。

很多时候，吃亏是一种福，是智者的智慧。不管你是做老板也好，还是做合作伙伴也罢，你主动吃亏，而旁边的人接受了你的"谦让"，他不仅会一心一意与你合作，跟着你干，而且会因为感谢、感激，不断寻找机会还你人情。

曾经有一个砂石老板，没有文化，也没有背景，但生意做得却出奇的好，而且历经多年，长盛不衰。说起来他的秘诀也很简单，就是与每个合作者分利的时候，他故意只拿小头，把大头让给对方。如此一来，凡是与他合作过一次的人，都愿意与他继续合作，而且还会因为感激介绍一些朋友，再扩大到朋友的朋友，也都成了他的客户。人人都说他好，因为他只拿小头，但所有人的小头集中起来，就成了最大的大头，他才是真正的赢家。

不过，"吃亏是福"不能只当套话来理解，应在关键时候有敢于吃亏的气量，这不仅体现你大度的胸怀，同时也是做大事业的必要素质。把关键时候的亏吃得淋漓尽致，才是真正的赢家。

现实生活中，不要因为吃一点亏而斤斤计较，开始时吃点亏，实为以后的不吃亏打基础，不计较眼前的得失是为了着眼于更大的目标。那些没有"手腕"的人，都怕便宜了别人，可吃亏的却往往是自己。

人非圣贤，谁都无法抛开七情六欲，但是，要成就大业出人头地，就要学会适度糊涂，就得分清轻重缓急，该舍的就得忍痛割爱，该忍的就得从长计议。正所谓"吃人嘴短，拿人手软"，主动让别人占便宜，你就等于给对方放了一份人情债，那么他对你日后的请求也就不好拒绝了，甚至你无需请求他都会主动来帮助你。

故意让人占点便宜，人情积少成多

积少成多的道理大家都非常清楚，一点一点积累，最后收获很多。其实，在人情储蓄的诸多方法中，积少成多也是非常重要的一种。具体就是，时不时地故意让别人占你一点小便宜。

陈老与纪伯是邻居，某天夜里，纪伯偷偷地将隔开两家的竹篱笆，向陈家移了移，以便让自己的院子宽一点。不过由于是深夜，纪伯只移动了一点点。

陈老虽然看到了这些，但他故意视而不见。

第二天夜里，纪伯又偷偷地将竹篱笆向陈家移了一些，不过仍然进行得比较吃力。陈老看在眼里，在纪伯走后，他将篱笆又往自己这边移了一丈，使纪伯的院子更宽敞了。

第三天一早，纪伯发现后，很是惭愧，不但还了侵占陈家的地，而且还将篱笆往自己这边移了一丈。

陈老故意让纪伯占点小便宜，纪伯却因陈老的谦让感到内疚，产生了"以小人之心，度君子之腹"的感觉，认为自己欠了陈老的一个人情债。每当他想起此事时，他总是会想法报答纪伯。

人情债就是这样，一点一点地放，虽然每次看上去很少，但经过积累，对方最终欠你的就多了，日后对你的报答当然也不会太少了。这一点，不仅在日常交际中非常重要，在经商中同样重要。

徐先生在广州开了一家海鲜酒楼，叫南海渔村，最后经营上遇到了问题。

一天，他在同一街上看到两家时装店，一家生意兴旺，另一家却相当平淡。什么原因呢？他走进那家旺店一看，原来店里除了高档货外，还有几款特价服装。

他受到了启发，于是就创出了"海鲜美食周"的点子——每天有一款海鲜是特价的，售价远远低于同行的价格。当时，基围虾的市场价格为500克38元，徐先生把它们降到28元。不仅如此，结账时，他还将每位顾客消费的元以下的零钱全部抹掉。有些常客几乎三天两头就过来买，他仍然次次见零钱就抹掉，有些常客开玩笑地说："你长期这样给我抹钱，都抹掉几斤大虾了！"而徐先生每次都是一笑而过。

不出所料，这两招一举成功，很多食客就冲着那一款特价海鲜，走进了南海渔村大门。降低价格，原来是准备亏本的，但由于吃的人多，每月销出4吨基围虾，结果不但没亏本，反而赚了钱。

自此以后，南海渔村门庭若市，顾客络绎不绝。

徐先生作为饭店的经营者，之所以能够成功，就是在人的"贪便宜"、"好尝鲜"的本性上做足了文章。因为贪便宜，一看到原本38元一斤的基围虾跌到28元一斤，于是人们便蜂拥而至抢便宜货，再加上老板大方地抹掉零钱，酒楼自然就出了名，大把的钱也就自然流入徐老板的腰包。

足见，积少成多放人情债的方式多么受人们欢迎，更重要的是它在顺畅人际关系方面非常奏效。

当然，让别人占点便宜并不是要大家随时随地都去吃亏。吃亏是有学问，有讲究的。我们要学会吃亏，要吃在明处，至少你应该让对方心中有数。这样才能让别人觉得欠你人情，以后你若有求于他，他才会全力以赴。

熟记名字，更容易抓住对方的心

人们在日常应酬中，如果一个并不熟悉的人能叫出自己的姓名，就会产生一种亲切感和知己感；相反，如果见了几次面，对方还是叫不出你的名字，便会产生一种疏远感、陌生感，增加双方的心理隔阂。一位心理学家曾说："在人们的心目中，唯有自己的姓名是最美好、最动听的东西。"许多事实也已经证实，在公关活动中，广记人名，有助于公关活动的展开，并助其成功。

美国的前总统罗斯福在一次宴会上，看见席间坐着许多不认识的人，他找到一个熟悉的记者，从记者那里一一打听清楚了那些人的姓名和基本情况，然后主动和他们接近，叫出他们的名字。当那些人知道这位平易近人、了解自己的人竟是著名政治家罗斯福时，大为感动。以后，这些人都成了罗斯福竞选总统的支持者。

记住对方的名字，最好是高呼出声，这不仅是起码的一种礼貌，更是交际场上值得推行的一个妙招。你想一想，对于轻易记住你的名字的人，我们怎不顿觉亲切，仿佛双方是老友相逢，这时，他来求我们什么事情，我们怎好不竭尽全力予以优先惠顾呢？

在交际场上，如果第一次见面时你留给一位姑娘一个良好的印象，可是第二次见面时，你却嗯嗯啊啊地叫不出她的名字来，这位姑娘心里会很不舒服，认为自己没有分量。那么，即使原来想好好谈谈，或谈生意，或谈人情，这一下全变得兴味索然了。叫不出对方的名字，谈下去就没戏了，因此你或许断了一方财路，或许使一段姻缘夭折。

在对方面前，你一张口就高呼出他的名字，会让对方为之一振，对你顿生景仰之意。就是原本不利的情势，也往往会因为你的这一高呼而顿时"化险为夷"。

一位著名作家说："记住人家的名字，而且很轻易地叫出来，等于给别人一个巧妙而有效的赞美。因为我很早就发现，人们把自己的姓名看得惊人的重要。"

不少人不惜任何代价让自己的名字永垂不朽。且看两百年前，一些有钱人把钱送给作家们，请他们给自己著书立传，使自己的名字留传后世。现在，我们看到的所有教堂，都装上彩色玻璃，变得美轮美奂，以纪念捐赠者的名字。不言而喻，一个人对他自己的名字比对世界上所有的名字加起来还要感兴趣。

卡内基也是认识了这一点才成为钢铁大王的。小时候，他曾经抓到一窝小兔子，但是没有东西喂它们。他就想出了一个绝妙的主意。他对周围的孩子们说："你们谁能给兔子弄点吃的来，我就以你们的名字给小兔子命名。"这个方法太灵验了，卡内基一直忘不了。当卡内基为了卧车生意和乔治·普尔门竞争的时候，他又想起了这个故事。

当时，卡内基的中央交通公司正跟普尔门的公司争夺联合太平洋铁路公司的卧车生意。双方互不相让，大杀其价，使得卧车生意毫无利润可言。后来，卡内基和普尔门都到纽约去拜访联合太平洋铁路公司的董事会。有一天晚上，他们在一家饭店碰头了。卡内基说："晚安，普尔门先生，我们别争了，再争下去岂不是出自己的洋相吗？"

"这话怎么讲？"普尔门问。

于是卡内基把自己早已考虑好的决定告诉他——把他们两家公司合并起来。他把合作的好处说得天花乱坠。普尔门注意地倾听着，但是他没有完全接受。最后他问："这个新公司叫什么呢？"

卡内基毫不犹豫地说："当然叫普尔门皇宫卧车公司。"

普尔门的面孔一亮，马上说："请到我的房间来，我们讨论一下。"

这次讨论翻开了一页新的工业史。

如果你不重视别人的名字，又有谁来重视你的名字呢？如果有一天你把人们的名字全忘掉了，那么，你也很快就会被人们遗忘。

记住别人的名字。对他人来说，这是所有语言中最甜蜜、最重要的声音。如果你想让人羡慕，请不要忘记这条准则："请记住别人的名字，名字对他来说，是全部词汇中最好的词。"

熟记他人的名字吧，这会给你带来好运，也会给你带来人脉！

把"双赢牌"蛋糕做大，让别人欠你人情

三人打牌，虽然互为对手，但假若两方合作也能赢牌，出牌时不如就让对方一分，对方才可能在关键的时候，让你一分，使双方获益。正如作家刘墉所说："合作失败的人常拆伙，因为彼此责难。合作成功的人，也常拆伙，因为各自居功。直到拆伙之后，发现势单力薄，再回头合作，关系才变得比较稳固。"

随着科学技术向纵深方向发展，社会分工越来越精细，人通常难以成为全能型

的人物，因此就需要与他人合作，并在合作中寻求取胜之道。

很久以前，有一个有钱的员外，他有五个心不齐的儿子。他们做事的时候都自己管自己，从来不互相帮助。

后来，老员外得了重病，临死之前，他把五个儿子叫到床前，又叫人拿来一大把筷子，分给五个儿子。他分给老二、老三、老四、老五每人一根筷子，把剩下的一大把筷子都给了老大，然后说："你们把手上的筷子都折断吧！"老二、老三、老四、老五没费多少力气就折断了筷子，老大使出了全身的力气，都没把筷子折断。老员外说："你们看，一根筷子很容易被人折断，一把筷子就不容易被人折断了。如果你们不齐心合力，就会像一根筷子一样很容易被人折断，如果你们齐心合力，就会像一把筷子一样，不容易被人折断，做事情就容易成功。"

五个儿子都懂得了这个道理，从此以后，做事齐心协力，把事情做得很成功。

在人生牌局中，你必须学会与别人合作，弥补自己的不足，取长补短，从而达到双赢。

有这样一个生意人，他收购玉米再卖给别人，从中赚取差额，第一年赚了一大笔钱，尝到了甜头之后，第二年还做收购玉米的生意，但是第二年的生意很冷清，一方面是由于很难找到愿意将玉米卖给他的农民，另一方面是找不到愿意买他的玉米的客户。原来第一年做生意的时候，他不但对那些卖给他玉米的农民在价钱上克扣、短斤少两，让农民赚得的很少，而且在向那些客户卖玉米的时候也非常刁钻。所以打过一次交道后，不论是农民还是客户都不愿意再跟他合作了。

如果一个人在与别人打交道的时候只顾自己赢利，势必会让别人心生不快。所以，人要在得到东西的同时付出东西，把"双赢牌"蛋糕做大，让别人也有份，这样人家欠了你的情，日后自会鼎力报答你。

双赢是现代社会所倡导的一种合作方式，做事情的时候，多考虑别人的利益，站在别人的角度考虑问题，不仅能够赢得对方的信赖和好感，还能为今后的合作打下基础。如果处处为对方着想，就能够获得更多的合作伙伴，自己今后的发展之路就会更宽。

帮助别人就是在帮助自己，给人好处不要张扬

罗曼·罗兰曾说过："只要还有能力帮助别人，就没有权利袖手旁观。"没错，永远不要吝惜对别人的帮助，在帮助别人的同时，你也正是在帮助你自己，你将从中不断收获幸福和快乐。

有一个盲人，在夜晚走路时手里总是提着一个明亮的灯笼。别人见了觉得非常奇怪，问他："你自己根本看不见，为什么还要打着灯笼走路呢？"盲人回答道："这个道理很简单，这个灯笼当然不是为了给我自己照路，而是为别人提供光明，帮助别人看清道路。也只有这样，别人才能看见我，不会撞到我身上，我的安全才有保证。"

当盲人无私地为他人着想、方便他人时，恰恰帮助了自己，给自己带来了方便。如果每一个人都能够像盲人这样学会帮助别人、关心别人，我们这个世界一定会变得更加美好。

帮助别人就是帮助自己，有时，仅仅只是举手之劳，却解决了人家的大麻烦、大问题，我们又何乐而不为呢？你也许会说，帮助别人需要耗费你大量的精力、体力，耽误你的时间，但要知道，你的付出，不仅能助他人一臂之力，而且能给对方带来力量和信心，使他们有更大的勇气去战胜困难。特别是当一个人遇到挫折、处于逆境之中时，如果我们能热情相助，那将犹如雪中送炭，别人也定会有"滴水之恩，当涌泉相报"的感激。"危难中见真情"，很多人在受到别人真诚的帮助后，总能以更真诚的感激报答别人，你为他人所做的一切将为你赢得尊重、感激、信任等弥足珍贵的感情。

古往今来，人与人之间的交往实质是一种平等互惠的关系，也就是说，你对别人怎么样，别人就会怎样对你。你帮助我，我就会帮助你，正所谓"投之以桃，报之以李"，一个人只有大方而热情地帮助和关怀他人，他人才会给你帮助。所以你要想得到别人的帮助，你自己首先必须帮助别人。

有些时候，我们在帮助别人的同时，还能收获到意外的利益。

最后，我们帮助别人的时候，还能给自己带来精神上的欢愉和满足，这本身也是一件值得自豪的事。但是我们要懂得照顾他人的心情，悄无声息的帮助他，让他感觉到自己并没有处于困难之中，并不是处于弱者的地位，这样他们才会欣慰地接受你的帮助。

在一场激烈的战斗中，上尉忽然发现一架敌机向阵地俯冲下来。照常理，发现敌机俯冲时要毫不犹豫地卧倒。可上尉并没有立刻卧倒，他发现离他四五

米远处有一个小战士还站在那儿。他顾不上多想，一个鱼跃飞身将小战士紧紧地压在了身下。此时一声巨响，飞溅起来的泥土纷纷落在他们的身上。上尉拍拍身上的尘土，回头一看，顿时惊呆了：刚才自己所处的那个位置被炸成了一个大坑。

显而易见，上尉的善意之举不仅救了小战士的性命，而且也意外地让自己免于牺牲之灾。这种帮助，不正是一种双方的共赢吗？

第四章
小人情行小方便，大人情可得大回报

关系当用则用，否则是一种浪费

人生在世，有时需要一个伯乐提拔帮助，有时又需要一个高人指点迷津，在得意时需要有人泼泼冷水，在失意时需要有人欣赏相助。其实，每个人身边总会有一些这样的"贵人"关键时能助你一臂之力。只是看你能否识别出来，并且动用这些关系。

有时候遇到困境时，并不是没有出路，而是你没有想出来怎么开辟新的出口。这个时候，寻求别人的帮助，借来一点力量，就可以让自己突破重围，找到新的机遇。记住，要善于借力。个人的力量对自然对社会而言，都是渺小的。因此，要完成一件个人之力所不能及之事，须善于借用外界、他人的力量，才能达到目的。

贵人最重要的作用就是助你一臂之力，让你顺利达成自己的目标，甚至超越别人的期望。有时候，你并不知道谁会是那个最终帮你超越自我的人，那就需要培养好人脉关系，让自己成为一个别人都愿意接近、都愿意帮助的人。

有良好关系的人，在工作和生活中办起事来自然会事半功倍。成功者都善于借力、借势去营造成功的氛围，从而攻克一件件难事，为他们的成功铺平了道路。最重要的是，成功者还明白各种关系的良好互动，这是借力的第一步。

马克在索尼做人力资源主管的时候遇到了一件棘手的事。公司的一位员工在出差的时候摔折了胳膊。这样的事情以前从未发生过，公司怎么处理这件事，是否赔付，赔付多少合适，都没有先例可以参照。因为这件事涉及员工的利益，老板要求马克尽快地处理，因为拖沓会显得公司对这件事不重视。要妥善处理这件事，必须兼顾公司和员工的利益，对内对外都不能留下任何隐患。

马克一时无从下手，到了最后半天的时间，他想到了外援。他给做人力资源的朋友们打电话，这些朋友们给他提供了至少十条有用的信息。根据这些信息，他马上拿出了这个事件的处理意见，还写了部门处理类似事情的流程，并上报。老板对此给予了极高的评价。

在成功地处理这件事上，在大型跨国公司任职的朋友们给了他莫大的帮助。马克感慨地说："我常参加人力资源圈子里各方面的活动，并认识了许多同行，虽然大家没有固定在某一个时间见面，但经常通过电话沟通一些信息，形成了一个无形的关系网。如果谁有什么不懂的地方，只要打一个电话，大家都会积极热心地给予帮助。另外在专业方面，通过关系网里的人帮助也不会出问题。"

得到老板赏识，避免工作中的错误，这就是人力资源关系网带给马克的好处。只要善于利用，一个人的人脉网络能够为他提供足够的资源和力量。你所交往的人，包括你的亲人和朋友，以及你认识甚至不认识的人，都是你潜在的资源和能量，都会成为借力给你的贵人。

因此，做人做事的有心人大都精通借助关系的力量和智慧之道，发挥别人的优势，成就自己的事业。

其实，在当今社会，不管是同学关系、亲人关系、同事关系，如果办事求到他们中间的任何一个，只要你用心去办了，再难的事也不难。

你所认识的每一个人都有可能成为你生命中的贵人，成为你事业中重要的顾客。人脉资源的积累和利用很重要，如果你想获得事业的成功，就一定要懂得怎样把关系变成办事资本。小智者，借物；中智者，借钱；大智者，借人；超智者，借势。善于借力，才能事半功倍。借普通人之力，成一时之小事；借贵人之力，成千秋伟业。关系当用则用，不要让资源白白浪费，让机会悄然逝去。

满足对方心理，为求其办事作铺垫

中国有句俗话，叫"篱笆立靠桩，人立要靠帮"。一个人要想一生有所成就，就必须有求人办事的能力。这个话题，说起来很简单，可真正实施起来，又有多少人能轻松得手呢？我们常能听到这样的唠叨，"低三下四求人也未必求得动"、"软磨硬泡就算求动了人家也是不情愿，根本不会给你好好办"……

难道我们就不能让人家心甘情愿地帮忙吗？当然不是了。有求于人，你必须明确，要对方帮你，唯一有效的、事半功倍的方法就是使他自己情愿。那么，我们怎样才能让他人心甘情愿地"为我所用"呢？这，就需要心理技巧了。

人的需要是各不相同的，每个人都有各自的癖好与偏爱。你首先应当将自己的计划去满足别人的心理，然后你的计划才有实现的可能。

例如，说服别人最基本的要点之一，就是巧妙地诱导对方的心理或感情，以使他人就范。如果你特别强调自己的优点，企图使自己占上风，对方反而会加强防范心。所以，应该注意先点破自己的缺点或错误，使对方产生优越感。

关于这一点，曾有一个非常有趣的故事：

有一位年轻人是美国有名的矿冶工程师，毕业于美国的耶鲁大学，又在德国的佛莱堡大学拿到了硕士学位。可是当年轻人带齐了所有的文凭去找美国西部的一位大矿主求职的时候，却遇到了麻烦。原来那位大矿主是个脾气古怪又很固执的人，他自己没有文凭，所以就不相信有文凭的人，更不喜欢那些文质彬彬又专爱讲理论的工程师。当年轻人前去应聘递上文凭时，满以为老板会乐不可支，没想到大矿主很不礼貌地对年轻人说："我之所以不想用你就是因为你曾经是德国佛莱堡大学的硕士，你的脑子里装满了一大堆没有用的理论，我可不需要什么文绉绉的工程师。"聪明的年轻人听了不但没有生气，反而心平气和地回答说："假如你答应不告诉我父亲的话，我要告诉你一个秘密。"大矿主表示同意，于是年轻人对大矿主小声说："其实我在德国的佛莱堡并没有学到什么，那三年就好像是稀里糊涂地混过来一样。"想不到大矿主听了却笑嘻嘻地说："好，那明天你就来上班吧。"就这样，年轻人在一个非常顽固的人面前通过了面试。

或许你觉得那个大矿主心理有问题，观念比较偏激、夸张，甚至有些滑稽，可年轻的工程师若不让矿主的"问题心理"得到满足，又怎么能让他聘请自己呢？

美国著名政治家帕金斯30岁那年就任芝加哥大学校长，有人怀疑他那么年轻是否能胜任大学校长的职位，他知道后只说了一句："一个30岁的人所知道的是那么少，需要依赖他的助手兼代理校长的地方是那么的多。"就这短短一句话，使那些原来怀疑他的人一下子就放心了。人们遇到了这样的情况，往往喜欢尽量表现出自己比别人强，或者努力地证明自己是有特殊才干的人，然而一个真正有能力的领袖是不会自吹自擂的，所谓"自谦则人必服，自夸则人必疑"就是这个道理。

在办事过程中，你要努力做到这点——先在心理上满足对方，这样事情就会变得简单、顺利多了。

乾坤大挪移，化人之力为我所用

古话说得好："三个臭皮匠，胜过一个诸葛亮。"个体不同，就各有各的优势和长处，所以一定要善于发现别人的优势和长处，取之所长，补己之短。

一个人不能单凭自己的力量完成所有的任务，战胜所有的困难，解决所有的问题。须知借人之力也可成事，善于借助他人的力量，既是一种技巧，也是一种智慧。

当我们无力去完成一件事时，不妨向身边可以信任的人求助，也许对我们来说费力不讨好的事情，对他们来说却可能不费吹灰之力就能轻松"搞定"。与其自己苦苦追寻而不得，不如将视线一转，呼唤那些有能力解决问题的人，这样赢取胜利的过程自然会顺利不少。

一个小男孩在沙滩上玩耍。他身边有他的一些玩具——小汽车、货车、塑料水桶和一把亮闪闪的塑料铲子。他在松软的沙滩上修筑公路和隧道时，发现一块很大的岩石挡住了去路。

小男孩企图把它从泥沙中弄出去。他是个很小的孩子，那块岩石对他来说相当巨大。他手脚并用，使尽了全身的力气，岩石却纹丝不动。小男孩一次又一次地向岩石发起冲击，可是，每当他刚把岩石搬动一点点的时候，岩石便又随着他的稍事休息而重新返回原地。小男孩气得直叫，使出吃奶的力气猛推猛挤。但是，他得到的唯一回报便是岩石滚回来时砸伤了他的手指。最后，他筋疲力尽，坐在沙滩上伤心地哭了起来。

这整个过程，他的父亲在不远处看得一清二楚。当泪珠滚过孩子的脸庞时，父亲来到了他的跟前。父亲的话温和而坚定："儿子，你为什么不用上所有的力量呢？"男孩抽泣道："爸爸，我已经用尽全力了，我已经用尽了我所有的力量！""不对，"父亲亲切地纠正道，"儿子，你并没有用尽你所有的力量。你没有请求我的帮助。"说完，父亲弯下腰抱起岩石，将岩石扔到了远处。

可见，不要羞于向强者求助，有时对自己来说是天大的难事，对强者而言不过是动动手指头的小事。甚至在另外一些时候，即使是敌人，也可为己所用。

借人之力，利用他人为自己服务，以让自己能够高居人上，这是一个人很难能可贵的地方。尤其对自己所欠缺的东西，更需要多方巧借。善于借助别人的力量，善于利用别人的智慧，广泛地接受多家的意见，多和不同的人聊聊自己的构想，多倾听别人的想法，多用点脑子来观察周遭的事物，多静下心来思考周遭发生的一些现象，将让你受益匪浅。正如奥地利著名作家斯蒂芬·茨威格说的："一个人的力量是很难应付生活中无边的苦难的。所以，自己需要别人帮助，自己也要帮助别人。"

在这个世界上没有完美的人，巧妙地借助他人的力量为我所用，自然会有事半功倍的效果。

给他人一个头衔，让他鼎力相助

虽然头衔是虚的，不能增加人的经济收益，但却可以在极大程度上满足人的自我成就感。很多人都通过给予对方一个光辉闪耀的头衔来获得对方的鼎力协作。

斯坦梅茨是一位拥有异常敏锐的观察力和无法估计的才能的人。然而，在他就任通用电气公司的行政主管时，他所管理的事务却乱作一团，因此，他被撤销了行政主管一职，而担任顾问兼工程师。那么，怎样才能使这样一个事业上受挫的人不遗余力地投入到工作中、为公司效力呢？

这时，高层管理人员运用了一些奇妙的驭人策略。他们给予了斯坦梅茨一个耀眼的头衔——"科学的最高法院"。一时之间，几乎公司上下所有的人都知道：有一个叫斯坦梅茨的工程师非常了不起，他被称为"科学的最高法院"。而斯坦梅茨也极力维护这个头衔所带给他的荣誉，他不遗余力地工作着，创造了很多奇迹，为通用电气的发展作出了极大的贡献。

头衔是一种公开化的赞誉，面对它，几乎没有人能够真正抗拒。头衔能够让许多人激动不已，能够激发他们的工作热情，当然，还能够赢得他们的忠诚。一个小小的头衔真的拥有这么巨大的魔力吗？

其实，这当中是有其心理学依据的。

首先，从个体心理学的角度看，当一个人被赋予某种头衔的时候，他对自己的自我认知就发生了改变。潜意识中，他将自己和这种头衔统一起来，如果他不按头衔的要求去做的话他就会产生认知失调，也就是自我认知和言行冲突，从而产生心理不适。因此，为了避免认知失调产生，他一定会以积极的言行来极力维系头衔带给他的荣誉。

再则，从社会心理学的角度看，当一个人被赋予某种头衔的时候，实际上是被赋予了某种社会角色。

著名心理学家津多巴曾经做了一个这样的实验：

参加实验的志愿者都是男性。津巴多将他们分成两组，一组扮演监狱里的"看守"，另一组扮演"犯人"。

一天后，几乎所有的参与者都进入了角色。"看守"变得十分暴躁而粗鲁，甚至主动想出许多方法来体罚"犯人"。而"犯人"则"垮"了下来，有的消极地逆来顺受，有的开始积极反抗，有的甚至像个看守一样去欺辱其他犯人。

人有一种将自身的言行与自己所扮演的角色统一起来的本能，人很难抛开自己所拥有的头衔而做出格的事情。

作为美国劳工协会缔造者的塞缪尔·冈伯斯就是凭借这个策略走向了成功。在刚开始的时候，他所面临的困境除了缺少资金之外，还缺少同盟者。为此，他创立了"民间委任状"，专门对那些愿意组织工会的人授予荣誉称号。采用这种方式，一年之中他就获得了 80 个人的鼎力支持。从此以后，美国劳工协会的会员数目开始直线攀升。

横扫欧洲大陆的拿破仑毫不吝啬地创设了许多崇高的头衔和荣誉。他制定了一种十字荣誉勋章，授予了 1500 多个臣民；他重新起用了法兰西陆军上将的官衔，并将官衔授予了 18 位将官；他还以"大军"头衔授予那些优秀的士兵……他通过给予他人头衔的方式赢得了众人的支持。

在应酬社交中，要想获得他人的鼎力支持，给予他人合适的头衔是非常有效的方式，这被无数事实反复证明着。

借能人之手为自己办好棘手之事

事情有难易之分，面对易如反掌的事情，我们总是能轻松解决，但当面前的问题很棘手时，就不妨将问题抛出去，让能人去解决。

有位知名度颇高、要求极为严格的建筑师，他规划了许多的建筑物，然后分别包给多位承包商。

由于这位建筑师对质量和进度要求甚高，所以在他的手下做事压力巨大。在他的建筑师事务所里，经常可以听到会议室里传出来的阵阵怒吼声，因此，他手下的助理更换非常频繁。

这次，建筑师请来的是一位刚毕业的年轻助理，负责监督和催促工程进度的工作。这个工作一向是最吃力不讨好的，所以受到建筑师的责难也最大。可奇怪的是这位年轻助理连续工作了半年，居然很少受到建筑师的责骂，工程的进度在他的监督下也几乎都能跟上，同事们对此都感到非常不解。

直到有一天，同事们在同这位年轻助理谈论工作经验时，才向其问道："我们实在都很好奇，你工作时间不长，却能把工程进度控制得如此之好，你到底是怎样做到的呢？"

年轻助理耸了耸肩，无比轻松地说："其实，这很简单，当一位承包商把难题丢给我，企图拖延工程进度时，我就很坚定地告诉他：'我的进度不能变更，你是要和我解决呢？还是让我们的建筑师和你解决？'这样他们通常都会没什么话说了。"

这位小伙子真的很聪明，他将自己的困境轻松地转化为建筑师和商人的矛盾，自己却轻松了起来。与之类似，中国历史上也有一个非常有名的事例。

唐肃宗时，李辅国是宫中一名大宦官。至德元年（公元 756 年），肃宗在灵武称帝后，李辅国官拜行军司马。凡是肃宗的起居出行、诏令发布等内外大事，都委任李辅国处理。唐肃宗打败安禄山，回京城后，李辅国在银台门主持恢复京城的事，并负责掌管禁兵，一时权倾朝野，人人都不敢小看他。上元二年（公元761年）八月，又加给李辅国兵部尚书一职。

可是李辅国仍然不满足，恃功向唐肃宗要官，请求做宰相。唐肃宗对李辅国这种咄咄逼人、明目张胆要官的做法非常反感，同时，对他的权力过重也有所警惕。因此，唐肃宗并不想把宰相的权力交给他。不过，李辅国对唐朝宗室有功，唐肃宗不想当面得罪他，于是，就对李辅国说："按照你为国家所建立的功勋，什么不能做？可是，你在朝廷中的威望还不够，这怎么办呢？"

李辅国听了唐肃宗的话以后，就让仆射、裴冕等人上表推荐自己。唐肃宗知道李辅国在请人上表，十分担心，就悄悄把宰相萧华找来说："李辅国想做宰相，我并不打算让他干。听说你们想上表推荐他，真的吗？"

萧华没有做声，但心里已经明白了，出宫以后找到裴冕，征求他的意见。裴冕说："当初我并没有打算上表推荐李辅国当宰相，是他自己来找我的。现在我知道了皇上的真实意图，请皇上放心，我宁死也不会上表推荐李辅国为宰相的。"萧华又进宫向唐肃宗奏明他们的意见，肃宗非常高兴。后来，李辅国始终没能当上宰相。

有句谚语说"把烫手山药丢出去"，其中烫手山药指的就是忽然遇到的问题与困难。就如同前面故事中的年轻助理和唐肃宗一样，他们都非常巧妙地将问题挡了出去，让别人为自己的问题苦恼，使其处于两难的境地，自己则享受没有烦恼的乐趣。年轻助理是将问题引向了更困难的建筑师，自己巧妙地回避了矛盾；唐肃宗则是将问题推给了下属，借他们的力量来限制李辅国。有的问题在当时就要很快作出反应，否则稍有停顿便会烫到自己的手。事后步步埋怨自己没有抓住稍纵即逝的机会作适当的反应，也没有用了。

所以，尽管烫手的山药人人都不想接，但如果它不幸落到我们自己这里的话，那最好的办法就是将它丢出去，扔给那些有能力的人去解决。不过，山药丢出去还要有技巧，要小心别烫到了对方，伤了感情。这里面就有个"度"的问题，既要让对方能在脸面上过得去，又要让自己摆脱困境。高明的人不仅能使丢出去的烫手山药不会砸到别人，还能让别人心甘情愿地替自己解决问题。

还需要注意的是，这些技巧是要经常练习的。常常操练，就能够掌握这个火候了。但是，有些时候也不应一味地回绝，应该抓住时机。有些时候，如果问题不是非常难处理，则应尽量去把它做好。

用第三方的威势来拔高自己

借助他人的声威来提高自己的地位，使所求之人提升对你的评价，那么要让他答应你所请之事也就更加容易。尤其是二十几岁初涉职场的年轻人，能够掌握住人脉中的关键性人物，借其声威，对今后在人际关系上的经营具有重要意义，是一项扩展人脉的重要资本。

苏代为燕国去游说齐国，在未见齐威王之前，先对淳于髡说道："有个卖骏马的人，接连三天早晨站在市场上，而无人问津。他就去见伯乐说：我有匹骏马想卖掉，接连三天早晨站在市场上，没人跟我说一句话，希望先生能绕着马细看一下，离开时回头再瞅一眼。伯乐看出那马确实是匹良马便答应了。于是第二天伯乐绕着马仔细看，离开时又回头瞅了一眼，结果这一天马价竟涨了十倍。现在我想把'骏马'送给齐王看，可是没有替我前后周旋的人，先生有意做我的伯乐吗？"淳于髡痛快地答应了苏代的请求，入宫劝说齐王，齐王高高兴兴地接见了苏代。

求人办事时，难免会遇到种种事先不可能了解的情况：所求之人为人如何？喜欢什么？讨厌什么？而那位被求之人也不免怀疑：这个人究竟怎样？才能如何？是否诚实可靠？这时，如果有位中间人，互通情报，沟通消息，那么双方的障碍就很容易消除。而如果有一位被信赖或尊敬的人美言力荐，那么，事情就成功一半了。

求人时最好提及一个有威望的"大人物"，这样被求之人会因此更看好你，也会碍于这有威慑力的"第三方"而满足你的要求。

求人帮助时要动之以情

当我们有求于人时，如果别人用一般理由来搪塞拒绝，我们往往会发现对方其实没有经过深思熟虑，只是因为一些细小的原因而作出了拒绝的决定。如果我们能帮助对方分析现状，用真情打动对方，对方一般会欣然相助。

20世纪80年代初，引滦入津工程正在加紧进行。担负隧洞施工任务的部队因炸药供应不上，面临停工和延误工期。部队领导心急如焚，派李连长带车到东北某化工厂求援。李连长昼夜兼程千余里赶到该厂供销科，可是得到的答复只有一句话："现在没货！"他找厂长，厂长很忙，没时间听他陈述，他就跟进跟出，有机会就讲几句，但厂长不为所动，冷冷地说："眼下没货，我也无能为力。"厂长给他倒了杯茶水劝他另想办法。李连长并不死心，他喝了口茶，说："这水真甜啊！天津人可是苦啊，喝的是从海河槽里、各注淀中集的苦水，不用放茶就是黄的。"他瞥见厂长戴的是天津产的手表，就接着说："您也是戴的天津表！听说现在全国每 10 块表中就有 1 块是天津的，每 10 台拖拉机中就有 1 台是天津的，每 4 个人里就有 1 个人用的是天津的碱。您是办工业的行家，最懂得水与工业的关系。造 1 辆自行车要用 1 吨水，造 1 吨碱要 160 吨水，造 1 吨纸要 200 吨水……引滦入津，解燃眉之急啊！没有炸药，工程就得延期……"厂长一听，心中受到触动，就问："你是天津人？""不，我是河南人，也许通水时，我也喝不上那滦河水！"厂长彻底折服了。他抓起电话下达命令："全厂加班三天！"三天后，李连长带着一卡车炸药返程了。

在求人办事的时候，能跳出自己的狭小圈子，而从对方内心深处的角度去说话，才更容易引起对方的共鸣，从而答应你的请求。

在美国经济大萧条时期，有一位 17 岁的姑娘好不容易才找到一份在高级珠宝店当售货员的工作。在圣诞节的前一天，店里来了一位 30 岁左右的贫民顾客，他衣衫褴褛，一脸的悲哀、愤怒，他用一种不可企及的目光盯着那些高级首饰。

姑娘要去接电话，一不小心，把一个碟子碰翻，六枚精美绝伦的金戒指落到地上，她慌忙捡起其中的五枚，但第六枚怎么也找不着。这时，她看到那个 30 岁左右的男子正向门口走去，顿时，她知道了戒指在哪儿。

当男子的手将要触及门柄时，姑娘柔声叫道："对不起，先生！"

那男子转过身来，两人相视无言，足足有一分钟。

"什么事？"

他问，脸上的肌肉在抽搐。

姑娘一时竟不知说些什么。

"什么事？"他再次问道。

"先生，这是我第一份工作，现在找个事儿做很难，是不是？"

姑娘神色黯然地说。

男子长久地审视着她，终于，一丝柔和的微笑浮现在他脸上。

"是的，的确如此。"他回答，"但是我能肯定，你在这里会干得不错。"

停了一下，他向前一步，把手伸给她：

"我可以为您祝福吗？"

他转过身，慢慢走向门口。

姑娘目送着他的身影消失在门外，转身走向柜台，把手中握着的第六枚金戒指放回了原处。

这位姑娘成功地要回了中年男子偷拾的第六枚金戒指的关键是，在尊重谅解对方的前提下，以"同是天涯沦落人"的凄苦的言语博得对方的真切同情。对方虽是流浪汉，但此时握有打破她饭碗的金戒指，极有可能使她也沦为"流浪汉"。因此，"这是我第一份工作，现在找个事儿做很难"，这句真诚朴实的表白，却饱含着惧怕失去工作的痛苦之情，也饱含着恳请对方怜悯的求助之意，终于感动了对方。对方也巧妙地交还了戒指。试想，如果姑娘怒骂，甚至叫来警察，也可能找回戒指，但姑娘的"饭碗"还保得住吗？

在今天的社会，求人帮忙是越来越难了，别人首先想到的是有没有物质上的好处。但人总有一个特点，就是可以被感动，在求人帮助时能动之以情，就会容易许多。

激起心理共鸣，让他感觉像是在帮助自己

在人际交往过程中，"心理共鸣"是一种以心交心的有效方式，也是一门非常微妙的相处艺术。它不仅可以拉近交际双方心灵的距离，而且可以在你求人办事过程中发挥着强大的促进作用。

不过，虽然人与人之间本来就有许多地方是相同的，但是要产生共鸣，还需要一定的说话技巧。当你对另一个人有所求的时候，最好先避开对方的忌讳，从对方感兴趣的话题谈起，不要太早暴露自己的意图，让对方一步步地赞同你的想法，当对方跟着你走完一段路程时，便会不自觉地认同你的观点。

伽利略年轻时就立下雄心壮志，要在科学研究方面有所成就，为此，他希望得到父亲的支持和帮助。

一天，他对父亲说："父亲，我想问您一件事，是什么促成了您同母亲的婚事？"

"我看上她了。"父亲不假思索地答道。

伽利略又问："那您有没有娶过别的女人？"

"没有，孩子。家里的人要我娶一位富有的女士，可我只钟情于你的母亲，她从前可是一位风姿绰约的姑娘。"

伽利略说："您说得一点也没错，她现在依然风韵犹存。您不曾娶过别的女人，因为您爱的是她。您知道，我现在也面临着同样的处境。除了科学以外，我不可能选择别的职业，我对它的爱有如对一位美貌女子的倾慕。"

父亲说："像倾慕女子那样？你怎么会这样说呢？"

伽利略说："一点也没错，亲爱的父亲，我已经 18 岁了。别的学生，哪怕是最穷的学生，都已想到自己的婚事，可是我从没想过那方面的事，以后也不会。因为我只愿与科学为伴。"

伽利略继续说："亲爱的父亲，您有才干，但没有力量，而我却能兼而有之。为什么您不能帮助我实现自己的愿望呢？我一定会成为一位杰出的学者，获得教授身份。我能够以此为生，而且比别人生活得更好。"

说到这，父亲为难地说："可我没有钱供你上学。"

接着伽利略又说："父亲，您听我说，很多穷学生都可以领取奖学金，这钱是宫廷给的。我为什么不能去领一份奖学金呢？您在佛罗伦萨有那么多朋友，您和他们的交情都不错，他们一定会尽力帮忙的。他们只需去问一问公爵的老师奥斯蒂罗·利希就行了，他了解我，知道我的能力……"

父亲被说动了："嗯，你说得有理，这是个好主意。"

伽利略抓住父亲的手，激动地说："我求求您，父亲，求您想个法子，尽力而为。我向您表示感激之情的唯一方式，就是……就是保证成为一个伟大的科学家……"

伽利略最终说动了父亲，他实现了自己的理想，成为一位闻名遐迩的科学家。

这里，伽利略请求父亲帮忙，采用的是"心理共鸣"的说服方法。这种方法一般可分为以下四个阶段：

1. 导入阶段

先顾左右而言他，以对方当时的心情来体会现在的心情。例如，伽利略先请父亲回忆和母亲恋爱时的情形，引起了父亲的兴趣。

2. 转接阶段

伽利略巧妙地通过这句话把话题转到自己身上："我现在也面临着同样的处境。"

3. 正题阶段

提出自己的建议和想法。伽利略提出"我只愿与科学为伴"，这也正是他要说服父亲的主题。

4. 结束阶段

明确提出要求。为了使对方容易接受，还可以指出对方这样做的好处。伽利略正是这样做的，他说："……为什么您不能帮助我实现自己的愿望呢？我一定会成为一位杰出的学者，获得教授身份。我能够以此为生，而且比别人生活得更好。"

正是巧妙运用了"心理共鸣"的方法，伽利略终于达到了自己的目的，为最终实现自己的理想奠定了基础。那么，在日常生活中，我们也不妨试着用这种方法求助别人，这往往会带来让你满意的结果。

用利益驱动别人为己所用

如果我们想要成就一番大事业，单靠自己一人的力量是不行的，必须善于借助别人的力量。而要想借助别人的力量，我们就应牢记：人者利为先，用利益驱动别人为己所用。

在长篇历史小说《曾国藩》中，有这么一节：

曾国藩初握兵权时，对属下要求极其严格。曾国藩治下的湘军，以"扎硬寨，打死仗"闻名。曾国藩追求的是"多条理、少大言""不为圣贤，便为禽兽""莫问收获，但问耕耘"。梁启超称赞他是"其一生得力在立志，自拔于流俗"，"历百千艰阻而不挫屈；不求近效，铢积寸累，受之以虚，将之以勤，植之以刚，贞之以恒，帅之以诚，勇猛精进，艰苦卓绝"，其"非有地狱手段，非有治国若烹小鲜气象，未见其能济也"。

但是，曾国藩对待下属比较"吝啬"：在向朝廷保荐有功人员时，"据实上报"，一是一，二是二，有多大功劳就是多大功劳，不肯多报一点，更别说虚报那些无功人员了。这样一来，那些为他出生入死的属下就不乐意了，在以后的战役中，明显的没有以前勇猛。

曾国藩不明就里，直到有一天，其弟曾国荃对他说："大哥，弟兄们现在不卖力干活全是因为你的'据实上报'啊，你是朝廷大员，你可以'修身齐家治国平天下'，你可以百世流芳，这是你的追求。可弟兄们没有你那么高的追求，他们要的就是眼前的利益。弟兄们流血卖命打仗，图的是金银财宝和有个官职以封妻荫子，你不给人家好处，谁给你卖命啊？"

一番话点醒梦中人，尽管曾国藩是个理想主义者，但在现实面前也只能妥协。

我们如何才能让别人追随自己、帮助自己呢？当然，这也是因人而异的。对于一等人才，讲究的是志同道合，即有共同的理想和奋斗目标。这样的人物，是与自己在同一层面上的合作者。

然而，对于次等的人才，除了理想、人格魅力以外，也许更重要的就是实在的利益和好处。就像那些普通的"湖湘子弟"，他们不可能都在历史上留下自己的名字，也许他们也有对理想的追求，但眼前的实际利益无疑更能打动他们。

一等的人才毕竟有限，我们更多需要倚靠的是那些次等人才，所以在与这些人才博弈的过程中，我们一定要用利益驱动他们为己所用。

"我们没有永远的朋友，也没有永远的敌人，只有永远的利益"，这是一百多年前美国首相迪斯罗利留下的名言。

从政也好，经商也好，若无利可图，谁也不会和你合作，为你所用。看透这一点，在博弈中才能进退自如。

所以，要打动对方，首先要考虑能够给对方什么，了解对方要什么，然后考虑自己能否给对方这些东西。简而言之，打动对方的方法是：首先考虑在自己能够接受的范围内能给对方什么好处。

不给对方好处对方就不予合作，你也无法获利。给的好处小了对方劲头不高，合作程度也小，你获利也就少。只有给对方最大程度的好处，对方才能全力以赴，你也才能取得最大的利益。

恰当的反馈能使对方积极地为你办事儿

心理学家赫洛克曾做过一个有关反馈的著名实验：

他把106名四五年级的小学生分成四个组，让他们每天练习相同的数学题目。不过，不同的组练习后所受到的"待遇"是完全不同的。

第一组为受批评组，每次练习后，都挑出学生们的错误，并严加批评。

第二组为受表扬组，当学生们练习完以后，针对他们不同的良好表现予以表扬和鼓励。

第三组为被忽视组，对这组的成员，既不批评也不表扬，只让其静听其他两组挨批评和受表扬。

第四组为控制组，这组和前三组是隔离的，并且也不会得到来自于外界的任何评价。

一段时间后，赫洛克对四个组的练习效果进行了考察，结果表明：控制组的练习效果是最差的。而在前三组中，被忽视组的练习效果明显低于其余两组。而在练习效果相对较好的受表扬组和受批评组中，受表扬组的练习效果最好，并且呈现不断上升的趋势。

由此可见，不同的评价对学生们的活动效果有着不同的影响，而没有评价是最坏的情况。评价就是对他人活动的一种反馈，而反馈能够使行为者了解自己行为的结果，这种了解能够强化先前行为的作用，从而使行为者更加积极地做出类似的行为，提高行为的效率，这一现象，被心理学家称为"反馈效应"。也就是说，给予对方合适的反馈信息，能够使他更加积极地付出努力。

生活中，反馈效应是普遍存在的。我们应该记住：有反馈比没有反馈好，正面反馈比负面反馈好；即时反馈比远时反馈的效果更佳。我们在借用人情办事的时候，也要适当地给予反馈，这样才能得到他人更多的帮助。

帮助他人要适当，接受帮助要恰当

在机关里工作的小孙是天生的交际人才，有事没事，他爱到别的科室转转，工作不到一年，便与各个科室的人，大到最高领导，小到办事人员，混得很熟。

此外，小孙与机关的最高领导局长的关系也非同一般，只要他遇到什么办不了的事，给局长一说，事就解决了。

应该说，小孙的群众基础也不错，他待人热情，乐于助人。遇到办公室的同事有困难，他总是自告奋勇，常常还没等别人张口请他帮忙，他就说："小事一桩，我替你摆平！"

同时，他为人也很随便，常常让同事帮他做事，对于别人给予的种种好处，他也总是来者不拒。就拿吃早餐这事来说吧，要是他早上没东西吃，他会伸手向办公室的人要，甚至跑到别的办公室找吃的。在单位呼风唤雨，小孙感觉一直很好。

两年后，办公室的科长提升了，小孙作为候选人，参与考核，他想，自己要能力有能力，要关系有关系，这个科长是当定了。

但是，同事给他打的分，远远低于他的对手。领导认为他还太年轻，群众基础还比较弱，只好放弃了让他升任科长的想法。

民意调查结果说明了什么？是同事以怨报德？还是小孙为人失败？

仔细分析，应该是小孙不够了解人心，以致为人失败。

要知道，一个人，如果从不帮助他人，很难有太大的成就。但是，如果帮助的方式不对，也可能得不偿失，对方非但不感激你，还怨恨你。

什么叫帮助的方式不对？

就是在帮助对方的时候，不够委婉，伤害了对方的自尊心。这就是为什么那些受过小孙太多恩惠的同事，内心反而不喜欢他。

也许，小孙给予同事帮助太多，满足了自个的"虚荣心"，却在无形中伤害了同事的"自尊心"。

一位交际广泛的著名记者，曾经说过，他最大的敌人，都是那些得到过他帮助最多的人。人们通常认为，经常给别人一些殷勤的关心与帮助肯定会赢得别人的好感。这种想法并不完全对。适当的帮助对双方都是有好处的。但是如果你对别人的帮助过了头，使别人觉得自己软弱无能，引发了他的自卑感，就会导致他为自己的"没有出息"而苦恼。如果这种苦恼对他触动太深，他就会把这种烦恼的原因归结到让他陷入这种处境的人，即帮助他的人身上，以"怨"报德，反而对帮助他的人心存芥蒂。

小孙一味地充好汉，做事太主动太张扬，还没等别人提出请求，就说什么"小事一桩，我替你摆平"，自然可能帮了人却遭人恨。同事心里也许会想："你有什么了不起，不就多认识几个人吗？""就你有能耐，什么都是小事？！"

在帮助别人的时候，一定不要鲁莽，而要讲究方式，委婉而巧妙；讲究一个度，不轻给、不滥给。这样，既可以维护别人的自尊心，也可以给对方一种强烈的刺激，使他对你心存感激。

小孙还有一个问题，在接受别人的恩惠时太随意。要知道，接受他人的帮助也应适当，应讲究一个"度"。如果对别人的帮助，我们一概地拒绝，不利于拉近彼此的距离。为什么？

因为适时地接受他人的帮助，可以让他人有一种施惠于人的满足感与成就感。也就是说，当请求他人赐予我们一些小恩小惠时，我们得到的不仅是小恩惠，还有他人的好感与亲近。这也是为什么我们有时需要主动请求他人给予我们一些恩惠。

鼎鼎有名的大外交家英皇爱德华七世，曾用尽他的手段去讨好新任美国大使约瑟夫·乔特。在他们初次见面时，他就谦卑地请求乔特送麦金莱总统和罗斯福总统的照片给他。

不过，如果反过来，我们要求太多，太随便，也不好，那样会让对方心烦，让人看不起。对方可能认为你能力太差，什么都需要别人帮忙，或者认为你不把他当回事，随便使唤。

总之，不论是帮助别人，还是接受别人的帮助，都需要把握一个界限，注意自己的态度。只有这样，你提供帮助才会得到别人的感激，你接受帮助才会赢得别人的好感。

诚挚感谢，是你再次获得他人帮助的保证

有一位父亲正在和朋友讨论生意上的问题，这时，他9岁大的小女儿笑眯

眯地走过来，手里拿着自己专门为父亲烘烤的甜饼。因为小女儿打扰了父亲和朋友之间的谈话，所以父亲有点不高兴，便随手拿了一块甜饼，低声斥责了小女儿，然后马上又投入到与朋友的谈论中。小女儿伤心极了，拿着剩下的饼沮丧地走了出去。

几个星期以后，父亲显然已经忘记了这件事情，他已经有一段时间没有看到爱烤甜饼的小女儿烘甜饼了，他问女儿怎么不烤甜饼了。女儿一下子哭了起来，很伤心地说："我再也不烘甜饼了。"

从那以后，小女儿真的再也没有烘过甜饼，也绝口不提有关烘饼的事情。而父亲一直为那件事遗憾着。

的确，积极为他人效力以后却得不到对方的肯定和感谢，是一件非常难过的事情。从心理学的角度说，轻率地对待那些帮助过你的人、不给予对方诚挚的感谢，在一定程度上会伤害对方，否定了对方的自我价值，而寻求自我价值的实现却是人最本能的需求之一。因此，当他人为你效力以后，无论结果如何，你都应该诚挚地感谢他人，否则就会伤害他人。一旦对方因此而受到伤害，就不会再为你效力。在对方给予你帮助之后，回以诚挚的感谢，是获得良好人际关系的前提。

当然，诚挚的感谢并不是指你一定要给予对方相当的物质回报，而是指让对方感受到：他的努力是有价值的，他的付出对你来说是有用的，他的存在是有价值的。

一般来说，你可以从以下几方面来表达自己诚挚的感谢：

一是及时用言语向对方表示感激。你可以说："如果不是你，恐怕我……""真的要感谢你……我才能……"。

二是充分利用肢体语言。球场上队员们常常热烈地拥抱，这是一种相互鼓励，也是一种祝贺，更是一种对默契合作的感激；还有谈判结束后的握手，是一种感激对方友好合作的方式；爱人间情意绵绵的亲吻，不也正是"谢谢你爱我"的一种表现吗？

三是间接表达。有的人生性腼腆，不善于用言语或动作表达自己的感恩之心，可以采取一些间接的方式来表达，比如，送一些信件、卡片、小礼物、鲜花等。

四是实际行动。投桃报李，礼尚往来。感激对方给予的帮助，就在对方需要的时候，给予更多的帮助；感恩于对方的关怀和爱心，就同样以关怀和爱心作为回报。这样，在投送和往来之间，人情脉络就建立起来了。

此外，当你感谢他人的时候，还要注意以下几个原则：

一是表示感谢要及时而主动，这样才显得有诚意。不要等到偶然碰到对方，才忽然想起应该感谢对方，于是就顺便感谢一下；也不要等到再次需要对方帮助的时候才找上门去感谢对方。这些行为都会给对方带来伤害。及时、主动地向对方致以谢意，是一种十分尊重对方的表示，有助于进一步加深彼此的感情。

二是要根据不同的对象，选择恰当的途径和方法。对上面提到的 4 种表达谢意的主要方法，到底采取哪一种方式最为恰当，要根据为你效力者的身份、职业、性格、文化程度及经济状况等具体情况来选择。选错方式的话，不但不会对你的人际关系有所帮助，而且极有可能带来严重的负面影响。比如说，对方是因为看重自己与你的情谊才帮助你，可是，你事后却送给对方一笔钱当做谢礼，这势必会引起对方的反感。

显然，这种情况下，你以情感的方式感谢对方才是最恰当的。当然，如果对方为你效力本就是以获得物质利益为出发点，你就应该选择用相应的物质酬劳来感谢对方了。总之，采用什么方式感谢对方，不能一概而论，要因人而异。

三是要掌握好感谢的度，力求做到合理与恰当。与做其他事一样，感谢他人同样要掌握分寸，过和不及都是不妥的。

过分感谢他人，会让他人受之有愧，进而心理失衡，或者会让他人怀疑你的用心；感谢不足，会让对方觉得你不够尊重他，他的价值没有得到合理的评价，从而产生愤愤不平的情绪。

要做到合理适度地感谢他人，需要从两方面来考量：对方付出的多少；对方的帮助给你带来的益处的多少。

比如，对方虽然给予的帮助并不是很多，但是却给你带来了很大的收益，这时如果你仅仅从对方付出了多少来进行考量，就极有可能引发对方的不满。

四是感谢他人是一种感情行为，不能像买东西一样做一次性"银货两讫"的处理。也就是说，对那些曾经帮助过你的人，应该尽可能和他们保持长久的联系，让彼此间的情分能够在时间中加深。

感谢对方是人际互动的一种重要形式，它是对他人价值的肯定，也是你再次获得他人效力的保证。因此，当他人为你效力以后，千万不要忘了诚挚地感谢他。

事后不要过河拆桥，为下次办事铺好路

在人际交往的过程中，有许多人抱着"有事有人，无事无人"的态度，有事时就想起朋友来了，办完事后就过河拆桥，把朋友抛在了脑后，这无疑是断了自己的后路。此类人大多会被抛弃，没人愿意再给他帮忙。

王璐有一个朋友是她高中三年的同学，而且十分要好。她们进入了同一所

大学，刚开学，她就主动当了班级干部。有人说：地位高了，人就会变。自从她上任后，见到王璐，有时干脆装作没看见，日子久了，王璐就疏远她了。但她有时也会突然向王璐寻求帮助。出于朋友一场，王璐总是尽自己所能。可事后，她老毛病又犯了，王璐有种被利用的感觉，却无奈心太软。就这样她大事小事都找王璐，其他朋友劝王璐放弃这份友情，因为这种人不值得交。当王璐下决心与她分开时，她伤心地流下了泪——她除了王璐竟没有一个朋友。

像例子中王璐的那位朋友只会用"互相利用，互相抛弃，彼此心照不宣"来交际，而不去深思人情世故的奥秘之处，这种人很少会得到朋友，更不用说朋友的无私帮助了，他们更加无法达到人情操纵自如的境界。

值得注意的是，在某些"实用型"人物的眼中，所谓的"人情"便是你送我一包烟，我给你几块钱，就像借债还钱，概不赊欠。

这种一次性的交际行为令人心里非常别扭。

诚然，受助者也许在短时间内不愿再次开口求助，而实施援助行为的一方其实也没有必要固守"事不过三"的古训，当人家确实有困难而无能为力的时候，尽管你已经帮助过他，尽管他不好向你开口，但作为知情者，你不应无动于衷，而不妨再次主动伸出援助之手。

事实上这种"后继"的交际行为能够赢得更大的"人情效应"。

但是，无论何种情况下你都应该将人情做好，尤其是办完事情后千万不要过河拆桥，而应该时时铭记着别人的好处，经常保持必要的联系。唯有这样，你的关系网才会牢不可破。

第五章
维持"人情"平衡，创造被利用的价值

注意维护人情的生态平衡

人情，也存在生态危机！如果在自己生活的区域，不注意保护生态，那人情的"沙漠化"就会出现，人情的"大草原"就会逐渐缩小甚至消失，人情的"沙尘暴"就会遮天蔽日地狂叫着刮来。

如果在自己的人情领地上，像农耕垦荒那样，开一片，种一茬，不多施肥，不勤浇水，不积极培植地力，然后就撂荒了，再去寻找新的荒地，再开垦……周而复始，如此"扒地皮式"的开发人情，那人情的土地岂能不荒芜、废弃？人情的原野上怎会有参天大树、茫茫林海？人情的花园里哪里还有百花盛开、百鸟争鸣？人情的河流上何处去寻波浪滚滚、百舸争流？

因此，开发人情的时候，同时就要建立人情生态的保护系统。

一是不要急功近利，只知向人情要利益，而忽视对人情的及时培植。

把开发和储蓄控制在合理的比例内，尤为重要。套用日本管理之父松下幸之助有名的资金管理水库理论：若人情的使用量是 10 份水，那只能放出 6~7 份水，必须库存 3~4 份水，也就是约三分之一的储备，以防不测。一般情况，不能动用那保底的三分之一人情，实在到了万不得已的情况下，才可使用一次，然后，立即补足，绝对不能出现底空。哪怕是短暂的也不行。要知那是极其危险的，等于拿生命做赌注玩。人情也必须要有足够的库存！这库存就是人情的积蓄，不只是量的积蓄，更有生态环境的优化。

二是在自己流动时，也不能把旧人情就抛弃了，也不能像垦荒那样，耗尽地力后，又转向新的地方，把人情开发变成挑地域掠夺，更不能像作战，把旧地变为人情战场烧杀劫掠一番后，转移到一个新地。若又把新地变为新的战场，又转移到别的新地方。陷入这样的恶性循环，自己的人情关系也会丧失生机，变为一片废墟。因此说，在人情维护上必须从长计议：

首先，当你手中拥有几张初交者的名片时，必须主动出击，把它扩展到十倍、百倍。它将是你人际交往的生命线，是随时可以启动和挖掘的"存货"。这里的难点是要突破清高顾面子、不主动与人交流的心理障碍，要点是不可太急于将陌生人变成客户，而需要慢慢"和面"。生意之道是慢工出细活，不能操之过急，交朋友也是如此，要有耐心，通过事实、时间来争取别人的理解和信任。

其次，要做到细节真诚，而细节的真诚又来源于内心的真诚。"以财交者，财尽而交绝；以色交者，色衰而爱移；以诚交者，诚至而谊固。"某种意义上说，他人至上并不是说给他人听，而是说给自己的内心听，让内心将其消化，然后渗透到点点滴滴的行动中，"润物细无声"这一点的关键是对对方的理解，理解后才能真诚相待，才能平平淡淡地把人情送到点子上，让人真正感到你的友善。

最后，要树立你的个人口碑，进而树立你的形象。通过品德的修炼，对惯例及规范的秉持，慢慢积累你的影响力。直到众望所归，大家说这个人很不错，口碑很好，处理问题极其到位。这个时候你的社会资源就非常多，就会有为数不少的人有意无意地捧你、支持你，你的才能就能得到最大的施展。

人生中，每个人都要树立对人际关系长期投资的观念。有些短期内看似不重要的人和事，长期看就可能很重要，这都需要你及早投资，从长计议。

动用人情的次数要尽量少，以免透支

有人好办事儿，但是也不要过多地求人办事儿，自己能办的事情一定要自己办，如果实在是办不了，再去动用人情，这样才能保证人情的利用价值，才不至于透支人情。

有个人接编某份杂志，由于杂志的财源并不丰裕，不仅人手少，稿费也不高，但他又不愿意因为稿费不高而降低杂志的水准，于是他开始运用人情向一些作家邀稿，这些作家和他都有过交情，但其中一位在写了数篇之后坦白向他说："我是以朋友的立场写稿，但你们稿费太低了，错不在你，但你这样子做是在透支人情。"

人和人相处总是会有情分的，这情分就是"人情"。有些人便喜欢用"人情"来办事，但"人情"是有限量的，好像银行存款那般，你存得越多，可取出来的钱就越多，存得越少，可取出来的就越少。你若和别人只是泛泛之交，你能要他帮的忙就很有限，因为他没有义务和责任帮你大忙，你也不可能一次又一次要他帮你的忙；这是因为你的人情存款只有那么一点点。如果你要求得多，那就是透支了。透支的结果如何？当然也有人不在乎，但一般会造成两个结果：

第一，你们之间的感情转淡，朋友甚至对你避之唯恐不及，那么有可能进一步发展的情分就此断了。

第二，你在朋友眼中变成不知人情世故的人，这对你是相当不利的。

然而人做事不可能单打独斗，有时还是要用到亲戚朋友，换句话说，要动用到人情存款簿。

那么要如何动用才不至于"透支"呢？有几个原则：

一是弄清楚你和对方的情分如何，再决定是不是找他帮忙。

二是如果能不找人帮忙就尽量不找人帮忙，就好像银行存款，能不动用当然最好，要把这人情用在刀刃上。

三是动用人情的次数要尽量少，以免提早把人情存款用光。

四是要有适度的回馈，也就是"还人情"。回馈有很多种，例如主动去帮忙对方，请吃饭送礼物都可以。总之，不要把人家帮你忙当成应该的，有"提"有"存"，再提还有！

五是就算对方曾欠你情，你也不可抱着讨人情的心态去要求对方帮忙，因为这有可能引起对方的不快。

六是斤斤计较的人，你们交情再深，也不可轻易找他帮忙，否则这人情债会像在地下钱庄借钱那般，让你吃不消。

如果你不了解这些，动辄找同学、朋友帮你的忙，那么你就会发现，你慢慢变成了不受欢迎的人。当然也有主动帮你忙的人，但切勿认为这是天上掉下来的，你若无适度的回馈，这也是一种"透支"。

别人的帮助不是理所当然，要适当回馈

人与人之间的情谊，既需要真心诚意，也需要感激与适当回报。

美国人杰姆曾说，他很喜欢东方的女孩子。他表示，西方女性把男士们的"绅士行为"视为"理所当然"。男士们帮女士提重物、搬东西，"理所当然"；男士帮女士开门、拉椅子，"理所当然"。同时，在西方教育背景下，男士也视这些绅士行为"理所当然"。

在中国，有一次因为扩大经营的需要，他们部门从十楼搬到八楼，每个人必须把自己的东西以及一桌一椅搬下去。杰姆搬了一张椅子，发现真的很重，他担心女孩子搬不动，于是他告诉女同事，椅子交给他们有力气的男同事去搬。结果一路上，女同事陪他们聊天，搬完了，还忙着倒开水、泡咖啡给他们

喝，让男同事们很是愉快。"如果在我们国家，搬重物'理所当然'是男孩子的工作，没有人会陪你聊天，没有人会感激地倒开水、泡咖啡。也许中国人没这个观念，但是中国女孩子体恤别人的作风，真的非常可爱，我们帮她们，不但乐意，而且开心，这种受人尊重的感觉真好。"

很多时候，我们会把别人对自己的好视为理所当然，他人喜欢我们，当然不介意被我们"麻烦"，一些小事情，也"帮"得十分乐意。可是俗话说："受人点滴，涌泉相报。"就是要我们常怀感恩的心，以看待朋友的好心。任何人都不喜欢自己的好心被人当做驴肝肺，一次两次也许还可以忍受，10次、20次就会渐渐用光朋友的交情，届时我们会发现，朋友似乎不再那么"乐意"助人。

与人相处我们当谨记一件事，"天底下没有谁帮谁是理所当然的，今天人家抽空过来那是人情，即使有钱可赚，也应心怀感激"。也许有人会说，找朋友帮忙，给几个钱或是请他吃顿饭，送个东西，好像把友谊给贱卖了，把朋友的交情看俗了。不！适度地表达我们的感激是必要的。也许我们不懂得比较"高尚"的做法，但吃顿饭、送个小礼物，也能表达我们的感谢。它的作用不在于"礼"的轻重，而是心意的表示，让朋友晓得他这个忙帮得多么具有"价值"，多么受你的重视，也许在他而言是举手之劳，对你来说却可能是攸关生死的大事。

最重要的是，你说出来了，他也听到了，知道你有多在乎这件事。就像杰姆的女同事，一路陪他们聊天，事后还倒开水、泡咖啡，没花什么钱，却十足表现了她们的感激之情，而杰姆他们也感受到了，同时还说"很愉快"。其实朋友在乎的不过是这一点点回馈罢了。天下没有谁帮谁是理所当然的，不论是朋友间、同事间，或是上司与下属间。对于别人的帮助，要适当地回馈，这样可以为你赢得人缘。因为对方从你身上，处处得到尊重，时时获得感激，这对他而言，有了人格上的自我满足，那么他自然乐于与你做朋友。

率先一步化干戈为玉帛，敌人也能成为朋友

在应酬交际中，我们总是会遇到形形色色的人。有时，一次竞争、一个分歧，甚至一句玩笑，都有可能令我们树敌。常言道："多个朋友多条路，多个敌人多堵墙。"树敌对我们个人的发展是非常不利的。

然而，时光不会倒流，世界上也没有后悔药，一旦树立了敌人，就已成事实，很难改善局面。很多人都想知道，那我们有没有化解他人敌意的好办法呢？

与其说是方法，不如说是心机。想要化敌为友，你必须学会率先迈出第一步。

从前，在苏伯比亚小镇有两个叫乔治和吉姆的邻居。可事实上，虽然他们住得非常邻近，但他们的关系一点儿都不和睦，谁都不喜欢对方。

日常生活里，他们相遇总会发生口角。即使夏天在后院开除草机除草时车轮碰在一起，他们多数情况下也不会跟对方打招呼。

在一次夏天快要过去的时候，乔治和妻子外出两周，一同去度假。由于两家一向彼此充满敌意，吉姆和妻子一开始并未注意到乔治夫妇走了。没错，注意他们干什么？除了口角之外，两家相互间几乎就没什么话可说。

突然有一天傍晚，吉姆在自家院子除过草后，发现乔治家的草已很高了，与自家刚刚除过草的草坪形成鲜明对比。

对附近过往的人来说，都发现乔治夫妇显然不在家，而且已离开很久了。吉姆想，这不是等于公开邀请夜盗入户吗？这个想法如同闪电一样攫住了吉姆。

当吉姆再一次看到乔治家那高高的草坪，尽管心里非常不愿意去帮助那家他非常不喜欢的人，但第二天早晨，他还是把那块长疯了的草坪除好了！

几天之后的一个周日下午，乔治和妻子多拉回到了家。他们愕然发现，自己不在家时竟然有好心人帮他们把草坪收拾得如此干净、整齐。他们很想知道这位好心的朋友是谁，于是就到整个街区的每一家询问。然而，这里却不包括吉姆的家。

可除了吉姆家，所有询问的邻居都说不是自己做的。最后，乔治敲了吉姆家的门。吉姆开门时，乔治站在那儿不停地盯着他，脸上露出奇怪和不解的表情。

过了很久，乔治终于说话了："吉姆，你帮我除草了？"这是他很久以来第一次称呼吉姆的名字。"我问了所有的人，他们都没除。杰克说是你干的，是真的吗？是你除的吗？"尽管乔治的语气似乎有些责备的意味，但他内心的感谢之情仍旧有一丝不经意地流露。

"是的，乔治，是我除的。"吉姆答道。他以为乔治会因为自己主动除草而大发雷霆。可乔治犹豫了片刻，像是在考虑要说什么，最终，用他那低得几乎听不见的声音嘟囔说"谢谢"之后，急忙转身走开了。

吉姆的主动帮忙就这样打破了他与乔治之间的敌意沉默。尽管当时他们还没发展到在一起打高尔夫球或保龄球，他们的妻子也没有为了互相借点糖或是闲聊而频繁地走动，但他们的关系已经出现了改善。至少除草机开过的时候他们相互间有了笑容，有时甚至说一声"你好"。也许没多久，他们就会像朋友一样分享同一杯咖啡。

所以，当你与他人发生矛盾时，一定要学会主动示好。这种智慧的选择，可以帮你把眼前的那堵墙，变成畅通的路，这样我们的人情关系才不至于在冷漠中断裂。

不揭对方的伤疤，他好过你也好过

暴露别人的隐私，对任何人来说，都不是令人愉快的事。不去提及他人平日认为弱点的地方，是懂得为人处世的表现。因为你不给相处的人造成伤痛，大家才能长期愉快地相处，否则你自己也不好过。

小李长得高大英俊，在大学校园内有"梦中情人"的雅号。如今他是一家外资公司的高级职员，英俊的长相和丰厚的薪水使他在众多的女友中选上了貌若天仙的丽。也许是为了炫耀自己的能耐，小李带着丽去参加朋友聚会。

就在大家天南海北闲谈的时候，"快嘴"王换了话题，谈起了大学校园罗曼蒂克的爱情故事，故事的主人公自然是"梦中情人"小李。"快嘴"王眉飞色舞地讲述小李如何引得众多女生趋之若鹜，又如何在花前月下与女生卿卿我我。丽开始还觉得新奇，但越听越不是味，终于拂袖而去。小李只好撇下朋友去追丽。

"快嘴"王不是有意要揭小李的伤疤，但他的追忆往事确实使丽难以接受，无端捅出娄子。这不仅使小李要费不少周折去挽回即将失去的爱情，而且使在场的人心里也大都不高兴，自然也会影响到自己的人际关系。

在朋友聚会时，捡愉快的事说是活跃气氛的好办法，但口下留情很重要，千万不要揭别人的伤疤，否则，你就会成为不受欢迎的人。说话应该谨言慎行，给语言的刀子加上一把鞘。

在中国素有所谓"逆鳞"之说，即使再驯良的龙，也不可掉以轻心。龙的喉部之下约直径一尺的部位上有"逆鳞"，全身只有这个部位的鳞是反向生长的，如果不小心触到这一"逆鳞"，必会被激怒的龙所杀。其他的部位任你如何抚摸或敲打都没关系，只有这一片逆鳞无论如何也接近不得，即使轻轻抚摸一下也犯了大忌。

所以，我们可以由此得知，无论人格多高尚、多伟大的人，身上都有"逆鳞"存在。只要我们不触及对方的"逆鳞"就不会惹祸上身。所以说，所谓的"逆鳞"就是我们所说的"痛处"，也就是缺点、自卑感，针对这一点我们有必要事先研究，找出对方"逆鳞"所在位置，以免有所冒犯。

谁都明白，受伤的疮疤不能揭，因为越揭越容易发炎，甚至会使伤口扩大。触人痛处，犹如揭人疮疤，其结果犯了人与人相处的大忌，得罪了别人，自己也捞不到什么好处。

人情链断裂，要懂得修复

我们生活在一个人与人构成的社会当中，人与人之间的长期交往就会形成一个人情链子，当这个链子出现断裂的时候，要懂得修复。当与人产生矛盾的时候，要懂得及时修补。下面的方法可以帮助你：

1. 当面说清楚

虽然误会的类型各种各样，但解决的最简捷、最方便的方法便是当面说清楚。大多数人也都喜欢这种方法。因此，如果有误会需要亲自向对方做出说明，你千万不要找各种借口推脱。你一定要战胜自己的懦弱，克服困难，想方设法地当面表明心迹，千万不要轻信第三者的只言片语。

2. 不要放过好时机

解释缘由，消除误会，必须选择好时机，一定要考虑对方的心境、情绪等情感因素。你最好选择升职、涨工资或婚宴等喜庆日子，因为这时对方心情愉快，神经放松，胸怀也就较为宽广。你如果能抓住这些时机进行表白，往往能得到对方的谅解，双方重归于好。

3. 请同事帮忙

在工作中和同事也会产生矛盾，你与同事的误会常常是在工作中产生的，双方的误解涉及许多方面。个人解决可能会受到限制，有时候不能明白透彻地说清楚，这时候，你可以请其他同事帮忙，把事情彻底地弄清楚。当然，你也不必兴师动众，叫上一帮同事大费口舌。当误会不便于直说，你们双方又都觉得心里不愉快，产生了生疏和隔阂时，你只需要让同事帮你们提供一个畅谈的机会。在和谐、友好的气氛中，彼此间心理上的距离便会缩短，许多小误会和不快都会自然地消失。遇到和上司、同事之间的不愉快，尤其是因为自身原因引起的，不要刻意回避，问题一日不解决，你的损失就越来越大。

还人情，让自己成为有用的人

在人际交往中，我们应该怎样实现自身的价值呢？俾斯麦给了我们一个很好的选择，那就是让别人需要你的过程中，最大化地实现你的价值。

1847 年，俾斯麦成为普鲁士国会议员，但在国会中没有一个可信赖的朋友。让人意外的是，他与当时已经没有任何权势的国王腓特烈威廉四世结盟，这与人们的猜测大相径庭。腓特烈威廉四世虽然身为国王，但个性软弱，明哲保身，经常对国会里的自由派让步。这种缺乏骨气的人，正是俾斯麦在政治上所不屑的。

俾斯麦的选择的确让人费解，当其他议员攻击国王诸多愚昧的举措时，只有俾斯麦支持他。

1851 年，俾斯麦的付出终于得到了回报：腓特烈威廉四世任命他为内阁大臣。他并没有满足，仍然不断努力，请求国王增强军队实力，以强硬的态度面对自由派。他鼓励国王保持自尊来统治国家，同时慢慢恢复王权，使君主专制再度成为普鲁士最强大的力量。国王也完全依照俾斯麦的意愿行事。

1861 年腓特烈逝世，他的弟弟威廉继承王位。然而，新的国王很讨厌俾斯麦，并不想让他留在身边。威廉与腓特烈同样遭受到自由派的攻击，他们想吞噬他的权利。年轻的国王感觉无力承担国家的责任，开始考虑退位。这时候，俾斯麦再次出现了，他坚决支持新国王，鼓动他采取坚定而果断的行动对待反对者，采用高压手段将自由派赶尽杀绝。

尽管威廉讨厌俾斯麦，但是他明白自己更需要俾斯麦，因为只有俾斯麦的帮助，才能解决统治的危机。于是，他任命俾斯麦为宰相。虽然两个人在政策上有分歧，但并不影响国王对他的重用。每当俾斯麦威胁要辞去宰相之职时，国王从自身利益考虑，便会让步。俾斯麦聪明地攀上了权力的最高峰，他身为国王的左右手，不仅牢牢地掌握了自己的命运，同时也掌控着国家的权力。

俾斯麦是一个很聪明的人，他明白如何实现自己的价值。他认为，依附强势是愚蠢的行为，因为强势已经很强大了，他们可能根本就不需要你；而与弱势结盟则更为明智，这样因为他们的需要而更能发挥自己的优势，彰显自己的价值。

一个人只有在一定的环境和组织中被需要的时候，才不会产生"英雄无用武之地"的落魄感，也只有在被需要的时候才能证明自己的才能，也只有被别人需要，才能发现自身的优点和长处，并在适当的机会施展出来，创造一定的价值时，才能感觉到自己的价值和意义。

因此，我们在做事情的过程中一定让他人需要你，扮演别人需要的角色，才能赢得别人的认可，在别人需要的时候，做好自己，发挥自己的潜能，让自己的价值最大化。只有当你被别人需要的时候，你才不会被抛弃。

如果你有用，就别怕自己被利用

我们常说"我好像被某某利用了"，其实如果你换个角度思考问题的话你会发现，自己是因为有价值才被利用，利用正好证明了自己的价值，没被利用反而说明你没有多少价值，至少没有被利用的价值。

"狼狈为奸"的勾当是令每个人所不齿的，但是反过来想一想，狼和狈为何要相互勾结呢？狼和狈是两种长相十分相似的野兽，它们口味也极其的相似——都喜食猪、羊等动物。唯一不同的是：狼的两条前脚长，两条后脚短；而狈则是两条前脚短，两条后脚长。

一到夜晚，狼和狈就出来一起去偷猪、羊等家畜。有一回，一只狼和一只狈共同来到一个羊圈外，看到羊圈中有很多又壮又肥的羊，非常想偷吃。但是羊圈的墙和门，都很高，它们使尽了各种办法，费尽了力气还是进不去。

于是，它们就想了一个办法。先由狼骑到狈的脖子上，然后狈站起来，把狼抬高，再由狼越过羊圈把羊偷出来。

商量过后，狈就蹲下身来，狼爬到狈的身上。然后，狈用前脚抓住羊圈的门，慢慢伸直身子。狈伸直身子后，狼将脚抓住羊圈的门，慢慢伸直身子，把两只长长的前脚伸进羊圈，把羊圈中的羊偷了出来。

这样偷羊的事，狼和狈经常互相利用对方才得以成功。如果它们不这样相互让对方利用，谁都不能把羊偷走，任何一方都要挨饿。正是由于这种狼和狈互相成功利用，农民大受损失，所以就有了后来的"狼狈为奸"。

其实，这个故事蕴含的道理是意味深长的。两种不同的动物，为了一个共同的目标走到了一起，学会了合作的技巧，懂得了取长补短。在利用对方的同时也谋得了自身的利益，达到了共赢的目的，是一种十分聪明的做法。

从另一个角度来看，现实生活中，我们被人利用没有关系，关键是要在利用中发现自己的价值和不足，然后学会反过来利用他人，这个社会不是一个人的独角戏，会合作的人才会实现利益的最大化。不要重演"三个和尚没水喝"的故事，怕被利用的心理，只能造成"1+1+1=0"的结果。

人是群居性的动物，每个人都在社会这个大家庭中生活，彼此隔绝是不可能的，每个人都需要团队，每个人都需要合作。哲人叔本华就曾经说过："单个的人是软弱无力的，就像漂流的鲁滨孙一样，只有同别人在一起，他才能完成许多事业。"

随着知识经济的到来，竞争日趋紧张激烈，各种新技术、新知识不断推陈出新，市场化需求越来越多样化，使得现代企业管理面临的环境和情况越来越复杂。在很多情况下，单靠一个人的力量是很难完成对各种错综复杂信息的处理和解决的，更不可能采取切实、高效的行动，这就需要依赖组织成员之间的相互合作、相互关联、协调行动，以解决各种复杂的难题，保持组织的应变能力和源源不断的创新能力。

团队合作在当代的市场经济和人际交往中显得格外重要，一个不懂得团队合作、不善于团队合作的人不是一个聪明的人。"滴水不成海，独木难成林"，只有团队之间真正的合作，才会汇成一股强大的力量，实现最终的目标。

有时候，不妨被人利用，因为相互被"利用"后会产生"1+1>2"的成效。在成就他人的同时，也成就了自己。

如果能被对方需要，自己也会变得很重要

事物都有其存在的特定价值：货币因流通的需要而存在，食物因饥饿的需要而存在，火因寒冷的需要而存在……人虽然与其他的事物不尽相同，但却同样有被需要的情感诉求，就像母亲被子女需要、情侣被对方需要一样。

真正聪明的人宁愿让人们需要自己，而不是让人们感激。因为，如果你能被他人需要，你就会在他人心中变得重要。有礼貌的需求心理比世俗的感谢更有价值，因为有所求，便能铭记于心，而感谢之辞最终将在时间的流逝中淡漠。所以在对方需要你的时候，你才能觉得自己很重要，此外利用别人对自己的需要，不但能巩固我们的情谊，关键时候还能保护自己。

在酷爱占星学的法国国王路易十一的宫廷中，养着许多占星师，其中有一个尤为与众不同。这位占星师曾预言一位贵妇会于三日之内死亡，结果预言成真。大家非常震惊，路易十一也被吓坏了。他想：如果不是占星师杀了贵妇以证明自己预言的准确，就是占星的法力太高深了。路易十一感到了巨大的威胁，于是决定杀掉占星师，以摆脱自己受制于人的命运。

路易下令士兵在宫廷中埋伏好，只要他一发出暗号，就冲出来将占星师杀死。占星师接到路易十一的召见，很快便来到了王宫，路易十一一见他便问："你自诩能看清别人的命运，那你告诉我，我能活多久？"聪明的占星师稍作思考之后，回答说："我会在您驾崩前三天去世。"

占星师的话令路易十一震惊，为了保住自己的性命，路易十一最终没有发出杀占星师的暗号。占星师凭着路易十一对他的依赖与需要，不但保住了性命，还得到了国王的全力保护，路易十一甚至聘请最高明的医生照顾他，享受了一生安康和奢华生活的占星师比路易十一还多活了好几年。

可见，让自己变得重要会使你人生之路更加平坦，也可以令你有更大的发展。而实现这一点最好的方法，就是让别人依赖你、需要你，一旦离开了你，他的计划就无法进行，他的生活就难以继续。在这样的相互关系中，只需一个小小的举动，就能带来无数的感激。需要能带来感激，感激却未必能产生需要。

正如卡耐基所言："别指望别人感激你。因为忘记感谢乃是人的天性，如果你一直期望别人感恩，多半是自寻烦恼。"你的价值因别人的需要而存在，被人需要胜过被人感激，与其让对方感激你，不如让他有求于你。

炒出你的价值，让他人认为你更有用

赌博的时候，人人都渴望以小搏大，因为这样相对而言赚得最多。其实，在这个凸显自我价值的时代，运用"炒"的技巧彰显自己的价值和突出自己的地位，是人生的一大学问，也是取得成功的一种智慧。

战国时，齐王听信谗言，认为孟尝君的名望高过自己，会威胁到自己的统治地位，于是罢免了孟尝君的职位。孟尝君的门客知道了这个消息，纷纷离去，只剩冯谖一人。

冯谖对孟尝君说："请派我到魏国去，我一定有办法让你重新受到国君的重用，增加封地。"

于是孟尝君备好礼物，派冯谖出使魏国。

来到魏国，冯谖对梁惠王说："天下的游士驱车入魏，都想使魏国强盛，使齐国削弱；而驱车入齐的都想使齐国强盛，使魏国削弱。这是因为魏齐两国势不两立，谁能称雄谁就能拥有天下。"

梁惠王听了，问道："那么怎样才能使魏国称雄呢？"

冯谖并没有直接回答，而是进一步问道："大王知道齐国罢免孟尝君的事吗？"

梁惠王说："知道。"

冯谖说："辅佐齐国使之在天下举足轻重，都是孟尝君的功劳。现在齐王听信别人的谗言，罢免孟尝君，孟尝君心中怨恨，一定会背叛齐国。如果他能投奔魏国，齐国的人心自然随之倒向魏国，齐国的国土就在您的掌握之中了，岂止是称雄而已？大王应该赶快派使者带着厚礼，去迎聘孟尝君，千万不要错失良机。否则，如果齐王醒悟过来，再次重用孟尝君，那么魏齐两国谁能称雄天下，就未可预知了。"

梁惠王听了很高兴，当即派出 10 辆车，载着百镒黄金去齐国迎聘孟尝君。

冯谖辞别梁惠王，先行赶回齐国，游说齐王："天下的游士驱车入齐的，都想使齐国强盛，使魏国削弱；驱车入魏的，则想使魏国强盛，使齐国削弱。这是因为齐魏两国势不两立，一旦魏国强盛，齐国就会因此削弱。现在我听说魏国派遣专使，带 10 辆车，载着黄金百镒来迎聘孟尝君。孟尝君不去魏国就罢了，一旦他去辅佐魏王，天下人都会归附于他。到那时魏国强盛，齐国削弱，齐国的临淄、即墨地区就危险了。大王何不在魏国使者到来之前，恢复孟尝君的职位，增加他的封邑，向他表示歉意呢？这样做，孟尝君一定会欣然接受。魏国再强大，又怎么能强请别国臣子去当丞相呢？"

齐王说："你说得很有道理。"他当即召见孟尝君，恢复他的相国职位和封地，还增加 1000 户封邑。魏国使者恰好在这时来到齐国，听说此事，只好无功而返。

在这个事例中，门客冯谖凭三寸不烂之舌，先把已经下野的孟尝君在魏王那里"炒"起来，给齐王施加压力，让齐王认识到孟尝君的价值，这样，齐王才最终再度起用孟尝君。

为人处世，适当地运用以小搏大的炒作技巧是很有必要的。从某种意义上来讲，它是一种实现自我价值的简捷而高效的手段，这样才能赢得更多人的认可。如果四两拨千斤用得恰当，可收到事半功倍的效果。

在经营人脉的过程中应尽量将自己"炒"起来，让别人看到你的存在，看到你的成绩。"炒"实际是灵活机智地向人展示才华，这样才能得到贵人相助，一步步走向成功。

第二篇

绕不过的饭局、宴会

第一章
走进"中国式"饭局

99% 的事情在饭局上开始

请客吃饭是现代生活中最常见的交际方式，不管是在繁华的都市，还是在一般的乡村，几乎找不出比吃饭更合适的交际方式了。中国的人情世故大多数会在饭局上表现出来，大约有百分之九十九的事情都在饭局上出现。

中国人是很看重面子的，如果拒绝别人的吃饭邀请，会被认为是很没有礼貌的表现。除非你有足够的理由让对方原谅，使对方不至于觉得丢了面子。因此，很多在其他场合解决不了的事情，在宴会上能顺利解决。

请客吃饭的重要性主要表现在以下几个方面：

1. 有助于人与人之间的信息沟通

餐桌上的信息沟通是大众媒体所不能替代的，而且餐桌沟通的信息给人的印象更深刻、更富有启发性。人们把自己的信息告诉别人，又从他人那里获得更多信息。人们能通过宴请扩大视野和交际圈子。

2. 有助于协调人际关系

请客吃饭的基本原则是敬人律己、真诚友善，因而它成为人际关系的润滑剂和调节器。人们在宴会上联络感情、协调各种人际关系，有助于建立和发展人与人之间相互尊重和友好合作的关系。人们产生误会或冲突 a 时，在宴会上一杯酒、一句道歉比其他情况下更能化干戈为玉帛；而初次见面的陌生人，通过宴会，可能找到相见恨晚的知己。

3. 有利于塑造良好形象

不管我们是以个人身份去赴宴，还是代表单位去参加宴会，甚至在别国时，代表了全民族的形象，都要具有良好的餐饮礼仪，进退有方，表现脱俗，这样会给人留下深刻的印象，从而在他人心中树立良好的形象。

由此可见，请客吃饭是人与人之间交往的重要方式，不管是作为主人还是客人，多学一些宴请的礼仪，才能在应酬中把事情办好，才能有好人缘。

局势因一场饭局而改变

在日常的人际交往中，会遇到很多棘手的问题，当目前的局势对我们不利时，又想不到恰当的方式来扭转局面，此时不妨考虑设一场饭局。历史上就有因一场饭局而改变局面的事件，那就是著名的"鸿门宴"。

秦朝末年，天下纷乱，各派军阀为了自己的利益相互混战，楚怀王阵营的两员将领——刘邦与项羽各自攻打秦朝的部队，尽管刘邦的兵力不及项羽，但他先破了咸阳，项羽为此愤怒不已，派英布去函谷关，项羽进驻咸阳后，到达戏西，而刘邦却只在霸上驻军。刘邦的左司马曹无伤派人在项羽面前说刘邦打算在关中称王，项羽听后更加愤怒，下令第二天一早让兵士饱餐一顿，一鼓作气打败刘邦的军队。一场恶战在即。这时，刘邦从项羽的叔父项伯口中得知此事后，心中诧异不已，于是他恭恭敬敬地给项伯捧上一杯酒，并与项伯定为儿女亲家。刘邦利用感情攻势，很快收买了项伯，项伯答应为他在项羽面前说好话，并让刘邦第二天前来谢项羽。

在鸿门宴上，虽然美酒佳肴无数，却暗藏杀机，双方之间的矛盾一触即发。项羽的亚父范增，一向认为留着刘邦是养虎为患，所以主张杀刘邦，在酒宴上，他一再示意项羽发令，但项羽犹豫不决，默然不应，迟迟没有下令。范增召项庄舞剑为酒宴助兴，想趁机杀掉刘邦，可项伯为了保护刘邦，也拔剑起舞，掩护了刘邦。就在这危急的关头，刘邦的部下樊哙带剑拥盾闯入军门，怒目直视项羽，项羽见此人气度不凡，只好问来者是谁，当得知樊哙是刘邦的参乘时，立即命手下赐酒，樊哙一口气就喝完了，项羽又命人赐猪后腿，接着问樊哙："你还能喝吗？"樊哙说："我都不怕死了，还怕喝酒吗？"樊哙还乘机说了很多刘邦的好话，并且提到当年刘邦和项羽的兄弟情义，项羽听后无言以对，刘邦便找借口趁机逃跑了。刘邦逃走后，派部下张良为自己推脱，说："沛公不胜酒力，无法前来道别，现向大王献上白璧一双，并向大将军范增献上玉杯一双，请您收下。"项羽收下了白璧，而范增则拔剑将玉杯砍碎了。

鸿门宴是一场意义不单纯的饭局，其中充斥在宾与客之间的不是愉悦欢快的气氛，而是急迫紧张、一触即发的敌意。作为鸿门宴的两位主角——项羽与刘邦，他们为争夺关中地区的统治权，在鸿门宴这一场饭局之上进行了面对面的交锋。在此饭局中，有觥筹交错，亦有刀光剑影，背景波谲云诡、杀机四伏，每一个与宴者都紧绷着神经。

为了这场饭局，不但双方的谋臣智士殚精竭虑、苦心经营，而且两位当事者更是赤膊上阵，搭上了各自的"政治前途"乃至身家性命。整个过程三起三落，惊心动魄，极具传奇色彩。然而鸿门宴的最终结局是设局人做了局，入局者入局后又得以脱身，让设局者竹篮打水一场空。

单就鸿门宴这场饭局而言，作为设局人的项羽和范增之所以会失败，一个重要原因就在那个吃里爬外的局托项伯身上。也可以说，在这场饭局开始前，项伯就已经让设局人项羽没有充足的理由杀刘邦了。

成王败寇，政治博弈向来凶险无比，再美妙的歌舞，再美味的佳肴也不过是假象而已。项羽设下的鸿门宴原本就是个幌子，不过是试探刘邦是否想称王的借口罢了。刘邦明知项羽意在为何，依旧如约而至，就是不想与其撕破脸，毕竟双方实力悬殊。原想在宴中示弱以打消项羽的怀疑，不料项羽杀意已起，所以刘邦找借口逃掉。

假设鸿门宴上项羽意志坚定，必杀刘邦，那么无论项羽能否夺得天下大权，都不会有后来刘邦建立的大汉王朝，而中国的历史势必会改变。然而，假设毕竟是假设，项羽的优柔寡断令他错失了杀刘邦的大好时机，并最终导致了他的"乌江自刎"。

实力雄厚的西楚霸王兵败自杀，刘邦坐拥天下，一切的变数皆由鸿门宴而始，一顿看似平常的请客吃饭竟暗藏着无限玄机，生出惊天动地的变故来，不得不令人感慨万千。

在人际交往中，饭局从来就不是单纯的饭局，而是联系着错综复杂的关系网和利益链，鸿门宴是将饭局之妙做足的经典大局。

宴请就是一场利益的角逐

人与人交往的过程中，免不了会有利益冲突，当遇到这样的情况时，我们也可以效仿赵匡胤在饭局中来维护我们自身的利益。

宋太祖赵匡胤当上皇帝后，不断有节度使起来反叛，虽然都被赵匡胤镇压平定了，但消耗了大量人力物力。国家局势的不稳定，这让赵匡胤终日闷闷不乐。

一次，赵匡胤对宰相赵普说出了这个心事。赵普说："国家混乱，政权不稳定，原因在于藩镇权利太大。如果把兵权集中到朝廷，天下自然太平无事。"接着赵普指出禁军将领石守信等所握兵权太大，又没有统帅才能。赵匡胤听了，心中便有了主意。过了几天，赵匡胤趁晚朝的时候，请石守信等几个兵权在握的老将喝酒。酒喝到最畅快的时候，赵匡胤开口道："要不是你们大力相助，我绝不会有今天。但我做了天子，总觉得远不如做节度使时快乐，从来就没睡过一天的安稳觉！"石守信等人不解地问道："今天命已定，谁复敢有异心，陛下何出此言耶？"赵匡胤说："人谁不想富贵？一旦有人让黄袍加诸你们之身，你们能不做皇帝吗？"石守信等人谢罪说："我们太愚笨了，连这个都不曾想到，希望陛下可怜可怜我们，给我们指条路。"赵匡胤说："人生在世，好像骏马掠过缝隙一样快，你们不如多积聚些金银，多购置些田产房屋留给子孙。快快活活度过晚年。君臣之间，无所猜嫌，不是很好吗？"石守信等人虽心中极为不满，但表面也只得感激地说："陛下替我们想得太周到了！"

第二日，石守信等人都托言有病，乞求解除兵权，宋太祖一一恩准，并让他们以散官的身份回家养老，给他们的赏赐也特别优厚。

赵匡胤的这一招何等高明。他既保住了自己的既得利益，又让别人无法效仿他，无法威胁他，从此也就高枕无忧了。

你若想在酒桌上成事，首先，要明白在酒桌上进行利益角逐必须做好全面的准备；其次，要讲究合作，三个臭皮匠赛过诸葛亮，在饭局上结成同盟，获利的概率会更高；再次，要追求共赢，不能过于贪心，不能一味追求己方胜出，而毫不顾及对方的利益，为了更长远的利益，可以适当放弃眼前利益。

重视请客吃饭背后的玄机

请客吃饭原本是广交朋友、情感沟通的载体，不过，随着社会和人类文明的发展，这种看似简单的活动已被赋予了太多的玄机。

有这样一个故事：

我国东北某企业与一家美国大公司商谈合作问题，这家企业花了大量工夫做前期准备工作。在一切准备就绪之后，该企业邀请美国公司派代表来考察。前来考察的美国公司老板在这家企业领导的陪同下，参观了企业的生产车间、技术中心等一些场所，对中方的设备、技术水平以及工人操作水平等，都表示了相当程度的认可。

中方企业非常高兴，设宴招待美方老板。宴会选在一家十分豪华的大酒楼，有20多位企业中高层领导及市政府的官员前来作陪。美方老板以为中方还有其他客人及活动，当知道只为招待他一人之后，感到不可理解，当即表示与中方的合作要进一步考虑。

美国老板回国之后，发来一份传真，拒绝与这家中国企业的合作。美方老板认为中方吃一顿饭都如此浪费，要是把大笔的资金投入进去，说不定怎样挥霍呢。于是一笔巨额投资就因这顿饭的"小节"付诸东流。

请客吃饭不仅仅是应酬的一个工具，有时候也是别人观察你的一种方式，当在饭局上表现得体优雅的时候，能赢得对方的好感，就能洽谈成功。相反，如果由于你忽视了小节得不到别人的认可，你便会失去一些机会。

所以，在宴请之前我们要详细了解对方的习惯、品性和生活爱好，这样才能让饭局成为更好的辅助工作。

设宴是体现风范的一种手段

在与人交往的过程中，有时候为了让他人能更直接了解自己，很多人就选择设宴，这是一种综合实力的体现，既能体现我们的背景实力，也是彰显个人魅力和风范的最佳方式。

据说，乾隆五十年（1785年），四海升平，天下富足。适逢清朝庆典，乾隆皇帝为了显示其皇恩浩荡，在乾清宫举办了千叟宴。宴会场面之大，可谓是空前绝后。被邀请的老人大约有3000名，殿廊下有50个席位，丹墀中有244个席位，甬道左右有124个席位，丹墀外左右有382个席位，总共是800个席位。当日应邀入宴的王爷、贝勒、贝子、公卿、一二品大臣坐在殿廊下，三品以下、五品以上官员坐在丹墀甬道左右，六品以下及中老人、兵、民、匠、艺人等都坐在丹墀外左右。

这些人中有不少是饱学鸿儒，他们当众吟诗联句，史官立即选了一百首联句记入史册。乾隆皇帝还亲自为90岁以上的寿星一一斟酒。当时推为上座的是一位最长寿的老人，据说这位老人已有141岁高龄。相传，当时乾隆和纪晓岚还为这位老人作了一副对子："花甲重开，外加三七岁月；古稀双庆，内多一个春秋。"根据上联的意思，两个甲子年120岁再加三七二十一，正好141岁。下联是古稀双庆，两个七十，再加一，正好141岁。堪称绝对。随后，乾隆帝按康熙帝《千叟宴》诗原韵再赋《千叟宴》诗：

抽秘无须更骋妍，惟将实事纪耆筵。

追思侍陛髫垂日，讶至当轩手赐年。

君酢臣酬九重会，天恩国庆万春延。

祖孙两举千叟宴，史策饶他莫并肩。

这场酒局体现出来的皇家气派与民间大不相同，不但有御厨精心烹制的免费的满汉全席，还有皇家贡品酒水。在这五十年一遇的豪宴上，老人们争先恐后，一边说着"多亏了朝廷的政策好"，一边大快朵颐，狼吞虎饮。据说晕倒、乐倒、饱倒、醉倒的老人不在少数。千叟宴这场浩大酒局，被当时的文人称为"恩隆礼洽，为万古未有之举"。

且不谈千叟宴在如今看来是否有奢侈浪费之嫌，单就当时而言，它体现了大清王朝的大国风范。乾隆时期，正值康乾盛世，作为封建君主，乾隆是骄傲的，为了显示皇恩浩荡，他举办千叟宴，彰显了他爱民如子的高大亲民形象，也向世人宣告了大清的繁荣昌盛。千叟宴是大清王朝鼎盛时期的一个缩影，也是国家安定、人民富庶安康的一种体现。

如今，虽不会再有所谓的千叟盛宴，但宴请做局依旧是不可或缺的。饭局之"局"，从字义上讲就是局限的意思，"局限"通常不是一个好说法，不过"限"入饭"局"则另当别论，与同桌之人相处一"局"，共守一"限"，交情马上不一样。

酒是维系情感的纽带

宴会必定离不开酒，觥筹交错间，人们之间的感情也在不断的加深。李白和汪伦之间的情谊就是在喝酒中建立的。

李白是唐朝非常著名的诗人，人称"诗仙"。汪伦非常仰慕他的才华，很想请他去自己的家乡玩，向他学习，可他又怕被拒绝，于是给李白写了一封信："先生好游乎，此地有十里桃花；先生好饮乎，此地有万家酒店。"

李白看到信，很高兴。可到了那里一看，只有一个清澈见底的水潭，潭边有家酒店，根本没有十里桃花、万家酒店。李白有些生气，就问汪伦："汪伦，你说有十里桃花，我怎么没看见呢？"汪伦指着水潭和酒店不慌不忙地说："这个潭叫桃花潭，有十里长，所以有十里桃花。这家酒店的老板姓万，所以就叫万家酒店。"李白听后不禁哈哈大笑。接着两人就在这家酒店里把酒言欢。

离别时，两个人依依不舍，李白乘着船正准备离开的时候，忽然听到汪伦唱着歌为他送行。李白听后，也非常感动，于是写了一首有名的诗——《赠汪伦》送给他。

唐代是中国诗歌繁盛的年代，诗人多，嗜酒者也多。李白就是这其中的一个。汪伦仰慕李白的才华，有意结交李白却又担心被拒绝，所以以酒将李白"骗"了去。尽管后来李白知道自己被"骗"了，但他感受到了汪伦对他的深厚情谊。两人喝着酒，畅谈一番。酒后离去之时，汪伦以歌相送，李白感动不已，两人的友情自此得到了升华。

喜欢喝酒的人总能够聚到一起喝一杯。人与人之间，以酒相系，自是酒厚情浓，酒便成了维系友情的纽带。

巧抓时机，求人办事事半功倍

求人办事，把握住时机是非常重要的。当我们摸清了对方心理之后，并等到一个合适的时机时，应该学会当机立断，避免犹豫不决，贻误良机，这样就可以迅速达到自己的目的。

慈禧太后 60 岁大寿这一天，宫里大摆筵席，慈禧按预先安排好的计划，在颐和园的佛香阁下放鸟。一笼笼的鸟摆在那里，慈禧亲自抽开鸟笼，鸟儿自由飞出，腾空而去。等李莲英让小太监搬出最后一批鸟笼，慈禧抽开笼门后，鸟儿就纷纷飞出，但这些鸟儿在空中只盘旋了一阵，又唧唧喳喳地飞进笼子来了。慈禧又惊奇又纳闷，还有几分高兴，便向李莲英说："小李子，这些鸟怎么不飞走啊？"李莲英跪下叩头道："奴才回老佛爷的话，这是老佛爷德威天地，泽及禽兽，鸟儿才不愿飞走。这是祥瑞之兆，老佛爷一定万寿无疆！"

慈禧太后听后，怒斥李莲英道："好大胆的奴才，竟敢拿驯熟了的鸟儿来骗我！"

李莲英并不慌张，他不慌不忙地躬腰禀道："奴才怎敢欺骗老佛爷，这实在是老佛爷德威天地所致。如果奴才欺骗了老佛爷，就请老佛爷按欺君之罪办我。不过在老佛爷降罪之前，请先答应奴才一个请求。"

在场的人一听，李莲英竟敢讨价还价，吓得脸都白了，哪个还敢吱声。大家知道，慈禧虽号为老佛爷，却是一个杀人不眨眼的刽子手，许多人因服侍不周或出言犯忌而被她处死，哪个敢像李莲英这样大胆。慈禧听了这番话，立刻铁青了脸，说："你这奴才还有什么请求？"李莲英说："天下只有驯熟的鸟儿，没听说有驯熟的鱼儿。如果老佛爷不信自己德威天地，泽及鱼鸟禽兽，就请把湖畔的百桶鲤鱼放入湖中，以测天心佛意，我想，鱼儿也必定不肯游走。如果我错了，请老佛爷一并治罪。"

慈禧也有些疑惑了，她随即走到湖边，下令把鲤鱼倒入昆明湖。稀奇的事情真就出现了，那些鲤鱼游了一圈之后，竟又纷纷游回岸边，排成一溜儿，远远望去，仿佛朝拜一般。这下子，不仅众人惊呆了，连慈禧也有些迷惑。她知道这肯定是李莲英糊弄自己，但至于用了什么法子，她一时也猜不透。

李莲英见火候已到，哪能错过时机，便跪在慈禧面前说："老佛爷真是德威天地，如此看来，天心佛意都是一样的，由不得老佛爷谦辞了。这鸟儿不飞去，鱼儿不游走，那是有目共睹的，哪是奴才敢蒙骗老佛爷，今天这赏，奴才是讨定了。"

李莲英说完，立刻口呼万岁拜起来，随行的太监、宫女、大臣，哪能不来凑趣，一齐跪倒，个个都向他们的"大总管"投来了奉承的眼光。事情到了这份儿上，慈禧太后哪里还能发怒，她满心欢喜，还把脖子上挂的念珠赏给了李莲英。

从这个故事我们可以看出，李莲英抓住时机讨巧的功夫实在高明至极。在宴席上我们也应该抓住时机尽快办成自己要办的事。

比如你要升官晋职。由于本单位、本部门的领导者因为某种原因，或者是工作突出被提拔了，或者到了法定年龄而离休、退休了，或者因工作犯了错误而被解职了，总之，使原来的领导职位出现了空缺，这个空缺就为你创造了一个升迁的机会。如果这个机会来临之时，你宴请有关的领导，在席间表明自己的心思，那么你就不会与升迁失之交臂。

所以，要想通过宴请办事成功，就要把握住适当的机会，在宴会上说明自己的请求，这样才能办事顺利。

该拍的"马屁"，聚会时使劲拍

所谓的"拍马屁"，指的应该是下属事事附和上司，活像上司肚里的"应声虫"，甚至做出超过一般正常社交礼节的举动，目的不外乎通过讨好上司。因为有喜欢被"拍马屁"的人存在，所以也就有了喜欢"拍马屁"的人产生。不管是职场还是政治圈中，作为领导，总是会想到一些笼络人心的方法以鼓励其他人为其"拼命"，比如时不时请下属吃饭。那么，下属可以心安理得地吃吗？当然不！很多下属被领导请吃饭时，总是畏畏缩缩，唯恐领导请他吃的是最后的晚餐——为了辞退他而设宴。其实，大可不必。如果领导原本就是想辞退你，你再诚惶诚恐也无法改变他的心意。如果领导单纯是为了鼓励你，你就该抓住这一难得的时机努力讨好领导，正所谓"马屁此时不拍，更待何时"，以便给领导留下识时务的好印象。

不过，在宴会这种特定的场合拍领导的马屁也是一门学问，非常有讲究。

1. 要讲究对象

首先要明白你所面对的是谁，谁对你成事有所助益，以便尽可能迎合对方的心理需要，加强"拍马屁"的力度，争取让对方对你产生好感，从而帮助你。

2. 要讲究手法

一"马屁精"曾总结其诀窍曰："或舐或吮，或吹或捧，虚者实之，小者大之。此乃拍马之术；其运用之妙，存乎一心；要旨在于拍得马儿乐滋滋，甜丝丝，这便是手法高明。"在宴会上，一定要灵活机动，不可机械式地奉承，一定要仔细观察领导，洞悉其心理状态，适时地推领导一把，将他捧至云端，飘飘欲仙。

3. 要讲究时机

《儒林外史》一书中的范进在中举之前，人人都鄙视他。可他中举之后，不但岳父巴结，就是素昧平生的人，也自愿上门当奴为仆。因为这些"马屁精"都知道，此乃"拍马屁"的最佳时机。因此，要善于把握宴会的氛围，在适当的时候使劲拍领导的"马屁"，让领导感受到你的悟性和诚意，日后提拔你也就不会是什么难事了。

4. 要讲究随机应变

不妨引述一笑话证明。某饭局上，有一贵人放了一个屁，身边一幕僚说："不见得臭！"贵人不悦："放屁不臭，不是好人！"这幕僚立即用手招而闻之："您的屁，才臭过来！"

总而言之，身为下属的你一定要明白，领导不会无缘无故请你吃饭，既然请了，你就得把握时机，有所表现，该拍马屁、戴高帽的时候绝不能不做。不过，高帽是美丽的谎言，首先要让人乐于相信和接受，不能太离谱；其次是美丽高雅，不能俗不可耐、低三下四，糟蹋自己也让别人倒胃口；再者便是不可过白过滥，毫无特点，不动脑子。此外，你必须时刻谨记"大拍马，大成功；小拍马，小成功；不拍马，难成功"的"至理名言"，这样你才能在宴会中成为最受领导"器重"的人。

餐桌上的"激励"更有效

职场中，领导为了激励或是为了与下属保持良好的关系，常常会请下属吃饭。下属也会为了更好地与领导沟通感情或是有求于领导而请领导吃饭。领导受邀赴宴，应该适当有所表示，千万不可摆架子。俗话说"一个篱笆三个桩，一个好汉三个帮"，能力再强的上司，要把事业做得风生水起，也离不开下属的合作与支持。所以，在下属请吃饭时，一定适当给予对方鼓励，给其打打"兴奋剂"，这样下属才能感受到你的良苦用心，觉得这顿饭没白请，从而更好地配合你的工作。那么，具体该怎么做呢？

1. 让下属感觉他很重要

每个人身上都有个无形的胸卡，上面写着"让我感到我的重要"。这句话揭示了与人相处的关键所在。因此，你一定要让他感到自己很重要，比如时常关心一下他的工作、生活情况。哪怕只是一句温暖的问候，也会让他感到自己很重要，从而觉得你是个通情达理的领导，没白请你吃这顿饭。

2. 真正宽容下属

如果你的下属是因为做错了事，想获得你的原谅才请你吃饭的，只要他犯的错误无关原则问题，你都应该适当表态，可以稍稍训斥一番，然后对他表示理解和宽容。

3. 体现人性化的一面

如果下属是因为之前与你产生分歧，甚至发生争执，事后特意请你吃饭表示和解的话，你该适度进行一番自我批评，点明双方的争执是由于一时过于主观，最好能以幽默缓解彼此的紧绷情绪，体现人性化的一面，让下属明白你是个就事论事的人，绝不会在背后做小动作，公报私仇。

当然，受下属宴请本身就说明你是个不错的领导，否则下属也不会自讨没趣。不过，为了让你和下属的关系更和谐，你还是应该巧妙利用下属请你吃饭的机会，真诚地鼓励他们，从而让你们之间能更默契地合作。

酒桌上把生意敲定

作为交际媒介的一种，酒在许多场合都发挥着独特的作用，所以探索一下酒桌上的"奥妙"，有助于你交际的成功。

1. 众欢同乐，切忌私语

大多数酒宴宾客都较多，所以应尽量多谈论一些大部分人能够参与的话题，得到多数人的认同。因为每个人的兴趣爱好、知识面不同，所以话题尽量不要太偏，避免唯我独尊，天南海北，神侃无边，出现跑题现象，忽略了众人。

特别注意：尽量不要与人贴耳小声私语，让人产生"就你俩好"的嫉妒心理，影响喝酒的效果。

2. 瞄准宾主，把握大局

大多数酒宴都有一个主题，也就是喝酒的目的。赴宴时首先应环视一下各位的神态表情，分清主次，不要单纯地为了喝酒而喝酒，从而失去交友的好机会，更不要让某些哗众取宠的酒徒搅乱东道主置办酒宴的目的。

3. 语言得当，诙谐幽默

酒桌上可以显示出一个人的才华、学识、修养和交际风度，有时一句诙谐幽默的语言就会给客人留下很深的印象，使人无形中对你产生好感。所以应该知道什么时候该说什么话，语言得当、诙谐幽默很关键。

4. 劝酒适度，切莫强求

在酒桌上往往会遇到劝酒的现象，有的人总喜欢把酒场当战场，想方设法劝别人多喝几杯，认为不喝到量就是不实在。"以酒论英雄"，对酒量大的人还可以，酒量小的就犯难了，有时过分地劝酒，会将原有的朋友感情完全破坏。

5. 察言观色，了解人心

要想在酒桌上得到大家的赞赏，就必须学会察言观色。因为与人交际，就要了解人心，左右逢源，才能演好酒桌上的角色。

6. 锋芒渐射，稳坐泰山

酒宴上要看清场合，正确估价自己的实力，不要太冲动，尽量保留一些酒力和说话的分寸，既不让别人小看自己，又不要过分地表露自身。选择适当的机会，逐渐放射自己的锋芒，才能稳坐泰山，不致给别人产生"就这点能力"的看法。

商务"概念饭"要巧吃

商务宴请虽然吃的是"概念饭"，但是用餐的地点和场合的选择是非常重要的，口味、环境、位置等，都是应考虑的要素。宴请时间可根据主办方的实际需要而定，但也应该根据客人的活动妥善安排，同时还应考虑参加人员的风俗习惯。总之，订餐标准的高低，直接影响宴会质量的优劣。

1. 宴请重要客户要讲究档次

重要客户是公司利润的主要来源，更是公司稳定发展的基本保障。对于重要客户来说，东西好不好吃不那么重要，重要的是吃东西的环境和档次一定要高，要讲究排场。因为讲究排场才能说明对客户有足够的诚意和尊重。邀请重要客户吃饭，首选"大腕"餐厅或四星级以上的饭店。一般来说，海鲜类餐厅、日本料理、法式大餐等常是首选。在国内，这些字眼儿几乎代表了餐厅的高档和菜品的考究。上述饭店通常环境高雅，装修豪华气派、富丽堂皇。而且，这些地方还有舒适的单间、雅座，保证你与客户的沟通不会受到外界的干扰。

2. 对待未来客户要讲究舒适

如果是对待未来客户，那么一定要讲究舒适。未来客户是生意场上的潜在客户，他们可能今天还不是你的财富来源，但是明天就可能让你赚到钱。对于潜在客户来说，接触、交往和交流显得更为重要。比如通过商务宴请，让双方放下戒备，敞开心扉。所以，定期宴请未来客户不失为一个好选择。

对于未来客户，尤其是不了解他对你将会有多大价值时，你可能不大愿意为宴请而抛重金，像对待重要客户那样讲究档次和排场。但是，在宴请的安排上也要真诚相待，档次不能过低，或者为了节约而选择环境差、卫生标准低、交通不便的场所。所选餐厅的位置最好有利于客户出行，不太好找的地点最好就不要去了。对于菜品，可以不太贵，但应力求做到新鲜和独特，比如尝试一下新开的风味餐馆，品尝新推出的菜品，都是经济实惠的选择。

3. 对待老客户要讲究情绪的渲染

一般来讲，跟"朋友"客户吃饭没有那么多的讲究，选择中档餐厅就可以了，但务必要口味地道、环境卫生。同时，毕竟是生意上的合作伙伴，所以，在宴请上仍然要让对方感受到你的诚意。如果双方关系足够亲密，不妨邀请他到自己家中吃"家宴"，经济实惠，环境也肯定比餐厅要自由放松得多。对于双方来说，"家宴"更能加深了解和友谊，是简单却绝好的选择。

4. 邀请客户共进商务餐的注意事项

（1）邀请：尽量不要带自己的爱人，因为他（她）不是所有人都认识，你会整晚都处在他们之间。如果你跟你的爱人并非从事同一个职业，更不要带他（她）去了。

（2）迎客：如果你先到，那就应该让客户有宾至如归之感。进入酒店要以目光和手势示意客户，请他走在前面，同时可以配合语言提示："刘经理，您先请！"

（3）点菜：客人一般不了解当地酒店的特色，往往不点菜，那么，你可以请服务生介绍本店特色，但切不可耽搁时间太久，过分讲究点菜反而让客户觉得你做事拖泥带水。点菜后，可以请示"我点了菜，不知道是否合您的口味"，"要不要再来点其他的什么"，等等。如果事前能与酒店打电话联络，提前拟定菜单，那就更周到了。

（4）结账：不要让客户知道用餐的费用，否则也是失礼的。因为无论贵贱，都是主人的心意。

第二章
做一场滴水不漏的局

"无功不受禄"，请客要找好理由

中国有句古话叫"无功不受禄"。因此，请别人吃饭一定要找个合适的理由，要知道，恰当的宴请能大大拉近人与人之间的关系，从而提高办事的成功率。如果对方能欣然赴宴，那么求他办的事也就等于成功了一半。

刘强是刚毕业的大学生，初入职场的他和办公室里元老级的同事总有些不合拍，连科长都说他有些木讷。办公室里的同事总能找到理由请客，科长也时不时欣然前往。而刘强更加被孤立，虽然他也在寻找请客的理由，以期拉近和大家的关系。

刘强没有女朋友，生日也还有半年多的时间，他实在找不到可以宴请大家的理由，又怕落个马屁精的称号。这天，刘强在路边的饭厅吃午餐，看到对面有个福利彩票销售点，很多人排着队在买彩票。刘强灵光一闪，顿时想到一个好办法。

从那天，刘强开始买彩票，还有意无意将买来的彩票遗忘在办公桌上。刘强买彩票的消息，在同事间不胫而走。还没等大家把这个消息炒成办公室最热门的话题，刘强一天早上郑重地宣布自己获得20000元的一个奖。下班了，同事和科长被请进了饭店，酒足饭饱后，刘强从大家的眼神里看到了认可和友好的神情。

从此以后，他也渐渐融入了办公室这个大集体，上司和同事对他伸出帮助之手。就连他以后结婚分房的事，也是科长和同事鼎力相助的结果。这一切得谢那次虚拟的"中奖"。

俗话说，"吃人家的嘴软"，很多人都明白这个道理，所以并不是所有的宴请人们都会捧场。能够拒绝的，即使是自己一分钱不花，也往往会想办法拒绝。所以，宴请别人一定要找个好理由，理由找好了，才能让对方欣然赴宴，你的目的才有可能达成。

通常情况下，请客的方式无外乎以下几种：

1. 开门见山式

例如，当你想邀请上级领导吃饭时，可以直接说："请问徐经理吗？我们现在在某某酒楼吃饭，过来认识几个朋友吧，我们等你来啊。"这种方式自然亲切。

2. 借花献佛式

例如："陈工！今天获奖名单公布了，我中奖了！走吧，我们去庆祝庆祝！"然后在酒宴上再提自己求他所办之事，那时候他的酒都喝了，哪好意思不帮你？

3. 喧宾夺主式

如："哦！你中午没有时间啊？没有关系，这样吧，下午我去订个位置，然后晚上你带上你的家人，我们一起去吃怎样？晚上我给你电话！"这样发出的邀请，别人就很难再有借口推辞了。你也就有了接近对方，求其办事的机会。

另外，请客的理由也五花八门，生日、乔迁、工作调动、开业典礼等都能成为请客的理由。总之，找一个好理由宴请别人是最重要的。

准备工作，不能有丝毫大意

所谓备局，就是调动各种积极因素，为自己的做局作准备。其实宴请就是做局，如何将这场局做得滴水不漏，是宴请者的必修功课。一个善于做局的宴请者，必须懂得如何巧做宴前准备，力争每一个细节都达到完美，从而帮助自己成事。

宴请是人们交往中最常见的交际形式，它是广交朋友、建立联系的媒介，也是了解情况、解决问题的场所。所以宴请之前必须做好一些准备，比如宴请的类型有很多，不同的宴请在菜肴、人数、时间、赴宴着装等方面有着不同的要求。而且具体采用哪种形式的邀请也应根据你宴请的目的、邀请的对象以及活动经费等有所区别和选择。

宴会作为公务、商务人士绝佳的交流平台，可以令赴宴的陌生人由不熟悉变得熟悉，让一直心怀戒备的人放下戒备，让竞争对手变成合作伙伴，让领导变成朋友甚至伯乐……所有的人际关系都可能因一场宴会而改变，所以宴会前的准备丝毫马虎不得，如果有一个细节做得不到位或者出现问题，就可能使这种请客吃饭的好事变成坏事，甚至造成客户流失、被人小看、领导不满、职位不保、生意泡汤等恶劣后果。

饭局之中，要想安排令宾主满意的饭菜，吃得既美味又舒适，并非易事，绝对不能想当然地随便处理。也许你的好意安排，反而触犯了别人的忌讳。因此，一定要在宴请之前对所请的客人的饮食习惯进行一番较为详细的了解，这样在宴请的时候才能做到有的放矢，避免还没做局就已出局的事情发生。

除此之外，失败的宴请准备会成为你交际中的败笔，它会使人对你的诚意和能力产生怀疑。所以，无论你是为了求人办事或其他原因宴请别人时，一定要做好宴请的准备工作，不可有丝毫的大意。

未雨绸缪，精心设局

宴请是一个永远的难题，在宴会结束之前，你永远不知道席间可能会发生什么事，所以在宴请前你必须要未雨绸缪，精心设局。所谓设局，就是设一个好的局，一个能够自我完善的局，这需要谋局者事先统筹规划，考虑到可能发生的种种情况，力争做到万无一失，才能最后稳操胜券。一个好的局绝对不是一蹴而就的，它往往需要做局者在做局前精心准备，这个精心准备的过程就是设局。设一个好的饭局，设饭局者必须要有全局观念，要将所有宴会中可能出现的问题扼杀于萌芽状态，只有这样，设宴者才能占尽天时地利人和，抢占制胜的先机。

如果你不能做到未雨绸缪，那么不仅宴会成功与否是个未知数，而且你的宴请举动还可能造成事与愿违的后果，让你吃力不讨好、社交失败不说，还可能得罪了重要的客人或"大人物"，你今后的仕途也就可想而知了。

周某新婚在即，打算邀请单位同事以及一些朋友来参加婚礼，印发请柬时，未婚妻问他："你们办公室黎主任跟她先生是发一张还是发两张请柬啊？""发一张吧，两口子发两张干吗？"周某头也没抬地说。

周某的喜宴设在佳苑饭店，当天是个好日子，在佳苑设喜宴的有三家，所以三家说好持请柬入宴，免得各家的客人搞混了。

黎主任夫妻两人原本是一起到的，但她先生由于找车位费了点时间，黎主任就先入场了。等到她先生停好车打算进宴会厅时却被接待拦住了。接待说："这位先生，今天我们这层被包下了，办喜宴，如果你想用餐请到其他楼层。"黎主任的先生说："哦，我知道，我也是来赴宴的。""啊呀！不好意思啊，请问您是到哪家啊，可否出示您的请柬，顺便在这边签个到。"接待道歉说。"请柬我太太拿着的，她应该先进去了，我们是来参加她同事周某的婚礼的。"黎主任的先生说。"对不起，我们今天这边三家举办喜宴，有两家姓周，所以，我也不知道您入哪个厅……"最后，实在没有办法，黎主任的先生只能打电话将黎主任叫出来才得以入厅，不过当时他的脸色很不好。是啊，前来赴宴被拒之门外的滋味肯定不好受。再看黎主任，也是一脸的不悦，嘴里还直嘀咕："既然是持请柬入宴，干吗不发两张啊！"

如果周某事先知道有两家与他在同一时间、同一地点举办喜宴，那他应该会考虑到专门安排人在门口接待并引入宴会厅；如果周某事先知道黎主任和她先生先后入宴，那他就会送发两张请柬（国际上的通常做法，如邀请夫妇二人，可合发一张请柬，我国国内有些场所需凭请柬入门，所以要夫妇二人各发一张）；如果黎主任知道持请柬入宴，也应会等丈夫一起入宴。当然，上述的假设都不存在，事实是周某完全没有考虑到上述的情况，所以事先也没有设计好应对的方法，也只能承受得罪人的后果了。而故事中的黎主任这顿饭绝不会吃得舒心，得罪人的周某更是悔不当初吧。

所以说，无论是设宴请客还是应邀赴宴，都应该未雨绸缪，预先考虑宴会中可能发生的事情，提前做好准备，这样才能将自己淬炼成"会吃会喝"的宴会高手！

宴请客人不能一视同仁

宴请客人时，因对方的身份、地位不同，你做事的方法也应有异。与不同身份、地位的人打交道要用不同的方式，如果不明白这一点，对什么人都是一视同仁，则可能会被对方视为无大无小、无尊无贱，引起对方的不满。

宴请不同的客人要有不同的态度，主要表现如下：

1.宴请领导，以敬为先

宴请领导不同于宴请一般朋友，丝毫马虎不得，否则宴请不当，往往会适得其反，给领导留下不好的印象，甚至还会导致自己日后升职无望。

邀请领导进餐主要有两种目的：一种是表示庆贺。如工作上取得成绩，或者晋升、涨工资等。另一种是有事相求。既然是有求于人，在礼仪上就更应该予以重视，以尊敬的态度去邀请。而在餐桌上表现自己最恰当的方法莫过于优雅的举止谈吐。按照这样的思路，运用类似的方式来获得领导的信任，在工作中，领导才会更有信心把任务交给你去做。

2.宴请客户，以诚为先

做生意的人都说客户是上帝，所以都想搞好与客户的关系，既然如此，宴请是免不了的。成功的商业人士善于记录客户的资料，研究重要客户的各方面资料，分析其喜好。邀请客户吃饭应注意要真诚对待不同类别的客户。"诚"就是真诚相约，不虚情假意，不违约、不失信，竭尽所能满足客户的需求，令其欢欣而来，满意而归。

3. 宴请同事，以利为先

说起同事之间的关系，用"没有永远的朋友，也没有永远的敌人，只有永远的利益"来形容是再合适不过了。一般邀请同事进餐比较随便，不必过于正式，开开玩笑，聊聊家常，哪怕是打打闹闹，都是可以的。但是也应严格区分聚餐的不同形式或者场合，在一些正式的宴会或比较正式的场合，同事聚会时也应注意形象与礼仪，不可失礼于人。

如今，同事关系在人们的日常工作和生活中变得越来越重要。很多公司都有了不成文的习俗：升迁者要请其他同事吃饭。身在这样的大环境中，你也应当入乡随俗，不然就会显得过于小气。

宴请同事时要注意：第一，量入为出；第二，注意身份。如果身份级别不高，不要动辄邀请同事去高级餐厅，否则可能会被认为过于招摇，反而引起同事们的反感。

4. 宴请下属，以情动之

大多数领导都是从下属做起的，或者也是别人的下属，应该明白领导无缘无故请下属吃饭，下属心里总是不踏实的，所以领导向下属发出邀请的时候必须点明邀请的原因，比如"这段时间大家为了手上的项目天天加班，太辛苦了，今天我做东犒劳犒劳大家，大家都不是铁人啊，还是该放松放松啊，明天再接着干"，"今天我给大伙设了个庆功宴……"这样下属就明白领导的用意是激励和鼓舞，自然可以毫无芥蒂去赴宴了。

不过，需要注意的是，领导也是食五谷杂粮的凡夫俗子，三杯酒下肚，很可能会管不住自己，比如不经思考给下级许下加薪之类的承诺。所以，酒不能喝得太多，要管得住自己。否则，假如下属是个不值得信任的人，第二天一定会搞得满城风雨，更可能让那些觊觎你的人有可乘之机。

总而言之，作为别人领导的你，虽然掌握着别人的"生杀大权"，但你不是万能的，总有一天有需要下属帮忙的时候，所以，请下级吃饭要以情动之，不断积累人脉，以备后用。

5. 宴请异性，以礼为先

沈宏非先生的《写食主义》中有这样一句话："正常男女凡在一个正常年代谈一场正常的恋爱，很难绕过餐桌而行。"吃饭是热恋中的男女最经常做的事情。吃不是目的，而是方式。在吃饭的时候，可以谈论很多话题，可以对视，可以交杯换盏……反正是什么都好吃，因而热恋期间常常光顾许多餐厅。作为一个文明的现代人，宴请异性朋友，尤其是男士宴请女士时，要特别注意礼仪。这不仅体现了你对对方的尊重，还体现了你的涵养。

总之，宴请不同的人要采取不同的态度，这样才能顺利发出邀请，才能做宴会上的东道主。

宴请看场合，吃饭分档次

现代人讲究"吃文化"，所以宴请不仅仅是为了"吃东西"，更注重吃的环境。要是用餐地点档次过低，环境不佳，即便菜肴再有特色，也会令宴请效果大打折扣。因此，在可能的情况下，一定要争取选择清静、幽雅的用餐地点，要让与宴者吃出档次、吃出身份。

宴请贵宾，可以到具有古朴装修以及精致菜品的高档饭店，那里的环境、服务还是口碑应该都会让其感受到你对他的重视；宴请川西情节颇浓的客人，具有巴蜀风情的旗舰店更能让人过目难忘；宴请喜欢欧式装修的客人，精致的西餐厅是个不错的选择；宴请喜欢清静、对菜品也十分讲究的客人，典雅的农家食府就可以了；想让客人在平和中感受一分大气，满庭芬芳的酒楼他应该会喜欢；想给客人呈上一次视觉盛宴，花园式的餐厅是个好去处；如果客人对传统文化感兴趣，"御膳房"既能让人感受宫廷的大气，又能享受到各种御膳；要是客人非常注重商务宴请的私密性，高级酒店很适合；如果客人比较小资，喜欢时尚，那么尽可以邀请他到时下流行的餐厅或饭店就餐。

商务宴请中菜品也是十分重要的。宴请喜欢葡萄酒或是对葡萄酒有讲究的客人，可以选择领地庄园；宴请喜好海鲜的客人，选择一般的海鲜酒楼是最适合不过的了；要是客人想吃到最具专业精神的生蚝，不妨到最好的海鲜馆。

除此之外，宴请客人还有一些其他注意事项，比如：

1.官方正式、隆重的宴会一般应安排在政府的宴会场所或客人下榻的酒店内举行。

2.举行小型正式宴会，宴会厅外应另设休息厅，供宴会前宾主简短交谈用，待主宾到达后一起进宴会厅入席。

3.选择一处彼此都喜欢的地点就餐，让聚会中的每个人都有宾至如归的感觉。

4.请熟悉的人去不熟悉的饭店，请不熟悉的人去熟悉的饭店。对熟人（包括家人朋友）来说，可以带他们去以前没去过的饭店尝尝鲜、探探路，熟人在一起就不必拘束，可畅心问价、临时调换地点等。而请不熟悉的和重要的客人则要求对饭店的菜点、服务质量等了然于胸，这样才能更好地为请客的目的服务，所以应该去一个熟悉的、信誉好的饭店。

座次安排，尊卑有序

中国素有"礼仪之邦"之称，"不学礼，无以立"，中国最早的礼中最重要的礼，可以说就是食之礼，检验一个人修养的最好场合，莫过于集群宴会。因此，"子能食食，教以右手"（《礼记·内则》），家庭启蒙礼教的第一课便是食礼。而中国宴会繁缛食礼的基础仪程和中心环节，即是宴席上的座次之礼——"安席"。史载，汉高祖刘邦的发迹就缘于他在沛县令的"重客"群豪宴会上旁若无人"坐上坐"的行为。《史记·项羽本纪》中鸿门宴会的座次是一规范："项王、项伯东向坐，亚父南向坐，亚父者，范增也。沛公北向坐，张良西向侍"，此即顾炎武所谓："古人之坐，以东向为尊。"这是指的"室"内设宴的座礼。

隋唐以后，出现了方形、矩形等形制餐桌，座次礼仪也随之改变。圆桌是应聚宴人多和席面大的要求而出现的。圆桌在许多家庭中亦普遍使用，尤为今日餐饮业及机关企业食堂的会宴用桌面。其座次一般是依餐厅或室的方位与装饰设计风格而定，或取向门、朝阳，或依厅室设计装饰风格所体现出的重心与突出位置设首位。通常服务员摆台时以餐巾折叠成花、鸟等造型，首位造型会非常醒目，使人一望而知。而隆重的大型宴会则往往在各餐台座位前预先摆放座位卡（席签），所发请柬上则标明与宴者的台号。这样或由司仪导入，或持柬对号入座，自然不易出错。

宴席位次的设定，既属约定俗成，故其时空差异性较大，而依我国时下理念习尚，则首论职务尊卑，次叙年齿，后及性别（先女后男，以示重女观念）。当然，这都是首席座位确定之后再循行的一般模式。

就一张餐台的具体座位来说，目前中餐通行的规范是：主人坐于上方的正中，主宾在其右，副主宾居其左，其他与宴者依次按从右至左、从上向下排列。

女宾点菜已成为当今的时尚

在当今世界，除了少数地方外，在一些较正式的场合，"女士优先"这句话可以说是放诸四海皆准。女士点菜已经成了当今流行的一种时尚，男女在餐馆、饭店约会，点菜时应让女士先点，尊重女士的意见。在西餐厅，如果女士对吃西餐已经轻车熟路，那就大大方方点好了。

假如把餐桌比喻成战场，那么"点菜"绝不亚于战前的"点兵"。点菜是个人饮食文化的集中表现，融合了地域风格、个人品位，其中大有学问。在餐桌这个战场上，如果没有女士在场，或者女士不知道点什么菜的时候，到底谁来点菜更合适呢？这就要具体情况具体对待。

一般情况下，可以有以下几种选择：

1. 主人点菜

宴请之前，主人一定要了解客人的口味。国内客人的口味特征大致为东辣、西酸、南甜、北咸。宴请时要根据客人的具体情况点菜。

点菜时，我们一般都会有礼貌地征求一下客人的意见，但怎么问大有讲究。一般来说，主要有两种问法：一种是封闭式问题。比如："来条草鱼还是鲤鱼？"如此在两者之间进行选择，大大缩小了选择的余地。又如："喝茶还是喝咖啡？"就是告诉对方，你不要喝酒。而另外一种问法则是问开放式的问题。比如，"您想喝什么酒？"由被问者自由选择。此外，需要注意的是，一定要了解客人不吃什么，尤其注意不要犯宗教禁忌或民族禁忌。

2. 客人点菜

入席后，主人往往把优先点菜的权力让给客人，这是出于礼貌而为。一般来说，客人不好意思点价格较贵的菜品。如果你看出客人有些为难，可以从侧面来提醒和帮助他。例如，可用以下问题来打破僵局："这里的咖喱牛肉比较有特色，你可以试试看"，或者"咱们共同点道海鲜浓汤吧，这里的海鲜比较新鲜，值得一尝"等。用轻松的语气向客人提出建议，意思是这样的价位你可以接受，客人尽管以此类推来点菜，不必感到拘束。

3. 领导点菜

和领导一起吃饭时，往往是领导一个人说了算，决定大家吃什么菜，而部下通常异口同声说"都行都行"、"什么都行"，将选择权拱手让出。当然，也有那种宽厚的领导，让大家群策群力，想吃什么就说，或者索性放手让手下人去点菜，毕竟吃饭不是什么原则问题，轻松一点才好。不过，和领导一起吃饭还是应该优先让领导点菜，这也是职场中的一门艺术。

4. 轮流点菜

亲朋好友一起吃饭，大多是一人点一个菜。不过，如果大家都不爱吃你点的那道菜的话，你就有责任吃掉三分之二。点菜吃饭是个人行为，和工作不一样，每个人都有自己的机会和选择权，不必有太多的顾虑。

5. 职业点菜师代劳

如今，社会上出现了一种职业——点菜师，如果你对饭店的菜实在拿不准，不妨请个职业点菜师。实际上，上档次的饭店都会培养一些训练有素的点菜师，当客人面对菜单无所适从时，点菜师会为客人配出一桌好菜。

如果当着客人的面，不方便讲要花多少钱时，可以通过特定的词汇，比如"来点家常菜"、"来点清淡爽口的"，这是暗示点菜师自己不想高消费，而"有什么山珍海味"、"来点海鲜"，则是暗示点菜师你请的是贵宾，并不在乎花费多少。这样点菜师会让你既有面子，又不会"荷包大出血"。

不可小觑宴会情调师——音乐

音乐伴餐古已有之。中外历史上，帝王将相、达官贵人盛宴飨客时，无不弹奏丝竹管弦以助雅兴。《周礼·天官·膳夫》云："以乐侑食，膳夫受祭，品偿食，王乃食，卒食，以乐彻于造。"这是说，周代君王在进食时，以奏乐来助兴。而且，吃过了，还要在音乐声中把未吃完的食物撤回到制作食物的地方（即厨房里）。可见，我国早在周代，音乐伴餐就已开始了。

现在医学、心理学的实践也证明，音乐对人的情绪影响极大。适宜的音乐能提高消化系统植物神经的兴奋点，起到增强食欲、帮助消化的作用。具体来讲，音乐是一种与人的语言及其他声音貌似相同而实质不同的特殊信息，是一种按一定频率振动的声波。当音乐通过人的听觉器官和神经传入人体内之后，人体各个系统的运动，如声带振动、胃肠蠕动、心脏跳动、肌肉收缩等会与之发生共振，并使体内各种活动协调一致；同时，音乐作为一种振动的能量传入人体后，能激发人体本身的能量，使其从静态变成动态，提高神经细胞的兴奋性，促进人体一些有益于健康的物质（如激素、酶和乙酰胆碱等）分泌，从而刺激食欲的提高。另外，在宴会上，音乐还能转移宾客的注意力，对周围噪声有减弱作用，从而可以安心品尝美食。

据研究，伴餐音乐一般以我国民间轻音乐和西方古典音乐为佳。古典音乐可以选用欧洲18世纪、19世纪的器乐曲，如巴赫、亨德尔的钢琴曲和提琴曲、海顿的交响曲、莫扎特的钢琴协奏曲、肖邦的小夜曲等。我国民间轻音乐一般选用江南丝竹乐曲、合奏曲等。这类音乐极为抒情、平和、优雅，富有亲切、委婉的情调，音量变化适宜，且节奏合乎人的心率。大家知道，当音乐的节拍超过80拍/每分钟（即人的心率正常范围）时，人会感到心跳加快、心情紧张，这也是伴餐音乐不能采用迪斯科、爵士乐等节奏强烈的乐曲的原因。

美国《华盛顿邮报》曾报道过这样一则消息，一富翁在餐馆品尝美味时，乐队奏起疯狂的爵士乐，富翁不由自主地想跟上快速的节奏，不慎被食物噎住，几乎憋死。尔后，乐队又奏起了肖邦的《葬礼进行曲》，徐缓、稳重的旋律神奇地起到了人工呼吸的作用，富翁才渐渐缓过气来。

伴餐音乐除了考虑到节奏外，还要注意宴会的主题、宾客的审美能力和欣赏习惯等。朋友相聚，主题曲调应该明快、热情，文人聚会的曲调应以优雅、平和为主，在招待外宾的宴会上，更应根据他们的爱好和民族习惯，选择合适的乐曲，这样才能使宾客心情舒畅，增加食欲，增进友谊。

海涅说过，话语停止的地方，就是音乐的开始。音乐是人类最抒情的语言，而这种语言，不仅能达到放松的目的，有时候，别出心裁的音乐，赋予一场宴会特别的寓意，如同一个情调师，带给宾主特殊的安慰和感受。

1972年，周恩来总理在接待美国总统尼克松时，精心安排乐队演奏了一曲尼克松最喜欢的《美丽的阿梅利加》。一曲奏毕，美国客人惊喜之余都非常感动，为周恩来总理细致周到、严谨热情的人格魅力所折服。

此时，一曲音乐的意义已经超越音乐的价值，而是一种手段，以实现沟通交流、互致敬意的目的。

像专业点菜师那样点菜

宴请选菜不应以主人的爱好为准，而应主要考虑主宾的喜好与禁忌。宴请点菜有不少讲究。要想成为点菜高手，不是那么容易的事情，可是秘书谢小姐，却是个点菜行家，她总是能够像专业的点菜师一样点出让人满意的菜。她是怎么做到的呢？

谢小姐是公关部经理的秘书，她的工作性质决定了她得常常负责饭局宴会的筹备工作，领导一般只会交代她去办一桌席，而不会具体交代怎么办的细节，谢小姐每次都能顺利完成这个任务，办出一桌漂漂亮亮的宴席来，她说："点菜其实并不难，知己知彼方可百战不殆，掌握同席之人的口味是第一步。

"如果是两人共餐，其中有女性，可以点一荤一素两个冷菜，或加上一个卤水菜肴，再点一个高档的蔬菜、一个海鲜、一个荤素小炒即可。如果是那些注重美食、营养的人，各自再加一个小炖盅就可以吃得风光而体面了。

"如果是与生意上的客户共进晚餐，在双方不熟悉的情况下，点菜点得恰到好处，凉热荤素、鸡鸭鱼肉搭配得当是非常关键的问题。一般工作餐会是三五成群，所以点的冷菜不仅要有海鲜、卤水，最好还要有一些别致的小菜。而热菜要有 1 道高档海鲜，外加 2 道荤素小炒，1 道带肉主菜，1 道清口蔬菜，汤煲、点心、水果各 1 道即可。

"当然，在点菜前一定要先问问桌上同餐者有没有特殊忌讳，比方说素食者、不食牛羊肉者、不吃辣椒者、不吃海鲜者等。做到心中有数，点菜时就可以兼而顾之，不会有人大快朵颐，有人停箸默然。

"另外，从营养的角度来看，要注意膳食平衡，即注意谷、果、肉、菜、豆等各类食物品种齐全、比例适当。根据就餐者的年龄、个人嗜好、身体状况及就餐季节，点菜时应注意以下方面：

"首先是荤素搭配：对海鲜、畜肉、禽肉、豆类及其制品、蔬菜及水果等应全面考虑，但要注意肉类不宜太多。在重视饮食营养的今天，一定数量的素菜是必不可少的，菜肴中应有 1/3 以上是绿色蔬菜和豆制品。这样可以通过荤素搭配保证营养平衡，在色泽和口感上也有新鲜感。若是担心素菜显得不够"高档"，可配些草菇、香菇、虾仁等增加'美食感'。

"其次是软硬搭配：这主要是考虑照顾好老人和小孩，且注意油炸食物不宜太多。

"再次是菜色搭配：即整体色彩搭配效果清爽诱人。

"最后是口味搭配和冷热搭配：即酸、甜、苦、辣、咸各种口味菜肴的搭配要尽量照顾到大多数就餐者的喜好。如果就餐者中有病人，如患有高脂血症、糖尿病等疾病者，应注意点一些低脂、无糖、高纤维素的菜。并且注意冷菜及冷食不宜过多。"

也许要我们一下子达到谢小姐点菜的境界有点强人所难，毕竟我们既不是专业的点菜师，也不是天天琢磨研究点菜之道，但我们可以学习谢小姐点菜的方法，了解点菜的一些注意事项，在点菜前多了解即将参加宴会者的喜好与忌讳，相信用不了多久我们也可以像专业的点菜师那样点出令众人满意的菜品。

点菜切勿丢了西瓜捡芝麻

有些人请客吃饭，喜欢贪图小便宜，进门就问："今天有什么又好又便宜的特价菜啊？"弄得一旁随同前来的客人直皱眉，客人心里想："难道说，我在他心目中是那种只配吃特价便宜菜的人？还是说，他原本就是个贪图小便宜、目光短浅、又毫无生活质量的人？看来我得重新考虑跟他合作（交往）的事情了。"这场饭局才开头，你就让对方心里有了疙瘩，那么，接下来你原本想通过饭局进一步与对方加深关系的目的也就落了空。

勤俭节约，拒绝铺张浪费是宴会一贯主张的原则，但是，这需要讲究技巧，而不适宜大张旗鼓地表现出来，或是让对方察觉出来，否则就成了小气吝啬的表现，直接影响对方对你的看法，甚至会打消对方原先打算与你交往的想法，可能因小失大，得不偿失了。

蔡锦高大英俊，但一直没有女朋友，在姑妈的介绍下，他开始和一位年轻漂亮的姑娘约会。

约会那天，天空下着零星小雨，他俩没有打伞，沿着林间小路边走边聊。从学生时代一直聊到现在的工作，后来雨越下越大，两人便走进了路边的一家餐厅。这是一家西餐厅，看那装潢设计就知道价格不会便宜，翻开菜单一看果然如此，蔡锦连忙对姑娘说："这家餐厅太贵了，咱们在这吃不划算，不远的一条街上有很多家常菜馆，经济又实惠，要不咱们去那边吃吧？"姑娘皱皱眉说："话是不错，可是外面的雨太大了，一出门咱们都得湿透了，还是就在这里吃吧。反正就这一回，也不是天天来，就当奢侈一回了。"姑娘说完还故意眨眨眼，笑了笑。

于是，蔡锦只好心不甘情不愿地开始点菜，他问服务员说："这个牛排怎么那么贵啊？没有便宜的吗？"服务员说："对不起，先生，我们这是上等的菲力，您吃了一定会觉得物超所值的。""那这个浓汤呢？量有多少啊？""这……"蔡锦一个一个地问，服务员一个一个地答，而姑娘的脸色愈来愈难看。最终蔡锦点了最便宜的面包和浓汤给自己，给姑娘点了一份牛排。

接着，在吃饭的过程中，蔡锦一直在念叨"亏了、不划算"之类的词，听得姑娘火了："你别念了行吗？不就是贵了点吗？咱们AA不就得了吗？至于一直念吗？"蔡锦见姑娘误会了，赶紧解释说："我不是这个意思，我只是觉得这样有点浪费。"姑娘说："算了，你这个人太小气，别不承认了，你不就是觉得咱俩还没交往，你请我吃大餐太亏吗？算了，这顿咱们AA，以后也别见了，难怪你一直找不到对象呢！"姑娘说完放下钱起身就走了。

蔡锦只是太过勤俭节约，觉得这样浪费没有必要，结果却捡了颗芝麻，丢了个西瓜，实在是一桩"亏本"的"买卖"啊！

请客吃饭不同于平常吃饭，节约是应该提倡的美德，但请别人吃饭，你必须考虑对方的感受，对方喜欢什么，想吃什么，只有让对方吃得开心、吃得尽兴，你才有可能达到宴请的目的，否则很有可能落得上述案例中蔡锦的下场——竹篮打水一场空，还可能影响你的形象给对方留下"小气吝啬"的印象。

你在细品食物，别人在细品你

有人说，你怎样品味食物，别人就怎么品味你。也有人说，在你细品食物的同时，别人也在细品你。你在餐桌上的言行举止，会直接影响别人对你的看法，对方能够以你的吃相来判断你是不是一个值得合作的人。真可谓是"成也吃相，败也吃相"，既然吃相如此重要，那么，你该怎么避免不雅的吃相呢？

1. 吃到太烫或变质的食物

假如你吃了一口很烫的东西，一定要迅速地喝一大口水。只有当身边没有凉饮料并且你的嘴要被烫伤时，你才可以把它吐出来。但应该将其吐在你的叉子上或者手上，并快速把它放在盘子边上。遇到变质的食物也要这样处理。例如，如果吃了一口变质的牡蛎或蚌，不要直接吐出它，而要不动声色地将其处理掉。把食物吐到你的餐巾一角是不雅观的，更不可以随便吐到地上。

2. 打哈欠

在餐桌上打哈欠常常给别人这样的感觉：对饭菜或谈话没有兴趣，已感到很不耐烦了。如果在大庭广众下你控制不住打哈欠，一定要马上用手捂住嘴，接着说："对不起。"千万不可毫无顾忌，张口就来，那样容易让对方心生不快。

3. 在餐桌上咳嗽、擤鼻子

一般情况下应克制这样的行为，因为这样的动作实在是太失礼了。如果无法控制，最好用自己的手巾或手捂住鼻子，如果你使用了餐巾，则要轻声告知服务生，请他们替你更换一下。

4. 在餐桌上剔牙

如果你的牙缝里塞了东西让你感到不适，先喝口水漱口，如果仍无法冲刷出来，也别在餐桌上用牙签剔牙，这时你应到洗手间去处理。如果你确实需要当众剔牙，最好用一只手挡住你的嘴，千万不要咧着嘴冲着他人。

5. 异味或异物入口

异味入口时，不必勉强吃下去，但也不要引起在一起吃饭的人的不快。这时，你最好的办法就是用餐巾把嘴盖住，快速地吐到餐巾上，然后尽快地召唤服务员来处理，并要求他给你更换一块干净的餐巾。

如果食物中有异物，比如说石子，你可以用筷子取出，放在盘子的一边。如果看到让你感到惊讶的异物时，比如说虫子，千万不要大声叫喊，这样会显得你修养不够。

你最好心平气和地要求换掉，也可以向主人或服务员示意一下，尽量不要站起来说。

切勿大惊失色地告知邻座的人，以免影响他人的食欲。

6. 弄洒了汤汁

把汤汁弄洒了，无论对主人还是自己来说，都是一件十分麻烦的事情。如果你不小心弄洒了汤汁，可以用以下方法应付：

（1）如果你在桌椅上泼洒了一点酱汁，可用餐巾擦拭，如果餐巾已经很脏，就应小心折好后交给服务员处理。

（2）如果你不小心把咖啡、汤一类的液体洒在你的茶杯托盘里，可以用餐巾纸吸干，以免你拿着杯底很湿的杯子时，又弄脏别处。

（3）如果你的汤汁洒了很多，应叫服务员来清理你弄脏的地方，如果不能清理干净，服务员会再铺下一块新餐巾，把脏东西盖住。

（4）如果连你的座位上也弄上了大量的污渍，你可以向服务员或主人再要一块餐巾盖在你弄脏的地方，同时向主人和客人致歉：因为你为他们带来了不便，你也可以对自己闯的祸开个玩笑，让大家很快忘记发生的事，从而缓解自己的尴尬。

总之，在宴会中要尽量避免不雅的吃相，毕竟你的事业可能在餐桌上发展起来，也可能在餐桌上跌落，千万不可因为吃相影响别人对你的看法，从而导致你的生意失败。

余兴节目，增添宴会的热烈氛围

随着生活水平的提高，基本需求得到满足，人们越来越注重精神享受。娱乐活动与宴会经营结合，满足了人们的这种需求，使人们的享受更完美。

娱乐活动具有消遣性、娱乐性，能有效地增加宴会热烈欢快的气氛，人们通过娱乐活动来表达自己的情感，述说心事，沟通感情，唱得开心，舞得尽兴，宴请的目的也就水到渠成。

当然，安排余兴节目的前提是宴会的性质及预算允许。此时，你安排一些特殊的余兴节目，就有可能成就一次温馨、感人的宴会。

安排余兴节目要考虑一些操作的可能性，例如：在你担心晚餐会很沉闷时；在你支付得起艺人提出的价码时；宴会的时间十分充足时；有现成的司仪时；余兴节目不会干扰到在场宾客的谈话。

除此之外，安排余兴节目还要注意：当音乐家在演奏，此时客人是在谈话而不是跳舞时，要把音响的音量调低。

如果活动的时间很长，应设法使背景音乐有所变化——比如不仅限于古典音乐，可以有爵士乐或者流行音乐。在表演前，要妥当和热情地介绍表演者，让客人知道他们的姓名和经历。

如果为宴会安排了余兴节目，那么必然要找一位合适的司仪。司仪的工作主要是介绍活动明星、发表声明，免得全由主人负责。司仪最好具有相当的幽默感，充当调节宴会气氛的角色。

同时还需要有一些临时应变的能力，比如当麦克风突然失效，对这种紧急状况应能应付自如。完美的司仪使宴会参与者在欣赏余兴节目时获益良多，享受一段快乐时光。

宾主尽欢乐收局

所谓收局，是如何不让煮熟的鸭子飞走，以最小的代价获得最大的胜利果实。收局意味着收获果实，但不是每一种果实都意味着胜利的甜美滋味，所以在饭局上收局注重的是双赢，要求宾主双方都能获得一定利益，如果局势只倾向于一面，那么势必居于下风的一方难免心存不满，从而为以后的交流合作、生意往来埋下隐患。

如何完成一个漂亮的收局？是为了自身获得更高的利益而将对方逼至退无可退的境地吗？当然不是！或许你可以和对方打心理战，也可以通过威慑来牵制对方，也可以挑拨对方内部纷争以坐收渔翁之利，或者是利用以逸待劳的战术，但你必须注意一点，那就是不能将对方一棍打死，必须留有余地，以备日后长期合作。所以你只能在尽量减少自身牺牲的基础上，追求双方的共赢。

那么如何做到这一点呢？首先，你必须表现出你的诚意；其次，你要做好后续的工作，给对方留下一个完美的印象，切忌在对方心目中留下一个"虎头蛇尾"的印象。

小可请客户去一家饭店吃饭，希望客户从他手里购买一批原材料。席间大家聊得十分愉快，到了结账的时候，由于人太多，服务员忙不过来，一时顾不上给他们结账。由于喊了几次也没有得到服务员的回应，小可不免有些着急，就对着吧台大呼小叫起来，引起了服务员的强烈反感，双方产生了争执。

最后，小可对客户说："真是的，没想到遇到这种事，这笔生意你一定要给面子啊，你看为了这顿饭我还受了服务员的气呢！今天你暂且先回去，等咱们这笔生意成了，我再请你喝酒啊！"最后，小可只顾着和饭店的服务人员吵架，连客户什么时候走的都不知道，更谈不上安排车送客户离开了。后来，这位客户没有买小可的原材料，也没有再与小可联系。

像小可这样请客户吃了饭，不但没谈成生意，而且还从此丢了这个客户，实在是"赔了夫人又折兵"。

所以饭局结束时一定要注意一些小细节，不要以为吃完饭就能成事了，在饭局之上你除了要顾及对方的感受，注意现场的氛围，关注对方的需求外，还要为对方提供一些力所能及的宴后服务，比如给客人安排回家的车辆等。

总之，不可有丝毫的疏忽大意，更不可急功近利，以为吃过一顿饭，别人就有义务帮你办事，并以此要求别人帮忙，这样会让煮熟的鸭子飞了。

一场完美的宴会，进行到最后很不容易，所以越到最后越要小心谨慎，要力求宾主尽欢，切忌因小失大，要知道"一子错满盘皆输"，一定要在最后的时候收好局，并为下一次布局作好铺垫，这样才算是给宴会画下了一个完美的句号。

第三章
八面玲珑，行走饭局中

菜点对了，打开对方心扉并不难

点菜是摆在众人面前一道严峻的选择题。如果菜点安排太少，会怠慢客人；反之，则会造成浪费，引起他人误解。所以，点菜是一个人饮食文化修养的集中表现，是一项复杂的工作，值得大家探讨。

作为请客者，若时间允许，应等客人到齐之后，将菜单供客人传阅，并请他们来点菜。当然，如果是公务宴请，要控制预算，最重要的是要多做饭前功课，选择合适档次的请客地点非常重要。一般来说，如果由你来埋单，客人也不太好意思点菜，会让你来做主。

如果你的上司也在宴席上，千万不要因为尊重他，或是认为他应酬经验丰富，酒席吃得多，而让他来点菜，除非是他主动要求，否则他会觉得不够体面。

如果你是作为赴宴者出现在宴席上，在点菜时，不应该太过主动，而要让主人来点菜。如果对方盛情要求，你可以点一个不太贵、又不是大家忌口的菜，最好征询一下同桌人的意见，特别是问一下"有没有哪些是不吃的"或是"比较喜欢吃什么"，要让大家有被照顾到的感觉。

点菜水平的高低直接影响进餐的心情和氛围，在点菜时一定要心中有数，牢记以下三条原则：

一是一定要看人员组成，一般来说人均一菜是比较普通的原则。如果是男士较多的餐会，可适当的加量。同时要看菜肴的组合，冷热、荤素搭配要全面。如果男士较多可多点些荤菜，如果女士较多，可以清淡些。

二是如果是普通的商务宴请，可以节俭些。如果这次宴请的对象是比较关键的人物，则要点上几个够分量的菜。

三是点菜前要对价格了解清楚，点菜时不要问服务员菜的价格，或者跟服务员讨价还价，这样会显得你小家子气，而且被请者也会觉得不自在。

中餐宴席菜肴上桌的顺序，各地不完全相同，但一般普遍依循下列六项原则：

先冷盘后热炒；先菜肴后点心；先炒后烧；先咸后甜；先味道清淡鲜美，后味道油腻浓烈；好的菜肴先上，普通的后上。因此，点菜也要遵循这个顺序。

主随客便，彬彬有礼操控他

宴请是针对别人进行的，就要最大化地满足别人的需求与方便，所以宴请的时机与地点要尽可能地遵守主随客便的原则。

在决定社交聚餐的具体时间时，主人不仅要从自己的客观能力出发，更要讲究主随客便，即要优先考虑被邀请者，尤其是主宾的方便，切勿对此不闻不问，勉强从事。如有可能，应先与主宾协商一下，力求双方方便，达成一致，以显示自己的诚意。

现实生活中，有很多人宴请时都没能做到这一点，而因此造成的求人不成、办事无果的例子有很多。

有一次张经理因为一件事想请另一个公司的孙主管帮忙，于是就和妻子商量着要请孙主管吃一顿饭。张经理想到市郊新开了一家韩国饭店，那里的烧烤做得不错，就决定请孙主管到那家饭店吃一顿。妻子想了想觉得那家饭店离市区太远，交通不方便，孙主管能欣然赴宴吗？张经理却始终想要去那家，最后妻子也勉强同意了。

第二天，张经理诚意邀请孙主管吃饭，没想到孙主管很干脆地就拒绝了。他告诉张经理，烧烤的确不错，但是自己最近很忙很累，所以不能去那边吃饭了。

结果可想而知，张经理没能邀请到孙主管，也没能办好自己的事情。

所以，你在宴请时一定要做到主随客便，不能仅凭自己的感觉就断定别人会喜欢你的安排。大多数情况下，正式宴请的具体时间遵从民俗惯例。比如在国内外举办正式宴会，通常都要安排在晚上进行。因工作交往而安排工作餐，大都选择在午间进行。而在广东、海南、港澳地区，亲朋好友聚餐，则多爱选择饮早茶。

宴请是针对所请之人进行的，因此要千方百计地满足客人的需求，宴请的地点和时机应尽可能让客人感到方便。主人可在宴请前征求客人的意见，以便充分准备。

你的酒杯不要凌驾于领导之上

为什么人们在饭桌上祝酒时要碰杯呢？有两种解释：一种解释这种方式是由古希腊人创造的。传说古希腊人注意到这样一个事实，在举杯饮酒之时，人的五官都可以分享到酒的乐趣：鼻子能嗅到酒的香味，眼睛能看到酒的颜色，舌头能够辨别酒味，而只有耳朵被排除在这一享受之外。怎么办呢？古希腊人想出一个办法，在喝酒之前互相碰一下杯子，杯子发出的清脆响声传到耳朵中，这样耳朵就和其他器官一样，也能享受到饮酒的乐趣了。另一种解释是，喝酒碰杯起源于古罗马。古罗马崇尚武功，常常开展"角力"竞技。竞技前选手们习惯于饮酒，以示相互勉励。由于酒是事先准备的，为了防止心术不正的人在给对方喝的酒中放毒药，人们想出了一种防范方法，即在"角力"前，双方各将自己的酒向对方的酒杯中倾注一些。以后，这样的碰杯便逐渐发展成为一种饮食礼仪。

小陈是大陈的堂弟，刚刚大学毕业，现在给大陈做秘书。一日大陈带着小陈赴宴，一方面是让他多见见世面，另一方面是介绍一些生意上的客户给他认识，也便于小陈日后的工作。

席间敬酒不断，不管谁敬酒，小陈都会随着堂哥站起来陪敬，可是每每举杯时，小陈的杯沿总是高出其他人许多，而且总是碰得酒杯"哐哐"作响。小陈这种表现让大陈深觉脸上无光，不时拿眼睛瞪小陈，可是小陈却不明所以。

为什么大陈不时用眼瞪小陈呢？小陈做错什么了吗？是的，别人敬酒时，站起来是没错的，可是小陈不知道一般敬酒时自己的酒杯都得略低于对方，如果对方是长辈且是自己的上级，一般是碰其酒杯的三分之一处略低，而且碰杯时不是拿整个杯子去碰，而是略倾斜酒杯，拿自己的酒杯口去碰，但不要太倾斜，否则有做作之嫌。如果对方是官级比你高很多的领导，或是长辈，你就要用双手敬酒。另外，也不必碰得酒杯"哐哐"作响，只要发出清脆的碰撞声即可。

酒桌文化有一定的讲究，如何敬酒要因人而异，也可能因地区文化的差异而有所不同，要具体情况具体对待。

除此之外，饮酒干杯时，即使不喝，也应该将杯口在唇上碰一碰，以示敬意。喝酒时绝对不能吸着喝，而是倾斜酒杯，好像是将酒放在舌头上似的感觉。此外，一饮而尽，边喝边透过酒杯看人，边说话边喝酒，都是失礼的行为。

主次分明，把握好敬酒的顺序

宴请别人时，为了表示自己的诚意，就需要向别人敬酒。敬酒也是一门学问。一般情况下敬酒应以年龄大小、职位高低、宾主身份为序。要遵循先尊后长的原则，按年龄大小、辈分高低分先后次序摆杯斟酒。

在同领导一起喝酒时，最需要讲究的就是秩序，这跟开会一样，官大的自然上座，然后按级别、所在部门依次落座。敬酒的次序仍依座位次序进行。小人物要是不小心坐错了位置或者敬错了酒，必然惊出一身冷汗。小官敬大官要一干到底。做下属的在敬酒时是机遇与挑战并存，所谓机遇是零距离接触领导，是增进与领导感情的绝好时机；所谓挑战是因为人一喝酒思维和平时就不一样，搞不好也是最容易得罪领导的时候。所以对下属来说敬酒须谨慎。小人物既要考虑酒场这一环境的特殊性，又要察言观色，随时揣摩领导的心思，新上的菜，领导不下筷子，自己不能先动。敬酒前一定要充分考虑好敬酒的顺序，分清主次，即使与不熟悉的人在一起喝酒，也要先打听一下身份或是留意别人如何称呼，这一点心中要有数，避免出现尴尬或伤感情。

敬酒时一定要把握好敬酒的顺序。有求于席上的某位客人，对他自然要倍加恭敬。但是要注意：如果在场有更高身份的人或年长的人，则不应只对能帮你忙的人毕恭毕敬，要先给尊者、长者敬酒，不然会使大家难为情。

总之，在宴请时你一定要注意敬酒的次序，做到主次分明，这样才能有利于你扩展人脉、拉拢关系及求人办事等。

劝酒要恰到好处

劝酒对于营造氛围具有重要作用。同时，劝酒也是一门艺术。我们常能在酒宴上发现这样的劝酒高手，几句"花言巧语"就搞得你明明酒量有限，却还是喝了个酩酊大醉。应该说，既要让对方尽其所能地喝酒，又要活跃气氛，此外还不伤和气、不损面子，这是一位劝酒者的基本"责任"。所以，在劝酒时一定要把握好度，使劝酒恰到好处。一般来说，可以采取以下方法进行劝酒：

1. 真诚地赞美对方

人对于赞美的抵抗力往往是微弱的，特别是在酒桌上，热闹的气氛使得人的虚荣心很容易膨胀起来，而虚荣心一膨胀人就免不了要做出一些超出常规的豪壮之举。

2. 强调场合的特殊意义

劝酒者在劝酒时不妨多强调一下此场合的重要性、特殊性，指出它对于对方的价值与意义，这样既能激发对方的喜悦感、幸福感、荣誉感，又使他碍于特定的场合而不得不愉快地再饮一杯。

3. 强调酒宴对自己的意义

在劝酒时可以充满感情地强调一下自己与对方的特殊关系，使劝酒变为两人之间独特的情感交流方式。

4. 用反语激将对方

人都有自尊心，为了维护自己的自尊心，人有时很容易突破常规的框框做出某种强硬之举。在酒桌上也是一样，如果能恰到好处地使用反语刺激刺激对方的自尊，使其认识到不喝这杯酒将会多么损害自己的尊严，那么对方往往就会"喝"出去了，逞一回英雄。

5. 采用以退为进的方法

对于某些酒量委实有限的人，特别是女士，过分地勉强显然是不太好的，那么就不免在饮酒量上做些让步，自己喝一杯，别人喝半杯，或改喝啤酒，以此来说服对方。

当然，劝酒也要把握好度，不应过于勉强对方，须知饮酒也是文化，酒宴应当成为文明、礼貌的交际场所。大家叙叙旧，谈谈生活，切磋技艺，交流思想，这才是酒宴的宗旨，因此它应该是显现融洽亲切、高雅欢快的场面。

形势不妙，敬为上

在饭局上求人办事是很普遍的事情，但是这并不是说只要你请对方吃饭，对方就一定会答应给你提供帮助，这其中有很多技巧性的问题，需要你仔细斟酌。而且饭局上风云变幻，对方的情绪随时都在变化，尽管你会试着尽量避免触犯对方的逆鳞，却无法确切探知到对方的心理，你能做的只能是在对方表现出不悦或是有反感迹象的前几秒，迅速作出应变反应，平息对方心中的波澜，缓和现场的气氛。

张勤和周华夫妻俩都是某学校的老师，前段时间教导主任退休了，按资格来说张勤是最有希望晋升这个职位的，而且张勤还连续五年当选为校级模范教师。可是，一个多月过去了，校长那边毫无表示。张勤暗示了几回，校长还是没有丝毫表示。无奈之下，夫妻俩决定请校长吃饭，顺便探听虚实，也好就势争取。

只见席间，校长一再顾左右而言他，就是不提选拔教导主任这件事。张勤性子急，问校长说："校长，李主任退休那么久了，教务处现在都是由副校长管着，副校长一人担两职实在是劳累，这不是长久之计啊！"校长笑了一笑，说："这个嘛，校领导一直在开会讨论，可咱们学校实在是人才济济啊，还得从长计议啊！""可是，这个按照资格来说……再说，这选谁还不是校长你说了算吗？"张勤很不满意校长的话，出口反驳。校长一听张勤说这话，立马变了脸色，正要开口，张勤的妻子周华说："哎哟，真是的，你们男人怎么吃饭也离不开公事啊！今天咱们就是吃饭，不谈公事啊！赶紧吃菜，老张，傻愣着干吗，赶紧给校长满上。"张勤明白妻子的暗示，赶紧给校长倒满了酒，三人碰了杯。

接下来，张勤和校长就学校里的一些事情交换了意见，中间不免有看法不一之处，可是妻子周华每次都能在关键时刻以敬酒为名，避免两人起争执。最后，校长表示这顿饭吃得很愉快，并感谢张勤夫妻俩的款待。

不管周勤最后是否能晋升教导主任，至少这次请校长吃饭的目的是达到了，在此愉快的氛围下，校长势必会对他们夫妻俩留下不错的印象，从而对周勤晋升一事也会多上份心。

请客吃饭，求人办事时，切忌急功近利，一门心思只想着达己所愿而不顾及饭桌上的气氛。我们要想在饭桌上更好地成事，就要善于察言观色，眼见形势不妙，就应以敬酒的方式尽量缓解，不可操之过急，甚至在对方脸色不对、情绪不佳的当口，还只顾着自己的利益，那样是很难真正成事的。

敬酒有道，频频举杯有妙招

假如你希望使酒宴按照宴会的目的，高潮迭起，频频举杯，"劝君更进一杯酒"，你需要具备一定的酒桌敬酒的"硬功夫"。

酒宴越是临近结束，劝酒就越发困难。所以要想频频举杯与客人畅饮，就得靠标新立异、新颖别致的话题才能出奇制胜，收到凝聚万般情的效果。

如在一次商务交往的宴会上，十分需要借助酒性沟通，可是无论怎样敬酒，客人都礼貌地回绝了。事先宴请方得知这个客人嗜酒，如果喝不尽兴，就难于合作。那么宴请方就可以这么说："各位来宾，我给大家再敬杯酒，这杯酒我借着刚刚呈上来的这盘'浇汁鱼'向各位表示衷心的祝福之情。如果各位认为我说得对，就请干杯。你们看，吃鱼头，独占鳌头；吃鱼腮，满面灵气；吃鱼眼，珠玉满目；吃鱼唇，唇齿相依；吃鱼骨，中流砥柱；吃鱼鳞，年年有余；吃鱼腹，推心置腹；吃鱼背，倍感亲密；吃鱼子，财智无数；吃鱼尾，机敏迅疾！让我们共同举杯，为吃鱼给我们带来年年有余，事事如意，干杯！"这样一来，众来宾都会被他的风趣幽默、独树一帜的祝酒词所感染，不但立即举杯畅饮，而且那位最重要的客人也会愿意多喝一杯。

在酒宴上为了敬酒而采取"即物生情"的办法，往往出奇制胜，屡屡成功。人们不仅可以从吃鱼上说起，也可以从鸡、鸭以及各种菜肴来引申祝酒，也能收到奇效，如贡菜、发菜，为"恭喜发财"等。当然，采用这种方法祝酒需要掌握好一定的时机和技巧。

在一次接待客商的宴会上，为了劝客人多喝几杯，东道主在请客人品尝北京烤鸭时，举杯说道："各位来宾，烤鸭不但味道鲜美，而且包含着祝福和吉祥。人们说，吃鸭头，抢占先机，神采飞扬；吃鸭脖，曲颈高歌，引吭向上；吃鸭胸，胸有成竹，金玉满堂；吃鸭腿，健康有力，身强体壮；吃鸭掌，红掌清波，事事顺畅；吃翅膀，展翅高飞，前程无量；吃鸭尾，义无反顾，福寿绵长。让我们为吃烤鸭带来的良好祝福，为各位幸福吉祥，激流勇进，劈波斩浪，干杯！"一番精彩的祝词，让人神清气爽，心潮澎湃，来宾纷纷要求为吃烤鸭的吉祥祝福一起干一杯。

当然，在宴会中以即物生情的办法敬酒只是一种方法，为了使客人在宴会中频频举杯，你必须灵活应变，才能达到你宴请的目的。

不动声色，应对别人的围攻酒

人们在参加宴会的时候常常会遇到这样的情况，主人频频敬酒，一个个轮番上阵，你举杯后他登场，每个祝酒者都满怀激情，理由充分，大有让你不醉不休的架势。这种情况怎样才能保持不醉，全身而退呢？最好的办法就是请君入瓮，以其人之道还治其人之身，让他们知难而退，主动放弃对你的"围攻"。

一日，某公司举办商务酒宴，席间该公司经理频频举杯，巧立名目，敬了六次酒。在敬第六杯酒时，经理怕来宾拒酒，强调"六是吉祥，六是顺意，六标志着不论经历六六三十六番风雨，都会有七十二般彩霞壮丽，六蕴涵着无数的变化与商机。六杯酒是对我们合作顺畅的洗礼，六是我们双方激情的凝聚，任何数字都不及六的祝福最能表达我们的心意……为我们合作顺心如意，财源如春雨，干杯！"看来宾们喝下第六杯酒后，不一会儿，他又第七次举杯："各位来宾，各位朋友，我喝一杯你一杯，感情浓了酒似水。这七杯酒表心扉。情意重了千杯不醉，酒入口中心心交会，合作经营前景宏伟……为了我们的合作永远有七色彩虹相伴相随，为财源滚滚像流水，干杯！"

此时的来宾大多已是不胜酒力，再喝下去势必影响下午的谈判。而且第七杯喝下去，必然还会有热情洋溢的第八杯，如果这杯不挡住，后面的更难于抵挡。可面对主人如此"热情"，不喝又似乎说不过去。这时，一位来宾缓缓站了起来，端起酒杯，从容地说道："各位，一杯的酒香凝结在喉，两杯的祝福记在心头，三杯的盛情共同拥有，四杯的浓情风雨同舟，五杯的热烈如风摆柳，六杯的祝愿天高地厚。我虽然已经喝得无力承受，但我还记得刚刚喝下的那杯酒，你们说，任何数字都不及第六杯酒最能表达心意，那我们就要把最能表达的凝聚在心头，既然你们的祝福说‘六是顺意，六标志着纵然有三十六番风雨，也一定能有七十二个丰收’，那么，我们就把最好的、最美的、最顺畅的那第六杯酒代表的最具盛情的祝福永远拥有。正像你们开始祝酒时所说，祝酒在情不在酒，那我们就正好以水代酒，让祝福顺畅永远绕心头。干杯！”

听罢这番祝酒，来宾纷纷响应，那位经理虽然还想再拼酒，但觉得第六杯酒祝酒时已经把话说满，不好再自我否定，在对那位来宾的钦佩之余，也共同举杯。敬酒也就到此为止了。

上述案例中来宾就是采用了“请君入瓮”方法，应对对方经理车轮式的敬酒，他明白对方经理是想利用拼酒，使他们在下午的谈判中因为醉酒而处于下风，所以巧妙地利用对方第六杯说得过满的话，让其钻入自己所设的话语圈套中，从而避免了醉酒误事。

酒量不好的人陪酒如何不失礼

如果你因为很多原因不得不参加酒宴，而事实上你的酒量又不好，那么你应该怎样陪别人才显得周到呢？这可以从以下两种情况分析：

1. 滴酒不沾的人如何陪客

在一些滴酒不沾的人中，有不少人是宴会上陪客的高手。他们在长期的磨炼中，在热情地向客人斟酒的过程中，学到不少陪伴客人的诀窍，其诀窍就是“因为不会喝，所以我就只有一心一意地为客人斟酒服务”。

有的人在自己的酒杯里倒些茶，也像喝酒似的一点点地喝，这样也会使气氛很热闹，也有的办事人员装出喝醉酒的样子，讲一些有趣的话逗大家笑。总而言之，办法很多，只要你想做就做得出来。

2. 会喝酒但喝不多的人如何陪客

会喝但喝不多的人最多了。在宴会上这种会喝但又喝不多的人处境是最难的。因为他不可能像一滴酒都不能喝的人那样索性为客人斟酒服务，另一方面他又不能和酒量大的客人干杯痛饮。

酒量小的人不仅要设法控制自己的酒量，还要动脑筋琢磨劝酒的方法。敬酒、劝酒、斟酒的方法愈高明，对方也喝得愈高兴。

宴会上如果对方明知你酒量小而有意想把你灌醉的话，你可直率地把酒杯收起来，并且郑重其事地告诉对方："我的身体实在是受不了，请您谅解！"

另外，陪酒量大的客人喝酒之前，最好先多吃些脂肪多的食物垫垫底，以收到保护胃壁及阻止酒精吸收的作用，在喝酒的方法上，开始要少喝一点，然后再逐渐地增加酒量，使自己有个适应的时间。

如上所述，在喝酒时斟酒是大有学问的，公关办事时，应该在这些问题上多动点脑筋多下点工夫才可以。不要事情还没办好，自己已经醉得不省人事了。

把拒酒的理由说得自然些

现代人的各种应酬都少不了酒，只要一上酒席，如有人敬酒，总要喝上一些。如果遇到某些特殊的情况而不想或是不能喝，那该怎么办呢？要知道酒席上的氛围总是喝酒容易拒酒难。拒酒的话该如何说，才不让劝酒的人觉得是你故意不给面子，或者不让其他人觉得你在故意扫大家的兴呢？

下面我们介绍几种行之有效又自然大方的拒酒方式。

1. 满脸堆笑，就是不喝

张力大喜之日，特邀亲朋祝贺，小波也在其中，然而小波平素很少饮酒，且酒量"不堪一击"。酒席上，偏偏有人提议小波与张力单独"表示"一下，小波深知自己酒量的深浅，忙起身，一个劲地扮笑脸，一个劲地说圆场话："酒不在多，喝好就行。"

"经常见面，不必客气。"

"你看我喝得满面红光，全托你的福，实在是……"

结果使张力无可奈何。在筵席上一些"酒精（久经）考验"的拒酒者，任凭敬酒的人说得天花乱坠，他就是笑眯眯地频频举杯而不饮，而且振振有词。这种"满面笑容，好话说尽"的拒酒术往往能让对方拿你没办法，最后只好作罢。

2. 以其人之道，还治其人之身

小君的朋友吴勇，人很好，就是有一个毛病，喜欢在酒席上盛情劝酒，而且通常采取那种欲抑先扬的劝酒术，先恭维对方是"高人"或"朋友"，再举杯敬酒，让对方骑虎难下。因为吴勇已经"有言"在先，如果不喝，就不配为"高人"，不配做"朋友"。

这天在酒席上，吴勇又故伎重演，劝小君喝酒，可小君怎么也不想喝了，于是说："今天你要我喝酒简直是要我的命。如果你把我当朋友，就不要害我了！"

吴勇也不好意思再劝了，小君使用了和他一样的说话技巧，可谓是以其人之道，还治其人之身。因为小君的言下之意也很明白：你要我喝酒就不够朋友！而劝酒者都有一个心理：喝也罢，不喝也罢，口头上都必须承认是朋友，是兄弟。抓住这个弱点予以反击，劝者碍于"朋友"的情面，不得不缄口。

3. 坦白求"从宽"

赵波去参加一个宴会，王刚好久没与他见面了，坚持要和赵波痛饮三杯，赵波说："你的厚意我领了，遗憾的是我最近一段时间身体不好，正在吃药，已是好久滴酒不沾，只好请老朋友你多多关照了。好在来日方长，日后我一定与你一醉方休，好吗？"

此言一出，宾客们纷纷赞许，王刚也就只好见好就收了。

事实胜于雄辩，拒酒时，若能突出事实，申明实际情况，表明自己的苦衷，再配上得体的语言，那就能取得劝酒者的谅解，使他欲言又止，辍杯罢手。

4. 夸大后果，争取谅解

饮酒当然是喝好而不喝倒，让客人乘兴而来，尽兴而归。那种不顾实际的劝酒风，说到底，也不过是以把人喝倒为目的，这充其量只能说是一种低级趣味的劝酒术，是劝酒中的大忌。作为被动者，当酒量喝到一半有余时，就应向东道主或劝酒者说明情况。如："感谢你对我的一片盛情，我原本只有三两酒量，今天因喝得格外称心，多贪了几杯，再喝就'不对劲'了，还望你能体谅。"

如此开脱以后，就再也不要喝了，这种实实在在地说明后果和隐患的拒酒术，只要劝酒者明白"过犹不及"的道理，善解人意者，就会见好就收。

5. 女将出马，以情动人

媛媛陪丈夫去参加聚会，酒席上丈夫的好朋友们大有不醉不归的架势。但丈夫身体不好，媛媛担心生性内向的丈夫会一陪到底，而不会适时拒绝。等丈夫三杯白酒下肚，媛媛站了起来，举起手中的酒，对酒席上丈夫的朋友们说："各位好朋友，我丈夫身体不好，两周前还去过医院，医生特地嘱咐说不能喝酒，可今天见了大家，他高兴，才喝了那么多。既然都是好朋友，你们一定不忍心让他酒喝尽兴了，人却上医院了。为了不扫大家的兴，我敬各位一杯，我先干为尽！"

说完，一杯酒就下了媛媛的肚子。丈夫的朋友们，听她说的话挺在理，又充满感情，再看她豪爽的架势，也就不再劝她丈夫的酒了。

酒席上，女人拒酒往往更能得到人们的理解，如果女人能帮着丈夫拒酒，不就是帮丈夫解围了吗？当然这时，一定要慎重，不要贸然代替丈夫拒酒，否则会让人觉得你的丈夫不豪爽，反而有损丈夫的面子。

6. 设下陷阱，请君入瓮

刘某新婚大喜之日，当酒宴进入高潮时，某"酒仙"似醉非醉、侃侃而谈，请三位上座的来宾一起"吹"一瓶。面对"酒仙"言辞上的咄咄逼人，三位来宾中的一人站起来说：

"我想请教你一个问题'三人行，必有我师'，这是不是孔子的话？"

"是的。""酒仙"随即说。

来宾又问："你是不是要我们三个人一起喝？"

"酒仙"答："不错。"

来宾见其已入"圈套"，便说："既然圣人说'三人行，必有我师'，你又提出要我们三人一起喝，你现在就是我们最好的老师，请你先示范一瓶，怎么样？"

这突如其来的一击，直逼得"酒仙"束手无策、无言以对，只得解除"酒令"。这一招叫"巧设圈套，反守为攻"，就是先不动声色，静听其言，等待时机。一旦时机成熟，抓住对方言辞中的"突破口"，以此切入，反守为攻，使对方无言争辩，从而回绝。

当然了，这一招最为关键的是"巧设圈套"，这需要设局者跳出当时的处境，以旁观者的心态，去看待事情本身。这时，往往会有"闪亮"的圈套跃入思维。酒场上最忌的是"直白"、"粗鲁"。虚虚实实、实实虚虚是酒场的轴心。

别让"喷嚏"打跑了"生意"

喷嚏反射，俗称"打喷嚏"或"打嚏喷"，是鼻黏膜受刺激所引起的防御性反射动作。生活中，打喷嚏是很平常的事。可是，你知道吗，有人的生意正是因为一个意外的喷嚏而飞了。不信吗？老金的亲身经历会告诉你，喷嚏真的会"打"跑生意。

老金是做进出口贸易的，有一次，他邀请一位美国客户及其夫人到一家高档饭店共进晚餐。对方欣然前往。酒菜上齐后，双方就合作意向表达了自己的看法，约好饭后签约。可是在双方谈兴正浓之时，老金突然打了一个响震四座的喷嚏，鼻水连着他嘴里菜渣汤水，全喷在满桌的佳肴上以及那位美国客人的夫人的脸上，还没等老刘说"Sorry"，那位夫人已经以餐巾捂着脸，跑出了包间。那位美国客人只好说了声"Sorry",就追自己的夫人去了。事后,那笔生意也因此泡汤了。

"心情简直糟透了,辛辛苦苦追了大半年,本已十拿九稳,一年可以赚百万美金的生意,一个喷嚏全打飞了!唉,都怪该死的喷嚏。"提起这件事,老金就郁闷,"想想那两个美国人也真是的,不就是个喷嚏吗?至于那么大反应吗?"

一个喷嚏真的没什么大不了吗?如果你也和老金一样想就错了。且不说喷嚏的飞沫带有病毒或细菌,可能导致呼吸道交叉感染疾病的可能性,就说案例中老金那个惊天动地的喷嚏,一下子弄得对方的夫人满脸都是,而桌上原本正吃着的饭菜里也都是他的鼻水、口水等,实在是让人感到恶心。老金在瞬间就丧失了原本在对方心目中的好印象,生意自然也就无望了。

那么,在宴会中如果真的克制不住想打喷嚏怎么办呢?实在不能抑制,只能用手帕或餐巾纸遮挡口鼻,转身,脸侧向一方(这一方一定是没有人的),尽量低头并压低声音,这样在不影响其他人的情况下,完成全部步骤。千万不可错认为打个喷嚏没什么,所以就震惊四座,那样只会将你的生意一下子"打跑"。

介绍人大有讲究

商务宴请时,常常会邀请众多客户前来参加,这既是为了壮大自己的声势,让客户看到自己的实力,也在一定程度上促进了客户之间的交流和沟通,从中引发新的商机。这时,如何让两个原本不相识的客户认识,除了让客户前去自我介绍外,还可以由他人前去引荐,充当介绍人,将二者联系起来。而介绍的人,除了宴会主办方之外,还可以选择一些身份较为尊贵的人,以显庄重。

一般来说,都是由宴会的主办方担当起介绍人的重任,来为他人作介绍。这时,必须遵守"尊者优先"的原则,将他人介绍给尊贵客人,以显示对尊贵客人的尊重和重视。

姚岚是某大型企业的公关经理,一次,公司举办一个大型的新品展示会,会后安排了大型的酒会,接待从全国各地前来参会的客户。

席间,美丽开朗的姚岚很好地担当了公关人的角色,从容游走于众多客户之间,针对公司的最新产品,与客户们进行了大量的细致交流,获取了众多的反馈。这时,席上的一位李主任要求姚岚帮他引见某知名企业的王董,因为李主任他们单位希望和王董旗下的公司进行一次业务合作,但双方多次谈判未果，李主任他们公司大为苦恼，却又找不到好的突破口。由于李主任也是姚岚公司的重要客户，姚岚便欣然应允了。

姚岚和李主任来到王董面前，姚岚先和王董打了个招呼，接着对李主任说："李主任，这是××公司的王董。"王董脸色一变，李主任也一脸的尴尬，"红灯警报"顿时响起，姚岚这才意识到自己犯了介绍礼仪的大忌，忘记了"尊者优先"的原则。

幸好姚岚脑子反应够快，随后自嘲道："你看我这个人哦，就是没见过什么大世面，一见到王董和李主任两位尊贵的大人物，我就太激动了，开始语无伦次起来。来，我自罚三杯，既是惩罚我的语无伦次，也敬王董、李主任，你们就大人不计小人过，多多包涵啊！"

此时，紧急的红灯警报转换为平和的绿灯，一场危机就此解除了。

因为在介绍他人时，姚岚忘记了"尊者优先"的原则，造成了场面的尴尬，幸好她反应快，及时打圆场挽回，解除红灯警报，化解了一场危机。

所以说，在商务宴会介绍他人，一定要遵循"尊者优先"的原则：把年轻的介绍给年长的，把职务低的介绍给职务高的。如果介绍对象双方的年龄、职务相当，就要遵从"女士优先"的原则，即把男士介绍给女士；对于同性，可以根据实际情况灵活掌握，比如把和你熟悉的介绍给和你不熟悉的；也可以从左到右或从右到左地介绍等。客人应被介绍给主人，迟到者应被介绍给先到者；把未婚者介绍给已婚者，把家人介绍给同事、朋友。

没有人喜欢你用食指指着他

很快就要大学毕业了，毕业后，大家就各奔东西、各奔前程。面对即将离别的现实，虽然大家都很感伤，在饭桌上却没有表现出来。这时班长站了起来，只见他左手端着酒杯，右手食指一个一个指着在座的同学诉说着四年来的点点滴滴。正当班长说到兴头上时，一位平常不怎么说话的同学站了起来。他说："班长，四年了，你对大家一直照顾有加，大家不会忘记你的。希望在不久的将来你能事业有成。"班长指着他说："谢谢啊，承你贵言啊！这四年来，大大小小的会从没见你发过言，这回竟然主动发言，真是不容易啊！"那位同学说："既然班长这么说，那我今天就多说两句。班长，这几年我一直想找你说点事，这样吧，今天是咱们的散伙饭，我给大家讲个故事，缓和一些离别在即的伤感情绪。我不会说话，说得不好的地方还请大家见谅。话说苏东坡某日去拜访好友佛印，问佛印看他像什么，佛印说像一尊佛。苏东坡又问：'你可知我看你像什么？'佛印不知。苏东坡说：'我看你像一堆屎！'说罢哈哈大笑。回家后苏东坡得意地向苏小妹提起此事，以为自己占了很大的便宜，苏小妹说：'哥哥你错了。佛家说'佛心自现'，你看别人是什么，就表明你看自己是什么。'故事并不算长，但是寓意却是一目了然的。他人是我们的另一面镜子，让我们可以反观自我，时时处处检验自己的言行举止。善良的人看到的是别人的善良和优点，心胸狭窄的人看到的是别人的小肚鸡肠，宽容的人看到的是广博的世界。佛心自现，他人是另一个自我。记住，当你用手指着别人时，有三个手指是指向自己的。这就是我要给大家讲的故事，希望这个故事对大家以后的生活有所帮助。"这位同学坐下后，班长明白了他在故事中隐含了一直想对自己说的话，于是将酒杯换到右手上，轻轻放下了自己的左手。

现实生活中，有些人说话时喜欢像案例中的班长那样以手比画应景，这是很没有礼貌和教养的行为，尤其在宴会中，这样的表现体现出了你对别人的不尊重，会严重影响对方的情绪，导致对方对你产生厌恶，如此一来，也就不必再指望对方给你提供任何性质的帮助了。

因此，不管是在饭桌上，还是在其他应酬时，一定要谨记：当你用食指指着别人的时候，有三根手指指着自己。

尽量让对方多说，才能掌握更多的信息

只要你稍微留心，便会发现：无论在职场，还是在情场，那些总能赢得他人喜欢的人，往往是精明、内敛的倾听者，而不是滔滔不绝、夸夸其谈的擅说者。为什么呢？很简单，能说的不如会听的，在酒桌上或者其他场所，尽量让对方多说，你自己才能获得更多信息。

卡耐基曾被邀请去参加一个宴会。宴会上卡耐基遇到一位金发女郎。她发现卡耐基以前曾是罗维尔·托马斯进入无线电业之前的经理，也发现他在准备生动的旅行演讲的时候，曾在欧洲各处转过。因此她说："啊，卡耐基先生，我请求你把所有你去过的那些美妙的地方，以及你所见过的那些美丽景色，全部告诉我。"

坐在沙发上，金发女郎说她和丈夫最近刚从非洲旅行回来。"非洲！"卡耐基惊叹，"多么有意思！我一直想看看非洲，但除了有一次在阿尔及利亚待了24小时以外，我从没去过。告诉我，你是否去过那个狩猎王国？真的，我多美

慕你，请把非洲的情况告诉我。"

接下来，她滔滔不绝地告诉卡耐基自己到过的地方，那里有多么多么的有趣……

45分钟就这样过去了，她没能从卡耐基口中得到丝毫关于欧洲的信息，反而非常开心地把自己所知道的全部信息都告诉了卡耐基。

我们不难发现，在这次交谈中，卡耐基以一个"饶有兴趣的听众"的身份，赢得了金发女郎的喜欢，所以她非常开心地将自己所知道的非洲信息全部告诉了卡耐基。这也告诉我们，如果你会听，很多时候要比你能说更能讨人喜欢。

你也许想不到，要想了解别人的想法，最好的办法就是听听他的意见，让他自己说出你想了解的事情。

拥有私人银行桑德斯·卡普公司的银行家汤姆·桑德斯曾说道："关键在于先了解对方，他的价值观以及他对投资的看法，再决定你是否能诚实地说出我们的投资方式是正确并对其有利。"他也正是利用了聆听的方式，多次协助大企业进行天文数字般的巨额投资。他还说："一切都由聆听开始。他心里到底想怎么样？他为什么不答应？真正的理由到底是什么？""我与美国电讯公司（AT&T）已经维持了二十五年的关系，而且是很好的关系。我认为真正的聆听功不可没。""我可以提供印刷精美的小册子，也可以运用幻灯片，可是，我仍然必须弄清楚什么才能真正吸引对方。他考虑什么？担心什么？他看事情的角度如何？"

常言道："知己知彼，百战不殆。"如果你想在商务应酬中游刃有余，首先就要学会做一个会倾听的人，在宴会上了解别人，从别人那里获得自己想要的信息。正如查尔斯·洛桑所说的："要令人觉得有趣，就要对别人感兴趣——问别人喜欢回答的问题，鼓励他谈谈自己和他的成就。"

所以，请记住：跟你谈话的人对他自己、他的需求和他的问题，比他对你和你的问题，更感兴趣千百倍。当你下次在商务宴请中跟别人交谈的时候，千万别忘了这一点，尤其在想获得对方信息的情况下。

餐桌上，哪些话让人如临大敌

《论语》中有云："言之不文，行之不远。"将这句话运用到宴会的场合，意思就是：如果在宴会上与客人交谈时，选对了话题，自然能让彼此的关系更近一步，交情更深，合作更盛；但如果选错了话题，不重视语言的得体运用，毫无顾忌地滥用辞藻，不仅会传递出错误的信息，让人如临大敌，影响彼此之间的感情，破坏彼此的合作关系，最后还会落得不欢而散、两败俱伤的惨烈局面。

有个人请客吃饭，看看时间过了，还有一大半的客人没来，心里很焦急，便说："怎么搞的，该来的客人还不来？"一些敏感的客人听到了，心想："该来的没来，那我们是不该来的呗？"于是悄悄走了。

主人一看又走掉好几位客人，越发着急了，便说："怎么这些不该走的客人，反倒走了呢？"剩下的客人一听，又想："走了的是不该走的，那我们这些没走的倒是该走的了！"于是又走了一些。

最后只剩下一个跟主人较亲近的朋友，看了这种尴尬的场面，就劝他说："你说话前应该先考虑一下，否则说错了，就不容易收回来了。"主人大叫冤枉，急忙解释说："我并不是叫他们走哇！"朋友听了大为光火，说："不是叫他们走，那就是叫我走了。"说完，头也不回地离开了。

在上面的这个故事中的主人公正是不懂得顾及客人的心理，又不重视语言的得体运用，才把客人一一得罪光了，到最后连和他关系较亲近的朋友也得罪了。宴请时，许多人选错了话题，就会像故事中的主人公一样被客人纷纷厌弃，以后的生意自然也就难做了。

有些人说话不讲究方式，无意中得罪了别人，自己却浑然不知。其实，这与日常的说话习惯是息息相关的，如果想要在交谈中尽显风度，取悦于人，有一些讲话的方法需要特别注意。比如，美国人吃螃蟹习惯吃钳子，其余部分都不要；而中国人习惯吃黄吃膏，此时你就不能说"你真傻，吃螃蟹应该吃黄吃膏"。因为各个地区的风情有别，饮食习惯各异，尊重他人，才能获得他人的尊重。总的来说，在餐桌上，有下列几项交谈的禁忌需要尤其注意：

1. 忌打断对方

双方交谈时，上级可以打断下级，长辈可以打断晚辈，平等身份的人是没有权力打断对方谈话的。万一你与对方同时开口说话，你应该说"您请"，让对方先说。

2. 忌补充对方

有些人好为人师，总想显得比对方知道得多，技高一筹。这是因为他们没有摆正自己的位置。不同的人站在不同的角度，对同一问题的看法可能会产生很大的差异，必须认识到这一点。譬如你说北京降温了，对方马上告诉你哈尔滨还下大雪了。当然，如果谈话双方身份平等，彼此熟悉，有时候适当补充对方的谈话也并无大碍。

3. 忌纠正对方

"十里不同风，百里不同俗。"不同国家、不同地区、不同文化背景的人考虑同一问题，得出的结论未必一致。真正有教养的人，是懂得尊重别人的人。尊重别人就是要尊重对方的选择。除了大是大非的问题必须旗帜鲜明地回答外，人际交往中的一般性问题不要随便与对方争论是或不是，因为对或错是相对的，有些问题很难说清谁对谁错。

4. 忌玩笑开过度

俗话说："人上一百，形形色色。"商务宴会时和客人交流，你适当开开玩笑，可以活跃气氛、融洽关系、增进友谊。但如果开玩笑时不注意因人、因时、因环境、因内容而异，就可能因开玩笑过度而招人厌恨。

5. 忌说不适宜话题

在商务宴请的餐桌上，不能非议国家和政府，不能涉及国家和行业秘密，不能涉及对方内部的事情，不能在背后议论领导、同事、同行的坏话（要知道来说是非者，必是是非人），不能谈论格调不高的问题，现代的人应当有现代人的修养，不涉及私人问题。

6. 忌探听他人隐私

商务宴请是出于商务利益的需求，彼此之间的交流涉及的是彼此的商务方面，不宜探听他人的隐私，应做到不问收入、不问年龄、不问婚姻家庭、不问健康问题。在某些国家，询问他人隐私的某些行为甚至可能触犯法律。

此外，在宴请的交谈中，不想客户因你的话而如临大敌，就要规避说"粗话、脏话、黑话、气话"等"四话"，在言谈时做到有分寸、有礼貌、有教养、有学识，才能赢得客户的好感，也才能为生意赢得更多的机遇。

第三篇

场面上，会说场面话

第一章
与人打交道会说场面话

场面上，要说场面话

说"场面话"是一种生存智慧，深谙人性丛林规则的人都懂得说，也习惯说。这不是罪恶，也不是欺骗，而是一种"必要"。"撇开道德的标准，谎言就是一种智慧"，所以，有时，说一些无碍于原则与是非标准的场面话，也是一个人在纷繁复杂的社交场所立足的一种本能。

人一踏入社会，应酬的机会自然就多了，这些应酬包括做客、赴宴、会议及其他聚会等。不管你对某一次应酬满不满意，"场面话"一定要讲。

什么是"场面话"？简言之，就是让别人高兴的话。既然说是"场面话"，可想而知就是在某个"场面"才讲的话，这种话不一定代表内心的真实想法，也不一定合乎真实，但讲出来之后，就算别人明知你"言不由衷"，也会感到高兴。聪明人懂得："场面之言"是日常交际中常见的现象之一，而说场面话也是一种应酬的技巧和生存的智慧。

1. 学会几种场面话

当面称赞他人的话：如称赞他人的孩子聪明可爱，称赞他人的衣服大方漂亮，称赞他人教子有方等等。这种场面话所说的有的是实情，有的则与事实存在相当的差距，有时正好相反，而且这种话说起来只要不太离谱，听的人十有八九都感到高兴，而且旁人越多他越高兴。

当面答应他人的话：如"我会全力帮忙的"、"这事包在我身上"、"有什么问题尽管来找我"等。说这种话有时是不说不行，因为对方运用人情压力，当面拒绝，场面会很难堪，而且当场会得罪人；对方缠着不肯走，那更是麻烦，所以用场面话先打发一下，能帮忙就帮忙，帮不上忙或不愿意帮忙再找理由，总之，有缓兵之计的作用。

2. 如何说场面话

去别人家做客，要谢谢主人的邀请，并称赞菜肴的精美、丰盛可口，并看实际情况，称赞主人的室内布置，小孩的乖巧聪明……

赴宴时，要称赞主人选择的餐厅和菜色，当然感谢主人的邀请这一点绝不能免。

参加酒会，要称赞酒会的成功，以及你如何有"宾至如归"的感受。

参加会议，如有机会发言，要称赞会议准备得周详……

参加婚礼，除了菜色之外，一定要记得称赞新郎新娘的"郎才女貌"……

说"场面话"的"场面"当然不只以上几种，记住不同的场面要说上不同的"场面话"。至于"场面话"的说法，也没有一定的标准，要看当时的情况决定。不过切忌讲得太多，要点到为止最好，太多了就显得虚伪而且令人肉麻。

总而言之，"场面话"就是感谢加称赞，如果你能学会讲"场面话"，对你的人际关系必有很大的帮助，你也会成为受欢迎的人。

但从另一个角度来讲，如果别人在某些特定的场合、特定的际遇下对你说了一些场面话，作为听众的你千万不可把这些场面之言当真。

在人性丛林里，人往往会呈现出多面性，在不同的时空，善与恶会因不同的刺激而以不同的面貌出现。也就是说，本性属"恶"的人，在某些状况之下也会出现"善"的一面；本性属"善"的人，也会因为某些状况的引动、催化而出现"恶"的作为。而何时何地出现"善"与"恶"，甚至人自己也无法预测及掌握。所以，当萍水相逢之人在你面前作出许诺时，不能被这一时的"善"意所冲昏了头脑，应保持理智，让自己回到真实的生活轨道上来。

对于称赞或恭维的"场面话"，你尤其要保持你的冷静和客观，千万别因别人两句话就乐昏了头，因为那会影响你的自我评价。冷静下来，反而可看出对方的用心如何。

俗话说得好，"蜜比醋更能吸引苍蝇"，在社交场合，我们要学会说点场面话，给别人一点甜头，但万不可做被别人的场面话所吸引的"苍蝇"，轻信别人的一时之言有时不只是一种善良，更是一种愚钝。

听懂对方的场面语，说好自己的场面话

爱尔兰剧作家萧伯纳曾说过，"我开玩笑的方法，就是编造真实。编造真实乃是这个世界最有情趣的玩笑"。会说场面话，不听场面话，你就能够成为交际场上的智者，游刃有余，八面玲珑。

要知道，生命不会从谎言中开出灿烂的鲜花，但说些无伤大雅的场面话却是你在这个变幻莫测的社会中生存下去所不得不学会的一种本领。一个人不可能完全

全地在别人面前表现最真诚的一面，正如一个人不能把别人说过的每一句话都信以为真一样，场面话，总是可说不可信，一旦你违背了这条原则，善良便会退化为愚钝，真诚也会成为伤害自己又危及他人的利器。

俾斯麦35岁时，担任普鲁士国会的代议士，这一年是他政治生涯的转折点。当时奥地利是德国南方强大的邻国，曾经威胁德国如果企图统一，奥地利就要出兵干预。

俾斯麦一生都在狂热地追求普鲁士的强盛，他梦想打败奥地利，统一德国。他是个热血沸腾的爱国志士和热爱军事的好战分子。他最著名的一句话就是："要解决这个时代最严重的问题并不是依靠演说和决心，而是依赖铁和血。"

但是令所有人惊异的是，这样一个好战分子居然在国会上主张和平。其实这并不是他的真实意图，他连做梦都想着统一德国。他说："没有对于战争的后果清醒的认识，却执意发动战争，这样的政客，请自己去赴死吧！战争结束后，你们是否有勇气承担农民面对农田化为灰烬的痛苦？是否有勇气承受身体残废、妻离子散的悲伤？"

在国会上，他称赞奥地利，为奥地利的行动辩护，这与他一向的立场简直是背道而驰。俾斯麦反对这场战争有别的企图吗？那些期待战争的议员迷惑了，其中好多人改变了主意，最后，因为俾斯麦的坚持，终于避免了战争。

几个星期后，国王感谢俾斯麦为和平发言，委任他为内阁大臣。几年之后，俾斯麦成了普鲁士首相，这时他对奥地利宣战，摧毁了原来的帝国，统一了德国。

袒露之心犹如在众人面前摊开的信，那些心有城府的人总是懂得潜藏隐秘，他们所说的话大都只是些场面之言，如果你把别人的这些话都当真了的话，那就只能证明你的天真和幼稚了。

作为一个为人处世的高手，我们不单单要能听懂他人所说的场面话，也要会说场面话，在适当的场合说一些能取悦人的话是我们必须培养和锻炼的一种能力，否则我们就不能在社交中游刃有余，有时候还会因为不能很好地说一些场面话而得罪一些人，给自己的工作和生活带来一些不必要的麻烦。所以会听场面话很重要，更重要的是能说出让对方喜欢听的言语。

察言观色，把话说得恰到好处

会说话的人都会倾听。学会倾听，不仅是对他人的尊重，还可以更好地注意到他人的言谈神色，判断出他人的心理活动，说话的时候就可以有的放矢。正所谓知己知彼，战无不胜。

汉高祖刘邦建国的第五年，消灭了项羽，平定了天下，应该论功行赏。在这个时候群臣彼此争功，吵了一年都无法确定。刘邦认为萧何功劳最大，就封萧何为侯，封地也最多。但是群臣心中不服，议论纷纷。在封赏勉强确定之后，对席位的高低先后又起了争议，大家都说平阳侯曹参身受创伤七十余处，而且攻城略地，功劳最大，应当排他第一。刘邦因为在封赏的时候已经委屈了一些功臣，多封了许多给萧何，所以在席位上难以再坚持，但心中还是想将萧何排在首位。

这时候关内侯鄂君已经揣摩出刘邦的意图，就挺身上前说道："群臣的决议都错了！曹参虽然有攻城略地的功劳，但这只是一时之功。皇上与楚霸王对抗五年，常常丢掉部队四处逃跑。而萧何却源源不断地从关中派兵员填补战线上的漏洞。楚、汉在荥阳对抗了好几年，军中缺粮，都靠萧何转运粮食补给关中，粮饷才不至于匮乏。再说皇上有好几次逃到山东，都是靠萧何保全关中，才能接济皇上，这才是万世之功。如今即使少了一百个曹参，对汉朝有什么影响？我们汉朝也不必靠他来保全！为什么你们认为一时之功高过万世之功呢？我主张萧何第一，曹参其次。"刘邦听了，当然说："好。"于是下令萧何排在第一，可以带剑入殿，上朝时也不必急行。

后来刘邦说过："吾听说推荐贤人，应当给予最高的奖赏。萧何虽然功劳最高，但因听了鄂君的话，才得以更加明确。"刘邦没什么文化，在分封诸侯的时候，将一些从前跟着他出生入死、身经百战的功臣比喻为"功狗"，而将发号施令、筹谋划策的萧何比喻为"功人"，所以萧何的封赏最多。

明眼人一看就知道刘邦宠幸萧何，所以安排入朝的席位上，刘邦虽然表面上不再坚持萧何应排在第一，但鄂君早已揣摩出他的心意。于是顺水推舟，专拣好听的话讲，刘邦自然高兴。鄂君也因此多了一些封地，被改封为"安平侯"。

对他人的意思细心倾听之后，再投其所好有所作为。这是一种说话的策略，在双方力量悬殊的情况下，不妨运用一下这种策略，以屈求伸。这与两面三刀是不同的，两面三刀是小人的卑劣行径，而投其所好是智者的智慧。再者，两面三刀是阴险诡计，为人所不齿，而投其所好是为了保全自己而采取的策略。

《红楼梦》第三十四回写道，宝玉挨打以后，丫环袭人向王夫人提出了一条建议：如今二爷大了，里头姑娘们也大了，以后叫二爷搬出园外来住，就好了。袭人没有想到，这条建议竟然重重地拨动了王夫人的心弦。王夫人不仅对此建议大加赞赏，而且当场暗示，要"提升"袭人。这是为什么呢？王夫人一番感叹透露出个中底细："我的儿！你竟有这个心胸，想得这样周全，我何曾又不想到这里？只是这几次有事就混忘了。你今日这话提醒了我，难为你这样细心。真是好孩子！"原来袭人的话正与王夫人的忧虑暗合，说到了王夫人平日潜在的意念上，引发出王夫人内心强烈的共鸣。王夫人于是做出了非同寻常的反应，说："你如今既说了这样的话，我索性就把他交给你了……自然不辜负你。"

在应酬交际场合，我们也要机灵些，善于观察，说出的话才动听，更容易被他人接受。

莫要嘴巴比脑子转得快

大概没有谁会挖空心思去得罪别人，很多时候我们得罪别人不是有意的，而是自己在语言表达上出现了偏差，正所谓"失之毫厘，谬以千里"，语言表达的一点偏差便会导致意义的相差万里。若想减少这种不必要的麻烦，最重要的一点便是不要让自己的嘴巴比脑子转得还快。

嘴巴比脑子转得还快的人大概可以分为两种：一种是急智之才，脱口而出，出口成章，往往瞬间让人拍案叫绝；另一种是说话不经过大脑且天资有限的人，往往是出口伤人，有时会达到无法收场的地步。

前一种人是天才，这种人百里挑一，后一种人却随处可见，一抓一大把。说话不经过大脑，极有可能得罪别人却不自知，等到明白过来后急着弥补时，往往是越急越坏事，到头来好话说了一大堆，人却得罪完了。

我们还是先看下面这则笑话：

一剃头师傅家被盗。第二天，剃头师傅到主顾家剃头，愁容满面。主顾问他为何发愁，师傅答道："昨夜强盗将我一年的积蓄劫去，仔细想来，只当替强盗剃了一年的头。"主顾怒而逐之，另换一剃头师傅。这位师傅问："先前有一师傅服侍您，为何换人？"主顾就把前面发生的事细说了一遍，这位师傅听了，点头道："像这样不会说话的人，真是砸自己的饭碗。"

言者无心，可听者有意，几句不经大脑的话语，便产生了这种让人哭笑不得的误会，结果被解雇了，这便是说话不经过大脑所付出的代价。

口不择言，嘴巴比脑袋转得还要快的人，就会闹出许多笑话，甚至得罪了别人却不自知。

南齐太祖萧道成提出要与当时的著名书法家王僧虔比试书法，君臣二人都认真地写了一幅楷书。然后齐太祖就问王僧虔："你说说，谁第一，谁第二？"王僧虔不愿贬低自己，又不敢得罪皇帝，于是答道："为臣之书法，人臣中第一；陛下之书法，皇帝中第一。"齐太祖听后，只好一笑了之。

王僧虔这种分而论之的回答是相当巧妙的，表面上是顾及了皇帝的尊严，君臣不能互相比较，实际上是回避了不愿贬抑自己，又不敢得罪皇帝的难题。真可谓是一举两得、一箭双雕。

古时候，吴国有个滑稽才子，名叫孙山。他与乡里某人的儿子一同参加科举考试。考完后，孙山先回到家，那个同乡的父亲就向孙山打听自己的儿子是否考上了。孙山笑着回答说："解名尽处是孙山，贤郎更在孙山外。"这便是"名落孙山"的典故的来历。

孙山的回答既委婉又含蓄，这种表达方式非但没有戳到别人的痛处，反而让别人对他的诙谐调侃佩服不已。即使那位父亲的儿子落榜了，也不会因为孙山的言语而受到刺激。这便是语言表达的魅力所在。

所以，在任何时候都要三思而后言，切忌让自己的嘴巴比脑子转得还快，否则，吃苦头的必定是你自己。

用谐音把话说圆

谐音，是指利用语言的语音相同或相近的关系，有意识地使用语句的双重意义，言在此而意在彼。谐音的妙用，在于能让人把话说圆而摆脱困境，甚至化险为夷。因为许多字词在特定场合中，用本音是一个意思，而用谐音则成了另一个意思。

据传，从前有个孩子名叫薛登，生得聪明伶俐，他的父亲是当朝宰相。当时有个奸臣金盛，总想陷害薛登的父亲，但苦于无从下手，便在薛登身上打主意。有一天，金盛见薛登正与一群孩童玩耍，于是眉头一皱，诡计顿生，喊道："薛登，你像个老鼠一样胆小，不敢把皇门上的桶砸掉一只。"

薛登不知是计，一口气跑到皇门边上，把立在那里的双桶砸碎了一只。金盛一看，正中下怀，立即飞报皇上。皇上大怒，立刻传薛登父子问罪。薛登父子跪在堂下，薛登却若无其事地嘻嘻笑着。皇上怒喝道："大胆薛登！为什么砸碎皇门之桶？"

薛登想了想，反问道："皇上，您说是一桶（统）天下好，还是两桶（统）

天下好？"

"当然是一统天下好。"皇上说。

薛登高兴得拍起手来："皇上说得对！一统天下好，所以，我便把那只多余的'桶'砸掉了。"

皇上听了转怒为喜，称赞道："好个聪明的孩子！"又对薛登的父亲说："爱卿教子有方，请起请起！"

金盛一计未成，贼心不死，又进谗言道："薛登临时胡编，算不得聪明，让我再试他一试。"皇上同意了。

金盛对薛登嘿嘿冷笑道："薛登，你敢把剩下的那只也砸了吗？"

薛登瞪了他一眼，说了声"砸就砸"，便头也不回，奔出门外，把皇门边剩下的那只木桶也砸了个粉碎。

皇上喝道："顽童！这又如何解释？"

薛登不慌不忙地问皇上："陛下，您说是木桶江山好，还是铁桶江山好？"

"当然是铁桶江山好。"皇上答道。

薛登又拍手笑道："皇上说得对。既然铁桶江山好，还要这木桶江山干什么？皇上快铸一个又坚又硬的铁桶吧！祝吾皇江山坚如铁桶。"

皇上高兴极了，下旨封薛登为"神童"。

谐音是一语双关的表现形式之一。在上面这个例子中，薛登之所以能够化险为夷，就在于他巧妙地运用了谐音把话说圆了。

一日，小君请了两位要好的朋友到家中小坐，几人猜拳行令，好不痛快，谈及三兄弟友谊，更是情深意笃。小君掏出好烟，一一给两人点上，然后又点上自己的。谁知当他熄灭火柴扭头准备劝酒时，却见两位朋友吊着脸。小君一寻思：坏了！三个人不能同时用一根火柴点烟，因一根火柴点三次火的谐音是"散伙"。

面对这尴尬的场面，小君并没有用"对不起"、"请原谅"等客套话解围，他一笑说："咱们这地方都说三个人用一根火柴点烟的意思是'散伙'，我感到不对。我的解释是三个人用一根火柴点烟是三个人不分你我，是'仨人一伙'的意思。所以今天我特意用一根火柴点三支烟，我们三人今后永远是一伙的，有福同享，有难同当。哥们儿，你们说对不对呀！"经小君这么一解释，两位朋友都乐了，"是！我们永远是一伙的。"

小君面对尴尬的局面，遇事不慌，巧妙地用谐音解释了词义，反贬为褒，不仅使误会消除了，而且加深了他们之间的友谊。有时候出错是不好掩盖的，因为欲盖弥彰。这时候需要的是打破那种不快的气氛，让大家都能够释怀。用谐音把话说圆，就是让大家释怀的一种好方式。

答非所问，揣着明白装糊涂

《菜根谭》中曾说："鹰立如睡，虎行似病。"也就是说老鹰站在那里的样子好像睡着了一样，老虎走路时的姿态好像它生病了一样，正是它们看似平常甚至孱弱的姿态，让它们的猎物被老鹰和老虎这种看似"糊涂"的行为所欺骗，放低了防备心，所以它们往往能趁其不备出击，顺利达到自己的捕获目的。

人们常常说"难得糊涂"。在与人交往的过程中，常常会遇到有人问你很尖锐的问题，这个时候你不管怎么回答都不合时宜，此时就要学会答非所问，揣着明白装糊涂，只有这样才能避免一不小心，就可能让自己陷入尴尬的境地。这时你若锋芒太露，容易招致他人的嫉恨，更容易树敌，如果您懂得适时装傻，揣着明白装糊涂地回答，就会降低别人对你的防备心，反而容易和他人沟通，顺利达到你的交际目的。

第一次世界大战后，土耳其打败了希腊，此举激起了英国的不满，英国遂联合法、意、美、俄等国代表在瑞士的洛桑与土耳其谈判，企图迫使土耳其签订不平等条约。

英国派出的外交大臣是克遵，其声如洪钟，是名震一时的外交家。与英国外交大臣相比，土耳其派出的代表伊斯美则相形见绌了。伊斯美不仅身材矮小，耳朵还有些聋，在国内、国际均属无名小辈。

会谈开始后，克遵显然不把伊斯美放在眼里，态度骄横、嚣张，其他列强代表也是盛气凌人。然而，伊斯美却从容不迫、镇定自若，精心选择外交辞令，有章有法，毫无惧色。特别是他的耳聋具有"特异功能"，对土耳其有利的言辞他都听见了，不利的话好像全没听到。当伊斯美对列强们提出的苛刻条件概不理会，只顾提出维护土耳其的条件时，克遵雷霆大发，挥拳怒吼，咆哮如雷。恫吓、威胁不断向伊斯美劈头盖脸压来，各列强代表也气势汹汹、咄咄逼人，那种紧张的气氛令人窒息。

伊斯美虽然有些耳聋，此时对于克遵盛怒之下发出的"超强度"刺激信号，当然是句句听得清楚，但他仍坐在那里装出一副若无其事的样子。等到克遵声色俱厉地叫嚷完了，各国代表都面对伊斯美看他有何表示时，只见他不慌不忙地张开右手靠在耳边，并将身子向克遵移动了一下，态度温和地问："您刚才说什么？我一句也没听见。"克遵气得浑身发抖，一句话也说不出来。

克遵的暴怒是由对立意向引起的激怒，是由当时的情绪、气氛引起的心理压抑的一种急迫宣泄。这种激怒的宣泄，犹如突然爆发的火山，势不可当，时间短暂却强烈。不过，这种激怒是很难再现的。伊斯美用他的"特异功能"——耳聋，控制了整个谈判局势，在将近3个月的谈判中，据理力争，游刃有余，终于以土耳其的胜利而告终。

装聋作哑的人，往往才是具有高深智慧的人，所谓"大智若愚"说的就是这种人，他们不是真的傻瓜，而是在装糊涂。"水至清则无鱼，人至察则无徒"，凡事太认真，就会对什么都看不惯，连一个朋友都容不下，更难以应付复杂的社交场合。

在对外应酬中，也要懂得"有所为，有所不为"的原则，对凡事过于斤斤计较，难以营造出和谐的氛围，更难以实现自己交际目的。许多时候，要学会"睁一只眼闭一只眼"，学会揣着明白装糊涂，才能游刃有余地应酬，轻松获得自己期望的利益。

两难问题要学会含糊其辞

在应酬的时候，有时需要含糊地说话而不必明说，尤其遇到回答"是"或者"否"的问题时，不管怎么回答都会给自己带来麻烦，这时候就需要含糊法。

含糊法是运用不确定的、不精确的语言进行交际的方法。在交际中运用适当的含糊说法，也是一门必不可少的艺术。例如，你想请别人到办公室找一个不认识的人，你只需要用模糊语言说明那人的特征，比如矮个儿、瘦瘦的、高鼻梁、大耳朵，便不难找到了。倘若你具体地说出那个人的身高、腰围精确尺寸，他反而很难找到这个人。因此，我们在办事时要学会含糊地说话。

一般来说，含糊法主要有以下几种：

1. 回避式含糊法

根据某种场合的需要，巧妙地避开确指内容的方法。

一个美国客人在韶山毛泽东故居参观之后，中午在一家私人饭店吃饭。付钱时，他看到老板娘家境富裕，突然问道："老板娘，如果你的老乡毛泽东还在，会允许你开店吗？"这是明知故问，其中含义不言自明。这时，老板娘略一寻思，就作出回答："没有毛主席老人家，我早就饿死了，还能开什么店啊！"然后她接着说："如今，党的富民政策好，日子越过越美好！"

显然，美国客人意在用老板娘的回答，来否定毛泽东的历史功绩。而老板娘，以回避正题的模糊法，反而作出令人折服的回答，既不轻慢美国客人，又维护了毛主席的威望，赞扬了如今的富民政策。

2. 宽泛式含糊法

这是一种用含义宽泛、富有弹性的语言传递主要信息的方法。例如，当你约人见面时，为了表示尊重对方，显得随和，也要用模糊语言。比如说："明天上午我在家，你有空就来吧。"或是说："请您明天上午来，我在家等候您。"如果你说得很明确："请你明天上午9点准时到我家里来。"这样会让人有点被"勒令"的感觉。若是约请上级、长辈或异性到家里来，这样说话就显得不礼貌、不客气了。

3. 选择式含糊法

根据办事的不同目的，用具有选择性的语言来表达的方法。当学生在课堂上回答不出问题时，老师不宜训斥学生："你怎么搞的？昨天你肯定没有复习！"而应当模糊地说："看来，你好像没有认真复习，是不是？还是因为有点紧张不知该怎么说呢？"最好把批评对方的缺点过错变成提出希望和要求，上面的话最好说成："希望你及时复习，抓住问题的要领，争取下回作出圆满的回答好吗？"

以上列出的几种含糊法，你要针对不同的情况加以选择应用，以帮助你在应酬场合如鱼得水，使你办事更加顺利。

看人说话，区别对待

中国有句谚语："到什么山唱什么歌，见什么人说什么话。"说场面话不看对象，常常让别人无法理解自己的本意，从而在无形之中与别人拉开了相当的距离。反之，了解了对方的情况，并依据其情况，寻找与之相适应的话题和谈话内容，双方就会觉得谈话比较投机，彼此在距离上也显得比较亲切。对方会觉得你是一个极具亲和力的人，从而愿意与你相处。

1. 看对方的身份地位说话

几乎没有一个人在说话的时候不考虑到彼此的身份的。不分对象，不看对方身份，都用一样的口气说话，是幼稚无知的表现。下级对上级、晚辈对长辈、学生对老师、普通人对于有名气地位的人等，不必表现得屈从、奉迎。但在言谈举止上则不要过于随便，有必要表现得更加尊重一些。在不是十分严肃隆重的场合，身份较高的人对身份较低的人说话越随和风趣越好，而身份较低的人对身份较高的人说话则不宜太过随便，尤其在公众场合，说话要恰如其分地把握好自己与听者的身份差别。地位则是个人在团体组织中担负的职位和在社会关系中所处的位置。个人的社会地位不同，就会有不同的人生经历、社会职责和交际目的，对口才表达也会产生不同的需求。

例如，与上司说话，或是探讨工作，我们应该尽量向上司多请教工作方法，多讨教办事经验，他会觉得你尊重他，看得起他。所以，在工作中，在办事过程中，即使你全都懂，也要装出有不明白的地方，然后主动去问上司："关于这事，我不太了解，应该如何办？"或"这件事依我看来这样做比较好，不知局长有何高见？"上司一定会很高兴地说："嗯，就照这样做！"或"这个地方你要稍微注意一下！"或"大体这样就好了！"如此一来，我们不但会减少错误，上司也会感到自身的价值，而有了他的帮助和支持，后面的事情就好办得多了。

2. 针对对方的特点说话

和人交谈要看对方的身份、地位，还要看对方的性格特点，针对他的不同特点，采取不同的说话方式，这样才有利于解决问题。

中国春秋时期的纵横家鬼谷子指出："与智者言依于博，与博者言依于辨，与辨者言依于要，与贵者言依于势，与富者言依于豪，与贫者言依于利，与卑者言依于谦，与勇者言依于敢，与愚者言依于锐。"意思是说：和聪明的人说话，须凭见闻广博；与见闻广博的人说话，须凭辨析能力；与地位高的人说话，态度要轩昂；与有钱的人说话，言辞要豪爽；与穷人说话，要动之以利；与地位低的人说话，要谦逊有礼；与勇敢的人说话不要怯懦；与愚笨的人说话，可以锋芒毕露。

3. 视对方的文化层次说话

与人说话沟通必须看清对方的文化层次。埋头做事者常常是事业心很强或对某事很感兴趣的人，一旦开始做事，便全身心投入，不愿再见他人。这种人往往惜时如金，爱时如命，铁面无情。要敲开这种人的门，首先不要怕碰"钉子"，还要有足够的耐性，并且要善于区分不同情况，再对症下药。

毕加索的妻子弗朗索瓦兹·吉洛特十分爱好绘画，一入画室便不容有人打扰。一次她正在作画，儿子小科劳德想让妈妈带他去玩，便敲响了门，可吉洛特已全身心投入到绘画上，听到敲门声和儿子的喊声，只是回应了一声"哎"，仍旧埋头作画。停了一会儿，门还没开，儿子又说："妈妈，我爱你。"可得到的回应也只是："我也爱你呀，我的宝贝儿。"

门还是没开。儿子又说："我喜欢你的画，妈妈。"

吉洛特高兴了，她答道："谢谢！我的心肝，你真是个小天使。"可仍旧不去开门。儿子又说："妈妈，你画得太美了。"吉洛特停下笔，但没有说话，也没有动。儿子又说："妈妈，你画得比爸爸好。"吉洛特的画当然不会比丈夫——绘画艺术大师毕加索——画得更好，但儿子的话却句句说到了她的心里，她也从儿子那夸大的评价中感到了儿子的迫切心情，于是，把门打开了。

自命清高者常常是洁身自好的墨客或仕途失意的文人，或者是那些自命不凡、看破红尘的人。这种人文化层次一般都较高，他们自以为比别人高明，他们不愿与常人交往，却希望同有才华的人结交，因此要顺利地叩开这种人的大门，最有效的办法就是善于表现自己，设法展示出自己的才华，引起他的爱才心理。

同一种意思换一种表达

在交际中人为什么会有"会说话"与"不会说话"这样的区别呢？这里面的道理在于语言是灵活的，同样的意思可以用不同方式的词句来表达。所谓"说者无心，听者有意"，说话的人可能感觉不到不同的说话方式对于自己有什么差异，但是对于听的人会有不同的感觉。

同一事物，从不同的角度观察认识，其感官认知的结果也不相同。每个人都有自己的思维方式和说话习惯，时间久了，其中必然掺杂不少可能导致不良结果的说话方式和内容。

但语言惰性形成以后很难改变，而一旦作出改变，换一种不同以往的说话方式，可能新的结果会令人有一个意想不到的惊喜。

某城市有一条著名的"情人街"，每到周末，就有许多青年男女伫立街头，等待与情侣相会。这条街上有两个擦鞋的小男孩，他们高声叫喊着以招徕顾客。

其中一个说："请坐，我为您擦擦皮鞋吧，又光又亮。"另一个却说："约会前，请先擦一下皮鞋吧。"

结果，前一个男孩摊位前的顾客寥寥无几，而后一个男孩的喊声却收到了意想不到的效果，一个个青年男女都纷纷让他擦鞋。这里面的原因究竟是什么呢？

原来第一个男孩的话，尽管礼貌、热情，并且附带着质量上的保证，但这与此刻青年男女们的心理差距甚远。因为在黄昏时刻，显然没有多少必要破费钱财去把鞋擦得"又光又亮"。人们从这里听出的印象是"为擦鞋而擦鞋"的意思。

而第二个男孩的话就与此刻男女青年们的心理非常吻合。"月上柳梢头，人约黄昏后"，谁不愿意在这充满温情的时刻以干干净净、大大方方的形象出现在自己心爱的人面前？一句"约会前，请先擦一下皮鞋"真是说到了青年男女的心坎上。可见，这位聪明的男孩，正是传送着"为约会而擦鞋"的温情爱意。

一句"为约会而擦鞋"一下子抓住了顾客的心，因而大获成功。从以上分析中应该受到启发：研究心理，察言观色，得到准确的无形信息才能找到最恰当的说话切入点。

说话的角度不同，得到的结果也会不同，所以说，在应酬中动口之前一定要先想一想从哪个角度说才能达到理想的效果。

人人厌烦"鬼话连篇"

大智若愚、有学问的人一般不乱讲话。只有那些胸无点墨又爱慕虚荣的人才喜欢信口开河，大发言论。有一句值得大家牢记的名言："宁可把嘴巴闭起来，使人怀疑你浅薄，也不要一开口就让人证实你的浅薄。"

所以在研究说话艺术时，首先要学会"少说话"。你也许会反驳："既然人人都要学少说话，那么，说话艺术就不必细加研究了。"其实不然，少说话固然是美德，但人们生活在现实社会中，只能"少说"而不能完全不说。既要说话，又要说得又少又好，这才是口才的艺术。说得越多，显得越平庸，说出蠢话或危险话的概率就越大。

马西尔斯是古罗马时代一名战功赫赫的英雄，他以战神科里奥拉努斯的美名而著称于世。公元前454年，马西尔斯打算角逐最高层的执政官以拓展自己的名望，进入政界。

竞逐这个职位的候选人必须在选举初期发表演说，马西尔斯便以自己十多年来为罗马战争留下来的无数伤疤作为开场白。那些伤疤证明了他的勇敢和爱国情操，人们深为感动，几乎每个人都认为他会当选。

投票日来临的前夕，马西尔斯在所有元老和贵族的陪同下，走进了会议厅。当马西尔斯发言时，内容绝大部分是说给那些陪他前来的富人听的。他不但傲慢地宣称自己注定会当选，而且大肆吹嘘自己的战功，甚至还无理地指责对手，还说了一些讨好贵族的无聊笑话。他的第二次演说迅速传遍了罗马，人们纷纷改变了投票意向。马西尔斯落选之后，心怀不甘地重返战场，他发誓要报复那些投票反对他的平民。

几个星期之后，元老院针对一批运抵罗马的物品是否免费发放给百姓这个议题投票，马西尔斯参加了讨论，他认为发放粮食会给城市带来不利影响，这一议题因而未决。接着他又谴责民主，倡议取消平民代表，将统治权交还给贵族。

马西尔斯的言论激怒了平民，人们成群结队赶到元老院前，要求马西尔斯出来对质，却遭到了他的拒绝。于是全城爆发了暴动，元老院迫于压力，终于投票赞成发放物品，但是，老百姓仍然强烈要求马西尔斯公开道歉，才允许他重返战场。

于是，马西尔斯出现在群众面前。一开始，他的发言缓慢而柔和，然而没过多久，他变得越来越粗鲁，甚至口出恶言，侮辱百姓！他说得越多，百姓就越愤怒，他们的大声抗议中断了他的发言。护民官们一致同意判处他死刑，命令治安长官立即拘捕他，送到塔匹亚岩的顶端丢下去。后来，在贵族的干预下，他被判决终生放逐。人们得知这一消息后，纷纷走上街头欢呼庆祝。

如果马西尔斯不那么多言，也就不会冒犯老百姓，如果在落选后他仍能注意保护自我强大的光环，依然还有机会被推举为执政官。可惜他无法控制自己的言论，最终自食其果。

说话时，既要有实事求是的态度，又要给人谦虚的印象，坦白地承认你对某些事情的无知，这绝不是耻辱。相反，别人会认为你的谈话不虚伪，没有自我吹嘘，这样就能赢得好口碑。用夸张的言辞，装腔作势，说得越多，人们对他的失望也就越大。滥用夸张的言辞是不明智的，在很多时候，说得越多损失就越大。信口开河的人一般都是那些品位不高或知识欠缺的人。当人们发现你言过其实时，常常会觉得他们受到了愚弄，这会严重影响你与人之间的沟通。

人人都有炫耀的心理，在社交中如何表达才能不遭人厌烦呢？这是一种艺术。当你想要提及自己的优点和辉煌事迹时，应该点到为止，不宜太过，才能使对方认同而不会心生厌恶。懂得说话的人必定会先称赞对方，借由赞美对方，顺便提到自己的长处，这样才不至于让对方觉得你在自吹自擂。自我的渲染和夸张不可能赢得别人的真正赞许。

第二章
说什么重要，怎么说更重要

做得精彩从说得漂亮开始

一副好口才能使你善于和人沟通，有良好的人际关系，有更多的好朋友。朋友就是你取得进步的人脉大树，是你潜在的巨大财富。

古代有一位国王，一天晚上做了一个梦，梦见自己的牙都掉了。于是，他就找到了两个解梦的人。国王问他们："为什么我会梦见自己的牙全掉了呢？"第一个解梦的人说："皇上，梦的意思是，在你所有的亲属都死去以后，一个都不剩，你才能死。"皇上一听，龙颜大怒，打了他一百大棍。第二个解梦人说："至高无上的皇上，梦的意思是，您将是您所有亲属当中最长寿的一位呀！"皇上听了很高兴，便拿出一百枚金币，赏给了第二位解梦的人。

解说同样的事情，同样的问题，为什么一个会挨打，另一个却受到嘉奖呢？因为挨打的人不会说话，受奖的人会说话而已。可见，会说话是多么的重要。

说话的能力，千百年来一直为人们所重视。刘勰在《文心雕龙》一书中就高度评价过口才的作用："一人之辩，重于九鼎之宝；三寸之舌，强于百万之师。"春秋时期，毛遂自荐使楚，口若悬河，迫使楚王歃血为盟；战国时的苏秦凭借三寸不烂之舌，游说东方六国，身挂六国帅印，促成合纵抗秦联盟；三国时诸葛亮出使东吴，舌战群儒，终于说服吴主孙权和都督周瑜联刘抗曹，获赤壁大捷；我们敬爱的周总理多次在谈判桌上，以他那闻名世界的"铁嘴"挫败敌手，捍卫了祖国的尊严……无数的事实表明，好的口才能够发挥巨大的作用。

从某种程度上说，事业的成功与失败往往取决于某一次谈话，这话绝不是危言耸听。富兰克林的自传中有这样一段话："我在约束我自己的时候，曾有一张美德检查表，当初那表上只列着12种美德。后来，有一个朋友告诉我，说我有些骄傲，这种骄傲常在谈话中表现出来，使人觉得我盛气凌人。于是，我立刻注意这位友人给我的忠告，我相信这样足以影响我的前途。然后，我在表上特别列上'虚心'一项，以引起自己的注意。我决定竭力避免说直接触犯别人感情的话，甚至禁止自己使用一切确定的词句，像'当然'、'一定'、'不消说'，而以'也许'、'我想'、'仿佛'来代替。"富兰克林又说："说话和事业的进行有很大的关系，你出言不慎，跟别人争辩，那么，你将不可能获得别人的同情、别人的合作、别人的帮助。"

拥有了好口才，在人生道路上，你将会走得更顺利、更轻松，做得精彩从说得漂亮开始。

多说"我们"，少说"我"

一家公司招聘员工，最后要从三位应聘人员中选出两个。他们给出的题目是这样的：

假如你们三个人一起去沙漠探险，在返回的途中，车子抛锚了。这时，你们只能选择四样东西随身带着。你会选什么？这些东西分别是：镜子、刀、帐篷、水、火柴、绳子、指南针。其中帐篷只能住两个人，只有一瓶矿泉水。

甲男选的是：刀、帐篷、水、火柴。

面试经理问他，为什么你第一个就要选刀？

甲男说："害人之心不可有，防人之心不可无。这帐篷只够两个人睡，水只有一瓶，万一有人为了争夺生存机会想害我呢？所以，我把刀拿到手，也就等于把主动权抓到了手中。"

乙女和丙男选的四样物品为：水、帐篷、火柴、绳子。

乙女解释说："水是必需品，虽然只够两个人喝，但可以省着点，相信也能够使三个人一起坚持到最后；帐篷虽然只能容纳两个人睡，但是可以三个人轮换着来休息；火柴也是路上必不可少的；而绳子可以用来把三个人绑在一起，这样在风沙很大、看不见物的时候，队伍就不会散了。"丙男给出的解释与乙女相同。

最后，甲男被淘汰出局。

有位心理专家曾经做过一项有趣的实验。他让同一个人分别扮演专制型、放任型与民主型等三种不同角色的领导者，而后调查其他人对这三类领导者的观感。

结果发现，采用民主型方式的领导者，他们的团结意识最为强烈。同时研究结果也指出，这些人当中使用"我们"这个名词的次数也最多。

事实上，我们在听演讲时，对方说"我认为……"带给我们的感受，将远不如他采用"我们……"的说法，因为采用"我们"这种说法，可以让人产生团结意识。

小孩在做游戏时，常会说"我的"、"我要"等语，这是自我意识强烈的表现，在小孩子的世界里或许无关紧要，但若长大成人以后仍然如此，就会给人自我意识太强的坏印象，人际关系也会因此受到影响。

人的心理是很奇妙的，同样的事往往会因说话的态度不同，而给人完全不同的感觉。因此善用"我们"来制造彼此间的共同意识，对促进我们的人际关系将会有很大的帮助。

"我没有做什么，同事们和我一样战斗在工作第一线，尤其领导更是起了带头作用，为我们做出了榜样。所以今天大家给我的荣誉，我觉得功劳不能归于一人，功劳是大家的。"在一些表彰会上，经常可以听到这样的语言。其实这些话多半言不由衷，因为明明工作就是一个人干的嘛。但是把"我"说成"我们"，一来显得自己谦虚，二来让领导和同事们听着都很舒服。

中国人有内敛的普遍个性，这种内敛个性成为了我们基本价值判断的一部分。如果一个人过分强调自己，什么事都抢着去干，或者什么功劳都揽到自己头上，什么过错都推给别人，那这个人很可能就要倒霉了，除非你是团队中的头号人物。所谓"枪打出头鸟"就是这个道理，所以尽管自己干了很多，苦劳都是自己的，但要把功劳分给大家。不要感觉很不公平，生活在这样的人际生态中，顺之者昌逆之者亡，能有什么办法？

不过让心中不平之人聊可自慰的，就是你做了事情但是把功劳和大家分享了，你在别人心中的地位就会逐渐提高。群众的眼睛是雪亮的，什么东西他们看不出来？领导更是眼明心亮，只要你不抢他的风头，时间长了肯定有你的好处。

说"我"跟"我们"的差别，其实就是让听者心里头高兴。说"我们"，听者心里高兴，对自己有好处；说"我"，听者心里不高兴，对自己没什么好处。既然这样，聪明的人就应该多说"我们"少说"我"。

那么是不是不能说"我"呢？当然不是，只是要把握好机会。平时积累了很多人情资本，在关键时刻勇敢地把"我"说出来，等于是量变到质变的飞跃，会取得让人满意的结果。

用流行语增加你的语言魅力

"流行语"就是那些在一定时间、一定范围里高频率地运用于人们口头交际中的鲜活新潮的词句。它和着时代的脉搏，折射着生活的灵光，为人们的日常言谈增添着魅力与色彩。

流行语并不一定是一个国家或民族的共同语、规范语，它有较强的地域特征。

例如，香港人把谈恋爱称为"拍拖"；广东人逢人称"阿哥"；南京人说事情好到极点为"盖帽了"；北京人谈吃喝用"撮"……有些流行语在传播中扩大了范围，如北京人把闲谈聊天叫"侃"，现在其他不少地方也用开了"没事我们一道侃侃去"。

大多流行语往往在一定的年龄、文化水平以及职业的人群中使用。比如在商业界，"看好"、"看涨"、"看跌"、"滑坡"、"走俏"等词语运用得很普遍；在演艺圈，"走红"、"领衔"、"性感"很流行。流行语多数是现有词句的一种比喻、替代、延伸，例如，知识分子把从商称为"下海"，把改行叫做"跳槽"，把撰写文章搞创作戏称为"爬格子"。

流行语具有较强较浓的时代色彩，沉淀着一定时期内的政治色彩、文化特点与生活气息。比如，对别人称自己的妻子，旧时代是"内人"、"太太"，现代则有"爱人"、"那口子"、"另一半"等说法。说一个人样子好、气质佳，以前是"眉清目秀"，后来是"健壮有朝气"，现在是"潇洒风流"、"有魅力"等。

在日常谈话、交往活动中，恰到好处地使用流行语可以起到多方面的作用。

流行语可丰富、更新自己的谈话色调。一个人的谈话色调既包括话题、语调、声音的选择，也包含词句的筛选与锤炼。现实生活中有些人与别人交谈时老是一种腔调，老运用一些自己重复多遍、陈旧蹩脚的词句、口头禅，毫无新鲜明朗的气息，给人的感觉是迂腐而沉闷，如鲁迅笔下的孔乙己，"之乎者也"不断，又像《编辑部的故事》中的牛大姐，官腔套话不离口。跟紧时代的步伐，注意吸收运用流行的词句，可以使自己的谈吐变得丰富多彩，永远保持谈话色调的生机、活力，使话语常讲常新。

使用流行语可沟通联系，赢得别人的好感。愉快顺利的交谈活动，往往离不开流行语的使用。比如称呼别人，以前多是"师傅"、"同志"、"××长"，现在多用"女士"、"先生"、"小姐"、"老板"，这样更能增强谈话双方的亲近感、尊敬感，使交谈始终处于轻松自如的状态下，不至于因过于拘谨、正儿八经而影响沟通，引起别人反感。

使用流行语可增添生活情趣。生活是五彩斑斓的万花筒，人们常在一起聊天、谈笑，少不了流行语的点缀。一位男生发现一位女生新穿了一件连衣裙，故意惊呼道："哇！真 3.14。"这 3.14 是圆周率 π 的值，与流行语"派"谐音，因而立刻博得大家一阵会心的大笑。

流行语是怎么来的？其实，流行语不是哪位名人或语言学家创造发明出来的，我们每个人都可以留心于生活，留心于别人的言谈，并借鉴、发挥，推陈出新，启动灵感，随口说出。平时不妨从以下几方面去搜集、学习。

——从电视电影里学。当代影视与人们的生活愈来愈贴近，不少精彩对白、主持人的即兴妙语、广告语的妙趣横生令人赞叹不绝，我们可以从中借鉴。

——从港台语言中学。如"真性格"、"好帅"、"当心公司炒你鱿鱼"，等等，很新奇，用语优美，不妨一借。

——从流行歌曲中学。许多流行歌曲不但能唱出人们的真情、心声，而且唱词通俗，生活气息浓。某男士谈恋爱，刚接触对方，生怕对方看不中自己的"外相"，灵机一动，说道："我知道我很丑，可是我也很温柔。"他妙用了赵传的一首歌名，很快赢得了姑娘的好感。

——从报刊用语里学。如某报上曾有一篇题为《检察机关浑身是眼》的文章，某位善谈者巧借活用，与人评论小偷："他浑身是手，什么都偷。"

——从方言俚语中学。方言俚语表达含蓄，俗得够味，很受人们喜爱。如"磨叨"在北方方言中是费口舌之意，我们也可以拿来运用，如："还磨叨什么？快走吧。"

当然，运用流行语还必须考虑交谈对象的年龄、知识水平以及谈话背景。

借助健康的富于生命力的"流行语"，你可以在搞好人际关系这方面更加如鱼得水，"流行语"是语言不可或缺的"调味剂"。

站在对方的立场上说话

很多人往往习惯将自己的想法跟意见强加给别人，总觉得自己的做法跟意见才是最好的解决方式。虽然出发点都是好心的，是为了帮助别人解决某些问题，但是却始终没有站在对方的立场上想过这样是否适合？所以当我们和别人商谈什么事情时，我们不应该先自我确定标准和结论，应该站在对方的立场仔细想想，关心询问对方对这件事情的看法和应该如何解决这个问题，而不是直接讲一番自我的大道理来逼迫对方接受。

在与对方沟通时，站在对方立场上，才能让别人听着顺耳，觉得舒服。站在对方立场上，设身处地地想，设身处地地说。如此，不仅能使他人快乐，也能使自己快乐。

站在对方的立场考虑问题，你会发现，你跟他有了共同语言，他的所思所想、所喜所恶，都变得可以理解甚至显得可爱。在各种交往中，你都可以从容应对，要么伸出理解的援手，要么防范对方的恶招。许多人不懂得如何站在对方立场上思考和说话，这是导致很多事情做不成功的一大原因。

站在对方的立场上说话，能给对方一种为他着想的感觉，这种投其所好的技巧常常具有极强的说服力。要做到这一点，"知己知彼"十分重要，唯先知彼，而后方能从对方立场上考虑问题。成功的人际交往语言，有赖于发现对方的真实需要，并且在实现自我目标的同时给对方指出一条可行的路径。

某精密机械工厂生产某项新产品，将其部分部件委托另外一家小型工厂制造，当该小型工厂将零件的半成品呈示总厂时，不料全不合该厂要求。由于迫在眉睫，总厂负责人只得令其尽快重新制造，但小厂负责人认为他是完全按总厂的规格制造的，不想再重新制造，双方僵持了许久。总厂厂长见了这种局面，在问明原委后，便对小厂负责人说："我想这件事完全是由于公司方面设计不周所致，而且还令你吃了亏，实在抱歉。今天幸好是由于你们帮忙，才让我们发现竟然有这样的缺点。只是事到如今，事情总是要完成的，你们不妨将它制造得更完美一点，这样对你我双方都是有好处的。"那位小厂负责人听完，欣然应允。

也许你会质疑："站在对方的立场上说来容易，实际要做的时候却很难。"没错，站在对方立场来说话确实不容易，但却不是不可能。许多口才不错的人都能确实做到这一点。因为若不如此做，谈话成功的希望就可能是很小的。真正会说话的人，善于努力地从他人的角度来设想，并且乐此不疲。然而，他们也并非一开始就能做得很好，而是从一次次的说服过程中吸收经验、吸取教训，不断培养自己养成这种习惯，最后才达到这样的境界。因此，只要你愿意，这并不是件太大的难事。

站在对方的立场上思考和说话，设身处地地为别人着想，往往能让人非常感动。现在有一个很流行的说法是"理解万岁"，一个人最大的痛苦之一就是没人理解，如果我们能站在他的立场上说话，那对于他来说是一种莫大的幸福。

美国汽车大王福特说过："如果说成功有秘诀的话，那就是站在对方立场上认识和思考问题。"如果你与别人意见不一致了，假若能站在对方的立场上认识和思考问题，你也许会发现自己错了。而且如果你肯主动承认错误，就会使矛盾很快得到解决，还会在诚恳中使对方建立起对你的信任。

用谦虚的话和别人打交道

中国人自古以来视谦虚为美德，虽然有人将其视为"虚伪"，但不谦虚的人还是很难获得大家的一致认同。为人处世，多数时候还是谦虚一些为好，尤其是要用谦虚的态度和人说话。

首先是不目空一切、居功自傲。

有的人做出一点成绩、取得一点进步，就飘飘然起来，跟谁说话都趾高气扬，到处夸耀自己，搞得大家都为之侧目。

小杨是一家广告公司的职员，他设计的一件平面广告作品得了一项大奖，经理在员工会上好好表扬了他一番，并让他升任主管。小杨认为自己是个人物了，从此以"专家"自居。一次经理接到一个平面设计任务，请小杨来评价评价。小杨唾沫飞溅地说了半个小时，批得体无完肤，最后结论是：应该返工重来。经理对这个设计本来比较满意了，听了小杨的话极不高兴，从此疏远了他。

又过了两年，公司里另一个职员小石也得了广告大奖。他吸取了小杨的教训，说话非常谦虚，态度和善，很得大家喜欢。

其次，要适当使用敬语。

敬语能表现说话者对对方的态度，因此，对听话者来说，可以根据对话是否使用敬语，了解到对话人把自己置于什么地位。例如，科长想请新职员去喝酒，叫道："你也来吧！"如果职员回答"好，去"会怎样呢？科长会认为新职员不理解对上司应使用的语言，看低了自己，内心是不会平静的。这样一来，科长就会用另一种眼光看他。由于没有使用敬语，招致对方改变对自己的态度，日后人与人之间的关系将会变得微妙。

常常听到有人说"近年来年轻人连敬语的使用方法都不知道，真可气"，这就是虽然本人没有恶意，但由于没有使用适当、确切的敬语，致使人与人之间的关系产生了隔阂的明证。

与其相反，使用适当的敬语，双方不仅能正常地保持人际关系，还会提高别人对你的评价。特别是对女职员来说，更是如此。有人说："适当的时候，使用适当的敬语对女性来说，是语言之美的至高境界。"的确这样。想想看，与前述相同的场面，如果对于"你来！"回答说："好，一定参加。"就会使人多少有些美感。心目中对上司抱着什么态度，从语言中可以大体看出来。这种语言的运用，可以协调上级与部下、年长者与年轻者之间的关系，使听的人感到愉悦。因为那种语言会使人感觉到说话者有教养。

最后，要请人评判自己的意见。

我们可以看到，有许多真正伟大的人物，总是很谦虚地请别人评判自己的意见，因而获得别人的赞同。以谦虚的态度表示独断的见解，对使别人信任我们的意见及计划都很有效用，我们知道多数成功的领袖，常常应用这个策略。

有的时候也需要争辩。比如两个喜欢辩论的朋友，经过一次的辩论，也许对于双方都是有益而愉快的。美国威尔逊总统曾经对鲍克接连问了一小时的问题，使得他不得不拥护在他自己看来绝对相反的意见。但到末了，威尔逊使鲍克感到吃惊的是：他告诉鲍克，他已经改变了主意，他已经醒悟了，而从另外一个观点去观察这个问题。鲍克非常吃惊，从此对威尔逊更加敬重了。这种策略，可以当做能够引起友爱的一种方式，但不可说是常例。总之，别人可能在种种方面与我们意见不一致，这是可以预料的事情，你如果认为和他争辩之后，还能请他来评判一下自己的意见，他就会认为你是个谦虚的人，而对你的印象更为良好。

人们都喜欢说话态度谦虚和善的人，讨厌态度傲慢、似乎高人一头的人。如果想得到别人喜欢，说话态度谦虚必不可少。不目空一切、居功自傲，适当使用敬语，请人评判自己的意见，这是态度谦虚的主要方面也是基本要求，做到了，也就讨得了别人喜欢。

客客气气地跟尊者说话

长辈、老人、老师、领导对每个人来说都是尊者，与这些人说话至少应做到客客气气，这是最起码的尊重，否则会招致尴尬。

从前，有个县官带领随员骑着马到王庄去处理公务，走到一个岔道口，不知朝哪边走才对，正巧一个老农扛着锄头迎面走来。

县官（坐在马上神气十足）：喂，老头，到王庄怎么走？

老农（头也不回，只顾赶路）：……

县官（不悦，大声吼）：喂！老头，问你呐，长没长耳朵？

老农（停下）：我没有时间回答你，我要去李庄看件稀奇事！

县官：什么稀奇事？

老农：李庄有匹马下了头牛。

县官：真的？马怎么会下牛呢？

老农：世上的稀奇事多哩，我怎知道那畜生为什么不下马呢？

还有一个类似的故事：

过去，有个年轻人骑马赶路，忽见一位老汉从这儿路过，他便在马上高声喊道："喂！老头儿，离客店还有多远？"老汉回答："五里！"年轻人策马飞奔，急忙赶路去了。结果一气跑了十多里，仍不见人烟。他暗想，这老头儿真可恶，说谎话骗人，非得回去教训他一下不可。他一边想着，一边自言自语道:"五里,五里,什么五里!"猛然,他醒悟过来了,这"五里",不是"无礼"的谐音吗?于是拨转马头往回赶,追上了那位老人,急忙翻身下马,亲热地叫声"老大爷",话没说完,老人便说:"客店已走过去了,如不嫌弃,可到我家一住。"

这两则流传很广的故事,通俗而明白地告诉人们在人际交往过程中对尊者说话时客气的重要性。"人而无礼,不知其可",粗俗的言行与得体的礼貌将产生与愿望截然相反的交际效果。在尊者面前说话,尊重与不尊重,结果的对比是十分鲜明的。请看这样一个例子:

有一批应届毕业生22个人,实习时被导师带到北京的国家某部委实验室里参观。全体学生坐在会议室等待部长的到来,这时有秘书给大家倒水。同学们表情木然地看着她忙活,其中一个还问了句:"有绿茶吗?天太热了。"秘书回答说:"抱歉,刚刚用完了。"有一个名叫李悦的学生看着有点别扭,心里嘀咕:"人家给你倒水还挑三拣四的。"轮到他时,他轻声说:"谢谢,大热天的,辛苦了。"秘书抬头看了他一眼,虽然这是很普通的客气话,却是她今天听到的唯一一句。

门开了,部长走进来和大家打招呼,不知怎么回事,静悄悄的,没有一个人回应。李悦左右看了看,犹犹豫豫地鼓了几下掌,同学们这才稀稀落落地跟着拍手,由于不齐,越发显得零乱。部长挥了挥手:"欢迎同学们到这里来参观。平时这些事一般都是由办公室负责接待,因为我和你们的导师是老同学,非常要好,所以这次我亲自来给大家讲一些有关情况。我看同学们好像都没有带笔记本,这样吧,杜秘书,请你去拿一些我们部里印的纪念手册,送给同学们作纪念。"接下来,更尴尬的事情发生了,大家都坐在那里,很随意地用一只手接过部长双手递过来的手册。部长脸色越来越难看,走到李悦面前时,已经快要没有耐心了。就在这时,李悦礼貌地站起来,身体微倾,双手接住手册恭敬地说了一声:"谢谢您!"部长闻听此言,不觉眼前一亮,伸手拍了拍李悦的肩膀:"你叫什么名字?"李悦从容作答,部长微笑点头回到自己的座位上。导师看到此景,微微松了一口气。

两个月后,毕业分配表上,李悦的去向栏里赫然写着该部委实验室。有几位颇感不满的同学找到导师:"李悦的学习成绩最多算是中等,凭什么选他而没选我们?"导师看了看这几张尚属稚嫩的脸,笑道:"是人家点名来要的。其实你们的机会是完全一样的,你们的成绩甚至比李悦还要好,但是除学习之外,你们需要学的东西太多了。修养是第一课,言行上一定要学会尊重,在长辈、领导面前要客客气气的。"

客客气气地与尊者说话，不仅体现了一种良好的修养，更是实现利益的必备条件。因为长辈、老人、老师、领导有丰富的人生经验，有广泛的社会关系，有坚强的物质资源和权力资源，如果觉得孺子可教，他们往往会不吝惜地把这些交给我们。试想，如果当年张良不是始终用谦虚的态度对待那位神秘老人，怎么可能得到传说中的《太公兵法》，成为汉初三杰之一呢？

巧借他人语，传我心腹事儿

有事情想求别人帮忙，但由于很多原因，你又不好直接开口说，这种情况下，你不妨借别人的口，说自己的话。事实证明，这是求人办事的一个重要的技巧。难堪的事经由"我听人说"一打扮，就变得不再尴尬；有风险的话，通过别人传过去，便有了进退的余地；不想或不便直接面对的人，也可经第三者从中周旋，穿针引线，解决问题。

有这样一个例子：

一个推销百叶窗帘的推销员偶然得到一条消息：某公司要安装百叶窗帘，而且其经理和某局长又是老相识，这位推销员灵机一动，就想出了一个接近对方的好办法。于是他便打听到这位经理的所住之处，然后提着一袋水果前去拜访。在彼此都介绍之后，推销员这样说道："这次能找到您的门，实在是多亏了刘局长的介绍，他还请我替他向您问好呢……"

"说实话，第一次与您见面就十分高兴……听刘局长说，你们公司现在还没有装百叶窗……"第二天，百叶窗帘一事自然就成交了。这位推销员的高明之处就是他有意地撇开自己，借"刘局长介绍"，来说出自己的目的，这种很巧妙地借他人之力的方法，让对方很快就接受了他的请求。

社会本来就纷繁复杂，虚虚实实、真真假假，谁又能去时刻提高警惕辨别真假呢？因此这就为那些懂得留心的人创造了绝佳的机会。

某天下午，李刚来到他的一个朋友的朋友家中，并且还带来了朋友的一封介绍信。他们彼此一番寒暄客套之后，李刚接着说："此次真是幸会啊，因为我们赵科长极为敬佩您的才华，叮嘱我若拜访您时，务必请您在这本书上签下名……"边说边从公文包里取出这位朋友最近出版的一本新书，于是这位朋友不由自主地便信任起李刚来。

在这里，赵科长的仰慕和签名的要求只不过是一个借口，李刚的目的是想对这位朋友进行恭维，使他高兴。而李刚使用这种巧妙的方法有意撇开自己，用"我的上司是您的忠实读者"这种借他人之口，传自己之意的方法，就比"我崇拜您"来得更巧妙、更有效，同时，又不显露出自己的故意谄媚，因此，更容易使人接受。尤为高超的是，他已将这位朋友的书提前准备好了。

像这种高明的说话手段，确实是让人难以招架。对于两个素不相识、陌路相逢的人来说，你让他帮忙的原因是你与他是朋友的朋友、亲戚的亲戚，显然这是十分牵强的。但是，一般人是不会不给朋友面子的，也不至于让你吃闭门羹的。而这个方法是你求人的一条捷径。

在求人的时候如果通过第三者的话，用来传达自己的心情与愿望，这在求人过程中也是一件很正常的事情。有时人们会不自觉地发挥这一技巧。比如说："我听同学王林说，你是个特别热心的人，求你办事准错不了……"但是要当心，这种话不能说得太离谱了，不然就有可能会闹出笑话。有必要的时候最好是事先做一些调查和研究。

比如，为了事先了解对方，可向他人打听有关对方的情况。第三者提供的情况是很重要的，尤其是与被求者的初次会面有重大意义时，更应该尽可能多地收集对方的资料。但是，对于第三者提供的情况，也不能全套照搬，还要根据需要有所取舍，配合自己的临场观察、切身体验灵活引用。同时，还必须切实弄清这个第三者与被求者之间的关系。这一点非常重要，不然说不定效果适得其反。

用模糊的语言说尖锐的话

卡耐基认为，对于一些话题比较尖锐的事情，最好使用模糊语言，给对方一个模糊的意见，或者多用一些"好像"、"可能"、"看来"、"大概"之类的词语，显得留有余地，语气委婉一些。

在一些交流场合，尤其是在一些比较正式的场合，经常可以碰到一些涉及尖锐问题的提问，这些提问不能直接、具体地回答，又不能不回答。这时候，说话者就可以巧妙地用模糊语言表达自己的意见，让当事双方都不感到太难堪。

阿根廷著名的足球明星迪戈·马拉多纳所在的球队在与英格兰队比赛时，他踢进的第一个球是颇有争议的"问题球"。据说墨西哥一位记者曾拍到了他用手拍球的镜头。

当记者问马拉多纳那个球是手球还是头球时，马拉多纳意识到倘若直言不讳地承认"确实如此"，那对判决简直无异于"恩将仇报"（按照足球运动惯例，裁判的当场判决以后不能更改），而如果不承认，又有失"世界最佳球员"的风度。

马拉多纳是怎么回答的呢？他说："手球一半是迪戈的，头球一半是马拉多纳的。"这妙不可言的"一半"与"一半"，等于既承认球是手臂打进去的，颇有"明人不做暗事"的君子风度，又肯定了裁判的权威。

用模糊语言回答尖锐的提问是一种智慧，它一般是用伸缩性大、变通性强、语意不明确的词语，从而化解矛盾，摆脱被动局面。

一个年轻男士陪着他刚刚怀孕的妻子和他的丈母娘在湖上划船。丈母娘有意试探小伙子，就问道："如果我和你老婆不小心一起落到水里，你打算先救哪个呢？"这是一个老问题，也是一个两难选择的问题，回答先救哪一个都不妥当。年轻男士稍加思索后回答道："我先救妈妈。"母女俩一听哈哈大笑，脸上都露出了满意的笑容。"妈妈"这个词一语双关，使人皆大欢喜。

我们在听政府发言人谈话，或者看一些文件、公报的时候，常常觉得平淡无味。其实这些语言往往蕴含着非常尖锐的意思，只是用了一些模糊化的词语，让它显得"平淡"了一些而已。比如外交部发言人谈话中提到"宾主双方进行了坦率的会谈"，这里"坦率"的背后意思就是有很多争议，意见的分歧非常大；再比如"应当促进双方的交流"，意思就是双方的共识太少，彼此之间有比较深的成见。这些模糊化的语言既达到了说明问题的目的，又起到了淡化矛盾的作用。

活用谎言，让对方乐意跟你交流

你曾经说过谎吗？没有？恐怕这本身就是最大的谎言。马克·吐温曾说过："我们都说过谎，也都必须说谎。因此聪明的话，我们就应勤快地训练自己能善意地说谎。"

现实生活中，很多时候，我们在某些场合说"谎话"反而比说真话更容易得到别人的好感，还能避免不必要的尴尬，或者促进事态更好的发展。例如，某人患了不治之症，知道这一情况的亲友多不以实情相告，因为他们知道，患者如果知道实情，不仅不利于病情的好转还会给他的心理带来折磨。此时，谎言就是最好的妙药灵丹。

正所谓"谎言永远比真理更受欢迎"。在交际中，不同的场合说不同的谎话总能产生不同的微妙效果。为此，我们总结了以下几种情况，可以让你在人际交往中取得"反客为主"的好效果。

1. 能产生良好交际效果的谎言有时是以装糊涂的形式出现的，以避免或解除尴尬

生活中，我们常常会碰到这样的场面，到朋友家做客时，主人热情地给客人夹菜，恰恰是客人不喜欢吃的菜。这时，客人不外乎有两种态度。一种是接受主人盛情，一边道谢一边违心地说："好吃！好吃！"当然，这样的谎言只能让自己自讨苦水。而如果有一天主人知道了原委，也会后悔一辈子。这窝囊的谎言，既苦了自己又伤了别人，实在不是高明之举。另一种态度，便是巧妙地拒绝。先说一句："别客气，我自己来！"再补充一句："这个菜我挺喜欢吃，就是胃受不了！"如此巧妙的谎言，既不伤主人的面子，又避免了活受罪，两全其美！

2. 有时候对家人也应撒点谎

20 世纪 60 年代的困难时期，一位身患重病的母亲，为了支持儿子上学，竟然把买药治病的钱给儿子交了学费，当她带儿子到商店给儿子买圆规掏钱时，不慎带出了一张药单。儿子见后，再也不肯让母亲买圆规。可那位伟大的母亲为了使儿子能安心努力读书，便谎称药单是用过了的。

母亲的谎言中蕴涵了伟大的母爱，表现的是一种最可贵的奉献精神。

3. 对求爱者的谎言

一个男大学生爱上了一个女大学生，于是对女大学生说了一番热烈的话："我离不开你，你是温暖着我的太阳，你是照耀着我的月亮，你是为我呼唤早晨的启明星。"

女大学生早已听出这是一番表白爱情的极热烈的话，但自己并不喜欢面前的小伙子，怎么办？如果断然说"我不喜欢你"，岂不是会使对方陷入尴尬？不置可否，岂不是对对方不负责任？

她只说了一句："真美！您对天文学太有研究了，可我，真对不起，我对天文学一点也不感兴趣！"

就这样，女大学生轻松拒绝了男大学生。

在现实生活中，当你不得不用一些小谎言去办事时，你一定要注意，自己所说的谎言要不容置疑，这样才能以假胜真，巧中取胜，黑中取白。否则，会弄巧成拙。

该干脆的时候绝不啰唆

社交场合一旦出现了说话啰啰唆唆的人，无论什么人都会感到伤透脑筋。他们大大咧咧、漫不经心，讲起话来啰啰唆唆一大堆，看不出他们所说的话中间有什么逻辑联系。他们既不知道自己是在说些什么（没有明确主题），也不知道自己为什么要说这些（没有明确目的），更不知道自己遇到与人谈话的场合应该怎么办（不了解谈话的基本规则）。这样的人往往心地善良，不含恶意，但是让人受不了。

古典小说《镜花缘》中，林之洋、唐敖、多九公三人到了白民国，在一家酒店吃饭，酒保把醋错当成酒给他们送来了。林之洋素日以酒为命，举起杯来，一饮而尽。那酒方才下咽，不觉紧皱双眉，口水直流，捧着下巴喊道："酒保，错了！把醋拿来了！"这时旁边一个驼背的老儒赶忙劝他道：

"先生听者：今以酒醋论之，酒价贱之，醋价贵之。因何贱之？为甚贵之？真所分之，在其味之。酒味淡之，故而贱之；醋味厚之，所以贵之。人皆买之，谁不知之。他今错之，必无心之。先生得之，乐何如之！第既饮之，不该言之。不独言之，而谓误之。他若闻之，岂无语之？苟如语之，价必增之。先生增之，乃自讨之；你自增之，谁来管之。但你饮之，即我饮之；饮既类之，增应同之。向你讨之，必我讨之；你既增之，我安免之？苟亦增之，岂非累之？既要累之，你替与之。你不与之，他安肯之？既不肯之，必寻我之。我纵辨之，他岂听之？他不听之，势必闹之。倘闹急之，我惟跑之；跑之，跑之，看你怎么了之！"

唐敖、多九公二人听了，只有发笑。林之洋道："你这几个'之'字，尽是一派酸文，句句犯俺名字，把俺名字也弄酸了。随你讲去，俺也不懂。"

其实老儒无非是要告诉林之洋，醋的价格比酒要贵，酒保既然把醋给你，不要做声就是了，省得他跟你多要钱。如此啰唆地叙述这么简单的意思，也难怪三个人又好气又好笑呢。

要答应别人一件事时，说一句最多两个好字已经够了，但有些人却好好好好好好……地一连说上十几个，这种重叠使用，不仅浪费，而且可笑。

其实用叠句的时候，除非是要特别引人注目，或特别要增强词语力量时才使用得着，在平时，这些习惯还是避免为佳。如果你是个太讲究客气的人，你还是改变一下作风吧！犹豫不决，凡事要适可而止。把客气话说得太多，反而使人讨厌。同样的名词不可用得太多，无论什么新奇可喜的词，多用便会失去它动人的价值，第一个用花来比喻女人的人是聪明的，第二次把它再用的人便是蠢才了。人都喜好新鲜，每说一事，要创造一个新名词。把一个名词在同一时期中重复来用，是会使人厌倦的。

有几个具体步骤能提醒你在交谈时要注意技巧，在不该啰唆的时候干脆地表达：

一是既然是交谈，就要先听清楚别人在说什么，还得用心记住，免得三分钟后你又重新发问，或自己说的和别人说的对不上号。聆听有时比说话更重要。心不在焉、漏听字句和记性不佳，都会使谈话变得冗长、拖沓、无聊。试想，如果你在说话时，有人时时提问："你刚才在说什么？"那是多么令人扫兴的事。

二是注意观察他人的反应，包括他人的语调是否热情，是否对你说的话感兴趣。谈话就像司机驾车过十字路口一样，要时时注意红绿灯。别人表情冷淡、哈欠连连，你仍然滔滔不绝往下说，无异于违反了交通规则，如果别人对你说的话感兴趣，就会做出积极鼓励的反应，邀请你说下去。否则就是开红灯，你要赶紧刹车，适可而止。

三是你如果要开口说话，就要把话说得有条理。最令人困扰的就是缺乏有组织的谈话习惯，它会轻而易举地将人引到信口开河离题万里的泥潭里去。说话无组织、无逻辑是思维混乱的表现，没有人愿意和他打交道。

绵里藏针，柔中带刚

先说软的，可以在强敌面前取得进一步论辩的机会；再说硬的，就可以显示一些威胁的力量。软的为绵，硬的为针，是为绵里藏针。

"绵里藏针法"的运用常常跟喂小孩子吃苦药的道理一样，要用糖衣包着药片，或者就着糖水送服，招数因人而异，窍门却一通百通。

春秋时期的晋灵公奢侈腐化。某年下令兴建一座九层高的楼台，群臣劝说，他火了，干脆又下了一道命令，敢劝阻建九层台者斩首。这样一来便没人敢说话了。

只有一个叫孙息的大臣很讨灵公喜欢。他就告诉灵公说他能把九个棋子摞起来，上面还能再摞九个鸡蛋。灵公听了，觉得这事儿挺新鲜，立即要孙息露一手让他开开眼界。孙息也不推辞，就把九个棋子摞在一起，接着又小心翼翼地把鸡蛋往棋子上摞，放第一个，第二个……

孙息自己紧张得满头大汗，战战兢兢，看的人也大气不敢出一口。如果孙息不能把鸡蛋摞好，就犯了欺君大罪，是会被杀头的。

这时，灵公也憋不住了，大叫："危险！"孙息却从容不迫地说："这算什么危险，还有比这更危险的事哩！"灵公也被勾起了好奇："还有什么比这更危险？"

孙息便掂掂手中的鸡蛋，慢吞吞地说："建九层台就比这危险百倍。如此之高台三年难成，三年中要征用全国民工，使男不能耕，女不能织，老百姓没有收成，国家也穷困了。而国家穷困了，外国便会趁机打进来，大王您也就完了。你说这不比往棋子上摆鸡蛋更危险吗？"

灵公吓得出了一身冷汗，立即下令停工。

孙息让晋灵公看了场不成功的杂技表演，更受了一次形象生动的批评，那味道确实是又甜又苦。正在气头上的人，是难以与他正面争辩的。何况他还有无上的权威支持，那更是老虎屁股——摸不得。然而，"绵里藏针法"每每在这样的关键时刻，能起到逆转乾坤的作用。

庄重显力量，风趣显风度。在论辩中做到既庄重又风趣，可以叫对方无力招架，自叹弗如。风趣为绵，庄重为针，是为绵里藏针。

绵里藏针，话里藏话，总体上有两个基本功：一是能够听出对方的弦外之音，恶毒之意，否则便会成为笑柄，白白赔了笑脸；二是要委婉含蓄地表达自己，话要说得很艺术，让听话之人心领神会，明白你话中的锋芒所在。

说话避开别人的痛处

我们在与他人谈话时，要避开他人的忌讳，尤其是面对有生理缺陷的人，就要避开戳到他人痛处的话题，否则就会引起别人的反感，有的甚至招来怨恨。

小马先天秃头。一天，大家在一起聊天，得知小马的发明专利被批准了。小陆快嘴说道："你小子，真有你的，真是热闹的马路不长草，聪明的脑袋不长毛。"说得大家哄堂大笑，小马脸也红了起来。

开玩笑的人动机大多是良好的，但如果不把握好分寸、尺度，就会产生一些不良的后果。所谓"说者无心，听者有意"。因此掌握说话艺术需要我们在生活中多观察、多总结，避开别人的痛处，只有这样，才能够准确恰当地与他人沟通。

生活中，夫妻双方发生争执是很正常的事，但有的人口不择言，喜欢揭对方短处或对方丑处，甚至当众让对方出洋相，让对方无地自容，从中获得快感，以降服对方。比如：丈夫对妻子说："女人嘛，做得好不如嫁得好。你不但不'会做'，就是会做，若不是嫁给我，你今天能活得这么滋润、这么尊贵吗？"或者对对方说："别以为你拿了大学文凭就有什么了不起的，蒙得了别人，蒙不了我，不就是拿钱买来的吗？""我那位啊，在别人面前人模人样，在家里我让他学鸡叫就学鸡叫，我让他学狗爬就学狗爬，熊样！"这样的话太伤人自尊心，但偏有人十分喜欢说，意在取得更优越的地位。

最容易戳到对方痛处的时候，是安慰别人的时候。别人正在痛苦之中，如果在安慰时不注意，揭了人家的疮疤，那可真是火上浇油。比如一个人失恋了，伤心不已，希望能自拔。这时最合适的安慰方法是和失恋者一起找一些快乐的事，让他在交流过程中慢慢消减痛苦。而应避开一些话题，比如不分青红皂白，故作高深地来一句："我早就看出他（她）不是好东西。""他（她）这是存心骗你，当初说爱你的那些话都是假的。""你不知道他（她）是在利用你啊？"使失恋者伤心之余，又多了一份窝囊和寒心。

如果真的一不小心戳到了别人的痛处，我们应该尽快找补救措施，比如也戳一下自己的痛处。

某学生寝室，初到的新生正在争排座次。小林心直口快，与小王争执了半天，见比自己小几日的小王终于叨陪末座，便说道："好啦，你排在最末，是咱们寝室的宝贝疙瘩，你又姓王，以后就叫你'疙瘩王'啦。"说者无心，听者有意，原来小王长了满脸的疙瘩，每每深以为恨，此时焉能不恼？小林见惹来了风波，心中懊悔不已，表面上却不急不恼，巧借余光中的诗句揽镜自顾道："'蜷在两腮分，依在耳翼间，迷人全在一点点'。唉，这真是'一波未平，一波又起'呀！"小王听了，不禁哑然失笑——原来小林长了一脸的雀斑。

那么，在日常的交际应酬中说话避开别人的痛处有哪些步骤呢？

1. 事先了解别人的痛处、忌讳在什么地方。

2. 在说话的时候时时绷紧一根弦，就是不提到这些话题。即使对方提出来了，也只能敷衍两句，而不是趁机高谈阔论一番。

3. 真的一不小心戳到了别人的痛处，要赶快不露声色地弥补。其中最好的办法是暴出自己的类似方面，这样大家就"平等"了。

交谈时给别人说话的机会

有些人在生活中常易犯一个毛病：一旦他们打开话匣，就难以止住。其实，这种人得不偿失，因为他们自己话说得多了，既费精力，给他人传递的信息又太多，也还有可能伤害他人；另外，他们无法从他人身上吸取更多的东西，当然问题不在于别人太吝啬，而是他不给别人机会。看来，那些说个不停者确实该改改自己的"牛性"了，否则会吃大亏。

几个朋友聚在一起谈话，如果当中只有一个人口若悬河，其他人只是呆呆听着，这不就等于成为他的演讲会了吗，在场的其他人肯定都会不高兴。每一个人都有着自己的发表欲。小学生对老师提出的问题，争先恐后地举起手来，希望教师让自己回答，即使他对于这个问题还不是彻底地了解，只是一知半解地懂了一些皮毛，还是要举起手来的，也不在乎回答错误要被同学们耻笑，这就说明人的表现欲是天生的，因为小学生远不如成年人有那么多顾虑。成人们听着人家在讲述某一事件时，虽然他们并不像小学生那样争先恐后地举起手来，然而他的喉头老是痒痒的，都恨不得对方赶紧讲完了好让他讲。

阻遏别人的发表欲，人家一定对你不高兴，你在此情况下很难得到别人的认同，为什么要做这样的傻事呢？你不但应该让别人有发表意见的机会，还得设法引起别人说话的欲望，使人家感觉到你是一位使人欢喜的朋友，这对一个人的好处是非常之大的。

著名记者麦克逊说："不肯留神去听人家说话，这是不能受人欢迎的原因的一种。一般的人，他们只注重于自己应该怎样地说下去，绝不管人家要怎样地说。须知世界上多半是欢迎专听人说话的人，很少欢迎专说自己话的人。"这几句话是确确实实的。

以前，美国最大的一家汽车工厂正在准备采购一年中所需要的坐垫布。3家有名的厂家已经做好样品，并接受了汽车公司高级职员的检验。然后，汽车公司给各厂发出通知，让各厂的代表作最后一次的竞争。

有一个厂家的代表基尔先生来到了汽车公司，他正患着严重的咽喉炎。"当我参加高级职员会议时，"基尔先生在卡耐基训练班中叙述他的经历说，"我嗓子哑得厉害，差不多不能发出声音。我被带进办公室，与纺织工程师、采购经理、推销主任及该公司的总经理面洽。我站起身来，想努力说话，但我只能发出尖锐的声音。

"大家都围桌而坐，所以我只好在本上写了几个字：'诸位，很抱歉，我嗓子哑了，不能说话。'

"我替你说吧，"汽车公司总经理说。后来他真替我说话了。他陈列出我带来的样品，并称赞它们的优点，于是引起了在座其他人活跃的讨论。那位经理在讨论中一直替我说话，我在会上只是做出微笑点头及少数手势。

令人惊喜的是，我得到了那笔合同，订了50万码的坐垫布，价值160万美元——这是我得到的最大的订单。

"我知道，要不是我实在无法说话，我很可能会失去那笔合同，因为我对于整个过程的考虑也是错误的。通过这次经历，我真的发现，让他人说话有时是多么有价值。"

一个商店的售货员，拼命地称赞他东西怎样好，不给顾客有说一句话的机会，很可能就会失去这位顾客的生意；因为顾客不过把你的如簧之舌、天花乱坠的说话当做是一种生意经，绝不会轻易相信而购买的。反过来，你如果给顾客说话的余地，使他对商品有评价的机会，你的生意便有可能做成功。因为顾客总有选择和求疵的心理，如果只是一味地夸耀，或是对顾客的批评加以争辩，这无异于说顾客不识好货，不是对顾客一个极大的侮辱吗？他受了极大的侮辱，还会来买你的货物吗？

在与人交谈的过程中，与其自己唠唠叨叨地多说废话，还不如爽爽快快，让别人去说话，反而会得到意想不到的成功。如果能够给别人说话的机会，你就给人留下了一个好印象，以后，别人就会更愿意与你交谈了。

失言之后的紧急挽救法

"人有失足，马有失蹄"，在应酬中，即使有着战国时期著名外交家张仪一样高超的说辩术，也难免会有词不达意的尴尬之时，更不用说常人的偶尔头脑发昏做出的蠢事。虽然个中缘由不同，但结果相似：贻笑大方或引起纠纷，甚至一发不可收拾。这时，你就得让脑子转个弯，想办法化解纠纷。

我们可以看看下面的一则例子，从中得到启发。

阮籍有一次上早朝，忽然有侍者前来报告："有人杀死了母亲！"阮籍素来放荡不羁，信口说道："杀父亲也就罢了，怎么能杀母亲呢？"此言一出，满朝文武一片哗然，认为他不孝。

阮籍也意识到自己措辞不当，连忙解释说："我的意思是说，禽兽知其母而不知其父，杀父就如同禽兽一般，杀母呢，就连禽兽也不如了。"一席话说得面面俱到，众人无可辩驳，阮籍也免去了杀身之祸。

阮籍巧妙地引用了一个比喻，在众人面前不知不觉地更换了题旨，巧妙地平息了众怒。当你出言不慎引起众怒时，不妨也试试此招。

某领导人在向记者讲述健康的解决时，不自觉信口开河道："除了运动，我的另一个习惯是不吃盐。谁要想保持身体健康，最好不吃盐或少吃盐。"此言一出，立刻引起全国盐业业主的齐声抗议，引发了一场"食盐风波"。

在众怒未平时，盐业研究所所长出面替这位领导人作了解释："吃盐对人体是有好处的，而××领导遵照医生吩咐不吃盐也是情非得已。每个人的情形不同，应根据自己的身体情况来决定摄入食盐的多少。"

所长既未否定这位领导人的话，也未肯定吃盐对人体有益，只是作了一番颇为客观的解释，巧妙地消除了这位领导人言语失误带来的风波，这就是灵活的补救术。

将失误之言采取声东击西的分析，巧妙地挽救言语过失。

应酬时，失言也是常有的事。如果不能采取灵活的方式巧妙化解失言的尴尬，就该承认自己犯了错，只要你认错就不至于使情况恶化，而且你很可能会有所收获。现在有勇气说"我错了"的人已经不多了，因此，敢说"我错了"就能赢得敬重。

勇于承认错误的人永远都是受欢迎的，以坦率道歉来挽救过错，以真诚检讨来赢得宽恕，比遮遮掩掩、文过饰非要高明得多。当你在商务应酬时不小心说错话时，不妨公开承认错误，相信他人都会谅解。

把别人的奚落拒之门外

在交际应酬时，你遇到的并不都是和善友好的人，有时也会遇到一些对你进行有意无意的奚落或挖苦的人，这时，你就需要巧妙应对，既消除自己的尴尬，又不使相互间的关系恶化。

你应该用语言作为"护心符"，筑起防卫的大堤。有随机应变能力的人，能调动自己的智慧，化被动为主动，使难堪烟消云散。"兵来将挡，水来土掩"，你可以根据不同的人选择不同的应付办法。若判明来者不善，怀有恶意，故意挑衅，你可以"以眼还眼，以牙还牙"，有理、有力、有节地回敬对手。

如果对方来势汹汹、盛气凌人，前来指责辱骂你，而你确信真理在手，则可保持藐视的目光、冷峻的笑容，让他尽情地发泄个够，而不予理会。有时沉默无言的蔑视力量胜千钧，抵得上千言万语。假如有人冲着你横眉瞪眼，恶语中伤地骂道："你这个人两面三刀，专门告我的阴状，想踩着我的肩膀往上爬，没门！"只要你心中无愧，就完全不必大发雷霆，不妨解嘲地反诘："哦！是真的吗？我倒要洗耳恭听。"然后诱使谩骂者说下去，直到对方找不到言辞了，你再"鸣金收兵"。在这种情况下，你以温文尔雅、彬彬有礼的方式笑迎攻击者，显然比暴跳如雷、大动肝火要好。

假如有人以半真半假的口吻问："你得了一大笔奖金，'发财'了吧？"你可以避实就虚地回答："你也想要吗？咱们一块儿干。"话语中带点阳刚锐气，别人再问，也不好意思了。

你刚被提拔到某领导岗位，有人对此揶揄道："这下你可算平步青云、扶摇直上了吧！"你听了不必拘谨，可一笑了之。相反，你若过于计较，说出一大堆道理，倒显得太认真，反而适得其反。

如果有人用过于唐突的言辞使你受到伤害，或叫你难堪，你应该含蓄以对，或装聋作哑、拐弯抹角、闪烁其词，或顺水推舟、转移"视线"、答非所问，谈一些完全与其问话"风马牛不相及"的事，用这种委婉曲折的方法反驳对方，一定会取得不错的效果。

在交际应酬中难免会遇到一些棘手的问题，对此，若以幽默诙谐的方式回答，往往能起到化险为夷的效果，改变窘态，别有一番"山重水复疑无路，柳暗花明又一村"的味道，最终使得尴尬消失在谈笑的和谐氛围之中。

利用人们的逆反心理来说话

"请不要阅读第七章第七节的内容。"这是一个作家写在其著作扉页上的一句饶有趣味的话。后来，这个作家做了一个调查，不由得笑了，因为他发现绝大部分的读者都是从第七章第七节开始读他的著作的，而这就是他写那句话的真正目的。

当别人告诉你"不准看"时，你就偏偏要看，这就是一种"逆反心理"。这种欲望被禁止的程度愈强烈，它所产生的抗拒心理也就愈大。所以如果能善于利用这种心理倾向，不仅可以将顽固的反对者软化，使其固执的态度发生 180 度的大转变，而且可以打破对手原有的意念，让他按你的意思去办。

某建筑公司的李工程师，有一次说服了一个刚愎自用的人。一个工头，他常常坚持反对一切改进的计划。李工程师想换装一个新式的指数表，但他想到那个工头必定要反对，于是李工程师去找他，腋下挟着一个新式的指数表，手里拿着一些要征求他的意见的文件。当大家讨论着关于这些文件中的事情的时候，李工程师把那指数表从左腋下移动了好几次，工头终于先开口了："你拿着什么东西？"李工程师漠然地说："哦！这个吗？这不过是一个指数表。"工头说："让我看一看。"李工程师说："哦！你不要看了。"并假装要走的样子，并说："这是给别的部门用的，你们部门用不到这东西。"但是，工头又说："我很想看一看。"当他审视的时候，李工程师就随便但又非常详尽地把这东西的效用讲给他听。他终于喊起来："我们部门用不到这东西吗？它正是我想要的东西呢！"李工程师故意这样做，果然很巧妙地把工头说动了。

逆反心理并不是只有那种顽固的人身上才有，其实每个人身上都长着一根"反骨"。

如果有一个人站在高楼顶上欲跳楼自杀，而旁人也在拼命说些"不要跳"或"不要做傻事"之类的话，更是助长了他跳楼的意念；相反，若你说："如果你真想跳的话，那就跳吧！"他必定会感到很泄气，没料到旁人竟不予阻止，反而鼓励他跳下，这完全背离了他原先的期待，这种对于劝阻的期待，一旦为他人所背离，反会失去原有的意念。

据说明朝时，四川的杨升庵才学出众，中过状元。因嘲讽过皇帝，所以皇帝要把他充军到很远的地方去。朝中的那些奸臣更是趁机公报私仇，向皇帝说，把杨升庵充军海外，或是玉门关外。

杨升庵想：充军还是离家乡近一些好。于是就对皇帝说："皇上要把我充军，我也没话说。不过，我有一个要求。"

"什么要求？"

"宁去国外三千里，不去云南碧鸡关。"

"为什么？"

"皇上不知，碧鸡关呀，蚊子有四两，跳蚤有半斤！切莫把我充军到碧鸡关呀！"

"唔……"

皇帝不再说话，心想：哼！你怕到碧鸡关，我偏要叫你去碧鸡关！杨升庵刚出皇宫，皇上马上下旨：杨升庵充军云南！

杨升庵利用"对着干"的心理，粉碎了奸臣的打算，达到了自己要去云南的目的。

可见，无论男女老少，他们内心多多少少都带有一些逆反心理，只要我们善于抓住那一根"反骨"，轻轻一扭，就连皇帝也会按照你的意思去办。这的确不失为一种省心省力又奏效的说服方法。

正话反说，指桑骂槐

所谓指桑骂槐，还有一个漂亮的别名叫"春秋笔法"，即明明对某人某事不满，但并不直接进行攻击，而是采用迂回的方式表露自己的意愿。

有个人在朋友家做客，天天喝酒，住了很久还没有起程之意，主人实在感到讨厌，但又不好当面驱逐。

一次两人面对面坐着喝酒，主人讲了这么一个故事："在偏僻的路上，常有老虎出来伤人。有个商人贩卖瓷器，忽然遇见一只猛虎，张着血盆大口，扑了过来。说时迟，那时快，商人慌忙拿起一个瓷瓶投了过去，老虎不离开，又拿一瓶投了过去，老虎依然不动。一担瓷瓶快投完了，只留下最后一只，于是他手指老虎高声骂道：'畜生畜生！你走也只有这一瓶，你不走也只有这一瓶！'"

客人一听，拔腿就走了。

主人明说老虎暗指客，这种暗示性的警告达到了逐客的效果，避免了主客的正面交锋。

对于某些人的愚蠢行为，通常应该直言不讳，立马制止，然而，在某种特殊情况下对某些特殊人物，直接进行口舌交锋，往往达不到你要的效果。此时，指桑骂槐的说服手法就派上用场了。

当一个上司要责备属下时，也可以使用这种技巧。譬如，虽然你明明是要责备乙的不是，但你并不正面指责，而以指桑骂槐的方式来责备甲，因为此时你若是责备乙，乙的心里必感到难受，对日后的改进不见得就会有效，何况你们二人之间尚有一段距离。

但是为何又要责备甲呢？因平时你与甲之间已不存在隔阂，即使甲也犯了同样的过错而受到上司的指责，也不会感到十分在意。但是，因为当时乙也在场，他听后心里会想"原来这样的过错我也犯过"，于是乎你的目的便已达到。

而此时的乙也绝不会认为"反正这是别人的错，不关己事"，反而会因为"原来上司是在说我，但他并不责骂我，反而责骂他人来顾全我的脸面"而感激不尽。

可见，指桑骂槐的好处，在于不直接针对具体对象，然而通过故事的情境性，又能转换出受众对强调之物的感受性——所谓说的是那里的闲话，指的其实是这里的事情。当你对他人的做法感到厌恶，但又不好当面说明；或对某些特殊的大人物，不能直接指出他的错误时，尤为适用。

不过，我们要特别注意，指桑骂槐术不是一种常用的方法，只适用在某些特殊的、偶然的场合。如果滥用此术去攻击同事和朋友，只能导致众叛亲离的恶劣后果。

奉承从顺着对方的话开始

跟人交谈的时候，尤其是需要说奉承话时，不要以讨论不同意见作为开始，而要以强调而且不断强调双方所共识的事情作为开始。即使对方已经拒绝了你，也应该尽量顺着这个思路说。要尽可能在开始的时候说"是的，是的"，尽可能避免他说"不"。一位知名教授曾在他的书中写道："一个'否定'的反应是最不容易突破的障碍，当一个人说'不'时，他所有的人格尊严，都要求他坚持到底。也许事后他觉得自己的'不'说错了，然而，他必须考虑到宝贵的自尊！既然说出了口，他就得坚持下去。"

一位日本政客正在演讲时，遭到当地一个妇女组织代表的指责：

"你作为一个政客，应该考虑到国家的形象，可是听说你竟和两个女人发生了关系，这到底是怎么回事呢？"

顿时，所有在场的群众都屏声敛气，等着听这位政客的桃色新闻。

政客并没有感到窘迫难堪，而是十分轻松地说道：

"不止两个女人，现在我还和五个女人发生关系。"

这种直言不讳的回答，使代表和群众如坠雾里云中，迷惑不解。

然后，政客继续说："这五位女士，在年轻时曾照顾我，现在她们都已老态龙钟，我当然在经济上照顾她们，精神上安慰她们。"

结果，那位代表无言以对，而观众席中则掌声如雷。

这位政客开始不仅没有反驳那位代表，甚至承认自己的"坏事"。但随后一番言语，实际上是反驳了那位代表。这种从顺着对方的话开始，最终却成为一个否定意思的说话方法，既给了对方面子，又达到了自身目的，十分巧妙。

英国著名剧作家萧伯纳的戏剧《武器与人》首演时，获得了极大的成功。他应观众的要求来到台前谢幕。这时，有一个人在楼座里高喊："这部戏简直糟透了！"

对于这种失礼的话，萧伯纳没有怒气冲冲，他微笑着对那个人鞠躬，彬彬有礼地说道："我的朋友，我完全同意你的意见。"

他耸了耸肩，又指着正在热烈喝彩的观众说道："但是，我们俩反对这么多观众有什么用呢？"

观众中爆发出更为热烈的掌声。

萧伯纳面对失礼的话，情绪平和，举止文雅，语言机智。他先顺着对方的话，同意其看法，然后，话锋一转，利用现场气氛，指出就算本人同意你的看法，也改变不了事实。巧妙地回击了对方又不失水准。

"你们的产品太贵了！"在推销时经常遇到这样的难题，该怎么办呢？"我们的产品质量高，当然贵。""不，我们的产品不是最贵的，还有比我们更贵的……"显然都会引起客户的反感，会产生对抗，如果说："是的，我们的产品确实贵。"这样，显然也不好。那么如何做呢？"您认为我们的价格比别家的高，是吗？"因为顾客必定会回答"是"，而你又用了"您认为"，说明这是他的看法。

接下来可以问："那么，让我们来比较以下几样同类产品的性价比，好吗？"多数客户会答："好吧。"由此就可以逐步扭转他的观点，展示产品的价值和利益点，变价格推销为价值推销。

在交际谈话中，一开始就对对方的意见持绝对否定观点，意味着开始就要陷入争论之中。善于说话的人懂得先顺着对方的话说，一开始就抵消一些敌意，让对方放松下来，对你接下来的意见也会更宽容一些。

说服之前先抬高对方

从孩子的天性，我们可以发现一点：当我们称赞夸奖他们时，他们是何等高兴满足。其实，他们并不一定具有我们所称赞的优点，而只是我们期望他们做到这点而已。这就是一种典型的"增高鞋"之例。在我们与人交往时，何不也效仿这一做法呢？因为不管是大人还是小孩子，他们都喜欢别人给自己一个美名，如果他们没有做到这一点，内心里也会朝此目标努力，因为他们知道这样就可以得到一个美名，站在一个受人赞赏的高度。

假如一个好工人变成粗制滥造的工人，领导会怎么做？领导可以解雇他，但这并不能解决任何问题；领导也可以责骂那个工人，但这只能引起怨怒。

亨利·汉克是印第安纳州洛威市一家卡车经销商的服务经理，他公司有一个工人，工作每况愈下。但亨利·汉克没有对他吼叫或威胁他，而是把他叫到办公室里来，跟他进行了坦诚的交谈。

他说："希尔，你是个很棒的技工。你在这里工作也有好几年了，你修的车子顾客也很满意，有很多人都赞美你的技术好。可是最近，你完成一件工作所需的时间加长了，而且你的质量也比不上你以前的水平。也许我们可以一起来想个办法解决这个问题。"

希尔回答说他并不知道他没有尽他的职责，并且向他的上司保证，他以后一定改进。他做了吗？他肯定做了。他曾经是一个优秀的技工，他怎么会做些不及过去的事呢？

如果你懂得抬高对方，那再难的事情也会变得顺利起来。在信用受到普遍怀疑的年代，贷款变得越来越不容易，可是就有人靠一张会说话的嘴换来了巨额款项。

约翰·强生是美国的大企业家。1960 年，他决定在芝加哥为他的公司总部兴建一座办公大楼。为此，他出入了无数家银行，但始终没贷到一笔款。于是，他决定先上马后加鞭，他用自己设法筹集的 200 万美元，聘请了一位承包商，要他放手进行建造，好让他去筹措所需要的其余 500 万美元。假如钱用完了，而他仍然拿不到抵押贷款，承包商就得停工待料。

建造开始并持续加工，到所剩的钱仅够再花一个星期的时候，约翰恰好和大都会人寿保险公司的一个主管在纽约市一起吃饭。他拿出经常带在身边的一张蓝图，想激起这个主管对兴建大厦的投资兴趣。他正准备将蓝图推在餐桌上时，主管对约翰说："在这儿我们不便谈，明天到我办公室来。"

第二天，当主管断定大都会公司很有希望提供抵押贷款时，约翰说："好极了，唯一的问题是今天我就需要得到贷款的承诺。"

"你一定在开玩笑，我们从来没有在一天之内为这样的贷款进行承诺的先例。"主管回答。

约翰把椅子拉近主管，并说："你是这个部门的负责人。也许你应该试试看你有无足够的权力，能把这件事在一天之内办妥。"

主管满意地笑着说："让我试一试吧。"

事情进行得很顺利，约翰在自己的钱花光之前的几小时拿着到手的贷款回到了芝加哥。

这是依靠或者是利用某些男性的权力与尊严来巧妙抬高对方。谁也拒绝不了那种突然拔高的感觉，尤其当遇到某些顽固而又爱美的女性，不妨直接在这个方面夸赞一番，这样她会更加飘飘然，说服她也就不难了。

说点新鲜的，人云亦云终吃亏

在社交应酬中，人们常常遇到这样一些人，他们没有自己独立的思想和见解，或者不敢坚持和维护真理，说起话来哼哼哈哈、人云亦云，对人对事态度不明确，一味"好好好，是是是"。这样的人可能是不动脑筋的懒汉，也可能是圆滑世故、趋炎附势的小人。他们这种"人云亦云"的行事风格，往往会让他们在商务应酬中撞得头破血流，最终落得失败的下场。

人云亦云，就像鹦鹉学舌一样，他不明白别人为什么这样说，反正别人这样说了，他也就学人家的样子把人家的话搬过来说。这样不分情况地乱用人家的话，除了收不到好效果外，还可能会带来不良后果。比如要推荐一个干部，大家都说好，他也跟着说好，大家都举手，他也把手举起来。你要问他为什么赞成，他是说不出原因的，因为对他来说赞成是盲从，不赞成也是盲从。

佛经上有这样一个故事：

有一次，僧人舍利佛和摩诃罗来到一个德高望重的长者家里。这位长者极为富有，且又好客，见两位僧人到来，十分高兴。恰巧这一天，长者家里有位到海外的商贩获得了很多珍宝，此时国王又赐长者为该部落的首领，长者的妻子又生下了一个男孩，几件值得欢庆的大喜事都聚集到了这一天。

他俩来后受到了热情款待。此时，舍利佛对长者说了几句祝愿的颂词："今日良时得好报，财利乐事一齐集；踊跃欢喜心悦乐，信心诵发念十力（十力为佛教中佛与菩萨的十种力量），像今天这样吉祥的日子，希望今后常常来临。"

长者听完这篇颂词，心中十分高兴，便立即赠给舍利佛两匹最精细的白毛巾。摩诃罗却什么也没得到。

事后，摩诃罗心想："舍利佛之所以得到东西，不就是由于几句庆贺祝愿的颂词吗？我以后也要学学。"

过了些日子，长者又宴请僧人。这次摩诃罗被尊为上座。当时正值长者家中商贩出海获得的珍宝被海盗抢劫去了，长者的岳父家里又吃了官司，长者的男儿夭亡，而摩诃罗却对长者学说了一遍舍利佛教给他的那几句颂词，并说："但愿像今天这样的吉祥日子以后常常来临。"

长者听到这样的颂词，肺都要气炸了，立刻叫人鞭打他并将他驱逐出去。可怜摩诃罗挨了打还不知道是为什么。

摩诃罗不经思考，鹦鹉学舌，不仅没让自己获得长者的感激，甚至受到了被驱逐出门的待遇。

社交应酬场上，如果你也人云亦云，拾人牙慧，尤其是在赞美他人的时候说和别人相同的话，不仅不会为自己创造机会，反而会让别人看不到你的诚意，从而忽视了你。

过分的赞美只能引来反感

一个气球再漂亮、再鲜艳，吹得太小，不会好看，吹得太大很容易爆炸。赞美就如吹气球，应点到为止，适度为佳。

因此，在赞美他人时一定要坚持适度的原则。

夸奖或赞美一个人时，有时候稍微夸张一点更能充分地表达自己的赞美之情，别人也会乐意接受。

但如果过分夸张，你的赞美就脱离了实际情况，让人感觉到缺乏真诚的东西在里面，反而增加了别人对你的防备。

因为真诚的赞美往往是比较朴实的、发自内心的。只有恭维、讨好才是过分夸张和矫揉造作的。

据说有一个年轻人曾经给恩格斯写了一封热情洋溢的信，信中称赞恩格斯是一位无与伦比的革命导师，一位伟大的思想家，甚至称其为马克思的再现等，恩格斯并没有因为这封信而有丝毫的感动，反而生气地回信说："我不是什么导师、思想家，我的名字叫恩格斯。"

恩格斯作为一位杰出的思想家，他不喜欢别人在赞美他时用似乎有些夸张的词汇，又因为他和马克思近几十年的友谊，他是非常尊敬马克思的，当然会忌讳别人称他为"马克思的再现"。

历史上有一位臭名昭著的马屁精冯希乐，他是一个热衷于夸张拍马的人，有一次，他去拜访长林县令，赞叹道："仁风所感，猛兽出境。昨日入县界，见虎狼相尾而去。"

刚夸过不久，就有村民来报告："昨夜大虫连食三人！"

长林县令很不高兴地责问冯希乐究竟是怎么回事？冯希乐面红耳赤地回答说："是必便道掠食。"

冯希乐夸张得脱离了实际情况，无视野兽吃人的本性，信口雌黄，说野兽已被县太爷的仁义教化所感动，所以离县而去，结果是抡起巴掌，自己打自己的脸，这就是所说的轻言取辱。

要做到点到为止、褒扬有度是有技巧的，下面列出赞美的两个技巧供参考。

1. 比较性的赞美

两个人或两件事相比较，在夸奖对方的同时，让他意识到自己的优点和存在的差距，使对方对你的赞美深信不疑。

有一次，汉高祖刘邦与韩信谈论诸将才能高下。

刘邦问道："你看我能指挥多少兵马？"

韩信回答："陛下至多能指挥十万兵马。"

刘邦又问："那你能指挥多少兵马呢？"

韩信自豪地回答："臣多多益善耳。"

刘邦笑道："既然你带兵的本领比我大，却为什么被我控制呢？"

韩信很诚实地说："陛下不善于指挥兵，但善于驾驭将，这就是我被陛下控制的原因。"

刘邦自己也曾说过，统一指挥百万军队，战无不胜，攻无不克，他不如韩信。这是他做了皇帝以后对自己的评价。

韩信的赞美，首先肯定了刘邦控制大臣为自己效命的能力，但又指明了他在带兵作战方面与自己相比有不足之处，正与刘邦的自我评价相吻合。

话说得很实在、很坦诚，刘邦不但不怒，反而很满意。

此时，韩信与刘邦关系已很紧张，如果他违心地恭维刘邦，调兵遣将无所不能，恐怕刘邦不愿意听，甚至会怀疑他在吹捧、麻痹自己。

2. 根据对方的优缺点提出自己的希望

金无足赤，人无完人。有所保留的赞美应既要看对方的优点和长处，同时还要看到他的弱点和不足，讲究辩证法。常言道："瑕不掩瑜。"

指出对方的缺点和不足，并提出一定的希望，不仅不会损害你赞美的力度，相反，使你的赞美显得真诚、实在，易于为人接受。

尤其是领导称赞下属时，要有一是一，有二是二，把握分寸，要有所保留。可以多用"比较级"，千万慎用"最高级"。领导可以在表扬时，把批评和希望提出来。

有效的赞美不应该总是绝对化。像"最好"、"第一"、"天下无双"这类的帽子别乱戴。

有个企业的广告词说："只有更好，没有最好。"就显示了企业的真诚承诺，而不是哗众取宠、华而不实，在消费者中影响很好。

实际上，一般人都对自己有个客观的认识和评价，如果你的赞美毫无遮拦，就会让人感觉你曲意奉承，难以接受。赞美时必须记住：一个人的成绩和优点毕竟是有限的。许多伟人看自己时，也都有所保留。

毛泽东曾说过，他能够做到三七开就可以了，更何况一般人呢？因此，赞美别人，应当一分为二，有成绩肯定成绩，有不足也要说明不足，控制好赞美的度。

过分的夸张对于被赞美者来说也是有百害而无一利的。

高尔基曾经说过："过分地夸奖一个人，结果就会把人给毁了。"因为过分的夸奖，往往会使被赞美者不思进取，误以为自己已经是完美无缺了，从而停止前进的脚步。

众所周知的方仲永，小的时候因为天资聪慧，于是别人就称其为天才，其父则四处带他去走访宾客，结果等到他长大以后，才能跟别的人没有什么两样了。

赞扬最好辅之以鼓励，这样才能充分发挥赞美的积极作用。

第三章
摆脱窘境的有效说话术

话不投机时，不想尴尬快转弯

在我们日常与他人进行交流之时，因话不投机也往往会造成一些尴尬，令气氛紧张。话不投机有多种情况，第一种情况是，某种言谈举止使人为难，那就要及时转换话题，以缓和气氛。

两个青年去拜访老师，在谈话中提到：

"老师，听说您的夫人是教英语的，我们想请她指教，行吗？"

老师为难地沉默了片刻，说："那是我以前的爱人，前不久分手了。"

"哦？对不起，老师……"

"没什么，喝点水吧。"

"老师，您的书什么时候出版？快了吧？……"

这样转换话题，特别是提出对方很愿意谈的话题，就会使谈话很快恢复正常，气氛活跃起来。

话不投机的第二种情况，是有人有意或无意地和你开玩笑，带有挖苦意味，使你窘迫甚至生气。如你的头发脱落许多，快成秃子了，有人很可能挖苦你是"电灯泡"、"不毛之地"。在这种情况下，你不可恼羞成怒，伤了和气，也不能忍气吞声，硬装没事。最好是一笑置之，豁然大度地来两句："好啊！这说明我是绝顶聪明。没听说吗？热闹的大街不长草，聪明的脑袋不长毛！"这样答复，话题未转，内容却引申、转折了，既摆脱了窘境，又自我表扬，岂不妙哉？

第三种情况是双方意见对立谈不拢，但问题还要解决，不能回避。这种话不投机的情况就需要绕路引导。

在找对象的问题上，母子有矛盾。儿子不愿也不能和母亲闹僵，只好等待时机再说。这天吃饭时，母亲又唠叨起来："你这孩子，怎么就不听妈的话呢？人家局长的女儿，人长得不错，又有现成的房子，你为什么不和人家谈，偏要……""妈，快吃饭吧，菜凉了不好吃……"儿子先回避话题，意在绕路引导。

联系工作，洽谈生意，也可能话不投机，陷入僵局。只要还有余地，就可提出新的话题，绕弯引导。如甲方推销四吨卡车，而乙方不要四吨的，想要两吨的。这时，甲方若硬着头皮争执，只会越谈越僵，不欢而散。如能转移话题，绕弯引导，从季节、路途、载重多少与车辆寿命长短等各种因素来促使乙方考虑只用两吨的弊病，或许能"柳暗花明又一村"，开辟新的途径。

在社交应酬场合，有时候会遇到一些让人左右为难的问题，如果按照对方设计的思路去想问题，回答问题，无论如何回答都会落入对方设计的圈套。此时，就需要人们有非凡的反应能力，最好能够借助周围的环境，迅速转移话题，以有效地避免自己的尴尬。

当然，这种及时转弯的应变能力是靠不断的实践培养出来的，但也并不是遥不可及的。只要平时多加锻炼，必然会有所收获。

会绕圈子才能左右逢源

我国传统文化，是很讲究绕圈子的。尤其是在中国封建时代的官场都是"伴君如伴虎"，不会"绕圈子"的人，就很容易吃亏，深谙此道的人才可能左右逢源。

汉元帝刘奭上台后，将著名的学者贡禹请到朝廷，征求他对国家大事的意见。这时朝廷最大的问题是外戚与宦官专权，正直的大臣难以在朝廷立足，对此，贡禹不置一词，他可不愿得罪那些权势人物。贡禹只给皇帝提了一条，即请皇帝注意节俭，将宫中众多宫女放掉一批，再少养一点马。其实，汉元帝这个人本来就很节俭，早在贡禹提意见之前已经将许多节俭的措施付诸实施了，其中就包括裁减宫中多余人员及减少御马，贡禹只不过将皇帝已经做过的事情再重复一遍，汉元帝自然乐于接受。于是，汉元帝便博得了纳谏的美名，而贡禹也达到了迎合皇帝的目的。

《资治通鉴》的作者司马光对贡禹的这种做法很不以为然，他批评说："忠臣服侍君主，应该要求他去解决国家所面临的最困难的问题，其他较容易的问题也就迎刃而解了；应该补救他的缺点，他的优点不用说也会得到发挥。当汉元帝即位之初，向贡禹求意见时，他应当先国家之所急，其他问题可以先放一放。就当时的形势而言，皇帝优柔寡断，谗佞之徒专权，是国家亟待解决的大问题，对此贡禹一字不提。恭谨节俭，是汉元帝的一贯心愿，贡禹却说个没完没了，这算什么？如果贡禹不了解国家的问题，他算不上什么贤者，如果知而不言，罪过就更大了。"

司马光可能忽视了，古代的帝王在即位之初或某些较为严重的政治关头，时常会下诏求谏，让臣下对朝政或他本人提意见，表现出一副弃旧图新、虚心纳谏的样了，其实这大多是一些故作姿态的表面文章。有一些实心眼的大臣十分认真，不知轻重地提一大堆意见，这时常招来嫉恨，埋下祸根，早晚会受到帝王的打击报复。但贡禹十分精明，他专拣君上能够解决、愿意解决、甚至正在着手解决的问题去提，而回避重大的、急需的、棘手的问题，这样避重就轻，避难从易，避大取小，既迎合了上意，又不得罪人，表明他"绕圈子"的技巧已经十分圆熟老道了。

相反，大凡那些喜欢直来直去，不会"绕圈子"的人，常常会吃亏。因为你针锋相对地进行争执和批驳，对方很难从内心真正接受，还可能使自己"惹火上身"，因此在说话表达和行事方式上学会一些绕圈子，效果就好多了。

以亲和友善的方式软化对方

在与人交际的过程中，有时候我们为了达到一定的目的需要说服对方，但是对方的态度又比较强硬，此时我们就不能硬碰硬，要采取迂回的态度，以亲和友善的方式来软化对方，以此达到我们的目的。

某电气公司的约瑟夫·韦伯，在宾夕法尼亚州的一个富饶的荷兰移民地区作一次视察。

"为什么这家人不使用电器呢？"经过一家管理良好的农庄时，他问该区的代表。

"他们一毛不拔，你无法卖给他们任何东西，"那位代表回答，"此外，他们对公司火气很大。我试过了，一点希望也没有。"

也许真是一点希望也没有，但韦伯决定无论如何也要尝试一下，因此他敲敲这家农舍的门。门打开了一条小缝，屈根堡太太探出头来。

"一看到那位公司的代表，"韦伯先生后来叙述事情的经过，"她立即当着我们的面把门砰的一声关起来。我又敲门，她又打开来；而这次，她把反对公司的原因一股脑儿地说出来。"

"屈根堡太太，"我说，"很抱歉打扰了您，但我来不是向您推销电器的，我只是要买一些鸡蛋。"

她把门又开大一点，瞧着我们。

"我注意到您那些可爱的多明尼克鸡，我想买一打鲜蛋。"

门又开大了一点。"你怎么知道我的鸡是多明尼克种？"她好奇地问。

"我自己也养鸡，而我必须承认，我从没见过这么棒的多明尼克鸡。"

171

"那你为什么不吃自己家的鸡蛋呢？"她仍然有点怀疑。

"因为我的来亨鸡下的是白壳蛋。当然，您知道，做蛋糕的时候，白壳蛋是比不上红壳蛋的，而我妻子因她的蛋糕而自豪。"

到这时候，屈根堡太太放心地走出来，温和多了。同时，我四处打量，发现这家农舍有一间修得很好看的奶牛棚。

"事实上，屈根堡太太，我敢打赌，您养鸡所赚的钱，比您丈夫养奶牛所赚的钱要多。"

这下，她可高兴了！她兴奋地告诉我，她真的是比她的丈夫赚钱多。但她无法使那位顽固的丈夫承认这一点。

她邀请我们参观她的鸡棚。参观时，我注意到她装了一些各式各样的小机械，于是我介绍了一些饲料和掌握某种温度的方法，并向她请教了几件事。片刻间，我们就高兴地在交流一些经验了。

不一会儿，她告诉我，附近一些邻居在鸡棚里装设了电器，据说效果极好。她征求我的意见，想知道是否真的值得那么干……

两个星期之后，屈根堡太太的那些多明尼克鸡就在电灯的照耀下了。我推销了电气设备，她得到了更多的鸡蛋，皆大欢喜。

林肯曾说过："当一个人心中充满怨恨时，你不可能说服他依照你的想法行事。那些喜欢骂人的父母、爱挑剔的老板、喋喋不休的妻子……都该了解这个道理。你不能强迫别人同意你的意见，但可以用温和而友善的方式使他屈服。"

有一则关于太阳和风的寓言。

太阳和风在争论谁更有力量，风说："我来证明我更行。看到那儿一个穿大衣的老头吗？我打赌我能比你更快速地使他脱掉大衣。"

于是太阳躲在云后，风开始吹起来，愈吹愈大，大到像一场飓风，但风吹得愈急，老人愈把大衣紧裹在身上。

终于风平息下来，放弃了。然后太阳从云后露面，开始以它的光照着老人。不久，老人开始擦汗，脱掉大衣。太阳对风说："温和和友善总是要比愤怒和暴力更强更有力。"

实际上，在与人交谈的过程中亲切、友善、赞美的态度，更能使一个人摈弃成见而面对理性。当你想要说服别人时，别忘了以亲切和善的态度软化对方，以收到你想要的效果。

用类比法反驳诘难

不管是在生活中还是在工作中，都会遇到突如其来的诘难，此时如果处理得不好，就会影响自己的生活和工作，还会影响到与他人和客户的关系，此时采用类比的方式处理会更轻松一些。

一家公司的经理在一次业务谈判中，受到了另一家公司业务员的顶撞，为此，他气冲冲地找到那家公司的经理，吼道：

"如果你不向我保证，撤销上次那个蛮横无理的工作人员的职务，那么，显然是没有诚意和我公司达成协议！"

这家公司的经理听了微微一笑，说："经理先生，对于工作人员的态度问题，是批评教育还是撤职处理，完全是我们公司的内部事务，无需向贵公司做什么保证。这就同我们并不要求你们的董事会一定要撤换与我公司工作人员有过冲突的经理的职务，才算是你们具有与我公司达成协议的诚意一样。"

先前怒气冲冲的经理顿时哑口无言，态度也和缓了许多。

在这里，后一家公司的经理就巧妙地运用了类比的技巧。虽然说这两家公司有很多不同之处，但有一点却是相似的，即两家公司对工作人员或经理的处理完全是各公司的内部事务，与有没有诚意和对方合作无关。该经理就是抓住了这一相似点作比，从而告诉了对方所提要求的不合理之处，表达了对其诘难的反驳。

前苏联诗人马雅可夫斯基在一次演讲会结束后，与对他怀有敌意的发问者展开了争论。发问者说："您的诗太骇人听闻了，这样写诗是短命的，明天就会完蛋，您本人也会被忘却，您不会成为不朽的人。"

马雅可夫斯基答道："请您过 1000 年再来，那时我们再谈吧。"

问者又说："您说，有时应当把沾满'尘土'的传统和习性从自己身上洗掉，那么您既然需要洗脸，这就是说，您也是肮脏的了。"

诗人回答："那么，您不洗脸，就认为自己是干净的吗？"

问者又说："您的诗不能使人沸腾，不能使人燃烧，不能感染人。"

诗人答道："我的诗不是大海，不是火炉，更不是鼠疫！"

这段话引起人们的长久的掌声和笑声。诗人巧妙地运用了类比的手法，使自己的反驳充满了幽默感。诗人反驳了对方的观点，给唇枪舌剑的争辩添上了诙谐的情调。

反驳诘难要从逻辑上来说明么？那你可能陷入一场无休止的争论之中。聪明人会用类比的方式，找一个相似的事物所具有的属性或特点，来证明对方诘难的荒谬。这是一种以曲为直的方法，在达到反驳目的的同时，让对方也能心平气和地接受你的观点。

诱导对方不得不说"是"

在与人谈话的过程中，我们有时候想得到对方的肯定回答，但是所处的形式往往对自己不利，这个时候就要想办法诱导对方走入我们设置的话题圈中，让其不得不同意我们的意见，并给予肯定的答案。

日本有个聪明绝顶的小和尚，他的名字可谓家喻户晓：一休。有一次，大将军足利义满把自己最喜爱的一只龙目茶碗暂时寄放在安国寺，没想到被一休不小心打碎了。就在这时，足利义满派人来取龙目茶碗。

大家顿时大惊失色，不知所措，茶碗已被一休打碎，拿什么去还呢？

一休道："不必担心，我去见大将军，让我来应付他吧！"

一休对将军说："有生命的东西到最后一定会死，对不对？"

足利义满回答："是。"

一休又说道："世界上一切有形的东西，最后都会破碎消失，是不是？"

足利义满回答："是。"

一休接着说："这种破碎消失，谁也无法阻止是不是？"

足利义满还是回答："是。"

一休和尚听了足利义满的回答，露出一副很无辜的神情接着说："义满大人，您最心爱的龙目茶碗破碎了，我们无法阻止，请您原谅。"

足利义满已经连着回答了几个"是"，所以他也知道此事不宜再严加追究了，一休和尚和外鉴法师便这样安然地渡过了这一难关。

在说服中，可以先巧设陷阱，在对方没有防备的情况下，诱其说"是"。让对方多说"是"的好处就是使对方在不知不觉中一步步坠入圈套，这时候你便牵住了他的"牛鼻子"，对方于是不得不就范。

促使对方说"是"的方法很多，最简单的方法就是以双方都同意的事开始谈话，这样就可以让对方多说"是"，少说或不说"不"。

一个人的思维是有惯性的，当你朝某一个方向思考问题时，你就会倾向于一直考虑下去，这就是为什么有些人一旦沉醉于某些消极的想法之后，就一直难以自拔的道理。在人际交往中我们应懂得并善于运用这一原理。与人讨论某一问题时，不要一开始就将双方的分歧亮出来，而应先讨论一些你们具有共识的东西，让对方不断说"是"，渐渐地，你开始提出你们存在的分歧，这时对方也会习惯性地说"是"，一旦他发现之后，可能已经晚了，只好继续说"是"。

詹姆斯·艾伯森是格林尼治储蓄银行的一名出纳，他就是采取了诱导对方不得不说"是"的办法挽回了一位差点失去的顾客。

"有个年轻人走进来要开个户头，"艾伯森先生说道，"我递给他几份表格让他填写，但他断然拒绝填写有些方面的资料。"

"在我没有学习人际关系课程以前，我一定会告诉这个客户，假如他拒绝向银行提供一份完整的个人资料，我们是很难给他开户的。但今天早上，我突然想，最好不要谈及银行需要什么，而是顾客需要什么，所以我决定一开始就先诱使他回答'是，是的'。于是，我先同意他的观点，告诉他，那些他所拒绝回答的资料，其实并不是非写不可。但是，假定你碰到意外，是不是愿意银行把钱转给你所指定的亲人？

"'是的，当然愿意。'他回答。

"那么，你是不是认为应该把这位亲人的名字告诉我们，以便我们届时可以依照你的意思处理，而不致出错或拖延？

"'是的。'他再度回答。

"年轻人的态度已经缓和下来，知道这些资料并非仅为银行而留，而是为了他个人的利益。所以，最后他不仅填写了所有资料，而且在我的建议下，开了一个信托账户，指定他母亲为法定受益人。当然，他也回答了所有与他母亲有关的资料。"

"由于一开始就让他回答'是，是的'，这样反而使他忘了原本存在的问题，而高高兴兴地去做我建议的所有事情。"

很多人先在内心制造出否定的情况，却又要求对方说"好"、表现出肯定的态度，这样做是不可能让对方点头的。假如你要使对方说"好"，最好的方法是制造出他可以说"好"的气氛，然后慢慢诱导他，让他相信你的话，他就会像是被催眠般地说出"好"。换句话说，你不要制造出他可以表示否定态度的机会，一定要创造出他会说"好"的肯定气氛。

多说两个对不起，可化解瞬间爆发的火气

戴尔·卡耐基时常带着自己心爱的小狗，到家附近的森林公园去散步。为

了保护游客的安全，这个公园有个规定，必须为狗戴上口罩，拴上链条，才可以进入公园。一开始，卡耐基按照规定遛狗，可是看到自己的爱犬可怜的模样，很不忍心，于是就将口罩和链条取下，让爱犬无拘无束地在公园里玩耍。

没想到这被一位公园警察看到了，他走了过来，对卡耐基说："你没有看到公园门口贴的公告吗？"

卡耐基争辩道："噢，我的狗是不会咬人的。"

警察一听，厉声警告卡耐基："法官可不会管你的狗会不会咬人而放过你，下次再被我看到，你自己对法官说去！"

过了几天，卡耐基一大早就带了爱犬，到公园里一处很空旷的地方溜达，看看四下无人，于是又将狗的口罩和链条取了下来。

说来也巧，上回碰到的那个警察，不知从哪里钻出来了。卡耐基见到警察慢慢地走过来，心想大事不妙，这下准逃不掉。根据上次的经验，和他争辩只会让他更恼火。

卡耐基想了想，以满面羞愧的表情迎上前去。

他故意很难为情地对警察说："警官，对不起，你才警告过我，可我又犯错了，我有罪，你逮捕我吧！"

警察愣了一下，笑意爬上原本严肃的脸庞，他很温和地对卡耐基说："我知道谁都不忍心看到自己的狗可怜兮兮的模样，何况这里没有什么人，所以你取下了口罩。"

卡耐基轻声回答道："但是，这样做是违法的。"

警察望了望远处说："这样吧！你让小狗跑到那个小丘后头，让我看不见，这件事就算了。"

"对不起"这三个字看来简单，可是它的效用，不是别的字所能比拟的。这三个字，能使顽固者点头，能使怒气消减，甚至能化敌为友。

你在汽车上踩了别人的脚，说声"对不起"，被踩的人自然不会计较什么了。若因为你的过失，使别人吃亏，而你还不承认自己的错误，好像别人吃亏是咎由自取似的，这就不能使别人原谅你了。

消除厌恶感，避免伤害对方的感情，最聪明的办法是：自己谦逊一点。自己有过失的时候立刻道歉，别人会给予宽容。

"对不起"三个字，意思无非是让别人占上风，你既然让他占了上风，他还有什么更多的要求呢？

从刚懂事起，父母、老师就教导我们要诚实，要勇于认错，要知错就改。想想小时候养成了一个多么好的习惯啊，而长大后却逐渐生疏起来。看看我们的周围，经常可以听到"我不会……因为遗传……""我迟到，因为……""我的计划没完成，因为……"等，即使错了，"对不起"之类的话我们也难以说出口。面对同事和朋友，我们拉不下脸面，怕被瞧不起；面对长辈和领导，我们怕失去信任；面对小辈，我们怕失去威信；面对客户，我们怕承担责任……正是在这些害怕中，我们一点点地丧失勇气，迷失自己。更重要的，容易让人感到我们没有修养。

点点滴滴的失误，在我们工作中真的发生了很多很多，可我们并没有及时地说"对不起"，我们忙于找借口来拒绝承担自己的责任。

在交际应酬的过程中，说了对不起，认了错就真的会被瞧不起，会被认为能力差，会丢面子，会得不到信任，会失去威信吗？我们都知道，多少夫妻之间的相濡以沫、多少同事关系的一如既往，关键皆在于：双方能坦然地承认自己错了。卡耐基有名的人际关系原则中有一条：如果错在你，应当立即、断然地承认。我们要认识到认错并不会丢面子，也不会说明你能力差，相反，它还能证明你是个有勇气的人，大家也都会喜欢一个勇于承认错误的人。

如果对方经验老到，恩威并施说服更快

人都是有血有肉有感情的，因此，一般情况之下，只要我们能以诚相待、将心比心，多为对方考虑，就很容易说服他按照我们的意思办事。但当我们需要说服的对象经验老到时，我们不妨施之以威，采取恩威并施之策略。唯有如此，我们的说服效率才会更高。

在明朝初定之时，西南少数民族并不完全归服，一则天高皇帝远，中央势力鞭长莫及；二则少数民族与中原汉族素有隔阂，因此，对此边远之地维持有效统治并非易事。可是，朱元璋在当时的形势下，就因为能够恩威并施，才解决了很多问题。

当时，朝廷驻贵州镇守的都督马烨趁水东、水西两邦改换首领之机，想"改土归流"，废掉水西、水东土司，改制郡县。因此，他将水西的女土司奢香抓来，鞭挞凌辱，欲以此挑起云南水东、水西诸邦怒气，来制造出兵借口。

此事一出，水部四十八部彝民都纷纷欲反，这使明太祖认识到武力并不能解决问题，对待云南各部还要采取抚慰政策。

这样一来，可借机让土司交出部分权力，去除各部与内地交通之屏障；二

来可成就仁君之美名，收买人心，得到百姓拥戴。

尽管马烨也一片忠心，但这回不得不成为明太祖政治手腕的牺牲品。

明太祖接待了水东土司刘淑贞，听其诉说马烨的劣迹和世代守土之功。马皇后也召见了刘淑贞，并传唤设宴进京入朝，予以抚慰。这使刘淑贞和奢香很是感动。明太祖进一步问："汝诚苦马都督，吾为汝除之，然何以报我？"明太祖已打算用马烨的性命换取二位土司的归顺。奢香说："愿世世代代皆诸罗，令不敢为乱。"

明太祖斩马烨的同时，册封奢香为顺德夫人，刘淑贞为明德夫人。可谓极尽恩赐之能事。但明太祖心中有数，过于亲近厚待必定会使其得意忘形，不服管教，并以为朝廷懦弱。因此，朱元璋仍留了一手。

当奢香、刘淑贞历经回归时，明太祖命令沿途官府在两路中央陈设兵力，紧张武备设施，以震慑二女，让其明白朝廷并非软弱可欺，而是具备相当实力，若举兵反叛，下场将不会很好。

明太祖的这种做法可谓明智至极，效果也极佳，对其册封厚待，使二位邦主领略了中央爱民之仁德；对其耀武陈兵，又使她们明白朝廷的威德。奢香等回去后，将朝廷兵力告知各部，于是众部心中顿生敬畏之情，归顺之心日强。下面，再看一个经典的恩威并施之例吧！

清朝被推翻之后，中国进入了军阀割据的年代，各大军阀为了抢占地盘，在帝国主义的支持下大打出手，把整个中国搞得乌烟瘴气、民不聊生。

这时，奉系军阀张作霖占据东北，而直系军阀曹锟占据了华北平原，双方地盘接壤，时不时会有小摩擦发生，但一直没有大的冲突。

这是为什么呢？照理说，在当时那种条件下，军阀地盘交错，不是朋友，就是敌人，气氛应该很紧张。其实，张作霖与曹锟还能扯上一点亲戚关系，张作霖的姑妈的表侄女是曹锟的三姨太，尽管没有血缘关系，但也算有姻亲在其中。

曹锟的为人有一个让人所不齿的地方，就是"势利"，早在曹锟还没有爬到直系统帅的时候，张作霖就听姑妈说过，而后几次偶然的接触，更加深了他对曹锟的认识。

曹锟在当上直系的头子后，就不时地送礼给张作霖，希望他能与之合作，共同打垮其他几支军阀，而一同称霸中国。开始，张作霖没有反应，后来曹锟动用了"亲情"，想以此来感动张作霖，但张作霖还是没有答应。照理说，在那种年代，能暂时寻得同盟也未尝不可，但张作霖太了解曹锟的为人了，所以才未敢答应。

曹锟一计不成，又生一计，又不时地向张作霖抢地盘，以为张作霖不会因"一小块"不毛之地与人翻脸，但曹锟又想错了，张作霖在地盘上毫不退缩，就是一寸，也动之以武力相威胁，就令曹锟对他这位亲戚又恨又怕，毕竟，张作霖背后有日本这个大靠山，拥有了大量的兵源与装备。

张作霖在这方面态度强硬，但也不敢太得罪这位亲戚，因此自动支持曹锟竞选民国总统，声称"全力声援"。

就这样，曹锟又不得不与张作霖搞好关系，因为他需要张作霖的支持。

张作霖真不愧是恩威并施的高手，他在与这个"势利"亲戚交涉时，让曹锟吃够了苦头，又尝到了不少甜头，令曹锟这种势利小人不得不主动与之处好"亲戚"关系。

当我们使用恩威并施的方法之时，一定要注意考察对手的相关情况。如果对方具有丰富的经验，并且整个说服的形势对自己不利而对对手有利，那么，恩威并施的方法难于达到预期效果。反之，在整个形势对己有利而对对方不利的时候，特别是对方缺乏足够的经验，或者对方对达成某项协议心情较为迫切的情况下，一般效果甚佳。

用戏谑语言冲淡尴尬

尴尬是生活和交际中遇到处境窘困、不易处理的场面而使人张口结舌、面红耳赤的一种心理紧张状态。在这种时候，如果能调整心态、急中生智，以戏谑来冲淡它，应该可以收到良好的效果，从而化解你和他人的紧张气氛。

如果能使人发笑，那渐渐地人们也就会将刚才的尴尬场面忘掉，气氛会慢慢恢复正常。

相信你一定遇到过那样的场面：你或你周围的人突然一不留神，在众目睽睽之下滑倒。幽默可以巧妙地把这种陷自己于不利的因素用一种荒诞的逻辑歪曲成有利因素，机智地将自己从困境中解脱出来。

一次，里根总统在白宫钢琴演奏会上讲话时，夫人南希一不小心连人带椅跌落在台下地毯上，观众发出惊叫，但是南希却灵活地爬起来，在众多宾客的热烈掌声中回到自己的座位上。正在讲话的里根看到夫人并没有受伤，便插入一句俏皮话："亲爱的，我告诉过你，只有在我没有获得掌声的时候，你才可以这样表演。"

艾森豪威尔也是一位幽默的智者。

1944 年秋，艾森豪威尔亲临前线给第 29 步兵师的数百名官兵训话。当时，他站在一个泥泞的小山坡上讲话，讲完后转身走向吉普车时突然滑倒。原来肃静严整的队伍轰然混乱，士兵们不禁捧腹大笑。面对突发情况，部队指挥官们十分尴尬，以为艾森豪威尔要发脾气了。岂料，他却毫不介意地爬起来，幽默地说："从士兵们的笑声看来，可以肯定地说，我与士兵的多次接触，这次是最成功的了。"

在两性之间，吵架在所难免，有一方发火，另一方也跟着吵，无异于火上浇油，情况越来越糟，关系越闹越僵，倒不如以谐平怒，大家更容易冷静下来，在笑声中很快消气。

约翰先生下班回家，发现妻子正在收拾行李。"你在干什么？"他问。"我再也待不下去了，"她喊道，"一年到头，老是争吵不休，我要离开这个家！"约翰困惑地站在那儿，望着他的妻子提着皮箱走出门去。忽然，他冲出房间，从架上抓起一只皮箱，也冲向门外，对着正在远去的妻子喊道："等一等，亲爱的，我也待不下去了，我和你一起走！"怒气冲天的妻子听到丈夫这句既可笑又充满对自己的爱心和歉意的话，像气球被扎了一个洞，很快就消气了。

当约翰的妻子抓起皮箱冲出门外之时，我们不难想象，约翰是多么的难堪、焦急！但他既没有苦劝妻子留下，也没有作任何解释、开导，更没有抱怨和责怪，而是说："等一等，亲爱的，我也待不下去了，我和你一起走！"这哪像夫妻吵架，倒像一对恩爱夫妻携手出游。约翰这番话，以谐息怒，不但会让妻子感到好笑，而且体会和理解丈夫对妻子的爱心和歉意，以及两人不可分离的关系。听到这番话，妻子怎能不回心转意呢？

只要语言把握得当，戏谑调笑的化解法大多数人都拒绝不了它的"功效"，因为它能使人开怀大笑、舒展情绪，在笑声中淡化尴尬与窘迫。这是作为一个应酬高手应该掌握的，摆脱窘遇的技巧。

在笑声中摆脱窘境

在日常生活中，常有人由于不慎而使我们身处窘境，或是向我们提一些非分的请求，或是问一些我们不好回答或暂时不知道答案的问题。此时，我们如果直接表明"不满意"、"不可能"或"无可奉告"、"不知道"，往往会给彼此带来不快。机智的人则会找一个幽默来代替。

如果我们想从窘境中脱身而出，不妨借用幽默的力量。

有一次，英国上院议员里德在一篇演讲将近结束时，听众都很认真地望着他，都在倾耳听着每一个字，但就在这时候，突然有一个人的椅子腿断了，那个人跌倒在地上。聪明的里德马上说："各位现在一定可以相信，我提出的理由足以压倒别人。"

就这样，他立刻就恢复了听众的注意，而那个跌倒的人也在别人善意的笑声中，找到了一个新座位。一个幽默使双方都从窘迫的情形中脱身而出，里德就这样取得了胜利。

如果我们不得不拒绝别人的非分要求，不妨采用一点幽默来达到自己的目的。

有一次，法官布洛肯布鲁请约克逊将军把他的军事秘密告诉他。布洛肯布鲁原是将军的好友，将军不想拒绝他的请求，怕使他难堪，而同时又觉得告诉他不好，于是他便这样应付：

"法官大人，你能绝对保守秘密吗？"将军问。

"将军阁下，那当然，我想我是能够的。"

"那么，法官大人，我也能够。"将军答道。

法官听了这种很巧妙的拒绝，心中不但没有感到不高兴，而且觉得很有趣。许多年以后，每当他们两个回忆起这件事的时候，都觉得很有意思。

如果我们面临不好回答的问题，而又不能以"无可奉告"进行简单地说明，不妨找一个幽默一笑了之。

1972 年，在美苏最高级会谈前的一次记者招待会上，有人向基辛格提出了一个所谓的"程序性问题"："到时，你是打算点点滴滴地宣布呢，还是倾盆大雨地、成批地发表协定呢？"

基辛格沉着地回答："你们看，他要我们在倾盆大雨和点点滴滴之间任选一个，无论我们怎么办，总是坏透了。"

他略为停顿了一下，接着，一字一顿地说："我们打算点点滴滴地发表成批声明。"在一片轻松的笑声之中，基辛格解答了这个棘手的问题。

在应酬这样重要的场合，处在窘境中的人就像站在悬崖上，前面是深渊后面是追兵。这时幽默语言引发的笑声，就像突然长出的翅膀，能把人带出这个进退维谷的地方。

第四章
用委婉的语言说出你的拒绝

委婉地说"不"，让被拒绝的人有面子

自尊之心，人皆有之。因此在拒绝别人时，要顾及对方的尊严。人们一旦进入社会，无论他的地位、职务多高，成就多大，他们无一例外地都关心外界对自己的评价。由于来自外界评价的性质、强度和方式不同，人们会相应的作出不同反应，并对交际过程及其结果产生积极或消极的影响。通常的规律是：尊之则悦，不尊则哀。也就是说，当得到肯定的评价时，人们的自尊心理得到满足，便会产生一种成功的情绪体验，表现出欢愉乐观和兴奋激动的心情，进而"投桃报李"，对满足自己自尊欲望的人产生好感和亲近力，采取积极的合作态度，交际随之向成功的方向发展。反之，当人们不受尊重、受到不公正的评价时，便会产生失落感、不满和愤怒情绪，进而出现对抗姿态，使交际陷入危机。

顾及对方的尊严是拒绝别人时必不可少的注意事项，有这样一个例子：

某校在评定职称时，由于高级职称的名额有限，一位年龄较大的教师未能评上。他听说了这一消息后就向一位负责职称评定的副校长打听情况。副校长考虑到工作迟早要做，便和这位老教师促膝交谈：

校长：哟，老李，什么风把你给吹来了。

老师：校长，我想知道这次评高职我有希望吗？

校长：老李，先喝杯茶，抽支烟。我们慢慢聊，最近身体怎么样？

老师：身体还说得过去。

校长：老教师可是我们学校的宝贵财富，年轻教师还要靠你们传帮带呢！

老师：作为一名老教师，我会尽力的。可这次评定职称，你看我能否……

校长：不管这次评上评不上，我们都要依靠像你这样的老教师。你经验丰富，教学也比较得法，学生反映也挺好。我想，对于一名教师来说，这一点，比什么都重要，你说呢？

老师：是啊！

校长：这次评职称是第一次进行，历史遗留的问题较多，可僧多粥少，有些教师这次暂时还很难如愿，要等到下一次。这只是个时间问题。相信大家一定能够谅解。但不管怎样，我们会尊重并公正地评价每一位教师，尤其是你们这些辛辛苦苦工作几十年的老教师。

老教师在告辞时，心里感觉热乎乎的，他知道自己这次评上的希望不大，但由于自身得到了别人的尊重，成绩受到了别人的肯定，他能接受那样的结果。用他对校长的话讲："只要能得到一个公正的评价，即使评不上我也不会有情绪的，请放心。"

这位校长可谓是顾及别人尊严的典范，如果开始他就给这位老教师泼一桶冷水，那么后果就不堪设想了。

在社交场合上，无论是举止或是言语都应尊重他人，即使在拒绝别人的时候也要顾及对方的尊严。也只有这样，才能赢得别人的尊重。

拖延、淡化，不伤其自尊也将其拒绝

一般人都不太好意思拒绝别人，但在很多情况下，我们为了避免多余的困扰，对一些不合理或不合自己心意的事有必要拒绝，但怎样既不伤害对方自尊心又能达到拒绝的目的呢？当对方提出请求后，不必当场拒绝，你可以说："让我再考虑一下，明天答复你。"这样，既使你赢得了考虑如何答复的时间，也会使对方认为你是很认真对待这个请求的。

某单位一名职工找到上级要求调换工种。领导心里明白调不了，但他没有马上回答说"不可能"。而是说："这个问题涉及好几个人，我个人决定不了。我把你的要求带上去，让厂部讨论一下，过几天答复你，好吗？"

这样回答可让对方明白：调工种不是件简单的事，存在着两种可能，使对方思想有所准备，这比当场回绝效果要好得多。

一家汽车公司的销售主管在跟一个大买主谈生意时，这位买主突然要求看该汽车公司的成本分析数字，但这些数据是公司的绝密资料，是不能给外人看的。可如果不给这位大买主看，势必会影响两家和气，甚至会失掉这位大买主。

这位销售主管并没有说"不，这不可能"之类的话，但他的话中婉转地说出了"不"。"这个……好吧，下次有机会我给你带来吧。"知趣的买主听过后便不会再来纠缠他了。

某位作家接到老朋友打来的电话，邀请他到某大学演讲，作家如此答复："我非常高兴你能想到我，我将查看一下我的日程安排，我会回电话给你的。"

这样，即使作家表示不能到场的话，他也就有了充裕时间去化解某些可能的内疚感，并使对方轻松、自在地接受。

陈涛夫妻俩下岗后，自谋职业，利用政府的优惠贷款开了一家日用品商店，两人起早摸黑把这个商店办得红红火火，收入颇丰，生活自然有了起色。陈涛的舅舅是个游手好闲的赌棍，经常把钱扔在了麻将台子上，这段时间，手气不好又输了，他不服气，还想扳回本钱，又苦于没钱了，就把眼睛瞄准了外甥的店铺，打定了主意。一日，这位舅舅来到了店里对陈涛说："我最近想买辆摩托车，手头尚缺五千块钱，想在你这借点周转，过段时间就还。"——他也知道用模糊语言。陈涛了解舅舅的嗜好，借给他钱，无疑是肉包子打狗。何况店里用钱也紧，就敷衍着说："好！再过一段时间，等我有钱把银行到期的贷款支付了，就给你，银行的钱可是拖不起的。"这位舅舅听外甥这么说，没有办法，知趣地走了。

陈涛不说不借，也不说马上就借，而是说过一段时间，等支付银行贷款后再借。这话含多层意思：一是目前没有，现在不能借；二是我也不富有；三是过一段时间不是确指，到时借不借再说。舅舅听后已经很明白了，但他并不心生怨恨，因为陈涛并没有说不借给他，只是过一段时间再说而已，给了他希望。

因此，处理事情时，巧妙地一带而过比正面拒绝有效，且不伤和气。

先承后转，让对方在宽慰中接受拒绝

日常中，我们经常会遇到这样的情况，对方提出的要求并不是不合理，但因条件的限制无法予以满足。在这种情况下，拒绝的言辞可采用"先承后转"的形式，使其精神上得到一些宽慰，以减少因遭拒绝而产生的不愉快。

李刚和王静是大学同学，李刚这几年做生意虽说挣了些钱，但也有不少的外债。两人毕业后一直没有来往，一天，王静突然向李刚提出借钱的请求，李刚很犯难，借吧，怕担风险；不借吧，同学一场，又不好张口。思忖再三，最后李刚说："你在困难时找到我，是信任我、瞧得起我，但不巧的是我刚刚买了房子，手头一时没有积蓄，你先等几天，等我过几天账结回来，一定借给你。"

有的时候对方可能会因急于事成而相求，但是你确实又没有时间，没有办法帮助他的时候，一定要考虑到对方的实际情况和他当时的心情，一定要避免使对方恼羞成怒，以免造成误会。

拒绝还可以从感情上先表示同情，然后再表明无能为力。

黄女士在民航售票处担任售票工作，由于经济的发展，乘坐飞机的旅客与日俱增，黄女士时常要拒绝很多旅客的订票要求，黄女士每次都是带着非常同情的心情对旅客说："我知道你们非常需要坐飞机，从感情上说我也十分愿意为你们效劳，使你们如愿以偿，但票已订完了，实在无能为力。欢迎你们下次再来乘坐我们的飞机。"黄女士的一番话，叫旅客再也提不出意见来。

先扬后抑这种方法也可以说成是一种"先承后转"的方法，这也是一种力求避免正面表述，而采用间接拒绝他人的方法。先用肯定的口气去赞赏别人的一些想法和要求，然后再来表达你需要拒绝的原因，这样你就不会直接地去伤害对方的感情和积极性了，而且还能够使对方更容易接受你，同时也为自己留下一条退路。

一般情况来说，你还可以采用下面一些话来表达你的意见，"这真的是一个好主意，只可惜由于……我们不能马上采用它，等情况好了再说吧！""这个主意太好了，但是如果只从眼下的这些条件来看，我们必须要放弃它，我想我们以后肯定是能够用到它的。""我知道你是一个体谅朋友的人，你如果对我不十分信任，认为我没有能力做好这件事，那么你是不会找我的，但是我实在忙不过来了，下次如果有什么事情我一定会尽我的全力来支持你。"等等。

带着友善表情说"不"，保存和气将其拒绝

当遇到别人不合理的请求时，我们是否也要委曲求全答应对方呢？这个时候，你千万不要因为不能说"不"而轻易地答应任何事情，而应该视自己能力所及的范围，一定不要明明做不到，却不敢说"不"，结果既造成了对方的困扰，又失去了别人对你的信任。

30岁出头就当上了20世纪福斯电影公司董事长的雪莉·茜，是好莱坞第一位主持一家大制片公司的女士。为什么她有如此能耐呢？主要原因是，她言出必践，办事果断，经常是在握手言谈之间就拍板定案了。

好莱坞经理人欧文·保罗·拉札谈到雪莉时，认为与她一起工作过的人，都非常地敬佩她。欧文表示，每当请雪莉看一个电影脚本时，她总是马上就看，很快就给答复。不过好莱坞有很多人，给他看个脚本就不这样了，若是他

不喜欢的话，根本就不回话，而让你傻等。

通常一般人十之八九都是以沉默来回答，但是雪莉看了给她送去的脚本，都会有一个明确的回答，即使是她说"不"的时候，也还是把你当成朋友来对待。这么多年以来，好莱坞作家最喜欢的人就是她。

拒绝别人不是一件什么罪大恶极的事情，也不要把说"不"当成是要与人决裂。是否把"不"说出口，应该是在衡量了自己的能力之后，作出的明确的回应。虽然说"不"难免会让对方生气，但与其答应了对方却做不到，还不如表明自己拒绝的原因，相信对方也会体谅你的立场。

不过，当你拒绝对方的请求时，切记不要咬牙切齿、绷着一张脸，而应该带着友善的表情来说"不"，才不会伤了彼此的和气。

利用对方的话回绝，干脆又不伤人

拒绝不一定非要表明自己的意思，许多时候，利用对方的话来拒绝他，是更聪明的选择。只要合理地从对方的话语里引出一个合乎逻辑的相同问题，巧踢"回旋球"，让对方"哑巴吃黄连——有苦说不出"。

小李从旅游局一个朋友那里借了一架照相机，他一边走一边摆弄着，这时刚好小赵迎面走来了。他知道小赵有个毛病：见了熟人有好玩的东西，非得借去玩几天不可。这次看见了他手中的照相机又非借不可了。

尽管小李百般说明情况，小赵依然不肯放过。小李灵机一动，故作姿态地说："好吧，我可以借给你，不过我要你不要借给别人，你做得到吗？"小赵一听，正合自己的意思。他连忙说："当然，当然。我一定做到的。绝不失信。"

小李于是斩钉截铁地说："我也不能失信，因为我也答应过别人，这个照相机绝不外借。"听到这，小赵也目瞪口呆了，这件事也只有这样算了。

有一大部分人会产生这样的想法，难道我们在现实生活中都非要拒绝别人不可吗？我们在拒绝他人时都要采用这些委婉的方法吗？这个问题问得恰到好处。

在现实生活中，关于拒绝他人，我们还要注意以下问题：

第一，在日常生活中，我们就应该真诚地对待朋友和同学，积极地帮助他们。每个人都应该明白一个简单的道理"平时帮人，拒人才不难"，以上方法主要应用于那些的确违背我们意愿的事情。

第二，如果是由于自己能力或客观原因，我们应该坦诚相对，说明自己的实际情况，同时，要积极帮对方想办法。

第三，对于某些情况，直接说"不"的效果更好，特别是对于那些违法乱纪的事情，应持坚决的态度来拒绝。对于那些可能引起误解的事情，也应该明确自己的态度，否则会"当断不断，反受其乱"。此外，由于拒绝不明可能会影响对方，也影响事情发展方向，也应该直截了当地拒绝它。

第四，即使我们掌握了一些比较好的方法，在一般的拒绝中，我们也应该语气委婉，最好还能面带微笑，这样既达到自己拒绝他人的目的，又消除由于拒绝给对方带来的不快。

先说让对方高兴的话题，再过渡到拒绝

对于他人的话，人们总是会表现出情感反应。如果先说让人高兴的话，即使马上接着说些使人生气的话，对方也能以欣然的表情继续听。利用这种方法，可以拒绝不受喜欢的对象。

有一个乐师，被熟人邀请到某夜总会乐队工作。乐师嫌薪水低，打算立即拒绝。但想起以往受过对方照顾，他不便断然拒绝。他心生一计，先说些笑话，然后一本正经地说："如果能使夜总会生意兴隆，即使奉献生命，在下也在所不辞。"

此时夜总会老板自然还是一副笑脸，乐师抓住机会立刻板起面孔说："你觉得什么地方好笑？我知道你笑我。你看扁我，不尊重我，这次协议不用再提，再见！"

这样，乐师假装生气，转身便走。老板却不知该如何待他，虽生悔意，但为时已晚。

因此，面对不喜欢的对象，要出其不意地敲他一下，以便拒绝对方。若缺乏机会，不妨参照上例，制造机会，先使对方兴高采烈，然后趁对方缺乏心理准备，脸上仍在笑嘻嘻时，找到借口及时退出，达到拒绝的目的。

一位名叫金六郎的青年去拜访本田宗一郎，想将一块地产卖给他。

本田宗一郎很认真地听着金六郎的讲话，只是暂时没有发言。

本田宗一郎听完金六郎的陈述后，并没有做出"买"或者"不买"的直接回答，而是在桌子上拿起一些类似纤维的东西给金六郎看，并说："你知道这是什么东西吗？"

"不知道。"金六郎回答。

"这是一种新发现的材料，我想用它来做本田宗一郎汽车的外壳。"本田宗一郎详详细细地向金六郎讲述了一遍。

本田宗一郎共讲了 15 分钟之久。谈论了这种新型汽车制造材料的来历和好处，又诚诚恳恳地讲了他明年拟采取何种新的计划。这些内容使得金六郎摸不着头脑，但感到十分愉快。在本田宗一郎送走金六郎时，才顺便说了一句，他不想买对方的那块地。

如果本田宗一郎一开始就将自己的想法告诉金六郎，金六郎一定会问个究竟，并想方设法劝说本田宗一郎，让他买下这块地。本田宗一郎不直接言明的理由正是如此，他不想与金六郎为此争辩什么。

拒绝对方的提议时，必须采用毫不触及话题具体内容的抽象说法。

日本成功学大师多湖辉说的这个故事发生在 20 世纪 60 年代末的学生运动中。

某大学的教室里正在上课时，一群学生运动积极分子闯了进来，使上课的教授手足无措。当着班上学生的面，教授想显示一点宽容和善解人意的风度，就决定先听一下学生讲些什么之后再去说服他们。

结果与他的善良想法完全相反，学生们乘势向他提出许许多多的问题，把课堂搅得一团糟，再也上不成课了。并且这之后只要他上课就有激进派的学生出现在课堂上，就这样毫无宁日地持续了一年。

从这一教训中，教授悟到一条法则，即若无意接受对方，最好别想去说服他，对方一开口就应该阻止他："你们这是妨碍教学，赶快从教室里出去，与课堂无关的事，让我们课后再说！"

假如再发生一次同样的事，教授能否应付？就算他显示出了拒绝的态度，学生也会毫不理会地攻击他吧！如果一点也不去听学生的质问，一开始就踩住话头，至少不会给对方以可乘之机，也不致弄得一年时间都上不好课！

可见，拒绝之前先说点与拒绝无关的话，这种欲抑先扬的方式，可以给人心里一个缓冲和铺垫，不至于让拒绝进行得很直接、僵硬。

通过暗示巧说"不"

很多时候，我们不得不拒绝别人，但是怎样将这个难说的"不"说出口呢？暗示，是一种不错的选择。

美国出版家赫斯脱在旧金山办第一张报纸时，著名漫画大师纳斯特为该报创作了一幅漫画，内容是唤起公众来迫使电车公司在电车前面装上保险栏杆，防止意外伤人。然而，纳斯特的这幅漫画完全是失败之作。发表这幅漫画，有损报纸质量。但不刊这幅画，怎么向纳斯特开口呢？

当天晚上，赫斯脱邀请纳斯特共进晚餐，先对这幅漫画大加赞赏，然后一边喝酒，一边唠叨不休地自言自语："唉，这里的电车已经伤了好多孩子，多可怜的孩子，这些电车，这些司机简直不像话……这些司机真像魔鬼，瞪着大眼睛，专门搜索着在街上玩的孩子，一见到孩子们就不顾一切地冲上去……"听到这里，纳斯特从座椅上弹跳起来，大声喊道："我的上帝，赫斯脱先生，这才是一幅出色的漫画！我原来寄给你的那幅漫画，请扔入纸篓。"

赫斯脱就是通过自言自语的方式，暗示纳斯特的漫画不能发表，让纳斯特欣然地接受了意见。

另外，通过身体动作也可以把自己拒绝的意图传递给对方。当一个人想拒绝对方继续交谈时，可以做转动脖子、用手帕拭眼睛、按太阳穴以及按眉毛下部等漫不经心的小动作。这些动作意味着一种信号：我较为疲劳、身体不适，希望早一点停止谈话。显然，这是一种暗示拒绝的方法。此外，微笑的中断、较长时间的沉默、目光旁视等也可表示对谈话不感兴趣、内心为难等心理。

一天，为了配合下午的访问行程，小王想把甲公司的访问在中午以前结束，然后依计划，下午第一个目标要到乙公司拜访。但是，甲公司的科长提出了邀请：

"你看到中午了，一起吃中饭吧？"

小王与甲公司这位科长平常交情不错，又是非常重要的客户。不能轻易地拒绝。但是，和这位爱聊天的科长一起吃中饭，最快也要磨蹭到下午一点才能走。小王怎样才能不伤和气地拒绝呢？

答案就是在对方表示"要不要一起吃饭"之前，小王就不经意地用身体语言表示出匆忙的样子，例如：说话语速加快或自然地看看表等。但记住：这种时候千万不要提早露出坐立不安的神情，急得让人怀疑你合作的诚心。

巧妙地学会用暗示的方法拒绝别人，让对方明白你在说"不"，不仅能把事情办妥，而且不伤和气。

不失礼节地拒绝他人的不当请求

老周在法院工作，他好朋友的亲戚犯了法，正好由他审理，好朋友的亲戚托好朋友请老周吃饭，并且给老周包了一万元钱的红包，要老周网开一面，从轻发落。如果老周接受了钱，那么就是知法犯法，到时弄不好会给自己招惹不必要的麻烦。而如果不接受，又可能伤了朋友之情，并让对方在亲戚面前脸面无光。老周左右为难，不知如何是好。

与人相处，人们经常会遇到老周这样的情况，即面对爱人、亲人、好友等亲密之人的请求，比如借钱，帮忙做某事，等等。许多时候，我们并不愿意答应这些请求，却又不好意思说"不"，就会使自己陷入十分为难的境地。如果违心地答应下来，是为自己添烦恼；如果假装答应却不做，又失信于人。

一般来说，尽可能地帮助自己的亲密之人，这是人之常情。但是，面对亲密之人的不当要求，我们一定要坚持自己的原则。特别是当他们的要求有违国家法律法规、有违社会公共道德或有违家庭伦理时，我们更应坚守自己的原则立场，毫不留情地予以拒绝，还应帮助对方改变那些错误思想和行为。

拒绝亲密之人的不当要求是一门学问，是一项应变的艺术。要想在拒绝时既消除了自己的尴尬，又不让对方无台阶可下，这就需要掌握一些巧妙的拒绝方法，比如：

1. 巧用反弹

别人以什么样的理由向你提出要求，你就用什么样的理由拒绝，这就是巧用反弹的方法。在《帕尔斯警长》这部电视剧中，帕尔斯警长的妻子出于对帕尔斯的前程和人身安全考虑，企图说服帕尔斯中止调查一位大人物虐杀自己妻子的案子。最后她说："帕尔斯，请听我这个做妻子的一次吧。"他却回答说："是的，这话很有道理，尤其是我的妻子这样劝我，我更应该慎重考虑。可是你不要忘记了这个坏蛋亲手杀死了他的妻子！"

2. 敷衍拒绝

敷衍式的拒绝是最常用的一种拒绝方法，敷衍是在不便明言回绝的情况下，含糊回绝请托人。拒绝亲密之人的不当要求也可采用这一方法。运用这种方法时，也需对方有比较强的领悟能力，否则难以见效。具体采用这种方法时，我们可以运用推托其辞、答非所问、含糊拒绝等具体方式。

3. 巧妙转移

面对别人的要求，你不好正面拒绝时，可以采取迂回的战术，转移话题也好，另有理由也好，主要是善于利用语气的转折——绝不会答应，但也不致撕破脸。比如，先向对方表示同情，或给予赞美，然后再提出理由，加以拒绝。由于先前对方在心理上已因为你的同情而对你产生好感，所以对于你的拒绝也能以"可以谅解"的态度接受。

总之，面对亲密之人提出的不当要求时，切忌直接拒绝。尽量使用间接拒绝的方法。从对方的立场出发，阐明自己的观点，就会使对方自然而然地接受了。

此外，拒绝别人时，也要有礼貌。任何人都不愿被拒绝，因为被别人拒绝，会使人感到失望和痛苦。当对方向自己提出不合理要求时，你可能感到气愤，甚至根本无法忍受，但你也要沉住气，毕竟出席宴会的还有其他人，你千万不可大发雷霆、出言不逊、恶语伤人。在拒绝对方时，更要表现出你的歉意，多给对方以安慰，多说几个"对不起"、"请原谅"、"不好意思"、"您别生气"之类的话。由于你的态度十分有礼貌，即使对方想无理取闹，也说不出什么，这样别人也会觉得你是一个彬彬有礼的人而愿意与你亲近。

绕个"圈子"再拒绝

断然拒绝别人可以显得一个人不拖泥带水，但对遭到拒绝的人来说，却是很不够义气的。聪明人这时会绕个圈子，不直接说出拒绝的话，而让对方明白意思。

1799年，年轻的拿破仑·波拿巴将军在意大利战场取得全胜凯旋。从此，他在巴黎社交界身价倍增。也成为众多贵妇追逐青睐的对象。

然而，拿破仑对此却并不热衷。可是，总有一些人紧追不放，纠缠不休。当时的才女、文学家斯达尔夫人，几个月一直在给拿破仑写信，想结识这位风云人物。

在一次舞会上，斯达尔夫人头上缠着宽大的包头布，手上拿着桂枝，穿过人群，迎着拿破仑走来。拿破仑躲避不及。于是，斯达尔夫人把一束桂枝送给拿破仑，拿破仑说道："应该把桂枝留给缪斯。"

然而，斯达尔夫人认为这只是一句俏皮语，并不感到尴尬。她继续有话没话地与拿破仑纠缠，拿破仑出于礼貌也不好生硬地中断谈话。

"将军，您最喜欢的女人是谁呢？"

"是我的妻子。"

"这太简单了，您最器重的女人是谁呢？"

"是最会料理家务的女人。"

"这我想到了，那么，您认为谁是女中豪杰呢？"

"是孩子生得最多的女人，夫人。"

他们这样一问一答，拿破仑也达到了拒绝的目的。斯达尔夫人也知道了拿破仑并不喜欢自己，于是作罢。

小王毕业以后分到一个小地方打杂，开始很失意，成天和一帮哥们喝酒、打牌。后来逐渐醒悟过来，开始报名参加等级考试。

有一天晚上，他正在埋头苦读，突然一个电话打过来叫他去某哥们家集合，一问才知道他们"三缺一"。小王不好意思讲大道理来拒绝他们的要求，也不想再像以前没日没夜地玩了，便回答说："哎呀，哥们儿，我的酸手艺你们还不清楚啊，你们成心让我'进贡'嘛，我这个月的工资都快见底了，这样吧，一个小时，就打一个小时，你们答应我就去，不答应就算了。"一阵哄笑后，对方也不好食言，后来他们都知道小王已经另有他事，也就不再打扰了。

还有这样一个例子：

1972年5月27日凌晨一点，美苏关于限制战略武器的四个协定刚刚签署，基辛格就在莫斯科一家旅馆里向随行的美国记者团介绍情况，当他说到"苏联每年生产的导弹大约250枚"时，一位记者问："我们的情况呢？我们有多少潜艇导弹在配置分导式多弹头？有多少'民兵'导弹在配置分导式多弹头？"基辛格回答说："我不太肯定正在配置分导式多弹头的'民兵'导弹有多少。至于潜艇，我的苦处是数目我是知道的，但我不知道是不是保密的。"一个记者连忙说："不是保密的。"基辛格反问道："不是保密的吗？那你说是多少呢？"记者们都傻眼了，只好嘿嘿一笑了之。

绕着圈子拒绝别人，是讨人喜欢的一种说话方式。但绕圈子必须做到不讨人厌，也就是说必须巧妙，三言两语能够把拒绝的意见表达出来。如果绕了半天，对方还是一头雾水，那就弄巧成拙了。

拒绝那些说话没完没了的人

有朋来访，促膝长谈，交流思想，增进友情是生活中的一大乐事，也是人生道路上的一大益事。宋朝著名词人张孝祥在跟友人夜谈后，忍不住发出了"谁知对床语，胜读十年书"的感叹。然而，现实中也会有与此截然相反的情形。下班后吃过饭，你希望静下心来读点书或做点事，那些不请自来的"好聊"分子又要扰得你心烦意乱了。他唠唠叨叨，没完没了，一再重复你毫无兴趣的话题，还越说越来劲。你勉强敷衍，焦急万分，极想对其下逐客令但又怕伤了感情，故而难以启齿。

但是，你"舍命陪君子"，就将一事无成，因为你最宝贵的时间，正在白白地被别人占有着。鲁迅先生说："无端的空耗别人的时间，无异于谋财害命。"任何一个珍惜时间的人都不甘任人"谋财害命"。

那要怎样对付这种说起来没完没了的常客呢？最好的对付办法是：运用高超的语言技巧，把"逐客令"说得美妙动听，做到两全其美。要将"逐客令"下得有人情味，既不挫伤好话者的自尊心，又使其变得知趣。

例如，暗示滔滔不绝的客人：主人并没有多余的时间跟他闲聊胡扯时，与冷酷无情的逐客令相比，下面的方法就更容易被对方接受。

一是"今天晚上我有空，咱们可以好好畅谈一番。不过，从明天开始我就要全力以赴写职评小结，争取这次能评上工程师了。"这含义是：请您从明天起就别再打扰我了。

二是"最近我妻子身体不好，吃过晚饭后就想睡觉。咱们是不是说话时轻一点？"这句话用商量的口气，却传递着十分明确的信息：你的高谈阔论有碍女主人的休息，还是请你少来光临为妙吧。

有时有些"嘴贫"的人对婉转的逐客令可能会意识不到。对这种人，可以用张贴字样的方法代替语言，让人一看就明白。影片《陈毅市长》里有一位著名的科学家，在自家客厅里的墙上贴上了"闲谈不得超过三分钟"的字样，以提醒来客：主人正在争分夺秒搞科研，请闲聊者自重。看到这张字样，纯属"闲谈"的人，谁还会好意思喋喋不休地说下去呢？

根据具体实际情况，我们可以贴一些诸如"我家孩子即将参加高考，请勿大声喧哗"、"主人正在自学英语，请客人多加关照"等字样，制造出一种惜时如金的氛围，使爱闲聊者理解和注意。一般，字样是写给所有来客看的，并非针对某一位，所以不会令某位来客过于难堪。

贬低自己，降低对方期望值顺势将其拒绝

用自我贬低的方法或者在玩笑的氛围中拒绝他人，不仅维护了别人的面子，也使自己全身而退。

比如朋友想邀你一起去玩电游，你就可以说："我们都是好朋友了，说出来不怕你们笑话，我学了几年一直玩得不像样，你们看了都会觉得扫兴，为了不影响你们的兴致，我还是不去为好。"又比如说，在同学聚会的时候，你确实不会喝酒，你可以说："我是爸妈的乖儿子，在家里面又没有什么地位，要是喝了酒，那回去后肯定会被我爸揍死的，甚至还会被我妈骂死，你们就饶了我吧。"同时，

你还可以说一些其他的事例进行说明，或者找一些比较好的借口来增强这种自我贬低的效果。

在贬低自己的策略中，"装疯卖傻法"是一种特殊形式，即"表示自己无能为力，不愿做不想做的事"。也就是说："我办不到！所以不想做！"

根据心理学的调查发现，人们的确有在日常生活中故意装傻的现象。例如在上班族中，有20%的人曾对上司装过傻，而14%的人对同事装过傻。虽然它跟"楚楚可怜法"一样，会导致评价降低，但令人惊讶的是，仍有一成以上的人是在自己有意识的情况下用了这个办法。

1. 适合使用"装疯卖傻法"有以下三种情况。

（1）不愿做不想做的事。

例如像打杂般的工作、很花时间的工作，或单调的工作等。还有像公司运动会、公司内部活动的筹办委员也是其中之一。像这种情形便有不少人会用"我不会呀"或"我对这方面不擅长"等理由，把不想做的事巧妙地推掉。

（2）拒绝他人的请求。

当别人找上你，希望你能帮他的忙时，你很难直接说"不"吧！因此便以"我很想帮你，可是我自己也没有那个能力"的态度来婉转拒绝。拒绝别人这种事，很难直接以"我不愿意"这种态度来拒绝，而且还可能会让对方怀恨在心。因此，若是用能力，也就是自己无法控制的原因来拒绝（想帮你，可是帮不了）的话，拒绝起来便容易多了。

（3）想降低自己的期望值。

一个人若能得到他人的高度期待，固然值得高兴，但压力也会随之而来。因为万一失败，受到高度期待的人，所带给其他人的冲击性会更大。

因此，借由表现出自己的无能，来降低期望值，万一将来失败，自己的评价也不会下降得太多；相反的，如果成功，反而会得到预期之外的肯定。

2. "装疯卖傻法"有以下两种实用技巧。

（1）表明自己无能为力。

就像前面所说，这招便是表明"我没有能力做那件事，因此我不愿意做"的一种方法。根据工作的内容，"无能"的内容也有所不同。例如：

别人要求你处理电脑文书资料时，你可以说："电脑我用不好，光一页我就要打一个小时，而且说不定还会把重要的资料弄丢！"

别人要求你做账簿时，你可以说："我最怕计算了，看到数字我就头痛！"

不过，所表明的"无能"的理由不具真实性，那可就行不通。例如刚才电脑处理的例子，如果是在电脑公司，说这种话谁信？后面那个例子，如果发生在银行，也绝对会显得很突兀。

平常愈少接触到的工作，说这种话时，所获得的可信度也就愈大。所以要说"我没做过"、"我做得不好"这些话的时候，这些话一定要具有可信度才行。

（2）将矛头指向他人。

这招是接着"表示无能"的用法之后，以"我办不到，你去拜托某某比较好"的说法，来将矛头指向他人的做法。

"我电脑没办法，不过小王对电脑很熟，你去拜托他看看怎么样？"

"我对计算工作最头大了，小芸好像是簿记二级的，她应该做得来！"

像这样搬出一位在这方面能力比自己强的人，然后要对方去拜托他就行了。只有在大家都知道那个人的确比较胜任时才能用这招。

这个办法有一个问题就是，可能会招致那个被你"转嫁"的人怨恨。想拜托人的人一定会说："是某某说请你帮忙比较好！"对方也就会知道是你干的好事。

这么一来，那个人心里一定会想："可恶的家伙，竟然把讨厌的事推给我！"

尤其当需要帮忙的工作内容，是人人都不想做的事情的时候，这种惹来怨恨的可能性就愈高。

所以，最好在多数人都知道"某某事情是某某最擅长的"这样的场合才用此招。

找个人替你说"不"，不伤大家感情

在拒绝他人的诸多妙法中，有一种比较艺术的方法就是推诿法。

所谓推诿法，就是以别人的身份表示拒绝。这种方法看似推卸责任，但却很容易被人理解：既然爱莫能助，也就不便勉强。

有个女孩子是个集邮爱好者，她的几个好朋友也是集邮迷。一天，有个小朋友向她提出要换邮票，她不同意换，但又怕小朋友不高兴，便对小朋友说："我也非常喜欢你的邮票，但我妈不同意我换。"

其实她妈妈从没干涉过她换邮票的事，她只不过是以此为借口，但小朋友听她这样一说，也就作罢了。

有时为了拒绝别人，可以含糊其辞地推托："对不起，这件事情我实在不能决定，我必须去问问我的父母。"或者是："让我和孩子商量商量，决定了再答复你吧。"

这是拒绝的好办法，假装请出一个"后台老板"，表示能起作用的不是本人，既不伤害朋友的感情，又可以使朋友体谅你的难处。

人处在一个大的社会背景中，互相制约的因素很多，为什么不选择一个盾牌来挡一挡呢？

如：有人求你办事，假如你是领导成员之一，你可以说，我们单位是集体领导，像刚才的事，需要大家讨论才能决定。

不过，这件事恐怕很难通过，最好还是别抱什么希望，如果你实在要坚持的话，待大家讨论后再说，我个人说了不算数。

这就是推托其辞，把矛盾引向了另外的地方，意思是我不是不给你办，而是我决定不了。请托者听到这样的话，一般都要打退堂鼓。

一个年轻的物资销售员经常与客户在酒桌上打交道，长此以往，他觉得自己的身体每况愈下，已不能再像以前那样喝太多的酒了。可应酬中又是免不了要喝酒的，怎么办呢？

后来他想到一个妙计。每当客户劝他多喝点的时候，他便诙谐地说："诸位仁兄还不知道吧，我家里那位可是一个母老虎，我这么酒气熏天地回去，万一她河东狮吼起来，我还不得跪搓衣板啊！"

他这么一说，客户觉得他既诚恳又可爱，自然就不再多劝了。

所以，如果难以开口的话，不妨采取这里所讲的方法，找一个人"替"你说"不"，这样所有的责任都可以推得一干二净，别人也不会对你有所抱怨。

遭遇拒绝后坚持友好的语气

当我们怀着某种目的与别人谈话时，总是希望能得到肯定回答。但正如俗话所谓"好事多磨"，开始时往往被人拒绝。

被拒绝了心里肯定不好受，那怎样回应呢？有的人气盛，一句话就给人家顶回去了，搞得不欢而散。有的人虽然心里不快，却还能冷静下来，用平和的语气来晓之以理。

显然后者是讨人喜欢的，能让对方也冷静地思考并认为你很有涵养。转机说不定就会在此发生。

在一家企业面试中，小齐凭借自己的实力已经通过了笔试和前几轮面试，在最后一轮面试过程中，考官突然问道："经过了这轮面试，我们认为你不适合我们的单位，决定不录用你，你自己认为会有哪些不足？"

面对考官的问题，小齐虽然很失望，也比较气愤，但还是平静地回答道："我认为面试向来是一半靠实力，一半靠运气的。我们不能指望一次面试就能对一个人的才能、品格有充分的了解和认识。通过这次面试，我学到了很多东西，也发现了自己的不足——既有临场经验的不足，也有知识储备的不足。希望以后能有机会向各位考官讨教。我会好好地总结经验，加强学习，弥补不足，避免在今后工作中再出现类似的问题。另外，希望考官能对我全面、客观地进行考察，我一定会努力，使自己尽量适应岗位的要求。"

其实，考官这是在考察小齐的应变能力，并非真的对他不满，如果他们认为小齐不合适的话，不可能再问他问题。

因此，小齐沉着应付，没有中圈套而暴露自己的弱点，回答时非常谦虚，把重点放在弥补弱点上，这可以看出他积极进取的品质，甚至他还表示要诚恳地向考官讨教，无形中博取了他们的好感。

生活就是这样，没有理由要求别人接受我们，当遭遇拒绝的时候，我们一定要保持平和的心态，用友好的语气据理力争。

尤罗克是美国著名的剧团经理人，在较长时间内和夏里亚宾、邓肯、巴芙洛丽这些名人打交道。

有一次，尤罗克讲，同这些明星打交道他领悟到了一点，就是必须对他们的荒谬念头表示赞同。他为曾在纽约剧院演出过的最著名男低音夏里亚宾当了3年的剧团经理人。

夏里亚宾是个令人难堪的人。比如，该他演唱的一天，尤罗克给他打电话，他却说："我感觉非常不舒服，今天不能演唱。"尤罗克先生和他争吵没有？没有。他知道，剧团经理人是不能和人争吵的。他马上就去夏里亚宾的住处，压住怒火对他表示慰问。

"真可惜，"他说，"你今天看来真的不能再演唱了。我这就吩咐工作人员取消这场演出。这样你总共要损失2000美元左右，但这对你能有什么影响呢？"

夏里亚宾吁了一口长气说："你能否过一会儿再来？晚上5点钟来，我再看感觉怎样。"

晚上5点钟，尤罗克先生来到夏里亚宾的住处。他再次表示了自己的同情和惋惜，也再次建议取消演出。但夏里亚宾却说："请你晚些时候再来，到那时我可能会觉得好一点儿。"

晚上8点30分，夏里亚宾同意了演唱，但有一个条件，就是要尤罗克先生在演出之前宣布歌唱家患感冒、嗓子不好。

尤罗克先生说一定照此去办，于是撒了这次谎，因为他知道这是促使夏里亚宾登台演出的最好办法。

　　遭到拒绝是很令人沮丧的事情，但即使再沮丧，也应该坚持说话和气一些。因为一时的拒绝并不等于永远拒绝，甚至有可能是对方的一个小花招。

　　你如果因此口出恶言，就彻底断绝了回旋的余地，而坚持言语和气，还能为今后合作埋下一个好的伏笔。

第四篇

圈子对了，事就成了

第一章
圈子是一股强大的力量

能力至上的时代，为什么还有人怀才不遇呢

斯坦斯研究中心的一份调查报告指出：一个人赚的钱，12.5% 来自知识，87.5% 来自关系。关系只是面对个别人的，而圈子却是关系的扩大化。

在生活中，我们经常看到很多人才，感慨怀才不遇，一生碌碌无为，却始终不得志。其实，人生成功机遇的多少与其交际能力和交际活动范围的大小几乎是成正比的。我们应把运用圈子与捕捉成功机遇联系起来，充分发挥自己的交际能力，不断建立和扩大自己的圈子，发现和抓住难得的发展机遇，进而拥抱成功！

上海威顺康乐体育咨询有限公司董事长兼总经理吴榄华直言自己有两三千个朋友，每年都会见三四次的有 1500 多个，而经常联系的就有三四百人。目前，吴榄华的个人资产已经超过 8 位数。吴榄华感言，自己的事业是因为得到圈内朋友的照顾才会如此顺利，"包括开公司、介绍推荐客户和业务等，各种朋友都会照顾我，有什么生意都会马上想到我。"

在朋友的推荐下，从 1999 年到 2000 年，吴榄华开始涉足房地产业。当时上海的房市非常热，很多楼盘都出现了排队买房的盛况，而且有时即使排队也不一定能买到房子。吴榄华通过朋友不仅买到了房子，而且还是打折的。

最好的时候吴榄华手中有几十套房产，后来，政府开始对房地产业实行限制政策，吴榄树华听从朋友的建议，将房产及时变现，收益颇丰。

21 世纪的今天，不管是保险、传媒，还是金融、科技、证券，几乎所有领域，人脉竞争力都起着日益重要的作用。专业知识固然重要，但人脉更加重要。从某种意义上说，人际关系是一个人通往财富、荣誉、成功之路的门票，只有拥有了这张门票，你的专业知识才能发挥作用。否则，即便你是英雄也无用武之地！穷人缺什么，富人凭什么？以前我们认为，富人和穷人的最大区别在于他们的才华和智慧。如今，越来越多的事实证明富人之所以富有，凭借的不仅仅是才华和智慧，而穷人之所以穷也不仅仅是因为他们缺少才华和智慧。

如果你想脱离穷人变成一个富人，那么就要有意识地编织自己的人脉网，并不断地去丰富和发展它。从表面上来看，人脉虽不是直接的财富，但它是一种潜在的无形资产，一种潜在的财富。没有它，就很难聚敛财富。

不管你有多大的才华，如果缺少了人脉，就不会成功。当我们拥有好人缘的时候，关键时刻就算没人两肋插刀，也肯定会有人愿意出手相帮的。

无圈可依，悲剧连连不断上演

如果你想在事业上取得成功的话，首先在公司内一定要受到众人的瞩目，成为既有才能又有人缘的人才，否则，你的上升运势或许会直线下降。生活中的确有不少实例，是由于不重视公司内的人际关系，把自己孤立在交际圈之外造成的。

费文是个时尚的年轻人，喜欢重金属音乐，又有点小资情调。毕业后，他进入一家日化公司从事销售工作，凭着机智和良好的口才，他的销售成绩相当不错。可是费文却觉得有点孤独，他觉得同事不是老古板就是没内涵，因此，他在公司里几乎没有什么朋友，下班了就约上自己的死党去泡吧。公司有集体活动费文也很少参加。同事拉他去唱KTV，他说他对口水歌不感兴趣，公司举办舞会，他说那是群魔乱舞，自己可不想被体重超标的女同事踩来踩去……总之，公司的活动他是能躲就躲，去了也只是意兴阑珊地待一会儿赶快走。同事们都生气地说："看来是我们格调太低，不配和人家来往。"领导对他也颇有微词。

一年后，同他一起进公司的人，除了他和几个业绩太差的，普遍都获得了提升，他愤愤不平地去找领导，质问为什么对他另眼相看。领导淡淡地看了他一眼："这要问你自己吧！你真的把自己当成公司中的一员了吗？在公司里你有关系不错的同事吗？人缘这么差，即使我提升了你，谁又肯听你的呢？"费文根本无法回答领导的问题，灰溜溜地走了。

公司就是一个大圈子，费文不懂得搞好公司内部的人际关系，缺乏团队精神，结果成了公司的特殊分子，只能做最基础的工作，无法获得提升的机会。这也是生活中很多人都存在的问题。他们不屑于加入公司内部的交往圈子，结果他们在公司内的人缘越来越差，自己逐步被孤立，提升也就无从谈起了。

再看另一个例子：

陈述的舅舅是某公司的总经理，舅舅觉得陈述是个人才，好好磨炼一下，将来可以在事业上给自己帮助，于是陈述就参加了公司的招聘，并以优异的成绩进入了公司。为了让陈述接受锻炼，舅舅特意嘱咐他隐瞒两人的亲属关系，好好工作。上班之后，陈述觉得舅舅的公司存在很多问题，在他眼里，相当一部分员工，包括他的顶头上司都是不称职的，再加上认为自己身份特殊，因此他当起了"独行侠"，很少与同事来往。上班近三个月，在公司里，他竟然没有一个比较说得来的同事。不仅如此，他那骄傲狂妄的态度还着实惹恼了不少人。陈述的舅舅对陈述的工作成绩还算满意，但还想知道陈述在其他方面的表现如何。一次路过员工休息室时，无意中听到了员工对陈述的评价："唉，你们说陈述那小子像什么？像不像开屏的孔雀？""什么？孔雀？太抬举他了吧！我看倒像茅坑里的石头——又臭又硬！""看他一副狂妄的样子！他有什么了不起的啊！幸亏他只是个小职员，他要是经理，尾巴还不翘上天去啊！""他要是经理啊，我看一半员工都要辞职……"总经理大吃一惊，他没想到陈述的人缘竟然这么差，他又找来了陈述的部门主管，故作不经意之态地提起陈述。结果部门主管说："他的能力是有的，但在处理人际关系方面有很大问题。老实说，我是领导，不希望手下有这种员工，他已经给我的部门的团结带来了危害。我正想跟人事部门打招呼呢！"第二天，陈述离开了公司，临走前舅舅送给他一句话：进入了一个圈子，你就得适应这个圈子。

一个人缘极差的人是无法在公司里的交际圈中生存的，试想在人人排斥、讨厌他的情况下，他怎么能把工作做好呢？为了成为有杰出表现的人才，我们就必须在公司内培养好人缘，想办法与众人增进感情，真正融入到一个圈子中去。

找个圈子，安身立命才有底气

20世纪，"要一间自己的屋子"是人们共同的呐喊；21世纪，"要一个自己的圈子"的声音日益壮大。戴着什么帽子，坐着什么位子，开着什么车子，住着什么房子，都离不开一个相对应的圈子。是的，越来越多的人正在认识到圈子的重要性。找个圈子，安身立命才有底气。

目前，圈子在社会上无处不在。歌星、影星、笑星和娱记相互搞点节目爆点猛料，这叫娱乐圈；为了形成规模效应，众多商家云集一地，这叫商圈；同样，搞政治的也很少有做"孤魂野鬼"的，大多数都是以政党的形式出现在政坛上，其实这个所谓的政党只不过是"政圈"的代名词罢了。

你看，演艺圈、商圈、政圈……诸如此类，但凡与"圈"沾上点边儿的，混了进去，"身份"立马就不同了。你嗤之以鼻也好，宠辱不惊也罢，骨子里多少有些喜出望外，毕竟说明你在"圈子"中已有了位置，获得初步承认，从此，便可以"圈内人"的身份出没各种场合，说说道道、指指点点，甚至于耀武扬威了。

媒体上经常有个词，叫"圈内人"，也就相当于"自己人"的意思。不是自己人，当然什么也不好办，打不进圈子内部，你就是浑身是胆，也只不过算个散兵游勇，很难大红大紫。武林中人，都要拜师，一是为了学艺，二来也是为了有所归依。拜了这个师，也就等于入了这个门，从此以后再也不是孤魂野鬼了。

我们不难理解为什么说慈禧如果没被选进皇宫，就永远不可能当上老佛爷。所有的交流、提携，甚至争斗，都是在圈内发生的，进不了圈，一切就与你无关；与圈的核心越近，你就越有可能成为核心。

可见，物以类聚，人以圈分，一个人想要在社会上立足，必须有一个自己的圈子不可。

《水浒》中的一百单八将，如果都是散兵游勇，对大宋不会构成真正的威胁。你武松能打，打得过我的千军万马吗？你吴用善谋，只可惜你一肚子的计谋没地方用去。但是当这些散兵游勇联合起来后，大宋的江山就岌岌可危了。

刘备在还没有完全建立起自己的圈子之前，不得不东奔西走，寄人篱下，甚至被曹操的一席话吓得差点没大小便失禁，要不是还知道耍一点小聪明，恐怕那项上人头就不是他刘某人的了。可就是这么一个虎落平阳的野心家，等他得到诸葛亮以后，景况就大不一样了。赤壁一战，曹操一败涂地，只能龟缩到北方老巢休养生息；孙权虽然保住了父兄基业，但面对不断壮大的刘备势力，也只能望江兴叹；刘备则从此站稳了脚跟，得以三分天下，成为了赤壁之战最大的赢家，这不能不归功于圈子的作用。

楚汉之争的故事，大家都耳熟能详，项羽是"力拔山兮气盖世"的理想英雄，若在今日的中国，定是少男少女崇拜的对象，刘邦却是"好酒及色"，连结发之妻都厌恶他的为人。但在楚汉之争中，刘邦屡败屡战，垓下之战一围而平定天下；项羽百战百胜，垓下之战一败而身死人手，为天下笑。原因何在？仍然是圈子在决定着他们的命运。

圈子是信息沟通和交流的载体

圈子是由许多人所组成的，你认识的人越多，圈子越大，更新信息的速度也越快，掌握的信息也越广泛，越准确。在这个信息发达的时代，拥有丰富的信息，便拥有发展的机遇。所以我们说，圈子是你的情报信息站，是你事业发展的平台。

　　日本三洋电机的总裁龟山太一郎的经历就是很好的例子。他对于情报的汇集别有心得，被同行誉为"情报人"。最有趣的是他自创一格的"情报槽"理论。他说："一般汇集情报，有从人身上、从事物身上获得两个来源。我主张从人身上加以汇集。如此一来，资料建档之后随时可以活用，对方也随时会有反应，就好像把活鱼放回鱼槽中一样。把情报养在情报槽里，它才能随时吸收到足够的营养。"

　　日本前外相宫泽喜一有个闻名的"电话智囊团"。宫泽在碰到记者穷问不舍时，往往要求给予一个小时的时间考虑。如果碰巧在夜里，则只要一通电话就可以得到满意的答复，这些答复来自他的 10 名智囊团成员。这也就是我们所谓的"人的情报"。国民党荣誉主席连战，不仅是重要的政治人物，还坐拥数百亿新台币的资产。连战及其父亲连震东在投资股票和房产时，巧借圈内人的信息和分析，从而避免了投资失误，使得个人财富不断升值。因为他们知道个人掌握的理财知识和理财信息是非常有限的，而多结交几位这方面的良师益友，便可以开阔自己的视野，提高自己的水平。从台北中小企业银行的董事长陈逢源，到彰化银行董事长张聘山，这些精英人士都是连震东的老乡或同学，他们彼此都非常了解。连家通过广泛的人际圈子，获得了丰富准确的投资信息，较好地选择了投资方向，避免了投资失误造成的损失，其个人资产因此而不断增加。

　　圈子就是这样一种传递信息的特殊"媒体"，并且这种口碑效应远比广告更加令人信服和更加有效地传播。

　　有一种洗发水做了如下广告："我告诉了两个人，她们又告诉了另外四个人……"接下来屏幕上出现了数不尽的女性，个个拥有漂亮而干净的秀发。女人因为人脉获得了美化自己的信息，知道了美化的奥秘；商人因为人脉了解到更多的商业信息，获得了市场与机遇。时下流行的安利、雅芳等品牌的直销方式就是这样建立的。

　　当你与人沟通、分享资源并建立起一个庞大的人际圈子时，你会发现这不仅使你有能力管理自己的生活，更能让你充分享受生活并应付其中的变化。在现今这样一个信息化社会里，一个人思考的时代已经过去了，能否建立为你提供情报的品质优良的人脉网，成了决定事业成败的关键。

关键时刻，背后的圈子决定一切

　　吕后是汉高祖刘邦的妻子，曾辅佐丈夫平定天下，治理国政，表现出非凡的政治才能与不同凡响的政治手腕。

吕后的儿子刘盈性格软弱，得不到父亲钟爱，所以吕后很为儿子的地位担忧。刘邦的另一位宠妃戚姬生了一个儿子，刘邦视若掌上明珠。

戚姬理直气壮地认为，既然她是皇帝最爱的女人，那么她理所当然地取代吕后成为皇后，她的儿子也应该成为太子。

刘邦经常抱着戚姬的儿子说，"唉，只有如意才最像我的儿子呀。"

刘盈的确不像刘邦的儿子，他看到刘邦这个父亲就怕得要命，刘邦见刘盈这副样子就更加讨厌他，一直希望改如意为太子。

戚姬有了刘邦这种有意无意的纵容，就更加肆无忌惮，向吕后动刀子了。而吕后也不得不逼着自己强大起来，以保护自己的孩子。她利用自己多年的政治远见和手段派叔孙通向刘邦说明不废立太子的理由。叔孙通据理力争，使吕后大为感动。

吕后明白，自己母子的命运都掌握在刘邦手里，而现在凭着夫妻、父子之情，已经无法打动刘邦，想要取悦已经冷落她多年的刘邦，保住儿子的地位，只有通过增强自己的实力，在朝廷中扩大自己的影响力，使自己的政治圈子越来越强大。

当时，刘邦最想杀的人是韩信，韩信功高盖主，对大汉江山构成了巨大的威胁。吕后主动提出为刘邦解除这个心头大患，这既出乎刘邦的意外又令他如释重负。他依从吕后的部署，把朝中事务全部交给吕后，等他回来时，韩信已被除去，这使刘邦对这个妻子的能力和智慧刮目相看，从此更为倚重。他没意识到，这对吕后来说意味着什么。从此，他手中的权力已经悄悄地转向了吕后。此后，吕后又帮刘邦平定其他阴谋叛乱，在刘邦犹豫时帮他下决断。随着刘邦渐渐老去，赵王如意也一天天长大，刘盈的太子地位更是岌岌可危。

有一天，刘邦与朝中大臣提及此事，御史大夫周昌表示坚决反对，他说："陛下一定要废太子，臣期不奉诏。"听他这样说，废太子一事就这样搁下了。吕后得知后，就把握时机，积极向朝中大臣寻求支持。

她首先让兄弟建成侯去找张良，张良本不想介入此事，但拧不过建成侯一再坚持。同时，张良建议吕泽请当时朝中德高望重的商山四皓出面。经过商山四皓的教导和潜移默化，刘盈的修养与见识大有长进。有次刘邦在宫中设宴，见刘盈身边的商山四皓，不由大为吃惊，同时暗自惊讶，看来太子羽翼已丰，自己改立太子的初衷是枉费了。通过这件事，刘邦也感觉到，在朝中的大臣们，替皇后办事的，居然比给皇帝办事出力的还要多，直到这个时候，刘邦才如梦初醒，回顾多年来一直被他忽视的事实。如今满朝文武，都已经是吕后的人，她的力量已经强到皇帝都动不了她。如今，她的势力已成，自己已经无可奈何，纵然有再多主意和手段，也已经无法施展了。甚至连他最信任的张良与萧何，都成了吕后的人。

公元前195年，汉高祖刘邦死于长乐宫，终年六十二岁。太子刘盈顺利登上皇位，吕后成了吕太后。

从这个故事里，我们不难看出，圈子不仅决定一个人的成败，在关键的时候，它甚至决定一个人的生死，圈子的重要性不容小觑。

沾上"圈子"，你的身份会与众不同

我们都有着自己的人脉圈子。只要你善于开发，每一个人都会成为你的金矿。沾上"圈子"，你的身份也会随之发生变化。

私人关系并不是最有力量的，与有权力的人建立私人关系才有力量。

在全世界范围内，关系都是有含金量的，都能够创造价值。当然，在中国，关系的力量尤为强大，强大到了连西方人都知道中国是一个讲关系的国家，一个人、一家跨国企业没有关系就进入不了某个圈子，就没法获取相关资源。私人关系永远是一个基础，经济关系、政治关系只可能在私人关系下延伸。而所谓"血缘、地缘、业缘"，"同乡、同学、同僚"，等等，都属于私人关系。私人关系的力量在于，能够相对低门槛地让一个人进入一个圈子。然后才是看你能不能得到圈子的信任、与圈子里的人有没有共同语言、能不能遵守圈子共同的游戏规则等等。从整个社会的角度来看，圈子意味着人有三六九等之分，意味着身份和地位。未来的趋势很可能是，社会是分等级的，人与人之间的交流沟通是分层的。

世界一流人脉资源专家哈维·麦凯就是巧妙地利用圈子中的人脉资源找到他的第一份工作的。

哈维·麦凯刚大学毕业就成为了失业大军的一员。当时经济萧条，工作太难找了。好在哈维·麦凯的父亲是位记者，认识一些政商两界的重要人物。其中有一位叫查理·沃德的先生，是全世界最大的月历卡片制造公司布朗·比格罗公司的董事长。四年前，沃德因税务问题而入狱服刑，哈维·麦凯的父亲却发现别人控诉沃德逃税的案件有些失实，于是赴监狱采访沃德，写了一些公正的报道，这使沃德非常感激麦凯的父亲。

出狱后，沃德对哈维·麦凯的父亲说，如果孩子毕业后想找个好工作，他可以帮忙。哈维·麦凯跑了许多家企业，但都因为经济不景气导致的公司裁员而被拒绝。父亲想起查理·沃德先生的承诺，便抱着试试看的想法让哈维·麦凯给沃德的公司打电话。

谁知沃德回答得十分干脆。他说："你明天上午10点钟直接到我办公室面谈吧！"次日，哈维·麦凯如约而至。他为面试作了充分准备，谁知招聘却变成了聊天。沃德兴致勃勃地谈到哈维·麦凯的父亲的那一段狱中采访，整个谈话过程非常轻松愉快。聊了一会儿之后，沃德说："我想派你到我们的直属公司工作，就在对街——品园信封公司。"

哈维·麦凯顷刻间有了一份工作，而且拥有最好的薪水和福利。那不仅是一份工作，更是一份事业。42年后，哈维·麦凯已成为全美著名的信封公司——麦凯信封公司的老板。在品园信封公司工作期间，哈维·麦凯熟悉了经营信封业的流程，懂得了操作模式，学会了推销的技巧，其中最大的收获就是他为自己的工作建立起了一个稳固的职业圈子。这个圈子成为了维系哈维·麦凯事业成功的关键。

由此我们不难看出，有了一定的交往圈子，一个人的身份就会发生变化。很多时候，一个小人物会因为圈子，而变成一个大人物，实现人生的价值，人生也变得一帆风顺。有了人际关系这样的大圈子，就有了一定的背景和人脉，不再是一个孤立的个体，那么，呈现出来的身份也自然不同了。

当做某某的"人"，会有机会平步青云

作为一个小人物，必须想办法进入一个大人物的圈子里，才可能有前途，切忌"跟错人"。此外，还要切忌"说错话"。领导拍你的肩膀，是亲切关怀，你拍领导的肩膀，是没大没小。

所谓"跟对人"是看战略上有没有前途。其次就是你走哪条线。实际上，最终的政治权力分配是各种利益群体妥协和交换的结果。你最初无意识的选择就决定了你能进哪个圈子，决定你的前途。

第一份工作有两件事情格外重要，第一件是入行，第二件事情是跟人。第一份工作对人最大的影响就是入行，现代的职业分工已经很细，我们基本上只能在一个行业里成为专家。其实没有哪个行业特别好，也没有哪个行业特别差。看上去很美的行业一旦进入才发现很多地方其实并不那么完美，只是外人看不见。

其实选择什么行业并没有太大关系，看问题不能只看眼前。有的时候觉得自己

这个行业不行了，问题是，再不行的行业，做的人少了也变成了好行业，当大家都觉得不好的时候，往往却是最好的时候。

国美苏宁其实是贸易型企业，也能上市，卖茶的一茶一座、卖衣服的海澜之家都能上市……其实选什么行业真的不重要，关键是怎么做。事情都是人做出来的，关键是人。

有一点是需要记住的，这个世界上，有史以来直到我们能够预见得到的未来，成功的人总是少数，大多数人是一般的，普通的，不太成功的。因此，大多数人的做法和看法，往往都不是距离成功最近的做法和看法。因此大多数人说好的东西不见得好，大多数人说不好的东西不见得不好。有些东西即使一时运气好得到了，还是会在别的时候别的地方失去的。

跟对人是说，入行后要跟个好领导好老师，刚进社会的人做事情往往没有经验，需要有人言传身教。所谓"好"的标准，不是他让你少干活多拿钱。

在很大的范围内，我们究竟会成为一个什么样的人，决定权在我们自己，每天，每一刻我们都在作这样那样的决定，我们可以漫不经心，也可以多花些心思，成千上万的小选择累计起来，就决定了最终我们是个什么样的人。

从某种意义上来说我们的未来不是别人给的，是我们自己选择的。每天你都可以选择是否为客户服务更周到一些，是否对同事更耐心一些，是否把工作做得更细致一些，是否把不清楚的问题再弄清楚一些……

生活每天都在给你选择的机会，每天都在给你改变自己人生的机会，你可以选择赖在地上撒泼打滚，也可以选择咬牙站起来。你永远都有选择。有些选择不是立竿见影的，需要累积，比如农民可以选择自己常常去浇地，也可以选择让老天去浇地，诚然你今天浇水下去苗不见得今天马上就长出来，但常常浇水，大部分苗终究会长出来的，如果你不浇，收成一定很糟糕。你最终会成为什么样的人，就决定在你的每个小小的选择之间。

你选择相信什么？你选择和谁交朋友？你选择做什么？你选择怎么做？……我们面临太多的选择，比如选择做什么产品其实并不那么重要，而选择怎么做才重要。选择用什么人并不重要，而选择怎么带这些人才重要。大多数时候选择客观条件并不要紧，大多数关于客观条件的选择并没有对错之分，要紧的是选择怎么做。

"圈子"决定你的位置

我们中国有句古话："近朱者赤，近墨者黑。"美国人也有句谚语：你能走多远，在于你与谁同行。如果你想展翅高飞，那么请你多与雄鹰为伍，并成为其中的一员；如果你成天和小鸡混在一起，那你就不大可能高飞。曾经有人采访比尔·盖茨成功的秘诀，他说："因为有更多的成功人士在为我工作。"陈安之的《超级成功学》也提到：先为成功的人工作，再与成功的人合作，最后是让成功的人为你工作。你与之交往的人就是你的未来。犹太经典《塔木德》里有句话：和狼生活在一起，你只能学会嗥叫。同样，和优秀的人接触，你就会受到他们良好的影响。与一个注定要成为亿万富翁的人交往，你怎么可能成为一个穷人呢？

德国行为学家海因罗特在实验中发现一个十分有趣的现象：

刚刚破壳而出的小鹅会本能地跟随在它第一眼看到的自己的母亲后面，但如果它第一眼看到的不是自己的母亲，而是其他活动物体，比如一条狗，一只猫或一个玩具鹅，它也会自动地跟随其后。尤为重要的是，一旦这只小鹅形成了对某一物体的跟随反应，它就不可能再形成对其他物体的跟随反应了。这种跟随反应的形成是不可逆的，也就是说小鹅只承认第一，却无视第二。这种现象后来被另一位德国行为学家洛伦兹称之为"印刻效应"。"印刻效应"在人类的世界里其实也并不少见。

经常与酗酒、赌博的人厮混，你不可能进取；经常与钻营的人为伴，你不会踏实；经常与牢骚满腹的人对话，你就会变得牢骚满腹；经常与满脑"钱"字的人交往，你就会沦为唯利是图，见财起意、见利忘义之辈。

物以类聚，人以群分。什么样的朋友，就预示着什么样的未来。如果你的朋友是积极向上的人，你就可能成为积极向上的人，假如你希望更好的话，你的朋友一定要比你更优秀，因为只有他们可以给你提供成功的经验。假如你老是跟同一群人做同样的事情，你的成长显然是有限的。

人是一种圈子动物，每个人都有自己的人际圈子。大家的区别在于：有的人圈子小，有的人圈子大；有的人圈子能量高，有的人圈子能量低；有的人会经营圈子，有的人不会经营圈子；有的人依靠圈子左右逢源、飞黄腾达，有的人脱离圈子捉襟见肘、一事无成。

无论你的圈子有多大，真正影响你、驱动你、左右你的一般不会超过八九个人，甚至更少，通常情况只有三四个人。你每天的心情是好是坏，往往也只跟这几个人有关，你的圈子一般是被这几个人所限定的。

因此，和什么样的人交朋友，和什么样的人形成势力范围，又和什么样的人组成圈子，其实是一个很值得我们严肃、认真地思考和对待的问题，甚至会是你终身最大的一件事。

从桃园三结义的契约成立之日起，刘关张在人际关系上结成圈子，在管理上组成班子，在利益上凑成合伙制摊子。为了发展自己，刘备小圈子奔走于袁绍、曹操和刘氏宗亲等圈子之间，在各类圈子里找靠山、占位置、寻找机遇和资源。

曹操看重刘关张的实力，想整体招安，刘备一分配合，两分应付，七分发展自己，利用曹操圈子的资源经营自己的小圈子。曹操看重关羽的才能，想用帽子、银子、女子、位子挖走关羽，关羽死活不上道。

赵云本来不在三人圈子，他办事谨细，逐渐获得三人都信任，先进圈子，后进班子，长坂坡冒死救幼主刘禅有功，最终进了刘备的核心圈子，三人帮扩大为四人帮。

三顾茅庐后，诸葛亮经招聘入了刘备的摊子，进了领导班子，但人际关系与三人圈子和四人帮有本质区别。

诸葛亮、庞统、徐庶等招聘来的专业人士在外人看来是骨干，是圈内人，但在核心圈子人物的心里，他们在摊子，在班子，不在圈子。徐庶在刘备阵营时是圈内人，被曹操强行招聘后，既脱离老圈子，也进不了新圈子，只好保持沉默，一言不发，成为曹营里最孤独的人。

物以类聚，人以群分，圈子里边圈套圈。

在刘备的大圈子里，以诸葛亮为首的文臣与以关羽为首的武将因来历、专业、情趣、志向、习性不同而不同。

文臣好安静，偏好舞文弄墨，武将爱热闹，偏好打闹娱乐。

文臣与武将"八小时之内"在一个工作圈子里走动，"八小时之外"各自在不同的生活圈活动。

无论是在企业部门间，还是在行业、合作伙伴间，说白了，人与人之间都有某种利益关系在维系。

也就是说，人脉就是能够直接产生"名"产生"利"的东西。建立圈子，挖掘人脉资源，就是要扩大你的影响力。中国人讲互相抬轿子，其实就是说圈子的作用，在关键时刻，是不是有人会抬你的轿，买你的账。

俗话说，人多好办事。如果周围有很多能帮助你、愿意帮助你、有能力帮助你的人，事情就好办多了。所以，拥有人脉资源对经理人来说尤其重要，谁让你还领导着几个人，还需要作一些决策，还要尽自己的职责？要比别人做得更出色、更成功、更有效率，你拥有能帮助你的人就要越多，你的竞争力无疑就越强。

所以，圈子决定一个人的位置，成功与否，就是看你是否有"圈子"。人与人的竞争，比的就是你的人脉资源。

"小圈子"也能发挥大能量

每个公司里都普遍存在着一个现象：小圈子。不同的小圈子一起繁衍出一家公司的企业文化。只要有公司存在，就有小圈子生根发芽的土壤。而小圈子的荣辱兴衰，也能从一个侧面反映出这个公司的某种人事上、管理上、文化上的变更交替。在你百无聊赖的时候咂摸起来，也会觉得有趣。

月有阴晴圆缺，人有悲欢离合。

从踏进写字楼的那一刻起，你已经不再是自然人，而是不自觉地扮演起一个不折不扣的社会人的角色。

既然是社会人，就要不可避免地面对各种矛盾、困窘的袭扰。职场情义淡薄，就注定你一时无法看破红尘，或喜或忧的情愫为你编织了一张无形的网，叫你无法规避，难以挣脱。

焦灼烦躁的心灵无不渴望着找到一个可以停泊的港湾。这个时候，约上公司里几个谈得来的同事出去小聚一时，彼此倾诉内心的苦闷，聆听对方的点拨，能使你疲惫的身心得到片刻的放松，那种释怀的愉悦，便显得弥足珍贵。而这三两成群的小圈子也在一次次的重复交往和吐故纳新中悄然形成了。

很多公司里形成的是人数或多或少的诸多小圈子，而其组成原因也是多种多样。有的是由来自同一省份的老乡形成的同乡帮，也有的是毕业于同一所院校的校友系，更有的是由于一些工作中的接口较多"日久生情"而形成的。

对于公司的管理者来说，公司里形成诸多的小圈子，在他们眼中纯属员工私事，不足挂齿。

尤其是形成两个泾渭分明的小圈子时，公司管理者才会没事偷着乐呢！毕竟两个小团体的不同风格，对于自己的管理艺术是一个很好的锻炼。两派如果掐起来，也一定会请自己充当裁判。

高明的管理者多采用抹稀泥的做法，各打五十大板。越是这样，自己的宝座才坐得踏实安稳哩！最怕两派形成合力，那样威胁的则是自个儿的权威呀！因此，对于上司来说，多几个小圈子也没啥不好的。

在人情味日渐淡薄的职场，能在工作中结交几个要好的同事，形成个小圈子，可以相互学习，彼此欣赏，从而使冷冰冰的工作间变得生机盎然，自己不再孤寂落寞。虽然不少人自我标榜自己有多么的职业化："我来公司是工作的，而不是来交朋友的。"

但谁知道你这一套假干练的做派是否会在新的团队中有市场呢？人的情感不等

于数学，一些看似无可厚非的道理，在有的公司里你畅通无阻，但也会在有的公司碰得头破血流。为何？不同的企业有不同的文化，只有你适应它的份儿，而不可能叫它向你卑躬屈膝，这不也是职场生存的法则之一吗？

清朝初期，有两个大圈子——明朝圈子和后金圈子。崇祯是明朝圈子的圈主，皇太极是后金圈子的圈主。

崇祯志大才疏，刚愎自用，乾纲独断，专权暴虐，偏听偏信，亲小人远君子，导致明朝圈子政治腐朽，国是日非，边事日坏。崇祯当明朝圈主17年，换了50个大学士，14个兵部尚书。

杀死或逼死的督师、总督11人，包括凌迟袁崇焕；杀死巡抚11人，逼死1人。14个兵部尚书中，王洽死于狱中，梁廷栋服毒，杨嗣昌上吊，陈新甲被斩，傅宗龙、张国维革职下狱，王在晋、熊明遇革职查办。这些人，不是没本事，也不是不忠诚。

他们之所以会有如此悲惨的下场，就是因为他们选择了以崇祯为核心的明朝圈子。在腐朽的圈子里，不辨是非的圈主手下，做好人，干正事，是不允许的。

皇太极经营他的小圈子16年，最终靠小圈子的力量，在不占天时、地利的情况下，接管后金圈子。

那时的后金圈子，就是一个烂摊子，内有代善、阿敏、莽古尔泰三大贝勒胡闹，外有朝鲜、蒙古、明朝三大圈子的威胁。皇太极雄才伟略，知人善任，是内斗老手，外战高手，经营能手。

对内，他从即位时的名誉大汗起步，利用手段和手腕、小圈子成员的力量和能量，加强集权，打击异己，修明政务，更定制度，最终成为后金圈子里名副其实、呼风唤雨的一把手。

对外，征服朝鲜，统一蒙古，三入关内，在短时内，就把后金圈子发展成军事、政治、经济无比强大的大清帝国，为后人侵吞明朝圈子，进军中原，一统天下奠定了良好的基础。

从此可以看出，明朝圈子和后金圈子，就当时的臣子而言，是两个不同性质的平台。同一个人，在两个平台上，会有不同的前途，不同的命运。

最典型的例子，就是孔有德、耿仲明、尚可喜3人。孔有德在明朝圈子里，最高职位为登州都元帅，耿仲明最高职位为登州总兵官，尚可喜最高职位为广鹿岛副将。

在明朝圈子里，3人时时、处处受阉党圈子的压制、盘剥、打击。他们想为明朝圈子作贡献，圈主崇祯都不给提供机会，而且时刻面临自以为一贯正确的崇祯收拾、整治的危险。3人加入后金圈子之后，备受重用。

孔有德位及恭顺王，耿仲明位及怀顺王，尚可喜位及智顺王，与他们在明朝圈子里的地位和前途，有着天壤之别。

每个人的命运，都是选择不同圈子的结果。入错圈子，比一无是处、百无一用还可怕。

从此可以看出，不同的圈子，具有不同的力量。我们在不同的圈子里，就会有不同的社会地位和前途。

因为，圈子决定着我们的前途，主导着我们的命运。我们选择的圈子对了，我们的世界也就对了。

广聚人才，形成势力强大的圈子

三国时期，曹操讲求"唯才是举"，哪怕"负污辱之名，见笑之行，或不仁不孝而有治国用兵之术"的人才，也要"其各举所知，勿有所遗"的网罗，即使在现在社会里，有如此识见和气度的领导，也不多见。当时，在许都，可以设想，是一个多么人才济济的兴旺局面。就以文学来说，现在我们所讲的建安时期文学的繁荣景象，大部分作家都在曹氏父子周围。至于那些政治上、军事上的谋士，则更是曹营中的骨干力量。

官渡之战，是决定曹操能不能立足于天下的最大考验，不消灭袁绍这个军事上政治上的劲敌，曹操一天不得安生，连觉都睡不踏实的。

而且，袁绍手下的谋士，像许攸、沮授、审配、郭图，也都是一流的"智囊"。

因此，曹、袁之战，也是一场谋士之战，结果，由于袁绍"多疑而寡决"，手下谋士又分帮结派，纷争倾轧，可以打赢的仗，也打输了。而曹操之胜，应该说，很大程度获益于他的这些谋士的高明对策。

官渡之战，久攻不下的时候，曹操也动摇过的，因为几无隔宿之粮，干脆不如撤兵算了。他同荀彧商量，这位谋士给曹操写了封信，信内建议："公今画地而守，扼其喉而使不能进，情见势竭，必将有变。

此用奇之时，断不可失。"以弱战强，正如狡兔和鸷鹰搏斗，只有一口气不停地拖着叼住它的鹰向前奔走，愈到最后时刻，愈不能泄劲，坚持到底，才是胜利。哪怕稍一迟疑，全盘皆输，必然会成为鸷鹰的一顿美餐了。官渡大捷以后，他给皇帝上表，给荀彧请功。

曹操在这份《请增封荀彧表》中，说得相当实事求是。"昔袁绍作逆，连兵官渡。时众寡粮单，图欲还许，尚书令荀彧，深建宜住之便，远恢进讨之略，起发臣心，革易愚虑，坚营固守，徼其军实；遂摧扑大寇，济危以安。"

他还设想，"向使臣退军官渡，绍必鼓行而前，敌人怀利以自百，臣众怯沮以丧气，有必败之形，无一捷之势。"所以，曹操承认荀彧的谋略，"以亡为存，以祸为福，谋殊功异，臣所不及"。即使在今天，像这样敢于襟怀坦白、承认自己"不及"部下的人，怕也不多的。

历史上曹操是"唯才是举"的典范，曹操用人"不念旧恶"，比如张辽；"各尽其才"，比如任峻善；善于在实践中选拔人才，比如郭嘉；此外，能用度外之人，比如刘备。

从这些方面我们可以看到，曹操思贤若渴，为了实现自己的霸业，不拘一格，广揽人才，知人善任，能用度外之人。

天下之争，其实就是人才之争，历史上一次次证明，群雄争立之中，激烈的竞争氛围之中，最后的胜利者，往往是善纳人才者，善用人才者。

曹操不愧为一位卓越的政治家，正因总结历史的经验及教训，重视人才的罗致和任用，使其奠定北方基业，争霸称雄，也为北方流域恢复农业生产、一统天下奠定基础，促进了生产力的发展和社会的进步。

曹操的用人政策为历代统治集团选择人才、善用人才树立了光辉的典范。"唯才是举"，不拘一格降人才，保证了人才力量的发挥和文化的繁荣，保证了下层贫民参与上层的政治生活，对保证社会的稳定有重要意义，也为科举制度的创立提供了借鉴。

第二章
形形色色的圈子

关系密切：朋友圈

一般来说，朋友的多少决定了我们未来的道路是平坦，还是曲折；也决定了前进路上是有人帮忙，还是只能靠自己苦苦奋斗。大量的事实表明，谁的朋友越多，来往越密切，他办起事来就更高效率，成功的几率也更大。

秦松下岗半年多了，如今他又上班了。令他意想不到的是，这次居然是工作主动找到他的，当然这还得益于几年前秦松结识的一位朋友。

两年前秦松为了给孩子筹集上大学的学费，决定将自己的房子出租。在出租房子时，秦松认识了一家房屋中介公司的栗女士。在会谈中，双方商谈得十分愉快。不久，秦松的家搬到了桥西区，与栗女士的公司离得远了，双方联系得也少了。

没过多长时间，秦松工作的厂子破产了，后来个人承包之后秦松被下岗分流了，赋闲在家。一次秦松去桥东办事，遇到了栗女士，双方聊了起来。在得知秦松下岗在家待业后，栗女士说自己的公司正在扩大，需要一个办理产权手续的员工，不知道秦松是否愿意屈就。秦松想，他们只是为了出租房子打过几次交道，双方又有好长时间未曾谋面，所以以为这是一句客气话，并未往心里去，只是口头应承着说回家考虑一下。

哪里知道，秦松刚办好事回到家，栗女士就打电话问他是否第二天就能上班。栗女士说，办房产手续对于公司而言是一个重要岗位，交给陌生人不放心，秦松是个热心肠，又是熟人，如果方便的话，可以马上上班。

第二天，秦松就赶到栗女士的公司去上班了。如今栗女士的公司又扩大了，秦松成为桥西分部的经理。

秦松深有感触地说："朋友多了路好走，这话一点儿也不假呀。"

朋友多多，机会多多，在具体的工作中，更少不了朋友的支持与合作。

如果你是搞新闻的，那么你就更需要四面撒网，广交朋友，以获取各种新闻线索。有一位业余通讯员被多家报纸杂志社聘为特约撰稿人，他所写的稿件也常常被国家、省市级的刊物广泛采用。在他每年所发表的 100 多篇稿件中，其中有三分之二的稿件不是他生活圈子里的事，而是他的朋友所提供的素材。他感慨地说，他的成功有大半要归功于朋友们的大力支持。

经商也是一样，商人在商海拼杀，总得凭借一定的资源，或是有一技之长，或是有关系门路，或是有独门秘方等等。

资源可分为外部资源和内部资源两种。内部资源主要是个人的学识、能力以及本钱等。而外部资源包括时机、环境、地域以及最重要的人脉，也就是人际网络或社会网络的能力。

只有很好地为人处世，才能够不断拓展人脉资源。如果一个商人不能建立广泛的人际关系网络，那他想赚钱就是举步维艰之事。"多个朋友多条路，多个冤家多道墙"，不论当官还是发财，抑或是干其他事情，广泛的人际关系网络是最有力的支撑。

要想多交朋友，建立一张人际关系网，你就要积极主动，找到与朋友沟通的技巧。那么，怎样才能结交到好朋友呢?

1. 主动地了解对方的兴趣爱好

你可以通过多种方式得到他们这些方面的信息。比如：平时相处时多观察了解，向他的朋友打听询问，或者查阅他的个人资料等。

2. 抓住一些交际的好机会

多一些有益的朋友，会有机会转变你的一生。"独木难支大厦"，朋友在关键时候帮你一把，可能会直接促成事业的成功。所以，要时刻留意能结交朋友的好机会。

3. 结交朋友不仅要把握机遇，同时还要创造机遇

如果你想和刚认识的朋友进一步发展关系，你可以请他们到你家做客。人与人之间接触越多，彼此间的距离就可能越接近。交际中的一条重要规则就是：找机会多和别人接触。

4. 一旦和别人取得联系，建立初步联系之后，要设法进一步巩固和发展

交际中往往会有两种目的：直接目的就是要达到某项交易或有利于事情的解决，或想得到别人某些方面的指导；间接目的不是为了解决某个问题，不是为了某种利益关系，只是为了和对方加深关系，增进了解，以使你们的朋友关系长期地保持下来。这种间接目的可以使你的人生更丰富、更有价值。

5. 要想保持与朋友的交往，就要学会与朋友融洽相处

在生活中，经常有人抱怨朋友对自己不够好，或者因为交不到好朋友而烦恼，这往往是由于不懂得如何与朋友相处造成的。如果遇到类似情况，你不妨扪心自问：我是否接受了他的独特性？我是否认真地听他说话？我是否容忍了他的缺点？我是否经常与他联系感情？如果答案是否定的，那么你就该好好改正你的态度了。只有求同存异、共同进步，这样的朋友关系才能持久。

坚持固守：同学圈

有一个小故事：

一次法学研讨会上，中国政法大学××教授端坐上席，以长辈口吻招呼大家。指点一人，问何校毕业，答曰：西南政法。又问一人，复曰：西南政法。此时有人开玩笑：×老不必再问，你已被西政包围。教授不信，指问：这位中央广播学院的女教授也是？女士一笑，答曰：是。

当然，这一现象的形成有体制方面的原因，但是，对于同一个学校出来的校友而言，相互提携的作用绝对不可以小觑。与美国存在的"法出耶鲁"相比较，中国的"法出西政"亦相去不远。

同学资源作为个人人脉圈中的重要一项，必须有效加以运用，使每个同学都成为你生命中的贵人。

很多创业者的成功经历告诉我们一个道理：有钱不如"有人"。而在创业者的人际资源中，按其重要性来看，排在首位的就是同学资源。现在社会上同学会很盛行，仅北京大学，各种各样的同学会就不下几十个，据说其中有一个由金融投资家进修班学员组成的同学会，仅有200余人，控制的资金却高达1200个亿，殊为惊人。据说中国最好的工商管理学院之一的上海中欧工商管理学院，除了在上海本部有一个学友俱乐部外，在北京还有个学友俱乐部分部。清华、北大、人大等名牌大学在北京、上海、广州、深圳都有同学会或校友会分会，在这些地方，形形色色的同学会多如恒河之沙。

周末的时候，到北大、清华、人大等校园走走，会发现有很多看上去不像学生的人在里面穿梭。其中有许多人是花了大价钱从全国各地来进修的。学知识是一方面的原因，交朋友是更重要的原因。对于那些"成年人班"，如企业家班、金融家班、国际MBA班等班级的学生，交朋友可能比学知识更加重要，有些人唯一的目的就是交朋友。一些学校也看清了这一点，在招生简章上明白无误地告诉对方：拥有学校的同学资源，将是你一生最宝贵的财富。研究人员在研究了数千个创业者案例后发现，在许多成功者的身后都可以清楚地看到他们同学的身影，有的是少年时代的同学，有的是大学时代的同学，还有各种成人班级如进修班、研修班上的同学。赫赫有名的《福布斯》中国富豪南存辉和胡成中就是小学和中学时的同学，一个是班长，一个是体育委员，后来两人合伙创业，在企业做大以后才分了家，分别成立正泰集团和德力西集团。一位创业者曾说，他到中关村创立公司前，曾经花了半年时间到北大企业家特训班上学、交朋友。他开始的十几单生意，都是同学之间做的，或是由同学帮着做的。同学的帮助，在他创业的起步阶段起了很大的作用。

在这个缺乏诚信的年代，同学、朋友就成了人际关系中十分稀缺的人际网络了，同时，这也是维护成本最低的人际关系。尽管同学中能成为铁杆朋友的不多，但能在关键时刻互相帮忙的却不少。因为源于共同的经历或学历，很容易就产生信任感。即使平时不联系，必要时一样可以找同学帮，而不必非得打着草稿拐弯抹角。

不过，经济学中朴素的等值观念恰恰是同学关系中的大忌。虽说同学是维护成本最低的人际关系，但利用和使用价值与感情深浅无关，与维护成本也无关。与一般的纯商业和纯感情交往不同，介乎两者之间的同学关系更适合运用的是倍增法则（双方都有受益的机会）。从"同学"含义由同窗、同班、同系扩展到同届、同校，甚至更广就可见一斑。或许，这就是同学关系较为玄妙的一面吧。

毕业后同学们奔向五湖四海，彼此之间在一起的时间少了，但是必要的联系还是要保持的，以下是维持友情的两种方法：

1.虽然彼此的工作领域不同，但可以将焦点对准目前的现状。原则上，只要拥有进取心且正在奋斗中的人即可。即使对方在学生时期与你交往平淡亦无妨，你必须主动地加深与其交往的程度。如果你很幸运地找到凡事均能热心帮忙的对象，就更易与其建立良好关系了。

2.在运用前述的方法时，同时也可并用另一种方法，以扩大交往的范畴。这个方法是通过同学录上的工作性质来加以取舍，再展开交往。

如果，你在学生时期不太引人注目，想必交往的范围也很有限度。然而，现在你已大可不必受限于昔日的经验，而使想法变得消极。因为，每个人踏入社会后，所接受的磨炼是不相同的，绝大多数的人会受到洗礼，而变得相当注意人脉资源的重要性，因此即使与完全陌生的人来往，通常也能相处得好。由于这种缘故，再加上曾经拥有的同学关系，你可以完全重新展开人脉资源的塑造。换言之，不要拘泥于学生时期的自己，而要以目前的身份来展开交往。

此外，不论本身所属的行业领域如何，应与最易联络的同学（初中、高中、大学等）建立关系。然后，从这里扩大交往范围。不妨多运用同学身边的人脉圈，来为自己的成功找到助力。

不可放弃：校园圈

有些人毕业走向职场后往往会把校园这个圈子忘得一干二净，即便是寻求帮助的时候也不会想起自己的校友和老师，实际上这是一大损失。我们要善于运用校园圈的人来办事。

新东方的俞敏洪就是靠校友的支持来起家的，当初他创业的时候，不仅仅得到同学的帮助，还有自己以前的校友的大力支持，尤其是在海外的一些校友，给予了他很大的帮助。所以我们不可舍弃校园这个圈子。

校园圈中除了自己的校友就是自己的师长，那么在校园圈中怎样和老师相处呢？这是一种做人的智慧。师生之间的人情关系自古有之。比如，老子与孔子之间，孔子与众弟子之间都有着很多人情关系。师生间的人情关系在现代则发展得更明显，更密切了。因此，为人处世上以尊他人为手段的人是很讨人喜欢的，在师生关系上则特别明显。特别是中国的老师，自古以来都具备了一种性格，一种被人骂之为"酸"的气质，那就是需要学生绝对尊敬自己，从儒学的角度出发，这似乎是天经地义的事情，因此，作为学生如"投其所好"，则何求不为师之得意门生乎？反过来说，老师在一定程度上也应尊重学生，特别是在今天的社会，人在一定程度上都是平等的，那些"桃李满天下"的老师之所以能品尝到桃李的滋味，除了自己的辛勤培育外，尊重自己的学生则是必不可少的。显然，在师生关系上，尊字是其相处的首要前提。

古之圣人孔子的弟子颜回在尊师上就给我们做了一个很好的榜样。

孔子在广收门徒后，弟子增至三千，当时的颜回还只是一个默默无闻的弟子之一。颜回天资聪慧，不但能过目成诵，而且能言善辩，但是他知道，单靠自己的能力无法成为一个与孔子一样的圣贤，所以他很想得到孔子的亲自传授。于是，颜回在平时细心观察，设法把这种渴望变成一种行动，除了自己私下努力勤奋外，更是把"尊"这一字时时放在心头。

有一次，下了大雪，颜回一大早就赶赴孔子的住处，想向孔子请教一个自己一夜都未想清的问题，恰巧孔子正在屋里会客，几个人围着火炉正谈得热火朝天。孔子仆人见颜回来了，便想入门禀告，颜回急忙劝阻他，自己则站在雪中等待。等到孔子送客出来后，才见到颜回在院中站着，衣服上沾满了雪，手与脸早已冻得不成样子了，连忙叫颜回进屋来，并带着怜爱责备颜回为什么不进来。颜回急忙站起身，作了一揖道："恩师会客，学生不请自来已实属不尊，况且，学生站在外面等待实乃学生本分。"经过这件事后，孔子越发地器重颜回了，将自己的才学倾囊相授，终于，颜回经过自己不懈的努力，也成为一代儒家圣贤。

可见，我们在平时处理师生关系上，一定要像颜回那样将自己心中对老师的尊重付诸行动，让老师明白，这种尊重是来自肺腑的，是真心诚意的。

只有这样我们才能赢得老师对我们的器重，在必要的时候也会给我们引荐更多的朋友，他们的知识和文化水平决定了他们认识的人大多是有涵养和能力的，他们教育的学生在社会各行各业，如果通过老师这个平台，会让我们的人脉圈迅速的扩张。所以，我们不能舍弃校园这个圈子，在这里有优秀的校友和老师，这是不可多得的财富。

最完美的：老乡圈

在错综复杂的人际关系中，老乡是一种无形的资源，它就像万试万灵的金钥匙，不知不觉就为你的生活开辟出一片新天地，为你事业的腾飞撑起一片广阔的蓝天。

当今社会人口的流动性很大，许多人离开家乡，到异地去求职谋生。身在陌生的环境里，拓展人脉资源有一定的难度，那就不妨从老乡关系入手，打开局面。中国人有着强烈的乡土观念，其表现之一就是对老乡有一种天生的热情，尤其是到外地上学或谋生之时，这种老乡感情就愈发强烈。

在大学里，经常可以见到有某地学生组织有老乡会性质的"联谊会"，有人觉得这些人落后狭隘；后来发现有些教师也参加，更加感到不可思议。但后来的事实证明，他们那"抱成团"的宗旨确实给大多数老乡带去了"实惠"，解决了不少困难。再后来，这种老乡会性质的团体几乎到处都能见到，它的形式虽是松散的，但"亲不亲，故乡人"。这种老乡观念，有一定的凝聚力，对内互相提携、互相帮助，对外则团结一致，抵御困难和外来的威胁。

但是，只懂得老乡的重要意义还不够，我们还需要知道利用好这层关系，然后用心去经营，才不会浪费这份宝贵的资源。

1. 确认老乡资源，有效管理名单

一般人的人脉关系可以分成以下三种类型：个人网络（家人与朋友，或是与你最亲近的人）、社会网络（单位的同事或是主管，邻居或是一般朋友）、专业网络（专业协会、俱乐部等组织）。在你的人脉资源名单里，应把"老乡"这一属性作为重点属性标注上去，比如，个人的基本资料、兴趣嗜好、专长、性格特质等。透过这份人脉资源名单，可以看出自己的人脉关系组合特性，以后沟通时可作为交往的突破口。

2. 形成对话，良性沟通

"老乡"可以说是人际交往时良好的突破口，但在与老乡沟通的过程中，应该注意四点：第一，在交谈中尽量寻找双方地域上的交集，越近越好，这要求你对故乡的地理位置和风俗习惯比较熟悉。第二，不妨扩大地域概念的范围，比如，你们是邻省、你的亲戚与对方是老乡等。第三，要善于评价对方老家所在地，给予对方深刻印象。第四，别忘记给他你的名片，名片就等于是你个人的行销档案，万万忘记不得。

3. 遍地是老乡，遍地是机遇

现在中国城市的移民化程度相当高，在任何一个单位、任何一个级别、任何一个场所，都可能有你的老乡。请培养你的老乡亲和力，尝试着和任何人说话。要知道，即使是在街上碰到的陌生人，都有可能因为一句老乡的攀谈而成为你事业生涯的贵人。

4. 定期聚会，利用网络

大学时期一般会有老乡会，要善于利用前后几个年级的老乡资源。走出校门后，有一些地区也会在他乡建立老乡会，如北京就有宁波老乡会等许多组织（此类组织一般有当地企业资助）。要积极寻找组织，拓展人脉。如时间、精力允许，应在此类组织中担任义工。如果没有合适的组织，可在网络上寻找相关组织。网络中的大型社区一般都有按地区分类的 BBS、聊天室，可适当地涉猎，参与其中。

经过第一次的接触之后，记得利用电话或是 E-mail、短信表达你的感受，同时也要让对方了解你会持续保持联络。后续的联系目的主要是让对方了解你的最新状况，并取得最新的资讯。在节日、对方的生日等时刻应给予祝福。同一城市中的老乡应找机会聚会，如能以组织者身份出现最好。

不依不舍：亲戚圈

俗话说，不是一家人，不进一家门。作为亲戚，对方也大都会很热情地向你伸出援助之手，亲情有时还可以给你巨大的帮助。但同时必须注意的是，亲戚关系又是一种比较复杂的关系，主要表现在亲戚之间存在着多种差异，比如经济的、地位的、地域的、性格的，等等。这些差异既可能成为彼此交往的原因，也可能成为产生矛盾的原因。

因此，亲戚关系和其他关系一样，在与亲戚交往中同样要做个有"心计"的人，掌握并遵循亲戚交往中的一些规律，如此，彼此的关系才会越来越亲密，反之，如果违背了这些规律，结果是可想而知的。

那么，亲戚之间在互相交往、互相求助中应注意哪些问题才能使彼此关系更融洽、更牢固呢？

第一，金钱往来要清楚，切忌糊里糊涂。

求助过程中，为了经济利益而得罪人，在亲戚之间是屡见不鲜的。比如亲戚之间的借钱、借物等是常有的事。有时是为了救急，有时是为帮助，有的就是赠送，情况不同，但都体现了亲戚之间的特殊关系，把这种财物往来当成表达自己心意和特殊感情的方式。

作为受益的一方在道义上对亲戚的慷慨行为给予由衷的感谢和赞扬是必要的。如果他们把这种支持和帮助看得理所应当，不作一点表示的话，对方就会感到不满意，而影响彼此的关系。

另一方面，对于属于需要归还的钱物，同样是不能含糊的。这是因为亲戚之间也有各自的利益，一般情况下应把感情与财物分清楚，不能混为一谈。只要不是对方明言赠送的，所借的钱物该还的也要按时归还。有的人不注意这个问题，他们以为亲戚的钱物用了就用了，对方是不会计较的。如果等到亲戚提出来时，那就不好看了。

对于来自亲戚的帮助要注意给予回报，这既是加深友谊的需要，也是报答对方帮助的必要表示。如果忽视了这种回报，同样会得罪人。

总之，亲戚之间的钱物往来，既可以成为密切感情的因素，也可能成为造成矛盾的祸根，就看你是不是个有心人。

第二，不要高高居上或强人所难。

亲戚之间虽有辈分的不同，但是，也应当相互尊重，平等对待。特别是在彼此之间有地位、职务的差异的情况下，更应如此。

常言说："贫居闹市无人问，富在深山有远亲。"这就是说，就亲戚而言，财大的、地位高的人对于比不上他们的亲戚是很有吸引力的。地位低的人总是希望从地位高的一方那里得到一些帮助，同时在他们提出自己的请求时，又怀有极强的自尊心。

在这种情况下，如果地位高的一方对来求助的亲戚表示出不欢迎的态度，那就很容易伤害对方的自尊。一般说来，地位低的人对于被小看是很敏感的，只要对方露出哪怕一点冷淡的表示都会计较、不满，造成不良的结局。

还有另一种情况，就是有些人求亲戚办事，特别是办一些有违原则的事，人家没办就心怀不满，说人家不讲情谊之类的话，这也是很使人伤心的。

在有地位差异的亲戚之间最常见的矛盾是在求与被求之间，是在不能满足对方要求的情况下发生的。因此，如遇这些问题，一方应注意尽量地满足对方的需求，另一方则应考虑对方的难处，尽量不要给人家出难题，即使因客观原因不能满足自己的需求，也应给予谅解，不能过多地计较。

第三，要体谅亲戚，不要为所欲为。

亲戚之间由于彼此关系有远近之分，有密切程度上的差别，因此在相处时应把握火候，掌握分寸。"亲戚越走越亲"，是一般原则。但是，看你如何走法。有"心计"的人能掌握其中的一些技巧。

过去走亲戚可以在亲戚家住上一年半载，现在就有很多的不便。大家都有工作，都有自己的生活习惯，住的时间过长很多矛盾就会暴露出来。

还有的人到亲戚家做客一点也不体谅对方，而是由着自己的性子来，这就给亲戚带来很多的麻烦，也容易造成矛盾。

比如，有的人有睡懒觉的习惯，每天要睡到太阳升起来才起床，他们到亲戚家也不改自己的毛病。亲戚要照顾他，又要上班，时间长了就会影响亲戚的工作和生活的正常秩序，进而影响彼此的关系。

还有的人不讲卫生，到了亲戚家里，烟头到处扔，人家就要不停地收拾。如果时间不长，人家还可能忍耐、克制，要是日子长了，矛盾就会暴露出来。

因此，在与亲戚交往中也有一个优化自己的行为方式的问题，如果方式不当就会得罪对方，这样在你需要帮助时对方便很难伸出手来帮助你了。

血浓于水的亲情永远是我们心灵的寄托，是我们遇到困难时的救星。但是亲戚也是凡人，所以我们要在平时就做个有"心计"的人，加深并保持与亲戚们血浓于水的亲情，这样在你有求于他时，他才会鼎力相助。

新生力量：会员圈

会员圈现在在年轻人中比较流行，不管做什么都会有会员，商店购物、饭店吃饭，就连理发也有会员，这些会员就组成了一个圈子，在这样的圈子中定期会举办一些活动，在活动中人与人之间慢慢就熟悉起来，为以后办事奠定了一定的基础。

在中国，关于政治和帮派的关系有很多故事，比如说明代的江山来自"明教"的力量等等。金庸的小说中就写到"明教"、"红花会"、"天地会"等等，这些是有真实依据的，不仅仅是小说家的杜撰。

距离我们的时代比较近的例子就更多了。

当年，左宗棠带大军出征。在征途上，有一天忽然看见他的军队自己移动起来，排成十几里的长队，士兵都说去欢迎"大龙头"。左宗棠以为士兵要造反，不禁慌张。他的参谋说："我们军中自兵士以至将官，都是'哥老会'成员。他们今天是去欢迎首领，就是'大龙头'。"左宗棠说："如果这样，我们的军队怎样才可以维持呢？"参谋说："如果要维持这些军队，就要请大帅自己去做'大龙头'。大帅如果不肯做'大龙头'，恐怕我们就到不了目的地。"左宗棠想不到别的方法，所以就采纳参谋的建议，也去"开山堂"做起"大龙头"来。

后来他利用了帮会的力量胜利凯旋。

其实，在美国也一样。

美国女记者亚历山德拉·罗宾斯在她的畅销书《坟墓的秘密：骷髅会、常春藤联盟及权力的秘密通道》中说，"骷髅会"控制了美国。她有一句话现在看来很有先见之明："2004年的美国总统大选，很可能成为耶鲁大学'骷髅会'会员的首次对决。那就是现任总统小布什（1968届会员）接受参议员克里（1966届会员）的挑战。"

经过172年的经营，从白宫、国会、最高法院到中央情报局，从金融银行、联邦储备委员会到美国三大基金会，"骷髅会"的成员几乎无所不在。由于"骷髅会"的成员基本上都是名门望族，其中包括布什家族、哈里曼家族、菲尔波茨家族、洛克菲勒家族、塔夫脱家族、古德伊尔家族等等。所以，"骷髅会"的成员逐渐控制了美国社会。

该会有一个主要宗旨，就是协助会员获得权力和财富。一旦成为会员，也就等于获得了进入美国上层社会的通行证，会员不仅会被传授如何跨进国家权力机构的知识，还能得到以往那些"骷髅会"兄弟们的名单，这一排排的名字简直就是通往权力和财富之路的"登天梯"。

随着时代的进步，各种各样的会员圈异军突起，我们要根据自己的爱好和兴趣，以及自己行业的需要去有目的地加入或者组建一些会员圈，这将会为我们聚拢更多的人脉。

第三章
选对"圈子"把自己融入其中

给自己找一个有希望的圈子

社会上的每个人有着不同的个性特点和兴趣爱好，甚至不同的价值观。我们可能因为学习或工作，处于某种正式的群体之中，需要面对很多与我们价值观不同、兴趣不合的人。在这种情况下，人们会缺乏归属感。然而，归属感恰恰是现代人最需要的。

心理学认为，人除了吃喝拉撒等基本生存需要之外，还有归属需求、审美需求等。当我们在正式群体之外寻找到一群和自己志同道合的人时，就会找到归属感。例如参加所属圈子的活动，在网上发帖等，这些都能让我们感到自己是一个被人注意、被别人需要的人。

那么，面对大大小小的圈子，该如何选择适合你的呢？从性格的角度来看，内向的人可以去参加一些读书会之类的团体，这个圈子里的人可以帮助你挖掘自己内心的声音；如果你的性格很开朗，那么建议你参加合唱团、话剧社之类的组织，这样可以更好地实现自己的价值。

很多人喜欢不断地在一个个圈子中跳进跳出，这样自然无可厚非。但如果你真的想通过圈子结识一些好朋友，建议你最好不要跳得太过频繁，否则会让人觉得你"靠不住"。我们大部分人都熟悉由亨利·福特创造的有关追求幸福的一句经典语录："不管你是否相信自己能做成一件事情，你都是对的。"

圈子作为一种资源，不仅能在你需要帮助时伸手扶你一把，而且在相互交往中能使你学到许多东西，从圈子中获得一种受益终身的"人生资源"。在与人交往中，我们可以学到以下三个方面的知识和经验。

首先，通过与圈内人的交往，你能够更加深入全面地了解社会。人们要在这个社会中生存发展，就必须了解这个社会。我们习惯于从日常生活中了解这个社会，从别人的生活经验、书报杂志和传播媒介中了解社会。仅仅从生活体验中获得社会知识，其知识面非常狭窄，难以使我们作出准确的判断，这无疑是井蛙窥天。报纸和其他传播媒体所提供的也只不过是一张"地图",地图的描绘毕竟与活生生的现实存在着千差万别。像这样由较狭隘的个人经验塑造出来的世界观,随着圈子的扩大,有可能慢慢地得到修正。

其次,在与圈内人的交往中,你能够更加深入、全面地了解自己。以为自己最了解自己,是每一个人都容易犯的一个毛病。事实上,我们对自己的认识极为有限,几乎无法具体地描述自己的个性、能力、长处和短处。一般情况下,人们所认为的"真正的自己",通常只包括"有意识的自我"和"行动的自我",而这些仅仅是自我的一部分而已。

全面地认识自己的唯一办法就是拿自己与周围的人比较,或者从与人的交往中逐渐看清楚别人眼中的自己。人们有时候必须在多次受到长辈的斥责和朋友的规劝之后,才能恍然大悟,真正拥有自知之明。"以人为镜,可以明得失。"失去了别人这面镜子,你将无法知道自己是什么样子。

最后,通过与圈内人的交往,你能够更加深入、全面地了解人生。漫漫人生旅途中,每个人无时不在受着他人的影响,这些人可能是父母、亲友,也可能是自己的上司和同事。从他们身上,我们不仅可以更全面地认识自己,而且可以更好地了解整个社会,同时也会从他们的生活态度中认识人生的另一个侧面。

"三人行,必有我师",身边的每一位朋友甚至路人,他们其实都可以成为我们人生中的老师,因为每个人身上都有各自不同的长处。我们要善于取长补短。我们可以从他们的处世、思维的角度,甚至一个细微的动作或表情,学到人生的知识,这些是书本中学不到的"真金"。每个人总是在不断开发自己的人脉圈子,区别在于成功的人总是比别人具有更庞大和更有效的圈子。

先把自己"包装"成圈内人

这个时代是个善于包装的时代,伪劣产品经过精致的包装可以成为上等好货,平庸之辈经过包装可以大名鼎鼎。物品靠包装抬身价,人也靠包装过日子。

有人做过一个这样的实验:让一个人打扮成乞丐的样子,而另一个人穿着高级西服,装扮成一个高级白领的样子,然后让他们在一个热闹的路口过马路。结果,"乞丐"后面没有一个人跟随,而那位"白领"后面却有了一大群人跟着他过马路。为什么会出现这样的情况?就是因为白领的形象给人一种信任感,而乞丐却不能给人信任感。所以大家从心理上都信赖这个白领,都愿意跟随他。而对于那个乞丐却不相信,所以没有一个人愿意跟他过马路。由此可见包装的威力。

人们在过马路时，尚且还要跟随一个自己感觉印象好的人，何况在办事时呢？有一个好的包装对办事绝对能够起到一定的帮助作用。

既然一个人的形象在办事时如此重要，我们不妨也学会将自己包装成一个善于办事的人，这样办起事来就会更加顺利。在大家心目中，一个诚实、热情、宽容、乐于助人的人，总给人一种信任的感觉，所以，大家不妨给自己包装一种善于办事的形象。把自己包装成有能力、诚实、热情、宽容、乐于助人的形象，这样就会让人家对你有一种敬仰的感觉，办事时自然就不敢故意刁难了。

那么应该怎样来包装自己呢？大家不妨试试下面的方法：

包装成一个热情的形象。大凡善于办事的人，都有一副热心肠，像一团火。他们与人相处，谦和有礼，态度热情，和颜悦色，满面春风，每每留下和蔼可亲、平易近人的良好印象。这看起来似乎是小事，不足挂齿，其实影响很大。当你对人奉献一丝真诚善意的微笑时，那是对他尊敬、喜欢的最直观的表示，它可以使对方得到快慰和美的享受，进而对方会对你作出积极的评价。有些人对人缺乏热情，不管在什么场合，总是绷着脸，没有一丝笑意，冷冰冰的，严肃得怕人。抑或偶尔也挤出一丝笑容来，但假模假样，让人感到很牵强，这样自然会使对方拘谨不安，设法躲开去，自然谈不上给你办事了。

包装成一个尊重人的形象。人人都有自尊心，人人都希望受到尊重，而且对尊重自己的人有一种天然的亲和力、认同感。因此，在日常生活中，不管对方的地位如何、才能怎样，只要与之打交道，就应给人以人格的尊重。做到礼遇要适当，寒暄要热烈，赞美要得体，话题要投机。让人感到他在你心目中是受欢迎、有地位的，从而得到一种满足，感到和你交往心情很愉快。

包装成一个诚实的形象。诚实的人是人们在办事交往中最易于信赖的朋友。俗话说得好："人心要实，火心要虚。"这句至理名言被人们公推为交际办事经。诚实的人办事会更有优势。诚实是一种高尚的人格，是对自己、他人和社会负责任的表现。人缘的好坏，很大程度上是人格高尚或是人格卑微的代名词。对待他人真心诚意、实实在在，办事说话有根有据，不捕风捉影；把问题摆在明处，不在背后搞小动作，不要耍滑藏奸，而要光明磊落、踏踏实实，拥有此等胸怀，与人相交办事，必然能够赢得好感。人人都有这样的体会，与诚实人办事，不必遮掩防范，彼此能够开诚布公，同甘共苦。一个人的品质主要体现在重信义上。与人共事要"言必行，行必果"，这样才能让人信任你。如果拿信义开玩笑，当面允诺，过后又忘得一干二净，别人追究，又一再搪塞，如此对人对事，一定会得罪朋友，失信于人，人际关系恶化，人缘变差。实际上，诚实的人信誉度高，朋友会变得多起来，人缘也就越来越好。

包装成一个宽容的形象。宽容忍让，是为人处世的较高境界，易于博得他人的爱戴和敬重。一般地说，人缘好的人几乎都具有对己严而对人宽的优秀品质。宽以待人贵在一个"宽"字，也就是能容人。在现实生活中，每个人都有自己的个性、喜好和习惯。这些东西是很难统一的。与人相处应懂得照顾别人的个人需要，能求同存异，不可以自己的好恶来约束、苛求他人，特别是对他人的过失、不足，甚至在他人做了对不起自己的事情时，只要不是原则问题，就应给以宽容，不要求全责备，过分抱怨。更不要揪住人家的小辫子，当众揭短。这样，他人才会把你看成是一个宽厚容人的人，而愿意与你相处。如果对他人过分苛求，人家就不敢、不愿靠近你。古语"水至清则无鱼，人至察则无徒"，说的就是这个道理。

包装成一个有能力的形象。有能力的人总会得到大家的尊重，所以，就要在平时为自己树立一个有能力的形象，别人不能够办的事你能够办下来，别人完不成的任务你能够完成，当你找别人办事的时候，别人也不会为难你。给自己包装一个好的形象，就等于给自己办事颁发了一张通行证，办起事来肯定会一帆风顺的。

要结交圈中的"强人"

翻开身边的八卦新闻或者人物传记，上面总会有那样几个充满着戏剧架构的故事：一个开货车的年轻司机竟然是公司的少东家，或者一个看似落魄、在百货公司躲雨的老妇竟是某集团总裁的母亲。在这样的故事里也总有那么几个受"贵人"眷顾的幸运者，之后就是一条阳光大道，前途光明。

我们每一个人都希望自己有一个生命中的"贵人"，在关键时刻或危难之际能帮我们一把。贵人相助确实是我们成功道路上的宝贵资源，他可以一下子打开我们机遇的天窗，让我们拨云见日，豁然开朗，直接进入成功的序列和境界；他可以大大缩短我们成功所需的时间，提升我们成功的速度，使我们站在巨人的肩膀上。

一谈起"贵人"，经常会有那么一种错觉："贵人"＝"显贵"＋"天使"。贵人真的那么神奇？

我们就要这样等待着贵人的降临吗？整天做着白日梦，梦想着下一个在自己面前寻求帮助的老人是某位显贵？等待麻雀变凤凰的180度大转变？这种概率和中福利彩票的几率差不多。

不用羡慕所谓的"幸运者"，你也可以一样。但千万不要认为"贵人"就一定是显贵的。一个完全功利性、目的性十足的人脉网并不能给你带来更大的好处。

机遇和贵人是在适当时候出现的适当的人、事、物的组合体。我们无法控制这种完美的巧合何时出现，唯一的可能是通过控制自己的人脉来给自己制造更多的可能。

圈子好比是一只八脚章鱼，每一只八脚章鱼每一天每一分钟都在不停地集合着，交错着，只是我们自己常常不自知，不在意，常常和贵人擦身而过！不要只看着人脉中的显贵，太过看重显贵会忽视其他更多的普通人。在适合的时机，即便一个普通人也可以扭转乾坤，成为你的"大贵人"！

但也不要毫无限制，毫无选择性和原则性。就算收了一大堆名片，也不等于朋友遍天下。毫无诚意的点头之交等于零，人脉需长时间的积累和沉淀。

合适的圈子才是最好的圈子

"近朱者赤，近墨者黑"。一个人如果置身于某一不好的圈子，就会身不由己，许多事情无法左右；相反，如果一个人进入了一个好的圈子，在其遭受挫折时，就会有圈子中的人鼓励。由此看来，一个人对圈子的选择比对圈子的艰辛经营更加重要。

用一双火眼金睛去鉴别圈子。可能有的人想急于融入到某个圈子中，也不管这个圈子里的人是做什么工作的，大家有什么样的爱好，只要进去了，就很兴奋，但渐渐才发现圈子不一定适合自己，可能这是个弯路，对个人今后大的目标没有大的好处。鉴别圈子需要遵循下述几个原则：

第一，应该有一个自己发展的大致的方向，在这个方向上比较一致的，比较接近的一些圈子，或者说这种人脉关系，着重去发展。

第二，要了解自己的背景和能力。圈子会带给你一些共享的资源，同样你要给这个圈子带来一些卖点，一些资源，这时候你的背景跟你的这种能力，各种综合的情况，能不能给圈子带来一些益处，也变得重要了。你如果不够格，或者说没有资质，不满足要求的时候，可能会逐渐脱离这个圈子，你可能被并到另外一个圈子里去，这也是由不得你自己的事情。

第三，一个圈子的利益取向决定于圈子里的人和他所处的职位。所谓"量体裁衣"就是这个道理，比如有人在公司任总监职位，那么他对圈子的取向和给予会与一般经理不同，他所谈论和要求的会是高管一级关心的事情，而一般经理人更倾向于个人职业发展。

第四，现代社会的圈子五花八门，可以说是种类繁多，虽然圈子的数量突飞猛进,但圈子的质量严重下降。过去的圈子崇尚"谈笑有鸿儒,往来无白丁",但现在越来越多的功利色彩充斥其间,圈子的功能就是提供获取利益的机会外加娱乐消遣。

但无论是选择还是建立适合自己的圈子,都要遵循以下原则:

1. 类我原则

所谓类我原则,指的是在结交关系时倾向于选择那些在经历、教育背景、世界观等方面都跟自己比较相似的人。因为"类我"可以更加容易信任那些以同样的方式来看待世界的人,你感觉到他们在形势不明朗的情况下会采取和你一样的行动。更重要的是,和那些背景相似的人共处,通常工作效率会很高,因为双方对许多概念的理解都比较一致,这使得你们能更快地交换信息,而且不太可能质疑对方的想法。

2. 邻近原则

指上班族的社交网络中多是跟自己待在一起时间最长的人,用共同活动原则来建立社会关系网络。强大的社会关系网络不是通过非常随意的交往建立起来的,你必须借助一些有着较大利害关系的活动,才能把自己和其他不同类型的人联系起来。事实上,任何人都可以参加多种多样的共同活动并从中受益,包括运动队、社区服务团体、跨部门行动、志愿者协会、企业董事会、跨职能团队和慈善基金会等。

第四章
拓展你的"结交圈"

人际吸引是成功拓展人脉的开端

在生活的舞台上，我们每天都在与形形色色的人打交道。有的人，初次见面就会给你留下很好的印象，让你很长时间都不会忘记；也有的人，即使你见过多次也记不住。我们会发现，那些容易给人留下好印象的人，在交往中也总是得心应手，从不会因为缺少朋友而烦恼。这是为什么呢？心理学家的研究表明，人际吸引是人们成功交往的开端，一切良好的人际关系，无不是以人际吸引为契机的。有了吸引，才会有真挚的友谊；有了吸引，才会有美丽的爱情。有人比喻，人际吸引就像一个无形的磁场，将人与人"吸"到了一起。

人际吸引也就是人与人之间的相互接纳和喜欢。怎样才能被人接纳和喜欢，这是一个突兀有趣的话题。以下是影响人际吸引的因素：

1. 美感

古希腊的哲学家亚里士多德曾经说："美丽比一封介绍信更具有推荐力。"虽不知亚里士多德的所谓美丽是否只针对外貌而言，不过外貌美丽对人际吸引的作用的确是不可低估的，人们在交往中对外貌有一种特别的注意力，美丽的外貌容易使人产生好的印象。

2. 才能

人人都愿意与有能力的人交往。在一定限度内，才能与被人喜欢的程度成正比。但是，才能太高就不利于人际交往的顺利进行了。心理学家研究发现，在一个群体中最有能力、最能出好主意的成员往往不是最受人喜爱的人。这是因为，当身边的人的才能让自己可望而不可即时，人们就会产生一种压力，这种压力导致人们对高才能的人敬而远之。现实生活中，这样的事情屡见不鲜。在某些单位，有才能的人经常会受到排挤，而人们却总是错误地倾向于用嫉妒来解释这个现象。其实，这种事情的发生都是很正常的。

因此，在现实生活中，不必苛求自己做一个完美的人，因为完美不但不会增加你的吸引力，反而会使人们对你敬而远之。如果你是一个很有才能却不受欢迎的人，那么不妨犯一点可以原谅的小错误，也许会收到意想不到的效果。

3. 个性品质

一个人的个性品质无疑会影响别人对他的喜爱程度。20几岁的时候，想要吸引他人的注意，就需要由内而外地将自己打造成一个精品。徒有外表而没有内涵，会让人觉得肤浅；而拥有内涵而不在意自己的外表则会给人一种邋遢的印象。培养自己的个人品质，打造自己的个人品牌，这样，不管走到哪里，你都会成为人们的焦点。

自己走百步，不如贵人扶一步

当我们正在为如何走向成功而发愁的时候，不妨看看那些已经成功的人是怎么做的。不要以为别人的成功不可以复制，因为那些成功人士也都是从普通人一步步走向成功的。印尼巨富林绍良，他在人生的道路上结交自己的贵人，让贵人发现自己，最终闯出了一片天。这样的做法是每一个有心人都能够做到的。

第二次世界大战结束后，爪哇岛被人为地划分为荷占领区和印尼区。在印尼人民的独立战争中，当地华人为保卫家园，纷纷投入支持印尼人民的斗争中，一些华商冒着生命危险，从当地偷运白糖、椰干等土产到新加坡去贩卖，然后购买军火、药品，冲破荷军封锁，交给印尼军队。华侨商人林绍良也投入了这个队伍中。他凭着经商建立起来的社会关系，很顺利地购进一批军火，又凭着机智勇敢和对地形的熟悉，左右回旋，见缝插针，将第一批军火运到印尼驻军总部所在地三宝垅，交给了急需军火的军人。

这次成功使林绍良增添了信心，积累了经验。在贩运军火过程中他结识了许多印尼军官，其中包括当时三宝垅驻军的中校团长，后来成为印尼总统的苏哈托。每当苏哈托的军队陷入经济窘境，林绍良总是全力支持，两人成为患难之交。

1968年，鉴于印尼长期遭受殖民主义掠夺，粮食缺口很大，每年必须拿出大量外汇进口粮食，林绍良向政府提议，在国内自行加工面粉。印尼政府很快采纳了他的建议，并把全国生产面粉三分之二的专利权交给了他。林绍良为此成立了波戈沙里有限公司，获得印尼国家银行28亿盾（约合280万美元）的贷款，苏哈托总统亲自主持了第一座面粉厂的落成典礼。经过10年的努力，波戈沙里公司成为印尼最大的面粉公司。

林绍良与苏哈托家族共同创办了拥有30多家银行、建筑、水泥、钢铁等行业的华仁谊企业集团。该集团后来成为印尼华人实力最雄厚的五大财团之一。

林绍良的成功究竟是怎样创造的呢？个人的努力是重要因素，更重要的是他懂左右逢源，拓展自己的人脉，赢得别人的信任与支持。林绍良很重视人际关系在经营活动中的地位，在这方面，林绍良与当时的印度尼西亚总统苏哈托的深交，对他的事业的成功起到了很大的作用。

由此可见，在自己的发展道路上，结交贵人，让贵人推进自己的发展，要比只凭自己的努力更容易接近成功。这个道理，在林绍良的身上能够得到很好的印证。对于正在打拼的人来说，发现自己的贵人，让贵人多提供一些机遇，距离成功也不会太远了。

有旷世的才华，还得找到赏识你的贵人

即使你有旷世的才华，有足够的胆识和谋略，但是不展示出来，你的一切能力也就只有你自己清楚。当今时代是一个追求效益的时代，让别人看到你的存在，看到你的成绩，你将有意想不到的收获。所以，满腹才华的你，如果遇到了能够发现并赏识你的贵人，结果就会有很大不同。

盛唐时期，诗人王维想参加科举考试，请岐王向当时权势大的一位公主疏通关节，事先向主考官打声招呼。可是公主早已答应别人，为另外一位叫张九皋的人打过一次招呼。岐王也感到十分为难，他对王维说："公主性情刚强，说一不二，想强求她改变主意帮你打招呼，实在不容易。我给你出个主意：你将写得最好的诗抄下十来篇，再编写一曲凄楚动人的琵琶曲，五天以后你再来找我。"

五天后王维如期而至。岐王将王维打扮成一名乐师，携了一把琵琶，一同来到公主的府第。岐王事先对公主说："多谢公主予以接见，今日特地携了美酒侍奉公主。"说罢便令人摆上酒宴，乐工们也依次进入殿中。

年轻的王维容貌秀美，风度翩翩，引起了公主的注意，她便问岐王："这是什么人？"

岐王道："他是一个在音乐方面颇有造诣的人。"王维演奏了一首琵琶曲，曲调凄楚动人，令人击节叹息。这首曲子是王维新近创作的，他演奏起来自然得心应手。

公主非常喜欢这首曲子，于是迫不及待地问王维："这首曲子叫什么名

字？"王维马上立起身来回答："叫《郁轮袍》。"公主对王维更感兴趣了。岐王乘机说道："这个年轻人不仅曲子演奏得好，还会写诗，至今在诗歌方面没有人能够超得过他！"

公主越发好奇了："现在你手里有自己写的诗吗？"王维赶忙将事先准备好的诗从怀中取出，献给公主。公主读后大惊失色，说道："这些诗我经常诵读，一直认为是古人的佳作，怎么竟然是你写的呢？"于是，岐王让王维换上文士的衣衫，再次入席。

王维风流倜傥，谈吐风趣幽默，在座的皇亲国戚纷纷向他投去钦佩的目光。岐王趁热打铁，说道："如果这个年轻人今年科举考试得以高中，国家肯定又会增添一位难得的人才。"

公主问："为什么不让他去应试？"岐王道："这个年轻人心高气傲，如果不能得到最为尊贵的人推荐考中榜首，宁愿不考，可闻听公主已推荐张九皋了。"公主连忙笑道："这没关系，那是我受他人所托才办的。"接着她又对王维说："你如果真的想考，我必定为你办成这件事。"王维急忙起身道谢。公主立刻命人将主考官召来，派奴婢将自己改荐王维的意思告诉了他。于是，王维一举成名。

王维得到了公主的赏识，从此以后，他的才华得到了世人的肯定，也给自己的满腔抱负找到了出口。

生活中的我们也是一样的。不要以为自己有才华，就可以傲视一切、目中无人，而应该主动找寻你的贵人，让他发现你、肯定你，并给你指明一条发展的道路。因为只有这样，你的才能才不会被埋没，你才能摆脱"怀才不遇"的苦恼，一步一步地接近成功。

主动结交成功的人

主动结交成功的人是走向成功的一条捷径，可以少走很多弯路。因为优秀的人就是一个更高的平台，帮助你一步步登上事业的顶峰。

美国少年亚当在杂志上读了某些大实业家的故事，很想知道得更详细些，并希望能得到他们对自己的忠告。

有一天，亚当跑到纽约，也不管几点开始办公，早上7点就到了威廉·亚斯达的事务所。在第二间房子里，亚当立刻认出了面前的那个人就是自己所要拜访的人。亚斯达刚开始觉得这少年有点讨厌，然而一听到少年问他："我很想知道，我怎样才能赚得百万美元？"他的表情就变得柔和起来并露出了微笑，两人长谈了一个小时。随后亚斯达还告诉他该去访问其他实业界的名人。

亚当照着亚斯达的指示，遍访了一流的商人、总编辑及银行家。

在赚钱这方面，亚当所得到的忠告并不见得对他有多大帮助，但是能得到成功者的知遇，却给了他自信。他开始仿效他们获得成功的方法。

24岁时，亚当成为一家农业机械厂的总经理。不到5年，他就如愿以偿地拥有了百万美元的财富。

亚当活跃在实业界多年，总结出了自己成功的一条经验：多与优秀的人结交。

亚当的例子告诉我们，与成功之人主动结交对于未来的发展有着重要意义。我们要主动接近成功者，可以从他们身上吸取宝贵的经验，同时有些成功者的人脉也能为你将来的事业提供助力。因此，在交朋友时要善于考虑并选择比您更优秀的人，这种意识可以使您离成功更近一步。

搭头等舱为自己创造机会

看过《泰坦尼克号》的观众都为平民杰克和贵族小姐露丝的爱情所感伤。杰克赢得了船票，才得以登上泰坦尼克号与贵族小姐露丝相遇。生活中，你也必须想办法得到属于自己的那一张船票。

有一个名叫凯丽的美国女人，出身贫穷的波兰难民家庭，在贫民区长大。她只上过6年学，从小就干杂工，命运十分坎坷。她在13岁时，看了《全美名人传记大成》后突发奇想，要直接和许多名人交往。她的办法之一就是写信，每写一封信都要提出一两个让收信人感兴趣的具体问题。许多名人纷纷给她回信。另一个方法是，凡是有名人到她所在的城市举办活动，她总要想办法与她所仰慕的名人见上一面，只说两三句话，不给人家更多的打扰。就这样，她认识了社会各界的许多名人。成年后，她经营自己的生意时，因为认识很多名流，他们的光顾让她的店人气很旺。于是，凯丽自己也成了名人和富翁。

凯丽的做法和"搭乘头等舱"的做法是一个道理，也就是所谓的"醉翁之意不在酒"。凯丽参加活动是为了结识名人，人们搭乘头等舱也是为了结识名流，而不是为了活动和旅行本身。

因为搭乘头等舱的乘客大都是政界人物、企业总裁、社会名流，他们拥有许多重要的资源可供我们挖掘。搭乘头等舱就可以为自己搭建高品质、高价值的人脉关系网，因为这里出现贵人的频率要远远高于其他场所。

这样的例子并不少见，有的人在短短几个小时的飞行中就谈成几笔生意，或者结下难得的友谊，这在经济舱内的旅行团体中是很难碰到的。

在现代社会，越来越多的人懂得了这个道理。所以，读 MBA 的人可能不是为了充电，考托福的人也未必想出国，参加司法考试的人不一定要当律师。许多人原本是为了一张证书而进入某个圈子，后来变成了融入某个圈子，顺便拿张证书。证书对于他们来说，不仅是一张许可证，还是一张融入某个社交群体的准入证。

当然搭乘头等舱并不是狭义地指出入高级场所，也指找到贵人出现频率最高的地方和最易接近贵人的方法。

搭乘头等舱的做法看起来很容易，但懂得这个道理的人未必都能做到，这就需要掌握一些窍门了。

1.要舍得付出，不要计较一些小钱和眼前利益。搭乘头等舱，出入一流地方，当然需要比较大的花销，但这笔花销所带来的利益和好处是显而易见的。如果你舍不得手里的一些小钱，便等于将自己与贵人的圈子划清了界限，缩小了自己的交际范围。这样的人恐怕很难成就大事。

2.要培养自己的风度和气质，成为一个举止优雅、文明大方的人，这样在一个较高层次的圈子里才能如鱼得水。也就是说，要努力让自己融进这个圈子，而不是被圈子里的人嘲笑，被这个圈子排斥。试问，一个在餐桌上表现失态的人，怎么可能与一位上层社会的贵人相谈甚欢呢？

3.不要表现得急功近利。无论你抱有什么样的目的，付出了多么大的代价，结交贵人都不是一天两天就可以大功告成的事。过于急切地表明自己的意图，甚至不惜做出谄媚的样子，那么你会失去贵人对你的好感和尊重，得不偿失。

搜索那些带"圈"的朋友

锁定拥有好人缘的人，多认识一些朋友多的人。每个人的人脉网是不一样的，朋友的朋友也有可能成为你的朋友。

简的生活一直都是丰富多彩的。在公司，休息的时候，和同事们聚在一起说说话，工作似乎也变得轻松了许多。但是，她不会让同事过多地了解自己的个人生活。

烦心的时候，她就会打电话给自己的闺中密友，向她倾诉心中的烦恼。很多时候，她的男友求她："亲爱的，你为什么不对我说呢？难道你不信任我吗？我愿意倾听的……"

可是这些话没有用，简依然故我。

到了周末和假期，简会挽上男友的胳膊，两个人就像突然被蒸发一样。

还有更离奇的时候，简谁也不告诉就和业余登山队的朋友出去了，两天之后，又兴高采烈地回来。

出去逛街的时候，她会拉着爱玛一同前往；去参观油画展览或者电影节，大学时那个和她年龄相仿的老师准会被她揪出来……

总之，她身边的人总是在不停地变换，简的日子在不同朋友的陪伴下欢快地滑过。

简之所以能轻松快乐地生活，就是因为拥有好人缘。

寻找"中间人"的时候，我们要把这一类人当做主要目标。

拓展人脉的关键就是认识更多的人。人们大多都是生活在一个既定的生活圈子内。如果你接触的是同一群人，你的成长是有限的；如果将自己限在很小的社团内，只会让你觉得枯燥无味，沉闷寂寞。所以，多结交带圈的朋友，参加新的社区活动，扩大你的社交圈，就可以让你结交各个阶层的朋友，不但让你生活多姿多彩，而且能扩大你的视野与见识。这是一种非常好的精神食粮。

如果你能够不断扩大你的生活圈子，你的交友层次也就会不断提升；如果你能够勇于尝试新的事物，你就能突破内心的种种困难和障碍。

你必须借助"中间人"的力量跨出自己的生活圈子，必须接触不同类型的人，因为不同类型的人会带给你不同的刺激，不同的刺激会带给你不同的创益和灵感，让你在你的领域里能够占有更大的优势。

结交朋友的前提是培养、提升自己的气质，改善自己的交际。如果你希望拓展人脉圈，那么照着以下建议去做，你会有意想不到的收获。

1. 乐于结交朋友

采取主动的姿态参与各种社交活动是拓展交际圈子的一个必然途径。我们可以选择一个社团，加入一个集邮社或健身俱乐部等等。被动的方式最常见的是，旅途中，我们必须学会和陌生人相处。所以我们要乐于结交朋友，无论何时何地，如果有人想主动结识你，绝不要当场立刻拒绝，而应马上做出友善的回应，向对方展示你的友善和真诚。永远记住，多善待一个希望结识你的人，你就多增加一份人脉，并可能因此多得一次事业良机。

2. 自信

每个人都有一套拓展人脉的方式，接待人的特点和方式都不同，但是有一点可以肯定，善于社交的人必然是个自信、开朗的人，一个腼腆、保守的人很难打入新的社交圈子。

对抗这种"社交紧张症"的最根本方法是培养自己的信心。一个人如果很不自信，他就不愿意走出去主动与人交往，更甭说要拓展人脉了。

3. 培养受欢迎的性格

俗话说："千人千面，各人各性。"有一种人尽管有很高的社交要求，他们仍然会觉得和别人交际来往会让他们心神不宁，带给自己莫名的紧张。锻炼自己的"耐性"可以让自己在人际交往上得到长足的改善。

4. 以开放的心态容纳朋友

开放的心态包括要勇于听取朋友们的意见和批评。只有善于吸收意见的人，才能成长得最快。如果你想有更多更好的朋友，就应该养成开放宽容的心态。我们建设人脉的目的之一就是为自己增加发展的外力，能够为自己提意见的朋友是世界上最珍贵的朋友。处处寻找朋友，并听取他们的建议，才是理性和成熟的体现。

所以，努力结识带"圈"的朋友吧！他们是我们的最佳"中间人"。带"圈"的朋友就是一个辐射点，以他为中心扩散开去的部分有许多人，而这些人中就会有你需要的朋友。

熟人链效应，善待你遇见的每一个人

现实生活中，英雄难过熟人关。有了熟人，才有人情，有了人情，才好说话，才有人脉关系，才能把别人难办的事顺利办成。

做公关的赵小姐想找人帮忙介绍一位报社记者，想来想去，只有找校友小李合适。说起来，她们两个也算是"同学"，当时在一个学校学习，只不过专业不同，在大二时的一个社团里认识的，毕业之后很少联系。小李接到"叙旧"电话，当然很意外。聊了一会儿，赵小姐便说出了自己的情况——她刚刚开始做公关，手头正好有个项目，这个项目的市场竞争很激烈，而且时间很紧，也很重要。

问过大致情况，小李便推荐了合适的记者给她。这个记者跟小李的关系不错，而且还比较容易说话。

在记者电话到手时，赵小姐千恩万谢。一个多月后，赵小姐又给小李打来电话，说要请她吃饭，因为她介绍的那个记者帮了赵小姐大忙，促使这次的公关活动做得很成功。

有一项很有趣的研究表明：任何人和世界上的任何一个人之间的距离只隔着四

个人，不管你和对方身处何处，哪个国家，哪个人种，何种肤色。而且前提是这六个人之间肯定是有着理所当然的关系。

不用惊奇，构成这个奇妙六人链中的第二个人，很可能就是你认识的人，也许是你的父母，也许是你的同学，更有可能是在公司里做清洁工的阿姨。由此而言，人脉其实很好建立。有了人脉关系，关键还在于你是不是会用。

一位刚刚毕业的留学生，想回国发展，但是找了很多份工作，都没有成功。有一天他在网上看到一家跨国公司在中国区招聘一个职位，他觉得这个职位十分适合自己，但是到这个岗位应聘的人又太多，他认为仅凭自己单枪匹马地去竞争，成功的几率太小。那时，他想起在他们学校的校友录上曾看到过一位学长也是这个公司的高层，于是他连夜写了一封电子邮件，发给了这位从未谋面的学长。在这封信中他强调自己和他是校友，也是某某大学的应届毕业生，很希望学长能给他一次机会，并附上了一份自己的个人简历。

当时他并没抱有多大的希望，心想即使那位学长回信也无非是一些官话套话而已，不可能马上就给他答复。

没想到一天之后，那位学长竟然给他回复了，回复的结果出乎他的意料，让他有点不敢相信。信里说让他在第二天直接参加面试，并且还为他附上了一些成功的祝福语。最后，他取得了这个职位。显然，他与学长的校友关系起了关键作用。

在中国这样一个重视人情礼仪的社会里，人脉关系起到的作用是相当大的。有人脉就好办事，有关系就好说话。因此，若要做事就要善于建立和利用人脉关系找靠山，这样办事就能顺顺当当，即使是难办的事也不在话下。

借父母的关系网办大事

对于部分年轻人来说，也许父母的关系网可以帮助他们办成大事。一般来讲，年轻人涉世不深，很少有成熟的社会关系。然而，从另一方面讲，他们又面临着各种各样需要解决的问题，升学、就业、创业或者是婚姻大事。要解决这些问题，除了朋友有限的帮助之外，最好的办法莫过于使用父母的关系网了。

当然，也许有人对于使用父母的关系网不屑一顾，他们认为这样做就像依靠父母一样，有些不光彩。其实，抱有这种心理完全没有必要，因为没有人可以创造出自己所需要的一切资源，也没有人可以单枪匹马解决个人发展中的任何问题。既然自己的朋友关系可以使用，那么父母的朋友关系为什么就不能使用呢？

而且，一般情况下父母的关系网要比自己的关系网有效得多。因为父母的关系网中多是父母的同龄人，他们与年轻人相比具有更深的阅历，更丰富的经验，更成熟的人际网络。因此，使用这些关系来办事，具有更强的可靠性，也更容易获得成功。

要想有效地使用父母的关系网，首先应当了解父母的关系网。一般情况下父母的关系网也不外乎那几类：父母的朋友关系，父母的同学关系，父母的同事关系，父母的工作关系等等。对于父母的这些关系网，你一定要有所了解。而要了解这些信息，一是平常要多注意父母的谈话，必要时还可以向他们询问。另外，当你父母的同学或朋友到你家做客时，你一定要热情地招待他们，尽量给他们留下深刻的印象。当父母向他人介绍你时，你也一定要好好表现自己，尽量要把自己优秀的一面展现给对方，必要的时候还可以向对方请教一些问题，或者主动提出自己的愿望，希望对方多多关照等。当你遇到具体问题的时候，向父母的老朋友或者老同学求助，或者你遇到类似难题的时候，可以询问父母是否有这方面的朋友可以帮上忙。

你也可以把父母在相关行业的同学、同事、朋友的电话号码或其他联系方式记录下来，像为自己的朋友分类建档一样，也为父母的关系网进行分类建档。这样你就可以对父母的关系网了解得更清楚。关键的时候，这张关系网就可以成为你办事的得力助手。

在办事之前我们一般要亲自到父母朋友家中拜访，紧急情况下也可以打电话向他们求助。但无论采用哪种方式，都应当妥善合理安排。因为父母的老朋友一般都是长辈，与他们交往要注意一定的礼节。

与其他关系网相比，向他们求助也有一定的优势。经验告诉我们一个真理：向专家和领导求教，比向一般人求教更容易；向长者求教，比向你的同龄人求教更有效。因为大多数的专家、领导，在被问及任何意见时，都会有一种责任感和荣誉感。甚至一般的长辈，被年轻人请教时，也非常愿意把自己的人生经验和收获得失与年轻一代分享。

因此，要想靠父母的关系网办事，就先安排点时间去拜访父母的老朋友吧。平时多去拜访父母的老朋友，多与他们交流沟通，加深感情，关键的时候他们就会拉你一把。即便他们对你求助的事情无能为力，他们也会为你提供有效的建议，给你更多的鼓励和支持。

通过爱人建立比较实用的关系网

依靠爱人的关系网办事，在现代社会中也变得越来越突出了。所以，你有必要了解爱人的关系网，或帮爱人建立起个人的比较实用的关系网。当有事需要帮忙时，在双方的关系网中很容易就能找到目标对象，然后再采取各种策略，求其帮忙。

一般来说，男人是粗线条的，他要建立妻子的关系网，也会尽量简单、直接一些。

小陈是保险公司的业务员，他为妻子制作过很详细的人际关系系统，分门别类，一目了然，信息容量也极大。妻子随时调整、补充她的关系网。小陈也不用花太多时间去向妻子询问，就能完整而全面地拥有妻子的关系网，根据自己的需要进行择拣。

相比之下，女人是情感的动物，她更喜欢凭着感觉与人交往，如果她不乐意与对方交往，就会将其从关系网中删除。其实，直觉有时是玄妙的，也可能是不可靠的。关系网是需要编织的，应该以"有用"为准则。丈夫应该让妻子保留"有用"的关系，哪怕只是一种简单的联系，都有可能成为以后的合作的机会。

女人喜欢对人倾诉、与人交流，她较容易在聊天、生活中建立关系；男人则更可能是工作上、爱好中的关系。男人与女人的关系网是互为补充和完善的。丈夫建立妻子的关系网时，要表示对其关系网的尊重和兴趣。妻子的关系网中没有什么有价值的关系也不应该笑话或讽刺，应该有一些耐心去教她如何建立有用的关系。如果妻子已经有了好的关系，丈夫应不吝赞扬，以此激励她。

爱人之间要相互鼓励建立关系网，并且利用自己的智慧帮助对方更好地去建立关系网，这样才能更好地利用关系网来办事。

打通网络这条虚拟的人脉通道

网络时代的到来，为我们的人际交往带来了便利。那么我们应该通过什么样的方式来经营人脉呢？有以下几种方式：

1. 最简单的是利用聊天工具

说起聊天工具，我们再熟悉不过了，像 QQ、MSN 等，都是人们熟悉的即时通信工具。估计凡是知道网络为何物的人都拥有至少几个类似的通讯工具。其实，这类工具的作用，又何止是聊天工具？它还可以作为我们的查询工具。利用这类工具，我们可以十分便捷地搜索到多数我们想结交的人。例如你想认识做经济贸易的人，你就可以通过 QQ 分类查询，查找"商业——金融公司——贸易"，于是成千上万的搞经济贸易的朋友出现在你的眼前。然后，你就可以跟其中任意一个人聊天，了解相关情况，收集有用情报，寻找可利用的商机等等。

这类通讯工具，简单实用，而且方法快捷，可以让你在短短的几秒内联系到在世界任意一个角落的人。这就是网络的神奇。

2. 经常发 E-mail

让 E-mail 为我们的人脉保驾护航。E-mail 是一种利用电子手段提供信息交换的通信方式。随着网络的应用和普及，人类的通讯方式也发生了翻天覆地的变化，用笔写信的方式逐渐被 E-mail 所代替。因为工作和生活的快节奏化，现代人对友情对亲情的忽视也达到空前的地步，而电子邮件的出现，则挽救了这一现状。

要知道，E-mail 是一种非常廉价而且快速的联系方式，几秒钟的时间，就可以以丰富的表现形式将你想要表达的信息传送给世界上任何一个角落的用户。所以当你在忙碌、无暇顾及众多的朋友时，不妨抽出几分钟的时间发几封电子邮件，既愉悦了身心，还能为你们的友谊保驾护航。

3. 不要忽视 BBS、Blog 和微博

这里的"BBS"指的是那些风靡一时的网上论坛，在这些 BBS 里往往高手如云，藏龙卧虎。在论坛里混久了，你会发现很多令人惊喜的东西。BBS 就是这样的一个平台，它给分布在五湖四海的朋友们一个无比畅快的沟通交往的机会，志同道合的人们可以很迅捷地找到对方。

Blog 微博也是当下比较流行的一种网络交流方式，你可以通过建立自己的 Blog，汇集大量的志同道合的朋友，可以更容易在网络这个大群体中找到对自己有利的人，对自己有利的信息和对自己有利的机会。通过这种物以类聚的生态方式，与现实进行互动，你会发现 Blog 或微博很像现实生活中的人际圈。

4. 个人网站——看不见的聚会厅

有人把网站比喻为"看不见的聚会厅"，这个说法特别贴切。网站是指个人或团体因某种兴趣、拥有某种专业技术、提供某种服务或把自己作品、商品展示销售而制作的具有独立空间域名的网络空间。在网站里你可以购买商品，出售自己的产品，与客户或朋友进行交谈达到盈利，达到汇聚人脉的特殊功效。

网络如果运用得好你就能广结人脉、财源滚滚，你的一生都会受益无穷！我们通过网络会集合大量的资讯和人脉，这将会给我们带来更多的商机。

迅速升级你的通讯录

人际关系网对一个人事业的成败及工作的好坏具有极大的影响，所以说成功在很大程度上取决于你拥有多大的权力和影响力，与合适的人建立稳固关系至关重要。

成功建立关系网的关键是选择合适的人建立稳固的关系。良好的人际关系能开拓你的视野，让你随时了解周围发生的事情，并提高你倾听和交流的能力。

有的人整天忙忙碌碌，认识很多人，整天为应付自己找来的关系而叫苦连天。虽然网织得很大，但漏洞百出，而且又有许多死结，结果使用起来没有实绩，撒进海里网不到鱼。人的精力是有限的，这时就要理顺关系网，该增的增，该删的删，该修的修，该补的补。

在维护人脉关系网时，还要注意随时调整。因为世界上的一切事物，都处于不断的运动、变化和发展之中。我们的人际体系，如果不随着客观事物的发展而发展，就会逐步处于落后的、陈旧的甚至僵死的状态。所以，要不断检查、修补关系网，随着部门调整、人事变动而及时调整自己手中的牌，修补漏洞，及时进行分类排队，不断从关系之中找关系，使自己的关系网一直有效。

在实际生活中，需要调节人际结构的情况一般有三种：

1. 奋斗目标的变化

也许你的奋斗目标已经实现，也许你的奋斗目标变了，比如弃政从商，这需要你及时调节人际关系结构，以便为新的目标有效地服务。

2. 生活环境的变动

当今社会，人口流动性空前加快，本来在 A 地工作的你，忽然到 B 地去工作。这种环境变动，势必引起人际关系结构的变化。

3. 某些人际关系的断裂

天有不测风云，朝夕相处的亲人去世了，在悲哀的同时，不能不看到人际关系结构的变化。

可见，我们必须随时更新自己的通讯录，让它时刻保持有效、充满活力的状态。

"升级通讯录"是指调整自己的人际关系网，使之更加适合自己的现实生活，升级通讯录必须费些心思，有步骤地进行。

一是对关系进行筛选。把与自己的生活范围有直接关系和间接关系的人记在一个本子上，把没有什么关系的记在另一个本子上，这就像是打扑克中的"埋底牌"，把有用的留在手上，把无用的埋下去。

二是给筛选出来的人排队。要对自己认识的人进行分析，列出哪些人是最重要的，哪些人是比较重要的，哪些人是次要的，根据自己的需要排队。这就像打扑克中要"理牌"一样，明白自己手里有几张主牌、几张副牌，哪些牌最有力量，可以用来夺分保底，哪些牌只可以用来应付场面。

由此，你自然就会明白，哪些关系需要重点维系和保护，哪些只需要保持一般联系和关照，从而决定自己的交际策略，合理安排自己的精力和时间。

三是对关系进行分类。生活中一时有难，需要求助于人，事情往往涉及很多方面，你需要很多方面的支援，不可能只从某一方面获得。

比如，有的关系可以帮助你办理有关手续，有的则能够帮助你出谋划策，有的则能为你提供某种信息。虽然作用不同，但对你都可能是至关重要的，所以一定要进行分门别类，对各种关系的功能和作用进行分析、鉴别，把它们编织到自己的关系网之中。

设计"网"也许不难，但是把它的内容落到实处就不那么容易了。一是要识门。也就是说，对于与自己求助的事情有重要关系的部门人员一定要清楚，要熟悉他们的工作内容和业务范围。二是要识路。也就是说，要熟悉办事程序，先从哪里开始，中间有哪些环节，最后由什么部门决定，都应非常清楚，省得跑来跑去，重复找人。

有了一张好的"网"后，聪明的人就会懂得如何保护和维系这张网，使它一直有效。如果你不懂得维护，到你真正用时，就会发现这个"关系网"已经停止运转了。

适当"趋近"，找到真正对你有影响的圈子

在我们的工作和生活中，有时候真正能够影响我们前途与发展的，不是那些在天边呼风唤雨的人物，而是那些离我们最近的人。适当的"趋近"对于自身十分有利，从某种角度而言，这也并不为过。

关于这个问题，古代大哲学家庄子曾经作过一个比喻：在一道车辙的积水中有一条鱼，眼看就要饥渴而死，可怜地向人求助，其中有人便出于一片好心，开始挖渠引水，想真正解救这条鱼，但渠刚开始挖，鱼便死掉了。

这个比喻说明，纵然有时远方的朋友可以从根本上解救自己，无奈鞭长莫及，难以及时实现，这样耽误了大事，甚至连缓解的余地都没有了。

在身边的人当中，我们还可以寻找价值观较为接近的人成为好朋友，形成自己的社交圈子。按照经验，一个态度中立的人，常常可以争取更多的朋友。我们也不必向任何人声明自己是对方的死党，只要事实上是一个圈子的就行了。

这里的近，是纯粹的空间距离，比如同一部门，邻近的几张办公桌，等等。因为距离最近的人接触机会最多，而单位里更多的人是通过与我们最近的几个人来了解我们的。我们周围的两个人的评价几乎决定了与我们较远的其他八个人对我们的评价。

尽管我们会说，我不会在这里干一辈子，但是，良好的人际关系，往往是人一生取之不尽的资源。

人往高处走，水往低处流，如果频繁跳槽的结果只是平行移动的话，那么几乎可以说，我们根本就缺乏处理人际关系的能力。就业初期的社会交往经历，对于培养良好的社交能力至关重要。

我们可能终有一天会另谋高就，但是，希望在我们走的时候，大家感觉到的应该是惋惜而不是庆幸。正如有人搬家，仅仅是因为他对老房子感觉不满意，他根本没必要因此得罪所有的邻居。

我们不仅应巩固现有的人际关系，并应在办公室内部发展更多的人际关系。拓展自己的圈子何必舍近求远呢？

不做井底之蛙，走出自己的"舒适圈"

"舒适圈"的意思是所有都生活在一个无形的圈子里，在圈内有熟悉的环境，与认识的人相处，做自己会做的事，让人感到轻松、自在。但当我们踏出这个圈子的时候，就马上会面对不熟悉的变化与挑战，因而感到不舒适，很自然地想要退回到舒适圈内。

有一位女孩叫阿莲，读高中一年级，随着青春期的到来，她慢慢地产生了摆脱父母的心理，开始有自己的书房和小书桌，每天偷偷地写日记后，藏在抽屉中，不让妈妈看。她希望用自己的内心去感受世界，可是面对形形色色的现实世界、繁杂的人际关系以及沉重的学习压力，阿莲又感到一种内心的不安。于是，她开始变得孤僻，害怕与人交往，心中产生一种莫名其妙的封闭心理，有时一个人跑到小河边望着静静的河水流泪，顾影自怜。她渴望与同学进行交往，羡慕其他同学快快乐乐、轻轻松松地参加集体活动，可她却又害怕主动与别人交往，还抱怨别人对她不理解、不接纳。

阿莲的这种行为其实就是心理自我封闭。她几乎与外界隔绝，生活在个人小圈子里，难以与人交往，发展到一定程度，就会形成一种疾病。

这是因为阿莲给自己营造了自己的"舒适圈"！把自己锁在了安逸的窝里，把外界想象得深不可测。其实外面的世界很精彩，尝试从你的"舒适圈"走出去，呼吸一下外面的新鲜空气，说不定有意外的收获。

人际交往也是同样的道理，一个人整天关在自己狭小的圈子里，就像井底之蛙，当然不知道井口之外的天是多么的奇妙，但是和大家一起分享，把你知道的和他知道的汇合，那就不一样了。

那么，如何走出你的舒适圈呢？

1. 初步建立"圈子"

有米才成炊,"圈子"要靠自己一点点聚拢才能成型。号称"台湾第一报人"的高信疆先生,在创办《人间副刊》之际,没人愿意为其投稿,只能自己"造米下锅"。但他坚持不懈,每天都要写 20 封信,不管认识不认识,不管能否接到回信。坚持的结果是,副刊一再扩版,成就了以副刊带动整个报纸的辉煌,他自己的"圈子"也同时扩大了规模。你可以推而广之——每天发 20 封电子邮件,不怕陌生、不怕不熟,联系多了,他们自然就成了你"圈"中之人了。

成功建立关系网的关键是和适当的人建立稳固的关系。很好的人际关系能提高你生活的情趣,让你了解周围所发生的一切,并提高交流的能力。

2. 扩大"圈子"

"圈子"不能一成不变,像盖好的楼盘,要想着开发二期。在打造关系网的过程中,已经认识的人很重要。你目前的联络网是奠定你未来关系网的原料。他们都有自己的熟人,而他们所熟识的人又有自己的熟人。

总是几张熟得不能再熟的脸相对,哪还有新鲜?现在,高先生虽说已无暇每天写 20 封信,但他依然约束自己每天至少给新朋老友打 5 个电话,所以他的"圈子"还在扩大。你的"圈中人"不可能只认识你一个,不妨互相交换,带好各自的朋友扩大联盟。这样交叉着,你的"圈子"很容易扩张,你就会永远获得新朋友。

3. 拥有不同的"圈子"

物以类聚,人以群分,这个"分"当然有其特定的标准和规则。但当这个标准或规则太具有功利性时,"圈子"有时就会从圈住共同的领域变成了阻碍人迈出脚步的套子。这时,"圈子"便不知不觉变成了圈套。防止中"圈套"的最好办法,就是拥有几个不同的"圈子"。涉猎广泛一些,发挥自己不同的侧面,就很容易拥有不同的"圈子"。

成功在很大程度上取决于你拥有多大的权力和影响力,与恰当的人建立稳固关系至为关键。

总之,如果不想做个平庸的人,那就走出来吧!离开舒适圈,习惯了不舒适,就会重新舒适,舒适圈也就能变得更大。

自己组建圈子是拓展的最佳捷径

圈子虽是个人取得财富、进入成功领域的门票,但是有时候进入一个圈子也未必能拿到成功的门票,因为在那个圈子里你的影响力不够大,如果想最大化发挥自己的影响力，还需要自己组建一个圈子。

吕布，按照圈子来说应是三国第一经理人，曾经一人之下，万人之上，个人职业能力远在他人之上，仅凭一人之力，大战刘关张，丝毫不落下风，但最终也免不了失败的下场。说一千，道一万，吕布的失败最主要的还是没有一个属于自己的圈子而导致的。

虽然吕布拥有丰富的人力资源，却不懂人力资源经营，没有凭借其圈子优势培养任何人情、人缘、人脉，唯一一个认董卓为父之资源优势，最后却只为一美人貂蝉反目成仇，这应该是吕布在接下来的人生旅途中全面下滑的转折点。

老李的弟弟被人诬告上了法院，老李慌乱之中求助于人，别人从来没有接触过这类的事，也不知怎么办才好，只好建议他去找律师。老李说他过去也认识几位律师，但已经好久没有联系了，律师曾经给他的名片也早不知丢到哪去了。他无计可施，长叹了一口气说："唉……人到用时方恨少呀！"

"人到用时方恨少"，很多人都有过这种经历，朋友遍天下，用时没几人。如果你也经历过这种难堪，请你赶快亡羊补牢；如果没有，也要未雨绸缪，早作准备，尽快组建一个属于自己的圈子。如何组建自己的圈子呢？经验人士给出的建议如下：

1. 要有明确的目标

我们应该以成为圈子中的最顶尖为目标。只要成为圈子中的第一名，你一定会赚很多钱；只要你是圈子中的第一名，你一定会很出名；只要成为第一名，你就一定会很成功；只要你是最好的，全世界最美好的东西就会如潮水般向你涌过来，连长城都挡不住。

乔丹打篮球成为巨星，有人找他拍电影，有人找他拍广告，有人找他出书……

你说他的运动鞋需要自己买吗？不但耐克会提供，还要付他广告费。为什么？因为他是最伟大的篮球巨星。

成龙拍电影的时候，各个汽车厂商争相免费提供汽车，让成龙在电影里面表演特技。

为什么呢？因为成龙是最棒的！成龙在马来西亚拍电影的时候，意外将"万宝路香烟"的招牌撞坏，万宝路公司不但不要求赔偿，还决定不将招牌修好，因为那是成龙撞的，宣传价值更大。

开餐厅成为麦当劳会不会赚钱？当演员当到成龙会不会赚钱？打篮球成为乔丹会不会赚钱？不要研别的，要研究你在你的优势领域中到底排名第几？

2. 要做圈中的中流

这个中流可不是中流砥柱，而是能力等各方面表现平平者。领头人组建一个圈子时往往容易忽视这些人，认为他们的存在没有太大的重要性。其实这些人的力量绝不容忽视。

因为在一个圈子之中，有很多事情是需要有人去执行的，精英只能在一些重要事件上发挥作用，而一般问题的处理，就必然落到了这些虽然能力不强，但是绝对能够胜任的人身上，所以，在一个圈子中，这样的人同样少不了。

3. 培养两个在水平和能力上都不太理想的人

这类人比较有自知之明，基本上不会对领头者的决定产生思想上的冲突，行动上可能会慢一拍，但他们执行时不太会计较个人得失。

在一个圈子中一定会有一些杂七杂八的琐碎的事情，这些工作是精英不能做的，中流不愿做的事情，这时两个不太理想的人的作用突现出来，所以他们的存在也不容忽视。

4. "管"是最后一个机动

最常见的表现方式就是末位淘汰制，但末位淘汰的是能力最差者。这里的不一定是能力最差者，而往往是对领头者的决定执行不力者，或因为对圈子或领头人不满而制造消极情绪者。这一个机动可能是一个圈子中流动性最强者，有时可能是圈子中的精英分子。

虽然任何一个领头人都不希望这个人存在，但是如果需要刺激圈子能量上一个档次，这个人会是关键人物。

领头人可以借助这个人对圈子进行铁腕管理。处理此人时可以无声胜有声，刺激其他圈子成员坚决贯彻决定。

第五章
别把圈子变成了"圈套"

筛选你的人际关系圈

在交际应酬的过程中，搜集与组织自己的关系圈是有可能的，但试图维持所有关系似乎是不可能的，而想要在现有的人际网络内加进新的人或组织就更加艰难。因此，在组建人际关系圈的时候，必须学会筛选放弃。换言之，你必须随时准备重新评估早已变得难以掌握的人际网络，对现有的人际关系网重新整理，放弃已不再对你感兴趣的组织和人。这是生活中我们必须做的。筛选虽然不易，但仍是可以做得到的，有失才有得，才有更好的人生等待着我们。

国际知名演说家菲立普女士曾经请造型顾问帕朗提帮她做造型设计。菲立普女士说："整理出来的衣服总共分成三堆：一堆送给别人；一堆回收；剩下的一小堆才是留给自己的。有许多我最喜欢的衣物都在送给别人的那一堆里，我央求帕朗提让我留下件心爱的毛衣与一条裙子。但她摇摇头说道：'不行，这些也许是你最喜爱的衣物，但它们却不适合你现在的身份与你所选择的形象。'由于她丝毫不肯让步，我也只得眼睁睁地看着自己的大半衣物被逐出家门。我必须学着舍弃那些已不再适合我的东西，而'清衣柜'也渐渐地成为我工作与生活的指导原则。不论是客户也好，朋友也好，衣服也罢，我们必须评估、再评估，懂得割舍，以便腾出空间给新的人或物。我也常用这个道理与来听演讲的听众分享，这是接受并掌握生命、生涯不断变动的一种方法。"

你衣柜满了，需要清理与调整，以便腾出空间给新的衣服。同样的道理，你的人际关系网也需要经常清理。很多时候，当你要跟某人中断联系时，你根本无须多说什么。人海沉浮，当彼此共同的兴趣或者话题不复存在，便是分道扬镳的时候，中断联系其实是个顺其自然的过程。无息退出或者向负责人说一下情况，如何处理"脱队"事宜，应视具体情况而定。

清理人际关系网的道理也和清除衣柜类似。帕朗提容许菲立普女士留下的衣服，当然是最美丽、最吸引人、也是剪裁最得体的几套。"舍"永远不是件容易的事，虽然有遗憾，但从此拥有的不仅都是最好的，更重要的是也有更多空间可以留给更好的。

如果我们对自己的人际网络做同样的"清除"工作，在去粗取精之后，留下来的朋友不就都是我们最乐于往来的吗？我们应该把时间与精力放在让自己最乐于相处的人身上。在平时需要奔波忙碌于工作、社交与生活之间的我们，筛选人际关系网络是安排生活先后次序的第一步。

身在圈中让自己"蠢"一些

古代贤臣最怕"功高盖主"，怎样既能建功立业，实现自己的抱负，又不至于让君王觉得你有二心，是个威胁，即我们所说的如何才能在危险的政治圈子里生存，这里面有很多智慧。

关键时刻把自己装得"蠢"一些，不但能避免灾祸，而且能使自己在圈子里活得怡然自得。

王翦，秦代杰出的军事家，是继白起之后秦国又一位名将。王翦少年时期就喜欢兵法，侍奉秦始皇征战，立有大功，除韩之外，其余五国均为王翦父子所灭。

秦王嬴政征讨六国，只有荆楚大地未灭，楚国地大物博，人才辈出，实力不凡，是秦国争霸的主要对手，秦王问手下的将军们要攻破楚国需要多少军力，老将军王翦说："非六十万人不可。"而年轻猛将李信说："二十万人就够了。"秦王以为王翦老而胆怯，况且一下子征召六十万士兵也不是一件容易的事情。于是让李信领军攻楚，王翦也不多说，称病养老。果不出王翦所料，李信大败而回。秦王这才醒悟过来，再次请王翦出马，并备齐了六十万人马。

六十万秦军，即使在秦国鼎盛时期也是庞大数目的军力，况且领军的还是王翦这样能征善战的老将，嬴政必然有些担心，王翦早想到了这点。

王翦统率六十万人马去完成秦国最后的统一大业，他明白自己率倾国之兵出征，秦始皇对他肯定会心存疑虑，秦始皇亲自送他，王翦向秦王拿出一张地图表来，秦王为之一振，以为战事又有什么变化，哪知王翦拿出来的是秦国咸阳附近的地图。中间画了很多的良田，要秦王答应赐给他。

秦始皇奇怪地问："将军要建奇功大业，将来要什么没有？还担心这些区区薄田做什么？"王翦说："我身为大王的将领，有功也不会封王拜侯，还不如做一个乡臣，多要些产业，为子孙后代留条生路。"秦始皇听了，觉得好笑，认为王翦是个目光短浅之辈，即使能征善战也成不了大气候，心中对他放心了不少。

在攻楚的过程中，王翦又频频派使者回咸阳，再次要求秦王赏赐给他地图上的那些地，还要求秦王给他修一座豪华的大宅子，以备自己将来养老之用。跟随他的将军们都很奇怪，他们没想到王翦这么贪财，打着仗还念念不忘向秦王要东要西，灭了楚国，还怕没有这些富贵吗？

其实他们如何懂得，王翦这样做，正是为了安秦王的心。让秦王觉得自己只惦记着这些享乐的事情，并无什么大志。自古以来，在政治圈子里生存，让圈内人对自己放心是至关重要的，历史上不知道多少名将都浑浑噩噩栽在了君主的疑心上。

王翦不断地向秦王要良田美宅，显得十分贪财或是好色，让秦王觉得其人没有野心，也可以放心用，才能够备受恩宠，直到老死。如果他"妇女无所幸，财物无所取"，声名越来越好，那祸患也就不远了。

由此我们不难看出，在圈子里"蠢"一些，其实是大智大慧的表现啊！

圈内做事儿需谨慎

人生中最难把握的两个字是分寸。有专家曾说过这样一句话：守口如瓶，防意如城。这是什么意思呢？意思就是告诉大家说话要谨慎。可是我们缄口不言是做不到的，那就唯有小心谨慎而已。这是对自己的安全和品行的一种保护措施。

社会上有人唯恐天下不乱，每天都在兴风作浪，把别人的短处和隐私，把人际间的是是非非编排得有声有色，夸大其词地逢人就说，不知由此种下了多少怨恨的种子。如果遇到这样的人说某某人的短处时，我们唯一的办法是听了就算，像别人告诉我们的秘密一样，三缄其口，不可做传声筒，并且不要深信这片面之词，更不必记在心上。如果贸然把听到的片面之言宣扬出去，十有八九被认为是颠倒是非，混淆黑白。说出的话就像泼出去的水，是收不回来的。当我们明白自己说错了时，我们还能把话从别人的耳朵里掏出来吗？这时我们要做的就是不应散布别人的是非，对自己的秘密也应该少开口为妙。俗话说："逢人只说三分话，不可全抛一片心。"这是保护自己的一种方法。

每个人都有许多秘密，我们或许一时冲动去找别人倾诉。但这样做的结果，很可能会把秘密泄露出去，而自取其辱，自找倒霉。世界是复杂的，我们"抛出一片心"说不定正好进了别人的陷阱。

要明白，人与人之间只有在舍弃了竞争或明知竞争无用的情况下，才有真正的友谊。在竞争关系中交真心、动真情，最终只会更加尴尬而自寻烦恼。这是人性的一种弱点，不是我们所能改变的。

有些无原则性子比较直的人，总喜欢找一两个"靠得住"的朋友，这样一来相互间有个照应，二来逢有什么"揿不住的话"时可以找个倾吐之处。但有关研究调查表明，对于社会里道出的个人秘密，只有不到1%的听者能恪守得住。这也难怪，现代社会四处都潜在着利益上的竞争，在这种竞争之下，能找到几个真正可以守密的朋友？这就好比"文人自古多相轻"，为什么相轻呢？还不是因为互相不服气？在同一境地里，多是相同利益相同地位的朋友，如果利益和地位的天平出现失衡，那么原来的朋友就靠不住了。而鲜见利益互让的朋友。如果你对对方任友唯亲地无话不说，甚至暴露自己的隐私，你就无异于犯了一大"嘴忌"——他没有经过"艺术加工"后再给你传出去，这已经就算对得起你了。

所以，在当今竞争如此激烈的环境里，最好把自己的嘴管好，不要到处诉苦，更不要把同事之间的"友善"和"友谊"混为一谈，以免使自己成为大家的注目焦点，留下不良印象。

这个世界上到处充满了斗争与矛盾，社会上处处都可能有小人，而且易退易涨山溪水，易反易覆小人心，也就意味着处处都充满了陷阱，君子又斗不过小人，说话稍有不慎，便有被套进去任人宰割的危险。

知音难求，我们为了一时的畅快，对并非相知的人畅所欲言，那么结果会怎么样呢？很可笑！如果双方关系浅薄甚至只有一面之交，我们把自己的秘密都谈出来，就显出我们没有修养。对方会认为我们不配与他深谈，觉得我们冒昧。我们对他肝胆相见，对方也许还不耐烦呢！

由此可见，说三分话并不是狡猾和不诚实，而是一种修养。我们说话必须看对方是什么人，对方不是可以推心置腹的人，我们对他能够说三分话，已经很多了。

孔子曰："不得其人而言谓之失言。"和对方不是深交你也畅所欲言，海阔天空无所不谈，那就有些显得自己没有修养，首先你所说的话别人不一定感兴趣，第二就算别人有兴趣也不一定喜欢听你说，所以，逢人只说三分话不是不可说，而是不必说不该说，当然也不是狡猾和不诚实了。

聪明人对于任何事情，在任何时候都会为自己留一条后路，如果轻率作出决定而没有实现就会招来耻笑。一件事情只显现出他的三分而留七分在其后，不管事情发展如何你都会有足够的空间去把握。

有这么一则寓言故事：

有一天，狮子把羊叫过来问自己是否很臭，羊说："是的。"狮子就把它的脑袋咬掉了。狮子又把狼叫来问同样的问题，狼说："不臭。"狮子又把狼咬成了碎块。最后，狮子把狐狸叫来问，狐狸说："我感冒得很厉害，闻不出来。"结果狐狸活了下来。

可见，说话太诚实了不行，而尽说好话奉承的也遭殃，而只说三分话的才是恰到好处的。遇到合适的人，不是说话的时间只能随便聊两句，遇到刚好的人，时间也允许，但是地方不妥也不能大开座谈会。没遇上谈得来的人地方又不对，说三分话都已经太多了，倒是碰上有趣的谈话对象，如果只说三分反而正好引起对方的注意，再加上环境好时间好，那七分就有发挥的余地。所以什么事情恰如其分才是最好。

在圈子里广结善缘

在办事的时候，最重要是有一个好的人缘，"朋友多了路好走"嘛。所以最重要的是要广结善缘。

一天，佛陀带领弟子们过江。佛陀捡起一块石头，问弟子们："我把这块石头扔在江中，你们说，它是会浮着，还是会沉没呢？"弟子们心里暗笑，说："自然是沉没了。"佛陀扬手将石头掷了出去，石头沉入江中。佛陀叹息道："这块石头没有缘分啊！"接着佛陀又说："有一块石头，将它放在江中，不但没有沉没，而且还过江而去，大家知道这是怎么回事吗？"弟子们冥思苦想也不得其解。佛陀说："那块石头有善缘呀。"什么是石头的善缘呢？原来是船。石头放在船里过江，自然不会沉没。

一块石头有了善缘，都能够渡过江去，何况人乎？人生也是如此，只有遇上善缘，获得他人相助，就能"过江"获得成功。由此可见善缘的功用。

但是有些人就看不到这一点。在求人办事的时候，他们往往非常善于结交朋友，很重视朋友的好处，非常注意广结善缘。但是如果他们处于顺境中，就会忘记朋友的好处，变得趾高气扬起来。这种人往往在危急的时候就会失去别人的帮助，这样很是得不偿失。

其实，真正善于办事的人不论在什么时候都很注意结交善缘，只有这样才能够在需要帮助的时候有人出手相助。

春秋时，赵盾有一次看见一棵枯树下有一个人躺在地上，奄奄一息，眼看就快要饿死了。赵盾便停车下来，给他东西吃。那个人一点一点地咽下食物，慢慢地有了精神。

赵盾问他："你为什么饿成这个样子呢？"

那个人回答说："我在回家的路上被人打劫，吃的都被抢走了，我羞于向人乞讨，又不愿擅自拿人的东西，所以才饿成这个样子。"于是赵盾便送给他一些干肉，那个人拜了两拜，接受了干肉，却不肯吃。赵盾问他是什么缘故，他回答说："我家还有老母呢，我想把这些肉留给她吃。"赵盾说："你把这些吃了吧，我另外再给你一些。"于是又赠给他两束干肉和一些钱，便离开了。

过了两年，晋灵公派兵追杀赵盾，其中有一个士兵跑得最快，追上了赵盾，赵盾心里想着我命休矣！没想到这个士兵对赵盾说："请您上车快跑，我来保护你。"赵盾问："你为什么要这样做呢？"那个士兵道："我就是枯树下饿倒的那个人。"于是他奋力保护赵盾，最终以死保护赵盾逃脱了性命。

由此可见，不论是顺境还是逆境，只有懂得广结善缘，才会有人缘，才能走好运。尤其是在办事时，广结善缘尤其显得重要。

华达国际投资集团董事局主席李晓华的经商秘诀之一，是建立良好的人际关系。国际上很多风云人物都与李晓华有私交，其中包括安南、老布什、叶利钦、普京等政要。澳大利亚前总理霍克先生是国际上著名的政治家和经济学家，李晓华聘请霍克先生为自己的经济顾问，霍克为他提供了许多独到见解，还帮他筹划远景。聘请外国前政府首脑为中国私营企业家服务，这在中国是史无前例的。这些海外关系，也为李晓华开拓国际市场提供了一张特殊的"通行证"。

在我们眼中，李晓华的成功似乎很简单，但在他成功道路上，他的人缘起到了至关重要的作用，也可以说，他的成功，是他平时广结善缘的结果。

千万别让圈中人感到不安

骄兵必败。人一骄傲起来，纵有天大的本领，都会"独木不成林"，什么都做不好。一般说来，骄傲的人或多或少都拥有某方面的特长，总觉得自己有值得骄傲的"资本"。然而，每个人都有优点与缺点，倘若各以所长，相轻所短，那长处就可能变成短处，成为羁绊自己脚步的绳索。毕竟一个人的能力再大，终究还是有限的，缺乏众人的支持与协助，任何英雄人物都将一事无成。鲁迅在《坟·未有天才之前》一文中指出：有一回拿破仑过阿尔卑斯山，说："我比阿尔卑斯山还要高！"这何等英伟，然而不要忘记他后边跟着许多兵；倘若没有兵，那只有被山那面的敌人捉住或赶回，他的举动、言语，都离开了英雄的界限，要归于疯子一类了。

骄傲的危害是显而易见的。君不见，魏武一矜，天下三分。苏轼说："一生喙硬眼无人，坐此困穷今白首。"陈毅诗云："历览古今多少事，成由谦逊败由奢。"这些都道出了骄傲必败的不争事实。因此，小至个人，大至军队、国家，都千万骄傲不得。

不要侵犯他人的"领地"

每个人都有属于自己的"领地"，只不过当它以无形的方式表现出来的时候，就常常容易被忽略，而这也恰恰是最易出问题的时候。

所有动物都有领土意识，大至狮子老虎，小至老鼠昆虫，无不如此。我们豢养的宠物也是这样，像狗，它们在住处四周撒尿，就是在划领土，警告别的狗别越界闯进，若哪只狗闯了进来，便上前赶走。

"领土意识"基本上就是自卫意识，同样，人的表现，虽不像动物那样直接明了，但自卫意识同样强烈，只不过在方式上有所不同。如果不注意这一点，就很容易自讨没趣，甚至遭到迎头痛击。人最基本的领土意识就是家庭，谁若未经同意闯入，轻者遭责骂，重者恐怕要遭一顿追打。不过，会犯这种错误的人不多，倒是很多人在办公室里忽略了这一点。如，未经同意就坐在同事的桌子或椅子上，坐在主管的房间里，到别的部门聊天等等。

你不要以为这没什么，或是有"我又没什么坏念头"的想法，事实上，你的举动已经侵犯到了别人的领土，对方是会感到不快的。这不快不会立即表现出来，也不会像狗或蝴蝶那样把你"驱逐出境"，但这不快会藏在心底，对你有了坏的印象，甚至怀疑你对他到底有什么企图？或是来刺探什么？……你不能怪别人这么想，因为有这种想法是非常自然的，换成是你，也是如此！所以，别人的工作地方，没有必要时，不要随便靠近。

还有一些"领土"是抽象的，但同样不可侵犯。比如工作的职权范围，要时刻牢记"不在其位，不谋其政"的古训，因为无论多么开放的职场，界线永远存在。你不要越线去做"帮助"别人的事，也许你是出于一片好心，问题是对方是不是领你的情。许多时候你的"热心"往往在别人看来是"别有用心"，这岂不是得不偿失。有句俗话说："狗拿耗子，多管闲事。"按理说，谁能"拿耗子"对主人来说都是一样的，但对猫来说，问题就不这么简单了。

猫有理由认为拿耗子是它分内的事，不用"狗"来管，狗去看好门就是尽责了。其实，这里的"领土范围"之争有一个明显的顾虑，如果主人有一只既会看门又会抓耗子的狗，他还要猫干什么，狗的好心被视为"抢饭碗"。

而且帮助别人做事往往会使被帮助的人接受这样一种暗示："你自己的事都干不好，你很无能，我比你强。"这种暗示让人多么不舒服就可想而知了。

特别要强调的是，如果你还是某个部门的主管，那就更要注意。有时，你的部门一时人手紧张忙不过来，此时切不可以你的职位，不通过其他部门的主管就随意调用该部门的人员。对该部门主管而言，你是"手太长"，没把他放在眼里；对被调用人员而言，心中也充满不平，"你算哪儿的？你管我？"这些通常不会显露在脸上，你不要傻乎乎地以为人家都很愿意帮你似的。然而实质上，你已经"侵犯"别人的"领土范围"了。

还有一种情况，是过于依赖个人的关系而忽略应该走的"过场"，这也是一种"领土"侵犯行为。

比如，你与打字室的某人关系不错，因此你便直来直去，把一些要打字的文件直接塞到打字人的手中，全然忽略了打字室的主管。这是最容易得罪人的一种行为，这无异于是对其"领土"的"公然践踏"，本来忙的都是公事，却不知已结下了"私怨"。

应切记，你所代表的是一个部门而不仅仅是你个人，这样你的行为往往被人们上升为部门行为，所以更要小心。这种领土意识看起来很无聊，但却是存在的，如果你不注意而侵犯了别人的领土，是会惹出你想也想不到的麻烦的。所以，"相互尊重主权和领土完整"是"和平共处"的基础，国际政治中如此，人际关系中也是如此。

圈里没有"自己人"，他们都为名利而来

无论是谁，要想成就一番事业，就要有自己的队伍和圈子，要建立自己的圈子，最要紧的是聚拢人心。而想要聚拢人心，就要合理回报。所以，用利益团结人，是建立和经营自己的圈子最直接又有效的方法。汉高祖刘邦就是一个深谙其中道理的人。

刘邦对手下人十分慷慨，因此他手下才网罗了一大批骁勇善战的文臣武将。英布，盗贼出身，是项羽手下大将，能征善战。项羽灭了秦王朝后，封他为九江王，他嫌地盘小，不大满意，因此在刘邦与项羽争夺天下的时候投奔了刘邦。

英布拜见刘邦的时候，刘邦很高傲，好像根本没把他放在眼里。英布退出来后又气又悔，然而等到英布回到自己的住处，却又大喜过望。原来刘邦这个人很慷慨，

对部下的赏赐从来不吝惜。英布住处的房子、饮食、从官，其排场讲究竟然比刘邦有过之而无不及。

英布这才觉得刘邦对自己原来非常看重，跟着刘邦一定有前途，从此对刘邦忠心耿耿。

不仅对英布如此，刘邦对手下的其他人也同样慷慨，甚至往往超过对方的期望。一言合用，赏赐立至；封疆裂土，毫不吝惜。因此他的部下对他都很忠诚，愿意为他效力。

以至于韩信说他："驱逐利之徒以夺天下。"就是说他的部下都是些争名夺利的小人，没有几个君子。但对于刘邦来说，君子也好，小人也好，只要能力为他所用都是好的。

刘邦向来慷慨，彭城之战后，刘邦重赏之下，英布、韩信等大将争先恐后，逼得项羽打了东面又打西面，顾得上前方顾不得后方，尽管项羽英勇无敌，终究寡不敌众，终于被刘邦围攻，四面楚歌，自刎而死。

项羽之所以有如此悲惨的下场，是因为他不懂笼络人心，不会经营自己的圈子，一个人再英勇，如果没有为自己效忠的队伍和圈子，力量终归是薄弱的。而圈子内的人，都是普通的芸芸众生，他们不可能都在历史上留下自己的名字，也许他们也有对理想的追求，但眼前的实际利益无疑更能打动他们。

说到底，政治圈子里的基础力量是一个"唯利是图"的集团，他们不好也不坏，都只是普通人，都是为了利益而来的。他们懒得理会自己主子究竟是什么人，考虑的仅仅是自己的实在利益。

得到他们的帮助，才是最重要的。他们是你圈子里的基本力量。只用政治口号是解决不了他们的实际问题的。他们讲究实际利益，有了实际利益，事情就会顺利得多。

想要把圈子经营好，对有贡献的人就要有充分回报，这样才能让大家奋勇争先，除此之外，还要及时奖励，不可拖延。拖延了，不但影响效果而且会寒了人心。

圈子里不是任何人都可信，很多人都是为名利而来，在圈子中生存我们要懂得这一道理。

擦亮眼睛，"哥们义气"多小人

俗话说"物以类聚，人以群分"，圈中讲究哥们义气的人，必定会约上一群"狐朋狗友"，吃喝玩乐无所不为，虽然过得确实潇洒，但却为小人的诞生提供了绝好的温床，因为小人需要这种火热的环境来增加彼此的感情，等你放松对他们的警惕时，他们便在你的背后插刀，这便是小人的一贯作风。

诸葛亮在他的千古名著《出师表》中这样写道："亲贤臣，远小人，此先汉所以兴隆也；亲小人，远贤臣，此后汉所以倾颓也。"可见贤臣和小人对一个国家的前途所起的作用是截然相反的。

但历史却偏偏在重复着一个无可回避的循环，小人就好比那甜口毒药、夺命白粉一样，让人明知是万丈深渊却又禁不住魔鬼的诱惑而忍不住往下跳，这是人性的一种悲哀。让我们来看看下面一个故事。

和士开是北齐人，其父和安，出仕于东魏，"恭敏善事人"，为人非常狡猾，很有一套恭维巴结皇帝的手腕。也许是有其父必有其子，和士开的奉承拍马功夫更是有过之而无不及，远远超过了他老爹的成就。北齐天保初年，高湛得宠，被晋爵为长广王，和士开见高湛未来当皇帝的可能性很大，便想方设法接近巴结高湛，为自己将来的晋官加爵之路铺平道路。

高湛性好"握槊"，这种游戏便是中国象棋的起源。恰好和士开也精于此道，于是他便找机会与高湛游戏。二人棋逢对手，总是斗得难分难解，越玩越上瘾，次数越加频繁。

高湛还喜欢音乐，恰好和士开又能弹胡琵琶，他经常为高湛弹曲，兴致高时，还往往边弹边唱，那清歌妙曲，让高湛无比着迷。

高湛喜谈笑，而和士开生就一副伶牙俐齿，于是便经常陪高湛胡扯闲说，和士开的甜言蜜语和淫词秽谈，更使高湛开心，二人越谈越投机，大有相见恨晚的感觉。

北齐皇建二年（561年），孝昭帝驾崩，高湛继承大位，是为武成帝。和士开长期企盼的日子终于来到了。本来，高湛在继位之前与和士开的关系已经火热，即位之后，和士开对他更是"奸谄百端"，因而武成帝高湛视之如心腹，倚之如股肱，和士开得宠的程度，可谓是世间少有。

和士开受到武成帝高湛如此宠爱，照理该满足了，可是他仍继续施展各种手段，进一步巩固和加深皇帝之宠。武成帝患有"气疾"，即"疝气"，这种病最怕饮酒，但他嗜酒如命，越饮病越重。武成帝虽然一向对和士开言听计从，但唯独在饮酒问题上则每谏不从。一次，武成帝气疾发，又要饮酒，和士开泪下不能言。帝曰"卿此是不言之谏"，固不复饮。和士开仅用哭泣抽噎的微小代价便换取了武成帝的莫大好感，这与他惯常使用的甜言蜜语具有异曲同工之效。

如果你以为和士开的这一表现是出于对武成帝的一片关怀之心，那就大错特错了。实际上，劝武成帝戒酒并不是他的目的，通过此举邀宠以求富贵权势，这才是他的真正用意。世界上最难测度的是无耻小人之心，代表着人类真诚感情的眼泪也照样可以被他们所亵渎，用来为其不可告人的目的服务。如果和士开以泪劝谏出于真诚，那他就绝不会把魔掌伸向皇宫后院，将武成帝的皇后占为己有了。

武成帝的皇后胡氏，本是一个水性杨花、放纵淫荡之人，加上武成帝素来荒淫，三宫六院，居无定所，较少与之相陪，因而胡皇后更感到寂寞难挨。

和士开深明"狡兔三窟"之理，单是武成皇帝的倾心信赖，还不能令他满足。胡皇后喜欢干预政事，和士开早就想拉她作为内援，他正觊觎着机会。当他了解到胡皇后的寂寞后，便决定乘虚而入。

和士开有意挑逗胡皇后，进展十分顺利，很快二人勾搭成奸。可叹那武成帝对和士开如此恩深义重，而和士开却毫不客气地给他戴上了一顶"绿帽子"。可见礼义廉耻对和士开之流，是毫无约束力的。为达个人目的，他们可以不择手段，这是常人无法理解的。

武成帝的恩宠对和士开达到了无以复加的地步，但和士开对武成帝的回报却是一顶漂亮的"绿帽子"，小人的贪欲如此显现，便从此一发不可收拾了。

俗话说小人难防，但小人却有自己的"特征"，对你投其所好，嘴甜如蜜者，这种人十有八九是小人，所以在圈中混得用点心思，识破小人的嘴脸，别等到真上当时就后悔莫及了。

暗箭来袭，你不妨以牙还牙

在圈子中混，难免会在有意、无意之间得罪人，而成为他人的眼中钉。如果对方咽不下这口气，摆明对阵的态势，还容易应付；如果是阴险小人，他们往往会在暗地里突施冷箭，就真的叫人伤脑筋了。

俗话说："明枪易躲，暗箭难防。"明枪对阵，胜败之间看实力，如果被打败了，应该无话可说；至于暗箭来袭，则防不胜防，如果因此被暗算，实在太冤枉了，因此如何攻防就要靠心机了。

一般说来，会被暗算，是因为自己的实力比对方强，对方不敢明着来，只好躲在暗处放冷箭，如果你应对不当，真的很容易因此中箭落马，摔得灰头土脸。

人家耍阴的，你该如何应对呢？看看下面这则故事：

清代的纪晓岚与和坤同朝为官。纪晓岚任侍郎，和坤任尚书。有一次，两人陪着乾隆微服私访，路上突然蹿出一条狗，和坤想在乾隆面前表现一下，也借机损一下纪晓岚，于是他指着狗问纪晓岚："是狼（侍郎）是狗？"

纪晓岚听了，立即意识到和坤是在利用谐音拐着弯骂自己，当场回击道："这都不知道！垂尾是狼，上竖（尚书）是狗。"

和坤自取其辱，憋得脸红脖子粗，气得说不出话来。

故事中，和坤自以为用谐音攻击纪晓岚稳操胜券，孰料纪晓岚却将计就计，利用垂尾是狼，上竖（尚书）是狗的常识给予了有力回击，而且不露声色，可谓妙哉。

现实生活中，类似的情况很多，如果同处一个圈子内，躲他敬他又都无效的话，我们就应该向纪晓岚学学了。因为像这样的情况，硬碰硬不是不行，但有可能两败俱伤，彼此的损耗很大不说，还可能纠缠不清，没完没了。

第五篇

职场也少不了应酬

第一章
与领导相处要保持一定的距离

与上司保持经常性的接触

作为一名下属，与上司之间若缺乏联系，会使双方愈来愈不信任和不尊重，更重要的是会很大地影响到你升迁的机会。

即使你与上司互相不欣赏，但处处表示你的支持，多少可以赢得上司对你的尊重。因此，在工作中应多考虑以下的问题：上司最需要什么资料？怎样可以帮助他？你以往犯过什么错，将来可以避免吗？

与上司保持经常性的接触，以便保持良好的沟通，这是得以升迁的必不可少的工作。这种技巧十分微妙，给上司简洁、有力的报告，切莫让浅显和琐碎的问题烦扰他或浪费他的时间，但重要的事必须请示他。

有一些时候，领导作出的决定与你的想法大相径庭，你思想上有时可能会想不通，但是，虽然有太多的疑虑，你也必须首先去执行领导的决定，因为领导的一切决策都有待于下属的拥护和支持。你可以私下里找领导交流一下思想，了解一下领导究竟是出于何种考虑、何种目的，才作出让你如此出乎意料的决定。

许多场合、许多情况都是你了解公司意图和想法的途径。如果你对此熟视无睹，那么领导想的到底是什么，你也就无从知晓。这样一来，你就无法配合领导协调工作，也就无法完成工作任务，实现工作目标。

另外，与领导保持经常性的接触，绝不是让你去奴颜婢膝地讨好他、奉承他，对他阿谀巴结，如果那样，往往不会给领导留下好印象。

别天真，老板不是朋友

在公司里永远要记住一条准则，老板永远是对的，因为老板会给你施展才能的平台，给你薪水，给你展现才华的机会。老板永远都是老板，他时刻影响着你。

老板与员工的关系在某种层面上永远是不平等的，就像黑暗中的两条平行的铁轨，永远不会相交在一点。老板永远是对的，这是职场之中的不二法则。士兵当着上级的面信誓旦旦地说自己以后要当将军，常常会得到褒奖，因为"不想当将军的士兵不是好士兵"。但是当着老板的面，你想当老板的想法不可轻易暴露出来，因为这就意味着你的发展已经设限，没有一个老板会因为你的才能超过他而把自己的宝座拱手相让。这就是职场的现实，你应该保持一种敢于面对现实的态度。老板永远都不可能是你最真诚的朋友，要丢掉幻想，少点天真。有时候可以说，老板和你就像猫和老鼠的关系，你不要以为花言巧语就能欺骗老板，在你犯错的时候，老板照样会按规矩办事。

一只涉世不深的小老鼠，以为只要讨饶，只要用花言巧语就能感化那只死追它不放的老猫，放它一条生路。于是，它对老猫说："请饶我一命吧，一颗麦粒足够我吃饱，一个核桃能把我的肚子撑得圆鼓鼓的。再说眼下我很瘦，等过一段时间我长得肥一点，再给您当早点吧。"老猫对这只小老鼠说："你弄错了吧，这些话是说给我听的吗？你这不等于是说给聋子听吗？你想一只猫而且是一只老猫要饶你一条性命，这是不可能的！照规矩办事，你下地狱去，找死去吧！"老猫边说边把小老鼠咬死了。

这个寓言故事告诉我们，不要把你的老板当做上帝，也不要把你的老板想得太简单。老板就是老板，不管你的老板在你的心目中是怎样的人，你都得注意级别，不说老板坏话，维护他的权威，给他以尊敬。不要擅自为老板做主，坚决按照老板的吩咐去做，哪怕他的指令漏洞百出，哪怕他是一个一无是处的人，只因为他是老板，只因为他比你有分量。

一个人去买鹦鹉，看到一只鹦鹉前标着：此鹦鹉会两门语言，售价二百元。另一只鹦鹉前则标着：此鹦鹉会四门语言，售价四百元。该买哪只呢？这人转啊转，拿不定主意。结果突然发现一只老得掉了牙的鹦鹉，毛色暗淡散乱，标价八百元。这人赶紧将老板叫来：这只鹦鹉是不是会说八门语言？店主说：不。这人奇怪了：那为什么又老又丑，又没有能力，会值这个价呢？店主回答：因为另外两只鹦鹉叫这只鹦鹉老板。

对，只因为他是老板，可以能力并不十分出众，但是他的身价比你高出千万倍。

老板都喜欢得到他人的尊敬，树立自己的威信。因而，作为员工的你一定要注意和老板上下有别，不要和老板称兄道弟，更不要拍着老板的肩膀说话。在公共场合与老板说话更要注意，有不同意见时也不要在公共场合与老板争辩，特别是当着许多员工的时候。你可以选择与老板私下里交换意见，实在不行，你也可以选择离开。

你要学习中国古代的那些纵横家，在表现的时候讲究策略，千万不可意气用事。现代人的智商都是不相上下的，作为老板，他能走到今天，自然有他的过人之处。也许私下里，老板让你放松，不要紧张，不要太客套，这时候你就得更加注意了，往往错误就在此时发生。你平时注意到了老板的权威，突然之间这种敬畏没了，你就会得意忘形，没了上下之分，忘了地位之别，这时候你的错误往往容易酿成。

记住：老板永远都是老板，不是你的朋友，不要在背后议论老板的是非，因为世界上没有不透风的墙；不要在老板面前说三道四，诋毁别人，这样最终诋毁的是你自己；注意你和老板之间的距离，你们的关系并没有你想象中的那么好。同时，不要忤逆老板的意思，不要轻易替老板作决定，一切都要听老板的指挥，一切都要由老板做主，因为老板永远是老板。

远离上司的私生活

与上司的关系最好不疏不离，既让他感到你很亲近，但又不对他构成威胁。

一个小国的国王为了自己的国家不被邻近的大国所侵犯，只得委曲求全与邻国联姻，娶了大国国王的妹妹为妻。由于这个国王的妹妹是个极其尖酸刁蛮的女人，因此婚后的国王处处受制于她。国王因为长期的压抑，不得不在外面又暗自结识了一个女人。由于担心凶恶的王后知道此事，国王终日提心吊胆。

这时，有一个很会讨好国王的人主动为他出谋划策，为国王设计了许多与情人幽会的方式，国王也视他为亲信。国王与情人的事情只有这个亲信最清楚。久而久之，皇后似乎有些察觉了国王的不轨，就准备找那个亲信询问。因为她知道，只有他最清楚国王的私事。国王得此消息后，立即找了一个罪名，下令把那个亲信处死，这样就永无后患了。

故事是个悲剧，运用到职场中同样适用。如果过多地介入上司私生活，使你脱离了与上司的正常关系，对你就没有丝毫好处。上下级之间的确是可能建立友谊的，但是友谊过头，过多地参与上司的秘密，就是不值得提倡的。

亲密的关系有一种平等化的效应，这会扭曲上司与你之间正常的上下级关系。

上司让你知道的秘密一旦被泄露，他将受到伤害。最初你或许会因为是上司的密友而与他无话不谈，并自鸣得意，可是时间一长上司便会有一种潜在的危机感，从而使你们的密友关系变得越来越尴尬。哪怕上司让你知道的秘密仅局限于公司内部的事情，这仍会给你带来不必要的麻烦。因此，你介入得越深，就越会发现自己的行动开始变得不自由。

此外，频繁地和上司周旋而获得上司密友或上司宠儿的称号，还会使你招致公司同事们的讨厌和不信任，甚至会有人想尽一切办法处处与你作对，来拆你的台，谁知道你成天黏在上司身边，一副神秘兮兮的样子是不是有什么见不得人的小阴谋或小算盘呢？这也是人们的本能反应。即使你在潜意识里有强烈的成功愿望，但是为了自己的愿望在实现的过程中没有人为的障碍出现，你和上司之间一定要设一块禁区，并管住自己不要胡乱瞎闯。

而且，还要留一点私人空间给你的上司。每个人工作的目的之一就是为了生活，当上司的也不例外。你怕被冷落，怕得不到信任，上司其实也与你完全相同，只不过他的担忧和你稍有一些不同罢了。他担心你的能力不佳，做不好事情而让他承担后果；又担忧你能力太强，事事完美无瑕以致管不住你而动摇到他的领导权威，甚至更怕你夺走了他现在的位置。所以，留一点空间给你的上司。

那想要做到这一点，具体应该怎么做呢？

首先，时时向上司请教。哪怕你懂得比他还多，还是要尊重他，和他讨论某项计划，请他给你一些指点。当上司看到你如此举动时，自然也就放心多了。不过，请教完之后，他的建议不可一个都不采纳，那样会适得其反，因此，在你的计划里多多少少还是要掺和一点上司的意见在里面，这一点他会很在乎。

其次，事情不要做得十全十美。别以为凡事完美就一定会得到上司的赞美，最好能在不明显处留有一丝瑕疵或一点缺陷，以便让你的上司给你指点一番，从而显示出他高于你的能力，以满足他的优越感。

同时，还别忘了经常称赞你的上司。这和拍马屁是大有区别的。员工需要上司称赞，上司其实也需要属下称赞，尤其是在上司的上司也在的公众场合时，你的称赞更显得重要了。它一方面表现了你的服从，另一方面又间接替你的上司做了公关。他能不暗自欣赏你吗？

所以，既不过多地介入上司的私生活，又留下一点空间给你的上司立足，这就是与人的相处艺术，也是不断被上司重用从而走向成功的捷径。

与上司相处，要保持一个度

在与上司的工作关系中，除了要摆正自己的位置，更重要的是把握好自己的职责权限。分内的事情努力做好，分外的事不要轻易插手，尤其不可做出越级越权的事情来。

小刘和小王是同一部门的普通工作人员，他们有一个共同的特点，就是精明果断，办事能力颇强。但该部门的主管却拖拖拉拉，优柔寡断。对此，心高气傲的小刘早就颇有微词。公司向该部门下达了新的业务指标，主管反复考虑，瞻前顾后，一直无法提出具体的计划和方案。心怀不满的小刘直接向总经理打报告，提出了自己的一套方案。而为人低调的小王选择跟主管共同商量，拿出相应的对策和方案。在小王的启发下，主管凭借自己丰富的实战经验，很快提交了一套同样出色的方案。最终，公司采纳了主管的方案。不久，主管获得提升，小王在他的推荐下，接替了他的位子。怨气冲天的小刘很快便离开了公司。

在很多情况下，主管的能力不一定比下属强，但这不能改变主管与下属之间从属的关系。把自己的聪明才智无私地奉献给主管，有人认为这样太冤了，心理上难以平衡。事实上，只有主管得到提升，你才能有出头之日，你在紧急关头及时"救驾"，你的主管会从此视你为得力干将，对你另眼相看。一有机会，你得到提升是水到渠成的事情。

越级越权，企图盖过上司的风头，在上司的上司那里表现自己，这种行为会严重损害到部门主管的感情，给自己以后的晋升带来难以逾越的障碍。因此，除非万不得已，千万不要越级。公司像一部复杂而精密的机器，每一个部件都在固定的位置发挥着不同的作用，以保障整部机器的正常运转。然而有一部分人为了突出自己，老是喜欢搞越级活动，这些人大部分都对自己顶头上司有某种不信任或者不服气。这样做的后果是扰乱了公司的正常工作程序，造成人为的关系紧张，反而影响了工作效率，更会影响到自己的晋升之路。

"到位而不越位"的几个守则：

1. 明确工作权限

进入某一岗位，需要弄清楚自己日常扮演的角色、应当履行的职责，应当遵守的行为规范。

2. 分清"分内"和"分外"

在其位要谋其政，不属于自己职责范围内便要小心谨慎，尽量少插手、不插手。当然，不排除有些上司会下放自己的某些权限，把本属于自己职责范围内的一些工作交给值得信赖的下属去做。此时，作为下属，一定要全力以赴，发挥自己的极限水平去做好。应当注意的是，必须由上司自己亲自委派你干这项工作，一般情况下不要主动要求。以免上司认为你插手太多，有越位之嫌。

3. 不可轻越"雷池"

遇到自己不熟悉的工作时要多请示，否则，往往会不自觉地造成越权行为，好心办错事。"雷池"不可轻越，万事谨慎为先。

让自己成为上司的一个得力助手

每个上司都希望下属忠诚地跟随他，最反感的就是背叛自己，与自己不一条心。上司通常都喜欢忠诚、讲义气、重感情、经常用行动表示你信赖他的下属。要成为上司的得力助手是不容易的，那么需要如何做呢？

当上司讲话的时候，要排除一切杂念，专心聆听。眼睛注视着他，不要埋着头，必要时可做一点记录。他讲完以后，既可以稍思片刻，也可问一两个问题，真正弄懂其意图。最后简单概括一下上司的谈话内容，表示你已明白了他的意图。一定要记住，上司不喜欢那种思维迟钝，需要重复好几遍才能明白他的意图的人。

传递上司的信息时不应该避重就轻，身为下属有责任了解上司说话时的背景与动机。有时候除了保留核心信息之外，我们也必须调整表达方式，借以让听者能够了解原意。

我们有责任帮助他人了解上司的用意，并且防止误解的产生，以免影响听者的接受程度与执行能力。

将上司的指令当做圣旨，或是不经判断地草率执行，无论对上司还是对你自己而言都是有害无益的做法。

上司大多喜欢有工作热情的人，接受任务时不打折扣，积极主动地克服困难，很少垂头丧气，或者唉声叹气，始终保持一种高昂的工作热情，留给上司的总是"积极而又能干"的形象。

比如说提前上班所表现的工作热望，是一天开始时你献给事业型领导的最好礼物。上班早就意味着你有工作欲望，能按时下班，则表明你能完成任务。工作热情是处理好与上司关系的一座桥梁。

当刚开完一个会议，上司便交给你一项十分艰巨的任务。那么你该怎样应对呢？这时上司正等着你的表态，等你给他一个明确的答复。如果是有意识考察你的话，那么他对你的能力和水平是心中有数的，关键是想看你用怎样的态度去面对这件事。因此，你最好用明朗的态度回答："好的，我一定完成任务！"或："我会尽最大努力去做！"

当然，任何上司都绝不仅仅满足于只听到满意的答复，他们更注重你完成任务的情况是否也同样令他们满意。好听的话谁都会说，漂亮的事却不是谁都会干的，只有完成任务，才能真正让领导心满意足。所以，最重要的还是你脚踏实地地去完成工作任务。

"伴君如伴虎"，不要恃宠而骄

美国人力资源管理学家科尔曼曾说过："职员能否得到提升，很大程度不在于是否努力，而在于上司对你的赏识程度。"但是，一旦发现上司对你非常赏识，你也千万不要以此为荣，不要以为自己万事大吉，更不要因此骄傲蛮横、目中无人。而是要学会把握好分寸，分寸把握不好，上司对你的赏识也会慢慢变味。把握好分寸，领导才会更欣赏你。

杨娟最近在做一些关于小动物的书，将这些小动物的生态情况等作一些介绍，读者对象是小朋友，要把原来那些科普味很浓感觉的文字都要修改成儿童感兴趣的文字。

上司对杨娟的工作非常满意，他经常当着同事的面夸奖杨娟，说杨娟的感觉很好，很符合孩子们的心理特征。杨娟第一次听上司如此说的时候，心里很高兴，也很自豪，自己的付出得到肯定，自然很欣慰。但是，后来上司说得多了，杨娟就觉得不太妥当，觉得上司如此表扬自己事实上是否定了其他员工的工作，如此一来很容易被其他同事妒忌。最后，一旦将来工作没有做好，上司会觉得自己没有用心去做。

于是杨娟决定找准时机来防止上司过多的赞扬！

再次开会时，上司又表扬了杨娟。上司话音刚落，杨娟即站起来恰到好处地说："经理，您对我满意我很知足！但是，我希望您也能明白，我的成绩是在同事们的帮助下取得的，他们也有不可磨灭的功劳呀！同时，我也在努力向您学习！如果将来我出现什么差错，也希望您和同事能耐心地支持我！"

面对上司的赏识一定要沉得住气，因为那些赏识说出来可能会对你不利，而你要留意周围的状况，作出最理智的回应。

假如男上司对女性下属特别好，那便要小心他们有非分之想，最好听一下他们的历史，看看能否从历史中得到教训。

如果上司对你特别好，但你的工作表现又不是同事间最突出的，那你便要好好反省一下，看看上司偏爱你的原因是否有下列几点：

第一，上司是异性，而你自问魅力过人，故获得优待。

第二，你忠厚过人，从不说谎，上司可从你口中得知其他下属的表现。

第三，你重义气，为报上司知遇之恩，愿为他做工作以外的事。

第四，嘴甜舌滑，深懂奉承技巧，上司又是爱戴高帽的人。

第五，对上司完全没有威胁，上司对你十分放心，故宠幸有加。

不过，假如你是上述五大原因之一，请勿沾沾自喜，你的情况不会令人羡慕。

在第一项中，外貌、气质虽然可吸引上司于一时，但难保有更突出的新人随时出现，那时地位便难保了。

如是第二项，那上司不是看重你，只是利用你做探子。一旦下属出现不满，他会牺牲你的利益。

第三项，你不是公司的资产，只是上司的侍人，表面得宠，会被人视作狐假虎威的可怜虫。

第四项，是大部分人得宠的原因，但与第一项一样，随时有被取代的危险。

第五项，前途只有片刻光明，一旦换了上司，庸碌的人必被淘汰。

不论你是哪一种，切忌恃宠生娇。古语有云："伴君如伴虎"。小心！

留个心眼，小心领导忽悠你

在职场这个纷乱的世界中，你不知道谁与你真好，谁与你假好，尤其是在领导面前，要多留个心眼，这样才能保住自己的位置，相安无事地继续做自己的工作。

陈波工作十分尽责，为公司的业绩增长作出了很大贡献。他觉得目前的薪水与自己的贡献不成比例，于是找到上司说："老总，在公司干的这段时间是我进入社会以来最开心的一段日子，只可惜……"上司猛然醒悟了过来，"你要走？"陈波装作很不情愿地点了点头，然后一脸痛苦地说，"出来这么多年，给家里也没作什么贡献，老婆孩子爹妈几张嘴，都要靠我一个人养，有时候也觉得挺难的。"

上司若有所思地望着陈波，并拍了拍他的肩，说："我明白，我明白。"脸上现出一种捉摸不定的表情。

最近公司要争取一个大订单。上司又一次把陈波叫到了办公室，一进门他就拍着陈波的肩膀说："你是公司的骨干，这次是大业务，你可要发挥你的水平出来。"陈波见没提加薪的事，一脸淡漠，上司这时就压低声音说："你放心，你的事我一直放在心里，我准备让你做公司的副总。不过，公司还有其他一些股东，我得让他们对你的水平有所了解。这次这个单你要用心去做，做出了成绩，他们那边就没什么话说了。"

忙了一个多星期，最后终于把这一单搞定了。陈波长出一口气，望着上司的办公室笑了笑，期盼着加薪和升职的到来。但是，两天后，陈波发现开始无事可做；第四天，发现电脑里的客户资料丢失，显然是人为所致；第五天，发现他的专用电脑被人更改了密码，公司内部系统无法进入。这些情况接二连三出现，让陈波摸不着头脑的时候，上司把陈波叫到了他的办公室。"很不好意思。"他坐在老板椅后满面春风地对陈波说："因为很多方面的原因，公司这次没有通过我提出的让你出任副总的提议。"

陈波的心突然沉了下来，正要问为什么，上司却一摆手，"不过，你辞职的事公司已经通过了。"说到这他就从桌子里拿出了一个信封，"这是你的工资，我帮你领过来了，也免得让你亲自去了。"上司又笑着说道："你可以去想请你的那家公司，当然，如果它存在的话。"瞬间，陈波的头一下就大了起来。

不要轻信领导对你的许诺，特别是劳资、升职这样关乎切身利益的事情。

你常常要经过一段不短的时间，才会发现原来自己的上司只是嘴巴热闹而已，他总是说得比谁都好听。这种上司会答应你方方面面的要求，包括加薪，以及提供各种便利条件，可就是从来不兑现。

对待这样的上司不要抱怨，如果让他下不了台，他可能会很生气，因为对他来说，他更怕他的老板而不是你。为了达到加薪的目的，你可以在暗中调查核实后，写一份书面报告证明你的薪水低于市场平均水平，这样他也就只能履行自己的诺言，把加薪意见转给大老板了。若怕加薪引起同事的不快，你也可联合他们一起向老板提出要求。要注意让上司冒的风险越小越好。

另外，许多领导喜欢赞美自己的下属，如果是鼓励下属或为下属承担责任而不计小过，作为下属的当然很受用。但如果领导对你有想法，而仍然对你大加吹捧，你就要小心了。应细心听出他的真实意图，以防领导给你来个措手不及！

站在领导的立场上看问题，站在自己的立场上办事情

毛主席有个著名的观点："战略上有规则、有定向；战役、战术上无规则、无定向。"战场上是这样，职场上也是这样。战略是全局性的，是具有指导意义的，是根据形势需求指定的长期性规划，是不能变的、稳定的、坚定的；但是战术却是灵活的、多变的，是围绕战略思想，将现实的利益、现实的合理性与未来的发展、长期的发展有效结合起来。

职场上，你要会站在上司的立场考虑问题，了解上司的全盘战略思想，了解他为什么要这样做，这样做能带来什么样的效益，这种战略和现实有什么矛盾？当上

司安排你做一些事情的时候，你要做到心中有数，既不要不问情况、不看实际地一味蛮干，也不要故作聪明地暗自跟老板较劲，消极怠工。

我们要尽量选择符合自己利益的事情去做，不符合利益的想法要推搪。用做了的事情取悦上司，而不做的事情则让上司知道，你已经完全尽力了。简单地说，我们要做到"战略上藐视敌人，战术上重视敌人"。

新疆某公司出产了一种名为"阿凡提"的瓜子，在当地久负盛名，公司老板想把它尽快推向全国。因此，该公司负责业务的经理设定方案进行推销，即向国营店或个体户大力发展批发业务。李杰是负责"阿凡提"瓜子上海业务的，当他按照总部的指挥采用这种战术时，不仅没有取得丝毫的效果，还处处碰壁。

原来，上海是"傻子"瓜子的天下。别的品牌根本无法轻易插足。李杰作为上海直销的负责人，当然知道"阿凡提""兵败滑铁卢"的原因，虽然他几次向总部提过建议和方案，但是得到的回应却始终如一——按原计划行事，尽快打开上海的销路，否则一切责任自己承担。李杰在碰了一鼻子灰后，认真思考自己目前的形势：如果按照上司的要求行事，一定不会完成任务，到头来也是"死"；如果不按照上司的要求行事，自作主张，若出了什么问题，还是"死"，左右是"死"路一条，与其"死在别人的手中"，不如让自己动手，或许还有峰回路转、柳暗花明的一天。

为了打开"阿凡提"瓜子在上海地区的销路，李杰采用了新的推销方法。他们把装瓜子用的纸袋免费送给零售单位，广做宣传；对经营单位免费送货；在价格上实行薄利多销，还可推迟结算货款，方便经销者。由于采用了这种适宜于当地的推销方法，"阿凡提"瓜子很快就占领了本土瓜子的市场，挤占了上海市场。

李杰没有一味地跟上司辩解，让上司接受自己的观点，也没有傻兮兮地按照总部的规定"照猫画虎"，而是按照上海当地实际情况灵活地改变了战术，使"阿凡提"瓜子得到了大卖。结果不用细述大家也知道，一个公司只看重最后的结果，李杰成功地打开上海这个大市场，为公司创造了很大的利益，公司自然会对一个对公司作出突出贡献的人给予奖励。李杰成功地完成了上级交代的任务，体现出了自己独特的价值，还为自己争取了利益。

当然，很多时候世界上往往没有这么完美的事情，但是想要追求完美就必须会运用战术，以不变应万变，要在原则的坚定性和策略的灵活性相结合的情况下，了解上司制定这个计划最终想要的和想要达到的目的，然后根据现实情况和自身力量，站在自己的立场思考该怎么做，如何做，做后会产生怎样的结果。要努力寻求自我发展，积极整合外部资源，团结一切可以团结的力量来争取最好的结果。

表面上嬉笑，实则怒骂

人非圣贤，孰能无过？上司也是人，他们也有犯错的时候。但是现实中，你的上司做了错事，你该如何批评他呢？对别人进行说服、劝导，宜采用正面说理法，态度要严肃认真；但从他人可接纳的角度去考虑，固执己见的人则不容易接受正面直言劝导。如果与他争辩，容易弄得面红耳赤、不欢而散。面对这种情况，不妨采用玩笑的形式含沙射影地进行批评。

某一外贸公司的待遇很差，职工有苦说不出。公司上司一直都不肯改善职员的待遇，是因为他认为下级职员都是庸常之辈，对公司不够尽忠尽责，而且多数人身兼两职。有人拿其他同性质的公司作对比时，该上司说，那些公司的职员都是一心为职，而他下属的团队是杂牌大军。

一天，该上司的一位高级职员针对公司近来迟到人数不断增加的现象，对上司说："初级职员简直没法到公司办事。"上司问："此话怎讲？"这位高级职员说："坐人力车吧，觉得车费太贵；坐电车吧，又苦于挤不上去；而且每月所出的电车费，成了他们的负担，让他们如何能解决这个问题？"高级职员长长地叹了一口气，一脸无奈的表情。

上司接着说："以步当车，一文不费，而且可以借此运动身体，不是好的办法么？"

高级职员摇了摇头："不行，鞋袜走破了，他们买不起新的。我倒有一个办法，希望领导出一个布告，提倡赤足运动，号召大家赤脚走路上班，这个问题不就解决了么？谁让他们不善于想办法？谁让他们不去想发财的门路，却要当一个小小的职员！他们坐不起电车、人力车，也不能鞋袜整齐地到公司上班，都是自讨苦吃！"他一面说，一面笑，说得那上司也不好意思起来，只好答应改善部属的待遇了。

可见，采用这种"嬉笑怒骂"的形式，用反面的方式表达正面意思，在语气上是嬉笑的，但实质上却是怒骂，是批评。由于比较委婉，不会伤及上司的面子，为此更容易让领导听进去。一旦他觉悟到自己的过失，就容易接受劝告，从而改变行为。

但是这种责备的程度要适可而止，不能太露骨，不能太刺激对方，因为对方若感到刺激过分，往往会反感或气愤，这样，批评劝导就不会收到预想的效果。

其实，每个人都喜欢听赞美的话，大多数人都不喜欢被批评，尤其是当众被批评，更何况被批评的又是你的上司呢？那么如何才能让上司接受你的批评呢？以下几点你就要加以注意了。

第一，要确定批评你的上司是适当的做法。他的意见必须是会影响你或是影响你属下的工作。如果你的上司所作的决定或行为与你无关，那么批评他便不妥当了。

第二，要明确上司毕竟是上司。你的批评如果引发权力的竞争，会使你的上司因紧张而采取防御措施。因此，将你的批评以解决方案的方式提出，把你认为应该更改的地方进行扼要说明，将你的批评改变成建设性的意见，一方面表示了解你上司的立场，一方面化解他防卫的心态，至于改不改，就让上司去决定吧！

第三，要建立批评的正当性。提供意见的时候要表现出是为了大家的利益，必须强调它的重要性，引用权威的资料，以及客观、可靠的调查。聪明的上司虽然欢迎别人的批评，但是并不会接受愚见，他会要求属下的建议是"无法撼动的事实"。

第四，在解决问题的时候，请求上司的协助可唤起他的注意。如此一来，并不是在批评你的上司，而似乎是在"批评"你自己，因为你负起问题的责任，使你的上司和你站在同一阵线上。

第五，要弄清楚你的上司是否是个能接受批评的人。如果他和你在会议之外能有私人的谈话，经常就公司的政策作修正，那么他有可能把批评当做是得到一项情报，而不是一种情绪性的攻击。但是如果你的上司很保守，不论你的意见多么富有建设性，你很可能会被视为一个爱抱怨的人，因此你必须了解上司，谋定而后动。

意见变建议，领导爱听才能办成事

这是一个充满着"意见"的时代，作为一种客观存在，个人唯有从心理上去适应它，切不可钻"意见"的牛角尖。善于看到"意见"的背面，并从"建议"的角度出发，你会发现一个交流与沟通的意想不到的广阔空间，处理和上司的关系时尤其如此。

给上司提建议时，提建议者总会有一定的心理压力，害怕好心提建议反而把与上司的关系弄僵了。究竟如何说话，才能既让上司接受你的建议，又让他觉得你不是在故意与他为难或者不给他面子，这确实是件难办的事。

一般上司都不希望下属在自己面前过分显示。如果不明白这一点，为了让上司赏识，便在他面前表露自己的聪明，上司必定会认为你狂妄自大、恃才傲物，从而在心理上对你产生排斥感。因此，在上司面前提建议时，千万不能让他认为你是在卖弄自己，而要磨掉你身上的棱角，使他从心里接受你。给上司提建议时，要注意以下策略：

第一，让他在自然状况下认识你的能力、你的价值。首先要寻找共同感兴趣的话题，然后认真听取他的意见。在适当的时候，对他的观点作些补充，提出新的问题。这样，可以使他认识到你是有知识、有自己见解的。

第二，交谈的话题要是上司熟悉的。如果用他根本不懂的或专业性过强的术语，会使他觉得你在为难他，或使他认为你的才识对他的职位构成威胁而产生戒备心理，进而在行动上远离你、压制你。

第三，向上司提建议时，要有理有据地陈述你的观点，以谦虚的语气，征求他的意见。这里，需要注意的是，向上司提建议，要根据上司的性格和行为特点采用他乐于接受的方式，例如，上司随和，采用口头建议；上司严肃，采用书面建议；上司自尊心强，可用私下交谈建议，等等。

第四，体察领会上司的心态。学会关心上司，在他一筹莫展时，主动为他出谋划策，并尽自己的力量帮助他。

下面具体谈谈如何向上司提意见的方法、技巧。

1. 多"引水"，少"开渠"

多"引水"，少"开渠"的意思是说向上司"进谏"时不要直接点破上司的错误所在，或越俎代庖地替上司作出所谓的正确决策，而是要用引导、试探、征询意见的方式，向上司讲明其决策、意见本身与实际情况不相符合，使上司在参考你所提出的建议后，水到渠成地作出你想要的正确决策。

2. 多献"可"，少加"否"

多献"可"，少加"否"的意思是说，在下属向上司"进谏"时多献可行的，少说不该做的。它包括两层含义：一是要多从正面去阐明自己的观点；二是要少从反面去否定和批驳上司的意见，甚至要通过迂回变通的办法有意回避与上司发生正面冲突。

3. 兼并上司的立场

在实际工作中，上司毕竟也是人，俗话说，人无完人，金无足赤。上司在某些方面有缺陷是很自然的，关键是作为员工要有一个正确的心态，认识到上司也是人，不是神。立场站对后，处理同上司的关系就会顺利得多。

兼并上司的立场，的确不失为向上司提意见的上策。首先，它没有排斥上司的观点，它是站在上司的立场，最终是为了维护上司的权威，出发点是善意的；其次，这种策略是一种温和的方式，能够充分照顾上司的自尊，易于被上司接受，效率较高；另外，它需要很强的综合能力，需要很高的社会修养，并能够针对不同情况，不断提出有效率的兼并上司立场的意见，久而久之，自己个人的领导能力亦会迎风而上，飞速提升。

4. 以此说彼

以此说彼就是以别人成功的例子论证自己建议的可行性，无形中为自己营造一些气势。

给上司提建议，最好自己对该建议能有百分之百的把握，如果能引经据典地以真实存在过的例子为证，无疑会加强自己建议的说服力。上司若切实从内心认可了这个建议，看到建议将会带来的利益，就必然乐意接受。

不要轻易揭领导的疮疤

"为尊者讳"，这是官场的一条规矩。一个人，无论他原来的出身多么低贱，有过多么不光彩的经历，一旦当上了大官，爬上了高位，他身上便罩上了金光，变得神圣起来。往昔那见不得人的一切，要么一笔勾销，永不许再提；要么重新改造，重新解释，赋予新的信心。

朱元璋原本是泥腿子出身，早年当过和尚，后来又参加过推翻元朝统治的红巾军起义。这些经历在朱元璋看来都是卑微的。朱元璋因当过和尚，对"光"、"秃"一类的字眼十分忌讳；因红巾军被统治者说成是"贼"、"寇"之类的组织，朱元璋便对这些字眼也极为反感。最具有代表性的例子是，杭州徐一在《贺表》里写了"光天之下，天生圣人，为世作则"几个字，朱元璋读了勃然大怒说："生者僧也，骂我当过和尚。光是削发，说我是秃子。则者近贼，骂我做过贼。"于是，立即下令把徐一处死。

在日常生活中，要谨慎处理与上司的关系，最要紧的一点是千万不要伤害上司的尊严，同时注意替上司保守秘密。一次偶然的机会，你发现了一个秘密：已婚的上司竟与某女同事大闹婚外情。

其实，事情并不复杂，你只需装聋作哑，也就是说一切装作不知，守口如瓶。

例如，你本来约了朋友在某餐厅吃晚餐，当你踏入餐厅，却赫然见到他俩，你可扮作一派镇静，先环视一下四周，若你的朋友未到，事情就好办得多，就当做找不到人，离开那里，在门外等你的朋友。即使朋友已坐在餐桌前，你也可走上前，当做有急事找他，与他一起离开那地方，再作详细解释。

要是你与友人先到，正在用餐，他俩才走进来，那就不妨在四目交投的情况下淡然地打个招呼，但不要与友人闲聊太久，最好比他俩先走，离开时记着不必打招呼了。

翌日返回办公室，要当做若无其事，只管埋首文件堆，就是有同事私谈有关两人之事，还是绝口不提为妙。对此等暧昧之事避之则吉，否则你就会陷入困境了。

有时候知道的事情太多并不是件好事，尤其是上司的隐私千万不能透露出去，否则就要大祸临头了。如果能够及时替上司掩饰其"痛处"或"缺处"，则有可能被对方引为知己，得到意想不到的结果。

徒弟变领导，服软才是硬道理

振国是公司里的老员工，工作兢兢业业，为人和善，人际关系良好，但最近他遇到了麻烦：徒弟变成了上司，这让他很不适应。

"7年了，我到这里7年了。人们常说七年之痒，我估计自己是痒起来了。我这个人，对当官不感兴趣，所以当别人为升职削尖了脑袋往前钻的时候我不动心，当别人因为没有竞聘上得意的职位而感叹时我也没感觉。

"我一直以来就享受着作为一名业务骨干的愉悦，与世无争，认真工作，与上司、同事都保持平等而互相尊重的关系，我很知足，也很满意。可是前一段时间，段子瑞当上了我的顶头上司，这一切就改变了。他进公司还不到两年。刚进公司那会儿还是我手把手教他的呢，在业务上我算得上是他的师傅。本来谁当上司我都无所谓。可那个段子瑞不是个省油的灯啊，自从当上了部门经理，就以领导自居了，一副了不起的样子。经常以命令的口吻指挥这个指挥那个，对老同志更是非常不尊重。我实在看不过去，就跟他说了两次，有一次还差点吵起来。

"前一段时间，我的工作出了点小错误，他竟然在开会的时候点名批评我，完全不留一点情面，弄得我相当尴尬。我知道他不过是借题发挥，表明他是领导，我要百分之百地服从和尊重他。我真的快受不了了！"

在公司里，人事任免往往会带来一些矛盾和情绪上的波动，振国就是因为曾经被自己指导过的"徒弟"当上上司以后，对自己指手画脚而深受困扰。公司里的老员工，劳苦功高，往往也需要更多的情感抚慰，一旦被曾经不如自己的小员工领导，心理就容易失衡。然而作为新上司，好不容易能扬眉吐气，手中握有一定的权力，自然希望下属都能服服帖帖，尊重他的意见，认同他的权威。这是矛盾的两个方面，每一方从自己的利益、立场出发，都希望对方尊重自己。

这样的问题在外企还不是太明显，因为在那里能力凌驾一切，年龄并不是升迁的重点，年纪大又未获升迁的人，反而会变得谦虚。但是在传统或本土企业里，讲究职场伦理与年资，倚老卖老的情形较明显，年轻上司与年老下属之间的矛盾也更突出。而且按照中国人传统的行事方式，如果下属很年轻，公然批评资格老、年纪大的下属，老员工在面子上会挂不住，其他的人会认为这个上司不近人情，处理问题不讲究方法。这样使得年轻的上司总是被老员工牵制，最终导致能力无法施展。

新上司一般不敢贸然与老员工公开对抗，毕竟有失身份和形象，而且一旦公然对抗，自己的胜算也不会很大。于是，利用职权之便在工作上让老员工难受便成了一些新上司常用的手法。如果对方不是那么桀骜不驯，那么他会用一些方式提醒对方："该收敛一点了，你要知道我是头儿。"如果对方是块难啃的骨头，根本不把他当回事，他会下手比较狠，表明："现在是我当家，你最好听我的。如果你不能忍受就走人好了，我不会挽留你的。"

为了避免新上司的"冷冻"大法，老员工千万不要倚老卖老，而应低调一点，多站在领导的立场上考虑，适时服软。即使在你看来你什么都比他强：经验比他丰富，业务素质比他高，看问题比他深入，眼光更独到……也切忌心高气傲。你尊重他，他会加倍地尊重你；相反，如果你忽视他，永远不拿正眼瞧他，那么他不能忍受的时候，也是你被冷冻的时候。凡事都要明智些，想开一些，一切都会好起来的。

面对公司的"皇亲国戚"，有理也要吃哑巴亏

志强是一家公司的人力资源主管，但是因为得罪了"皇亲国戚"，受到领导冷落、同事孤立。于是，他将自己的苦闷通过信件的方式，向一位记者倾诉，以下是信件正文。

最近实在太郁闷了，但又不知道该怎么排遣心中的抑郁。从一个朋友那里听到你对冷暴力的调查研究，冒昧给你写信，希望能得到你的帮助。

我之前一直在外企工作，来这家民营公司才 3 个月。公司里面有很多员工或是老板的亲戚，或是经理的朋友，总之有很多人都不是靠本事进公司的，而是靠关系在这里当寄生虫。我十分反感和厌恶那种人，他们没什么真本事，但在公司里十分嚣张，公司的管理人员对他们也敬而远之。

作为人力资源部的主管，我一直都认为公正是最重要的，不公正的待遇对于认真工作的员工而言是一种伤害，所以我在工作中力求做到公正。在年终绩

效考核的时候，我按照章程实事求是地对那些"关系户"进行了考核。由于他们平时总是无所事事，并且无视公司的规章制度，经常迟到早退，有时候好几天都找不到人，更谈不上什么业绩了，所以我给他们的考评成绩都很低，没有一个及格的。我自认为秉公执法，没什么不妥。

但是，当我把考评结果拿给部门主管看的时候，他相当不满意，狠狠地批评了我一顿，并且责令我重新考评。我觉得非常委屈，我是按规定办事的，并没什么错。但是无法抗拒部门主管的要求，只好重新做了一份绩效考核。此后我的工作更加艰难，那些"皇亲国戚"不时给我难堪，同事对我也不像以前那么热情了，我很苦恼。

志强是一个追求公正、按章程办事的人，按照规章制度办事，看起来没有什么错误，但是在很多时候，很多问题并不能通过硬性的规章制度来解决。所以经常有人感慨：职场中人难做事，难做人。其实难就难在人际关系的协调上。不按制度办事有违职业道德，按照制度办事又会给自己带来不少烦恼。因此，如何对待公司中有背景的员工是个很需要技巧的难题。对于这一点，刚走出校门的年轻人尤其应当注意，因为这一部分人往往对搞关系、私人权力超越公司制度等的做法不以为然，他们相信公平，认为个人权力应该为公司的规章制度让道。这些人往往性格耿直公正，但是他们处理问题的态度和方式在很多时候并不能收到理想的效果，有时甚至还会让自己卷入人际关系的旋涡。

有背景的员工是公司中一个特殊的团体，他们与领导关系非比寻常，常常仗着自己的特殊身份在公司中搞特例。他们的存在往往给一般员工和中层管理者带来很大的困扰，很多人对这种人心生埋怨、颇有微词。但是他们跟领导有千丝万缕的关系，时常还能左右领导的决策，所以大家对他们敢怒而不敢言。还有的人想利用"关系户"跟领导套近乎，为自己在公司的发展创造条件，他们会巴结讨好"关系户"，与他们形成利益联盟。

志强就是没有看清这里面的利害关系，得罪了这一类人。这不是一个简单的破坏公司的问题，而是在一定程度上伤了老板的面子。因为那些"皇亲国戚"之所以能在公司工作，就是老板的意思。志强公开指出那些人没有在公司工作的资格，岂不是质疑老板的做法？在工作中按章程办事是对的，但有时候需要变通。因为有很多规矩是不写入章程，但又必须遵循的，那就是人情世故的潜规则。

公司中难免会有一些潜规则，不损害"皇亲国戚"的利益，不与他们为敌，就是其中之一。这也是与公司里有背景的人交往的基本原则。千万不要在言语上刺激他们，也不要在利益上与他们发生纷争，这样做没有什么好处，相反只会害了你自己。

想要较为安全地避开他们这片雷区，不要轻视和怠慢他们，同时也不要与他们交往过于密切，保持一般的关系就可以了。不管他们的为人怎么样，毕竟身份特殊。如果你跟他们走得很近，难免会有人认为你想利用他们和老板的关系。就算没有这方面的嫌疑，如果你和他们的交谈传到老板的耳朵里，也容易将你卷入是非之中。见面说些"今天天气不错"之类的话就可以了，而谈别人的隐私，聊某人的不是，发些牢骚，都是不合适的。不要跟他们"拉帮结派"，这样只会让你越陷越深，最终无力自拔。

笼络上司，不要忽视他的"身边人"

电视剧《潜伏》中的余则成，为了能和站长建立一种亲密的关系，他总是派自己的假太太翠平与站长太太交往。渐渐地翠平与站长太太"情同姐妹"，站长太太手把手地教她打麻将，告诉她人情世故。单纯而直率的翠平也在余则成面前感叹道："她其实是个好人。"余则成一方面担心大大咧咧的翠平会在她面前露出马脚，另一方面又鼓励她们多多来往。因为要笼络站长，又怎么能忽视他身边的人呢？

除了让翠平多多跟站长太太来往，余则成也没有忽视站长身边的洪秘书。还主动邀请他下棋，又以职场熟手的身份来开导他。因为余则成知道，站长太太和洪秘书虽然没有直接的实权，但他们都是站长"身边的人"，太太可以吹吹"枕边风"，而秘书则可以知道很多零碎的信息，其中不乏极有价值的情报。所以，拉拢站长身边的人，既能与站长关系更融洽，也有利于他的情报收集工作。

有些人觉得，抓住关键人物就行了。比如余则成，笼络了站长就万事大吉。但往往现实情况比这要复杂得多。因为关键人物的周围总是存在着一些人，他们平时看起来没什么作用，但在关键时刻可能就会发挥重大作用。

比如在职场上，我们要和正职搞好关系，但也不能忽视了副职。通常，这些副职们对别人的态度更为敏感，对别人的忽视也更加在意。很多副职虽然没有决策权，但对正职有很大的影响，而许多时候，正职在处理问题时，也不能不顾及到副职的情绪。所以作为下属，对"副职"更要尊重和理解，就算"副职"本身并没有你值得敬重的东西，但他毕竟还在这个职位上，你就要敬他三分，免得牵动他敏感的神经，为自己步入仕途设置不必要的障碍。

岳文华年富力强，能力卓著，上司非常赏识他。而岳文华平时对上司身边的副经理都出人意料地亲近。逢年过节，他都登门拜访，亲切往来。同事们很奇怪，副经理是一个本事不大、心眼不少的人，不少下属都"退避三舍"，他为什么要一个劲儿地对副经理好呢？

其实，岳文华是个很聪明的人。他对自己最知心的朋友透露了他的想法："咱们老总是个正人君子，在他眼前不用耍心眼，你只要努力干就行了，他能分出个好坏来。副经理虽然没多少实权，但他跟'一把手'只有一步之遥，万一他背后给我捣点鬼，穿小鞋，那我吃得消吗？"所以岳文华一如既往地对待副经理，这个副经理对岳文华越来越不错，把岳文华当知己看，经常向他透露一点领导决策层的内部消息，使岳文华在单位里事事总先人一步，高人一筹，职场路走得顺风又顺水。

怎样和上司身边的人处理好关系，有时候比和上司处理关系还难。有句话叫：阎王好见，小鬼难缠，在办公室中也如此。与上司关系十分密切的人，往往会对上司的决策、用人及既定看法产生重要影响，而且这种影响在许多时候可能是决定性的。

如果你没处理好与这些人的关系，其中的一些小人就会在上司面前诽谤你。有时甚至只是某种不具恶意的猜疑，即使你特别地受到信任，这种猜疑也会对上司产生影响，使他对你的信任产生一道小小的裂痕。长此以往，势必会影响你与上司的关系。

也许你觉得你的上司是个很正直的人，但人毕竟是一种感情动物。处事看人也不是都用理智思考的，情感因素在其中占据着十分重要的地位，所以再正直的上司也做不到绝对的客观。而这些感情因素的影响就多来自上司的亲属和朋友，这其中也包括秘书在内。在上司的眼里，这些人的话未必正确，但总会对他的看法形成一些影响，如果这些影响总是负面的，那你与上司的关系也难以维持。所以，要笼络"吴站长"们，也要从他们的"身边人"下手。

用共同爱好促进私交

人是有感情的动物，有了人情好办事。在平日里要注意和领导搞好关系，这样有事情的时候才能顺利请求领导的帮助，那么我们应该怎样促进和领导的私交呢？

张某大学毕业被分配在外地工作，夫妻长期分居两地。张某回城打通"关节"，走"前门"公事公办，打了许多请调报告，没有作用，走"后门"请客送礼，不知费了多少心思，想了多少办法，都不见效。

他几次找主任汇报工作时，常见主任在围棋盘上与人对弈，对张某爱理不理。张某只好忍着站立旁边观战。

说也怪，主任对赢棋并不感兴趣，输倒更来劲，棋坛上的高手是他家的常客。但是，要赢主任的棋，单位里还找不出几个人。

张某从中悟出这个道理，要通过下棋"杀倒"主任，调回城里来。于是，他买书籍，拜名师，观棋谱，潜心研究围棋技艺，不到半年，果真练出了一身好棋艺。

再找主任时，开始"观阵"，再当"军师"，然后"参战"，几次交锋，杀得主任大败，引起了主任的兴趣。

从此张某经常在主任身边，后来不等张开口，主任主动关心他的调动事情，在商调函上盖章，很快夫妻团聚了。张某迎合主任的喜爱，通过棋盘上的你攻我防的较量，增进了了解，与主任彼此有了私人交情，建立了朋友般的关系。

如果你擅长表达对领导的了解和关心，理解领导的需要、希望、处境以至梦想，努力建立和维持与领导的好感、友谊，你的问题就解决了大半。

心理学家认为，人与人的彼此交往，会自发形成松散型的意缘群体。所谓意缘群体是与血缘群体相对而言的，它是由于意向、志趣、爱好和观念相似或相近自然结合而成的，不是靠行政或组织行为黏合到一起的。

由于你和领导对待工作、生活和学习的态度类似，即价值观相同，所以，你们在一起时易于相互感知，相互适应，感情易于沟通，容易达成共鸣，并且容易得到对方的支持，容易预测对方的情绪、需求和态度取向，因此相互间容易产生亲密感。自然，当你向领导提出帮忙的要求，领导也就乐于效劳，尽力解决了。

共同的兴趣爱好的确是一个促进双方感情交流的好方法。懂得做事之道的人，懂得利用共同的爱好，促进交情，以求得办事的顺利。

满足上司的尊重需求，切忌私自定夺

上司永远是上司，即使多小的、多不重要的事，也要让他定夺。因为这里有你对上司的尊重和重视。

在不该说话的时候说话、不该做主的时候做主，是职场新人常犯的毛病。你必须知道，无论你帮老板管了多少事，也无论你的老板多糊涂，甚至依赖你到了你不在他连电话都不会拨的程度，他毕竟还是你的老板，大事小情毕竟还得由他来做主。出了错，他承担；有面子，也该由他来卖。

这是一个让人深思的关于自作主张的故事：

有个杂志社给一个作家做了一期专访，等杂志出来以后，这个作家收到了一本，他想多要几本送给朋友，便打电话给这家杂志社主编。

主编不在，杂志社里一个编辑接了电话。"麻烦你转给一下主编，我希望多要几本这期杂志。""这个啊，没问题！您直接派人过来拿就成。"该编辑爽快地说。

作家正打算驱车去拿杂志时，却接到主编的电话："对不起！刚才我不在，杂志收到了吧？我刚才派人给您多送了几本过去。"停了一下，主编又说："可是，对不起，我想知道是哪位编辑说您可以立刻过来拿。"

作家很奇怪，于是问道："有问题吗？""当然没问题，您要十本都可以，我只是想知道，是谁自作主张。"

事情的结果可想而知，那位自作主张的编辑免不了受到上司的一番责备，上司一定会认为她目中无人，她在主编心目中的印象也肯定会大打折扣。

既然是别人点名找你的上司，作为下属就该转告，而不是替他做主。虽然只是一句话而已，但本来可以由上司卖出的人情，却被你无意挥霍了。

想想看，像这位编辑的行为，上司能不反感吗？老板就是老板，下属就是下属，不要自以为聪明，就可以自作主张，真正的好下属要懂得什么时候该说什么时候该做！

不自作主张，这是你在处理公司事务时起码要做到的，而要想在这一方面做得更好，你还需要做到遇事时多和上司商量，多让上司给你做主。

你有没有常常向上司询问有关工作上的事，或者是自己的问题？有没有跟他一起商量？如果没有，从今天起，你就应该改变方针，尽量详细地发问。部下向上司请教，并不可耻，而且是理所当然。

有心的上司，都很希望他的部下来询问。部下来询问，表示他的眼里有上司，尊重上司，尊重上司的决定。另一方面也表示他在工作上有不明之处，而上司能够回答，才能减少错误，上司也才能够放心。

如果员工假装什么都懂，一切事都不想问，上司会觉得"这个人恐怕不会是真懂"而感到担心，也会对你是否会在重大问题上自作主张而产生担忧。在工作上，作重大问题的决策时，你不妨问问上司，"关于某件事，某个地方我不能擅自下结论，请您定夺一下"，或者"这件事依我看不这样做比较好，不知部长认为应该如何"等。这样不管功过如何，都与你没多大关系。

其实，客观来说，仅就工作而言，下属自作主张带来的后果，往往都不会是十分严重也并非全都是消极的方面。

可以想象，哪有那么多员工笨到不知轻重的地步，敢于擅自替上司做出关乎单位整体利益的主张。除非他真的是个没有自知之明的人。

然而，这种自作主张所带来的对职场上的等级及人际关系常态的冲击，往往是十分明显的。

上司反感下属的自作主张，其实不在于他的擅自决定给工作带来的损失——通常说来，这种损失是微小的。上司心中真正在意的是下属越权行事的行为，以及这种做事风格所反映的下属心中对上司的态度。

因此，工作中多与上司沟通，让他为你出谋划策，假使你有迷惑不解的事，苦恼的事，诸如工作上的难题，家中的困扰，男女感情的苦恼，也可以尽量向上司提出，同他商量。

尽管你并不会真正听从上司的意见，但是这样做却会使上司产生"他什么事情都听我的"的心态，认为你在什么问题上都会重视他的意见，在工作上也不会私自越权决策。

在职场上，你必须时刻牢记一条：上司永远是决策者和命令的下达者，无论我们有多大的把握相信自己的判断力，无论你代替上司决定的事情有多细微，都不能忽略上司同意这一关键步骤。

否则，当上司意识到本应由自己拍板的事情，被属下越俎代庖，他所产生的心理上的排斥感和厌恶感，以及对于下属不懂规矩的气恼，足以毁掉你平时小心经营，凭借积极努力所换来的上司对你的认同。所谓"一招不慎，满盘皆输"，莫过于此。

把上司的想法看在眼里，妥善进退

一个善于察言观色的员工，一定善解人意，机灵乖巧，能了解上司在想什么、需要什么，什么事情都逃不过他的眼睛。

这是一种沟通上的优势，有了这种优势，可以洞察先机，知道上司的想法，觉察上司心中的取向，在心里有所准备；也可以根据上司的反应，妥善安排自己的进退，把话说在适当时机。这样的沟通，一切都掌控在自己的手中，你在办公室中就会一帆风顺了。

李续宾是曾国藩手下善于揣测其意图的爱将。

一天，曾国藩召集众将开会，谈到当时的军事形势时说："诸位都知道，洪秀全是从长江上游东下而占据江宁的，故江宁上游乃其气运之所在。

现在湖北、江西均为我收复，仅存皖省，若皖省克复……"此时，李续宾早已明白曾国藩的意图，趁势插口道："您的意思，是要我们进兵安徽？"

"对！"曾国藩以赞赏的目光看了李续宾一眼，"续宾说得很对，看来你平日对此已有思考。为将者，踏营攻寨计算路程尚在其次，重要的是要胸有全局，规划宏远，这才是大将之才。续宾在这点上，比诸位要略胜一筹。"

李续宾一句话赢得了这么高的赞扬，实在是高明之举。

由此可见，适当的察言观色，适当的说话技巧能让你更有可能在职场里出类拔萃。

以下的办公室常用句型，不但能帮你化危机为转机，更可以让你成为上司眼中的得力助手。

1. 传递坏消息时

句型："我们似乎碰到一些状况……"你刚刚才得知，一件非常重要的工作出了问题，此时，你应该以不带情绪起伏的声调，从容不迫地说出本句型，千万别慌慌张张，也别使用"问题"或"麻烦"等字眼，要让上司觉得事情并非无法解决。

2. 被传唤时

句型："我马上处理。"冷静、迅速地作出这样的回答，会令上司直觉地认为你是有效率听话的好部属。

3. 闪避你不知道的事时

句型："让我再认真地想一想，三点以前给你答复好吗？"当领导问了你某个与业务有关的问题，而你不知该如何作答时，千万不可以说"不知道"，可利用本句型暂渡危机，不过事后可做足功课，按时交出你的答复。

第二章
让下属围着你团团转

职场中"独行侠"的忧虑

众人划桨开大船，众人拾柴火焰高。作为领导，不管你一个人的能力有多大，也不可能修完长城。世界上任何一个伟大的建筑，都不是一人之力完成的。所以做领导千万不可做"独行侠"，因为你不可能一个人完成部门的工作，如果你不去挖掘他人的潜质时，不去激发他人的合作能力时，你不但完成不了你的计划，而且还会压力重大，有一种很孤单的感觉。

独木难成林，再优秀的人，如果不能与团队合作，也很难取得成功。这是千古不变的至理名言。单枪匹马在任何工作中都不可能出彩。

美国航天工业巨子休斯公司的副总裁艾登·科林斯曾经评价史蒂夫·乔布斯说："我们就像小杂货店的店主，一年到头拼命干，才攒那么一点财富，而他几乎在一夜之间就赶上了。"

乔布斯22岁就开始创业，从一穷二白打天下，到拥有2亿多美元的财富，他仅仅用了4年时间。不能不说乔布斯是一个创业天才。然而乔布斯却因为从来都独来独往，拒绝与人团结合作而吃尽了苦头。

他骄傲、粗暴，瞧不起手下的员工，像一个国王高高在上，他手下的员工都像躲避瘟疫一样躲避他，很多员工都不敢和他同乘一部电梯，因为他们害怕还没有出电梯就已经被乔布斯炒鱿鱼了。

就连他亲自聘请的高级主管——优秀的经理人，原百事可乐公司饮料部总经理斯卡利都公然宣称："苹果公司如果有乔布斯在，我就无法执行任务。"

对于二人水火不容的形势，董事会必须在他们之间作取舍。当然，他们选择的是善于团结员工、和员工拧成绳的斯卡利，而乔布斯则被解除了全部的领导权，只保留董事长一职。

对于苹果公司而言，乔布斯确实是立下了汗马功劳，他是一个才华横溢的人才，如果他能和手下员工们团结一心，相信苹果公司是战无不胜的。可是他

285

选择了孤立独行，这样他就成了公司发展的阻力，他越有才华，对公司的负面影响就越大。所以，尽管乔布斯是公司的创始人，但因为没有团队精神，公司董事会也只好忍痛舍弃。

随着企业规模的日益庞大，企业内部分工也越来越细。任何一个人，不管他有多么优秀，仅仅靠个体的力量来发展整个企业是不可能的。而且，个人的力量如此有限，作为领导如果事事都亲力亲为，那么一定会把自己弄得十分疲惫。在中国民间颇负盛名的诸葛亮就是一个不善于利用他人力量的人，结果他几乎是累死了。"鞠躬尽瘁，死而后已"的精神固然可嘉，但是，从结果看，他到底是失败了，导致失败的因素有很多，不善用人就是其中一个非常重要的方面。

所以，作为领导的你不应该是一个光杆司令，要善于笼络人才，善于用人，让更多的人为自己出力，我们要时刻谨记：单打独斗，刚愎自用的人前途将会暗淡无光。

让下属死心塌地拥护你

作为公司领导，谁都希望下属信任和爱戴自己，既具有权威，又能够让下属佩服。那么要如何应酬才能让下属拥护你呢？

1. 及时与下属共享自己的工作计划和心得体会。让下属清楚你做事的风格和方式，有助于下属按照你的工作方法去工作。

2. 下达任务要简单、明确，不可以含含糊糊，模棱两可。任务是领导和下属之间的沟通纽带，下属完成任务就是帮助领导成功，所以作为领导的你，必须及时有效地和下属就工作任务进行沟通。建议你在下达任务之后，让下属重复叙述一下该任务的内容。

3. 能够授权的内容要尽可能地授权。一来可以让自己有更多时间放在自己应该做的事情上，二来让下属能够感觉到你的信任。

4. 定期或不定期地询问工作情况。作为领导，一个重要的职责就是帮助下属成功，也只有下属成功，你才有成功的可能，所以要关注下属的成功，对于下属可能走的弯路进行沟通和调整。

5. 对下属的工作必须及时给出评价意见。作为领导的你在评价的时候应以鼓励为主，同时指出其中的不足，让其加以调整。在对不同的下属进行评价的时候，要尽可能地采用同一个平台。能够在公开、公平、透明的环境下进行，千万别当面一套，背后一套。

6. 鼓励下属工作之余的创新。创新是任何企业都不可缺少的，在完成自己工作之余，对于下属在技术、产品、管理等方面的创新必须及时给予回复。在自己力所能及的条件下，加以鼓励，哪怕是你的一句关心的话，对于下属来说都是莫大的奖励。

7. 敢于承担责任。在出现问题的情况下，不要推诿，应该尽可能将责任放在自己的肩上。工作中出现错误是正常的，勇敢地承担责任，会让你的下属感动，也会让你的下属全力以赴为你的目标而努力。

8. 要把成绩交给下属。成绩对于下属来讲是一种最好的奖励，而你需要的是更好的业绩，你的下属的成绩越大，你的威望和在老板面前的成绩就越大。成绩不一定都要表现出来，不管在什么时候，都不要同下属争功，这点是非常重要的。做一个让下属感动的领导，你的前途将无限光明。

以宽容仁德赢得众人心

中国一直流传着"水能载舟，也能覆舟"的一句古训。它告诉我们，如果你想成为舟，就要有能力得到诸多的水来载你，而且也要有能力让这些水永远地载着你远航，而不是某一时就将你彻底倾覆。

生活中，有很多事仅靠我们自己的力量是无法完成的，必须密切联系群众，充分发挥他们的力量，让他们成为我们步入成功之旅的依靠，这样才能蒸蒸日上。

那么，如何赢得众人心，收获众人力量这笔无形的财富？便成了诸多向往成功人士的寻觅对象。俗话说："人非草木，孰能无情。"那么，我们就可以通过对身边的众人投入诚挚的感情，用宽容仁德赢取大家的支持，以大展宏图。

某公司有一位部门经理，在一次去外地出差时，手提包被盗。包里面除了常用的钱物外，还有公司的公章。

事后，这位部门经理又内疚又担心，但还是要硬着头皮去面见总经理。到了总经理面前，他心虚地讲完了所发生的事情后，头都不敢抬地等着挨骂。可出乎意料的是，总经理不但没有骂他，反而笑着说："我再送你一只手袋好吗？你前段时间的工作一直非常出色，公司早就想对你有所表示，但一直没有机会，现在机会终于来了。"一头雾水的他不知如何是好，但内心却充满了感激。

后来，他非常努力地工作，兢兢业业，为公司赚了不少利润。同时，也有不少其他公司看中了他，用非常优厚的待遇来聘请他，可是他始终不为之所动。

不难看出，正是那位没有暴跳如雷的总经理，用宽容的态度赢得了这位部门经理的感激，使之决心为公司鞠躬尽瘁，任凭其他公司有多么优厚的待遇都不为所动。

这就是宽容的伟大力量。它既是人与人之间必不可少的润滑剂，更是对他人的一种尊重、一种接受、一种爱心。当我们遇到身边的人做错了什么，一味地指责、批评，甚至谩骂，真的就会起到多大作用吗？莫不如放下愤怒，学会宽容，给身边人一个反思和感恩的机会，这样，能让彼此的感情更加牢固。

我们不得不承认，一个想成就大事业的人，如果鼠目寸光，小肚鸡肠，不能容人，那是很难办成大事的。就拿三国里赫赫有名的曹操来说，特别注意树立诚信宽厚的形象，尤其在他开创事业的初期，以赢得普天之下众人的同情、理解和赞许，从而来不断壮大自己的势力。在那个君择臣、臣亦择君的年代，他的做法取得了良好的效果，更为他打天下奠定了坚实的基础。

所以，一个人要想成功，就一定要学会宽容别人，充分利用众人强大力量，得到众人的理解和支持，才能兼济天下。

慑其精神，让他唯"你"是瞻

身为管理者，要使被管理者服从自己，很多时候可以采用震慑对方精神的方法。因为让人的精神恐惧，任何人都会屈服。

唐玄宗靠政变上台，他先后诛灭韦党和太平公主，所以当上皇帝后也很不安心。

宰相姚崇一日和玄宗闲谈，说起内患之事，姚崇叹息说："我朝屡有内部变乱，实由人心散乱、不惧皇威所致。陛下若不整治人心，使人不敢心起妄念，朝廷就很难长治久安啊。"

玄宗点头说："内乱重生，致使大唐危机重重，朕定要设法根绝。依你之见，朕该有何动作？"

姚崇进言说："防患于未然，必须早做预见，惩人于未动之时。即使小题大做，也要造成震慑他人的效果，使人不起异念，自敛谨慎。这就需要陛下割舍情感，痛下重手了。"

玄宗示意已知，微微一笑。

不久，玄宗在骊山阅兵式上，以军容不整为由，判功臣兵部尚书郭元振死罪。惊骇万分的大臣中有人进谏说："郭元振是当世名将，有勇有谋，他不仅屡立战功，更在诛灭太平公主过程中功不可没。如此功臣如今犯小过错，陛下不念旧情就治他死罪，惩罚太重了，也有损陛下贤德之名。"

玄宗厉声痛斥进谏之人说："功臣犯法，难道就可以不问吗？有功必赏，有罪必惩，此乃治国之道，朕大公无私，本无错处，你们竟替罪臣求情责朕，莫非你们要造反不成？"

玄宗这般严厉斥责，吓得群臣再也不敢说话。最后，玄宗虽然赦免了郭元振的死罪，还是把他流放新州。

宰相刘幽求也是大功臣，他一贯和武党抗争。除灭韦党和太平公主的过程中，他也参与谋划，功劳不小。玄宗因为一件小事就将他罢相，还告诉他说："百官之首当为百官作则，故朕对你要求甚严，也是正常之举。"

刘幽求十分不满，背后常发牢骚说："皇上现在不念恩义，判若两人，他不该如此待我啊。我为他出生入死，谁知却落得这样的下场！"

玄宗听到刘幽求的牢骚，他马上又下旨把他贬到睦州当刺史，他还对群臣激愤地说："天下多乱，朕当严治臣子，此朕的职责所在。刘幽求以功劳和朕对抗，口出不逊，这便是大罪。朕若徇私枉法，反让人有了造反的口实，朕怎会做这样的蠢事呢？"

不久，刘幽求怨愤而死。群臣见玄宗对功臣都如此心狠无情，一时都惶恐不安，不敢犯一点小错。

一次，同为朝廷功臣的钟绍京在面见玄宗时，无故竟被玄宗训斥说："你为朝廷户部尚书，议事之时却不发一言，是不是有些失职？难道你不顾朝廷安危，准备明哲保身吗？"

钟绍京脸色惨变，直呼有罪。事后，姚崇有些不忍，他对玄宗说："陛下重治功臣之罪，已让人心震骇了，陛下的目的已然达到。钟绍京无端被责，臣以为过于唐突，其实不必这样。"

玄宗说："朕依照你的办法，才有这样的举动，你不该出言反对吧？"

姚崇又准备说什么，玄宗却摆手阻止了他，苦笑说："朕也不想如此啊。不过朕也想过，这些功臣都几经政变，实在是政变的行家里手，如果不把他们慑服，谁保他们日后不变心呢？朕折辱他们，也是让群臣心悸，只思自保。朕纵是背上无情之名，也心甘了。"

玄宗把钟绍京降为太子詹事，后来又将他贬为绵州刺史，不久又将他贬为果州尉。后来，功臣王琚、魏知古、崔日用一一被贬，朝中再也无人敢以功臣自居。群臣整日战战兢兢，玄宗这才罢手。

可见，人的精神一倒，其意志和雄心便会随之土崩瓦解。再刚强和难制的人，也抵御不了精神的打击；抓住了这一攻击点，也就是掌握了人最薄弱的环节。制造精神紧张首先要制造恐怖气氛，在人人自危的环境下，人们总是本能地加倍小心。了解别人的内心想法，也是必不可少的，如果把别人的潜在意图都一一点明，谁都会心惊肉跳，不敢轻举妄动了。

放下身份，多与部属共同活动

作为一名好的领导，要时常关心下属，经常与部属共同活动，增进交流。做主管的，常会希望部属与自己有相同的嗜好，但相反的，对于部属的活动，却极少参与。譬如，多数公司的体育活动，都会利用星期天，以排球、网球、羽毛球等比赛方式来举行。而这一类活动，主管很少会出席，即使有，也是一会儿就走了，几乎没有任何主管会积极地参与这些活动。因此，年轻人与主管之间，往往缺乏深刻的了解，距离的产生也是必然的。

其实，不管是自己球技不好，或者对体育一窍不通，都应该借此机会，和年轻人多接近，只要你诚心地加入到他们的行列，这些年轻人就会敞开胸襟，真诚地欢迎你。

不仅限于体育活动，其他如下棋、聚餐等也是一样的，想要多了解部属，这些机会是绝对不可错过的。只可惜，多数的主管志不在此，也不愿意牺牲时间和部属亲近，他们多半自顾自地去打麻将或玩高尔夫球。

在与年轻部属共同活动时，打麻将是应尽量免的。因为打麻将很容易养成习惯，甚至变成恶性赌博。夜里打牌过晚，也会影响第二天上班的精神，同时，很可能因欠下赌债，一时无法偿还，遂铤而走险，造成终身无法弥补的憾事，这就是你的罪过了。

其他尚有许多不合适，或不正当的活动，都是应该避免的，在此不必一一列举，由各位自行斟酌吧！

总之，要和部属一起活动，就要找一些健康而花费少的活动，譬如，钓鱼、郊游、烤肉、下棋……这些都是很有意义的活动，应该多举办。

领导有领导的权威，但这并不意味着领导就要与部属保持距离，以树立威严。相反，时常与部属共同活动，不仅不碍于领导的权威，而且会以亲切平和的面孔，赢得部属更多的尊重。

调整心态，与讨厌的人共事

作为一个领导，无论在什么时候，能够与不喜欢的人相处合作，才会在将来赢得更多的成功。

职场是个大家庭，许多事情不能仅靠一个人的能力去完成。能和不喜欢的人多相处，才有可能在将来产生合作。

学会和不喜欢的人合作办事，是一种技巧，更是一种智慧。人往往喜欢与自己志趣脾气相投的人接近，同样也就远远地躲开那些自己不喜欢、不愿意打交道的人。然而，生活中没有那么多的顺心顺意，也不可能有那么多人都能够与自己脾气相投。由于各种各样的原因，我们经常要与自己不喜欢的人，甚至是与自己敌对的人打交道，这就需要你抛开一时的成见，具有长远的眼光，用真诚的态度对待每一个人，包括你不喜欢的人。

聪明的人在与不喜欢的人相处时，或是在面对不同意见时，就容易做些"小让步"。每当一个争执发生的时候，他们总是会想：关于这一点能否做一些让步而不损害大局呢？因此，无论在什么时候，调整自己的心态，与不喜欢的人相处合作，应付别人的反对，唯一的好方法，就是在小的地方让步，以保证大的方面取胜。

让步并不代表妥协，而是为了赢取更大的胜利。会做人的人，也会在各种情况下与不喜欢或者不相投的人平和地相处。这就是一种眼光长远的睿智。这世界如此之大，而联系却异常紧密，谁能保证与对方没有合作的可能？

宽容下属的过失，让他心甘情愿为你做事

宽容，应该是每一个领导应具备的美德。没有一个下属愿意为对下属斤斤计较、小肚鸡肠，犯一点小错就抓住不放，甚至打击报复的领导卖力办事。

尽可能原谅下属的过失，这是一种重要的笼络手段。对那些无关大局之事，不可同下属锱铢必较，当忍则忍，当让则让。要知道，对下属宽容大度，是制造向心效应的一种手段。

汉文帝时，袁盎曾经做过吴王刘濞的丞相，他有一个侍从与他的侍妾私通。袁盎知道后，并没有将此事泄露出去。有人却以此吓唬侍从，那个侍从就畏罪逃跑了。袁盎知道消息后亲自带人将他追回来，将侍妾赐给了他，对他仍像过去那样倚重。

汉景帝时，袁盎入朝担任太常，奉命出使吴国。吴王当时正在谋划反叛朝廷，想将袁盎杀掉。他派五百人包围了袁盎的住所，袁盎对此事却毫无察觉。恰好那个从侍在围守袁盎的军队中担任校尉司马，就买来二百石好酒，请五百

个兵卒开怀畅饮。兵卒们一个个喝得酩酊大醉，瘫倒在地。当晚，从侍悄悄溜进了袁盎的卧室，将他唤醒，对他说："你赶快逃走吧，天一亮吴王就会将你斩首。"袁盎问起："你为什么要救我呢？"校尉司马对他说："我就是以前那个偷了你的侍妾的侍从呀！"袁盎大惊，赶快逃离吴国，脱了险。

从这里，我们不仅看到了袁盎的宽宏大度，远见卓识，也可以洞悉他驾驭部下的高超艺术。无独有偶，曹操巧败袁绍的故事也恰恰能说明这一点。

公元199年，曹操与实力最为强大的北方军阀袁绍相拒于官渡，袁绍拥众十万，兵精粮足，而曹操兵力只及袁绍的十分之一，又缺粮，明显处于劣势。当时很多人都以为曹操这一次必败无疑了。曹操的部将以及留守在后方根据地许都的好多大臣，都纷纷暗中给袁绍写信，准备一旦曹操失败便归顺袁绍。

相拒半年多以后，曹操采纳了谋士许攸的奇计，袭击袁绍的粮仓，一举扭转了战局，打败了袁绍。曹操在清理从袁绍军营中收缴来的文书材料时，发现了自己部下的那些信件。他连看也不看，命令立即全部烧掉，并说："战事初起之时，袁绍兵精粮足，我自己都担心能不能自保，何况其他的人！"

这么一来，那些动过二心的人便全部都放了心，对稳定大局起了很好的作用。

曹操这一手的确十分高明，它将已经开始离心的势力收拢回来。不过，没有一点气度的人是不会这么干的。

可见，精明的上司，一定要懂得原谅下属的过失，让下属知道你的胸怀大度，他会情愿为你做任何事。

平易近人，收拢散漫的人心

作为上司，一定要懂得一些收拢人心的技巧，特别是当人心散漫时，要将人心凝聚起来，这样下属才能全心全意为你效力。而平易近人，是收拢人心最行之有效的方法，通常有以下几个方面：

1. 充当下属的保护神

作为下属，当意外情况发生时，最希望得到的就是上级的支持和庇护。上级的安慰，会使下属感到无比的满足，使他愿意向上级敞开心扉，表露心迹。这种下属对上级的无限信任，是上级领导做好工作所必需的。

有的领导在工作不顺利时，难免会发牢骚，并将责任推给下属，这样的领导自然无法获得下属的尊敬；一位愿意承担责任的领导，必然能赢得下属的衷心拥护和爱戴。

2. 制造困境，奉送真情

如果你能在你的下属中拥有良好的人缘和口碑，就算你的老板，也很难撼动你的地位。收买人心，自然就要以心换心，心心相印。如果用真情换取别人的真心，真正对别人有所帮助，特别是在别人处于危难之时出手相助，这样就能赢得一个"死党"。从此，他会更加信任你。

3. 小事之中见真情

假如你是一个大公司的领导者，你会过问每一个下属的饥寒冷暖吗？事实上，这是不可能的，因为你根本没有那么多的精力。但是，这并不是说关心下属的冷暖是不重要的事情，相反，应该适时、适当地做一些细致入微的事情，使下属能够充分感受到你对他们的关心，这不会占用你太多的时间，所取得的效果却往往出人意料。

在处理一些小事的时候，如果你处理得不合理、不恰当，下属也会轻视你，因此千万不要忽略对一些小问题的处理。

4. "派系斗争"中的平衡术

当下属之间钩心斗角、互相攻讦时，领导者往往处于一种左右为难的境地。在派系斗争的枪林弹雨中，领导者极易因为关系处理不当而受到伤害，甚至失去人心，但这种情况同时也为领导者提供了许多机会。

有人用两头削尖的铅笔形容高明的领导的两副面孔：这个下属来了我们支持，那个下属来了我们也支持，而我们真正的目的是获取我们需要的东西。

在这种情况下，上司用权的关键是分而治之、不偏不倚。

假设你的两位下属为是否把一批质量低劣但价格暴涨的产品封藏入库，展开了争论。你对一位下属说："你完全正确，我们应当实际一些。"开会的时候你要说："我认为你们双方都有道理。"

这样做很有用，因为双方都不知道对方在寻求你的帮助，自以为获得你的支持而欣喜。当你把他们都逼入角落后，下一步就可以提出你自己的第三种解决方案了。

人们总是信任那些接近和欣赏自己的人，因此，作为上司，平易近人是获得权力、取得人心的最佳手段。

关心下属从关心他的亲人开始

家庭幸福和睦、生活宽松富裕无疑是下属干好工作的保障。如果下属家里出了事情，或者生活很拮据，上司却视而不见，那么对下属再好的赞美也无异于假惺惺。利用对下属亲人的关心，可以使下属感到上司的平易近人和关心爱护，从而将企业当做了自己的家。

日本的西浓运输公司，在企业内部设立了一个特殊的假日：本公司员工的妻子过生日时，该员工可以享受有薪假一天，来陪伴他的太太。当然，员工本人生日，也有获有薪假一天的权利，让夫妻共度生日。近来，公司又规定：员工每年的结婚纪念日可以享受有薪假一天。自从有了这几个规定之后，职工们为感谢公司的关怀，都非常卖力地干活，而重要的是让员工的妻子认识到了这是一个能够理解人的、有人情味的公司。妻子们常常鼓励，甚至下令她们的先生："效忠公司，不得有误！"这比老板的命令更为有效。公司因此获益匪浅。

利用下属的家属做好下属的思想工作，比起上司亲自做工作省心多了，上司批评可能会产生抵触情绪，而自己的家人批评就会心平气和地接受。同时，关心下属的家属就会减轻下属的顾虑，使得下属以厂为家，能够更好地为企业效力。

据说有一天，一个急得嘴角起泡的青年找到美国钢铁大王卡耐基，说是妻子和儿子因为家乡房屋拆迁而失去了住处，要请假回家安排一下。因为当时业务很忙，人手较少，卡耐基不想放他走，就说了一通"个人的事再大也是小事，集体的事再小也是大事"之类的道理来安慰他，让他安心工作，不料这位青年被气哭了。他气愤地说："在你们眼里是小事，可在我是天大的事。我妻儿都没住处了，你还让我安心工作？"卡耐基被这番话震住了。他立刻向这位下属道了歉，不但准了他的假，还亲自到这位青年家中去探望了一番。

关心下属疾苦，就是要站在下属的角度，急下属之所急，解决下属的后顾之忧，这个道理是适用于任何组织的。一个优秀的上司，不仅要善于使用下属，更要善于通过替下属排忧解难来唤起他内在的工作主动性，要替他解决后顾之忧，让他的生活安稳下来，集中精力，全力以赴地投入到工作上。而为下属解决后顾之忧必须做到：

第一，要摸清下属的基本情况。上司要时常与下属谈心，关心他们的生活状况，对生活较为困难的下属的个人和家庭情况要心中有数，要随时了解下属的情况，要把握下属后顾之忧的核心所在，以便于对症下药。

第二，上司对下属的关心必须出于一片真心。上司必须从事业出发，实实在在，诚心诚意，设身处地地为下属着想，要体贴下属，关怀下属，真正地为他们排忧解难。

尤其是要把握好几个重要时机：当重要下属出差公干时，要帮助安排好其家属子女的生活，必要时要指派专人负责联系，不让下属牵挂；当下属生病时，上司要及时前往探望，要适当减轻其工作负荷，让下属及时得到治疗；当下属的家庭遭到不幸时，上司要代表组织予以救济，要及时伸出援助之手，缓解不幸造成的损失。

第三，上司对下属的帮助也要量力而行，不要开实现不了的空头支票。上司在帮助下属克服困难时要本着实际的原则，在力所能及的范围内进行。帮助可以是精神上的抚慰，也可以是物质上的救助，但要在公司财力所能承受的范围内进行。

拉拢他时，要软硬厚黑并用

在职场中，作为领导难免会有拉拢他人的需要，这时，软硬兼施、厚黑并用的智谋就派上大用场了。就拿中国历史上的统治者来说，很多人非常擅长软硬兼施——制裁别人的同时又不忘笼络人心。

朱元璋史称"雄猜之主"，既野心勃勃又疑心重重。他当上皇帝后，打天下时那种虚心纳贤、任人唯贤的作风全抛在脑后，朝思暮想的是维护他的绝对尊严和家天下的地位。为此，他使用各种卑劣手段，排除异己，残杀功臣。

李善长在随朱元璋征战中，以多谋善断著称。开国初，他组织制定法规制度、宗庙礼仪，与朱元璋关系有如鱼水一般，朱元璋将李善长比喻为"汉初萧何"，称他为"功臣之首"，命他担任开国后的首任丞相。

朱元璋一旦功成名就，坐稳了江山，对李善长的态度就大变了。李善长过去被朱元璋称赞为"处事果断"，现在则说他"独断专行"。过去朱元璋特许李善长对疑难大事先处理后启奏，称赞他为"为朕分忧"，现在则说他"目无皇上"。朱元璋对李善长功高权大产生了疑忌之心，但考虑到李善长功高望重，轻举妄动恐生不测之变，就采用又打又拉、伺机清除的伎俩。

深知朱元璋为人的李善长察觉到皇上对他的猜忌，一连几天，李善长因患病没有上朝，借机给朱元璋上了个奏章，一来对不能上朝议政表示歉意。二来提出致仕（退休），察看朱元璋对自己的态度。按惯例，朱元璋应下旨慰问、挽留。但是，他来了个顺水推舟，随即批准了李善长退休请求，毫不费力地消除了李善长的威胁。

削夺了李善长的相权，免除了李善长对他的威胁后，有不少人心中暗骂朱元璋寡情毒辣。为了笼络人心，安抚李善长，朱元璋把自己的女儿临安公主下嫁给李善长的儿子为妻，朱李两家又成了国戚。

和朱元璋相比，乾隆的"厚黑"管人术丝毫不逊色。

乾隆在位期间，大兴文字狱，有案可查的就有七十余次，远远超过他的先辈们。乾隆这一手也够厉害的了，搞得文人仕士人人自危。几篇游戏文章，几句赏花吟月之句，也往往能弄出个莫须有的罪名。乾隆就是使用这样无情的棒子巩固了自己的地位。

但他并没忘对知识分子采用怀柔政策。他规定见了大学士，皇族的老老少少们要行半跪礼，称"老先生"；如果这位大学士还兼着"师傅"，就要称之为"老师"，自称"学生"或"晚生"。同时，他一方面大搞正规的科举活动，不断罗致文人仕士加入为朝廷服务的队伍；另一方面特开博学鸿词科，把那些自命遗老或高才、标榜孤忠或写些诗文发泄牢骚的文人、或不屑参加科举考试而隐居山林又有些大臣威望的隐士，由地方官或巡游大臣推荐上来，皇帝直接面试。乾隆举办了三次考试，录用24人。录用者自己春风得意，自然也感激皇恩浩荡；落榜的百余人，也无面目自命遗老孤忠去讽刺朝政。乾隆对被自己亲自面试的录用者关心备至，如其中有个叫顾栋高的人，录用时，年岁就不小了，当时授予国子监司业之职；到年老辞官时，乾隆亲自书写了两首七言诗加以褒美；后来，乾隆下江南，又亲赐御书，封他为国子监的祭酒。

乾隆之所以如此做，全是出于维护他们至上的皇权、族权、朝廷，是要保持"大清"永不"变色"。

历史上很多管理者都是采取软硬兼施、厚黑并用的手段。"前车之鉴，后事之师"，这一手段在今天同样有效。"软"与"硬"，作为一种处世谋略，或者作为一种交际手段，无论何种场合，不可偏废。从理论上讲，"厚"，体现友善、修养、通情理；"黑"则显示尊严、原则和力量。客观来讲，在人们的交际活动中，"厚"与"黑"的两手是相辅相成、密不可分的。如果有所偏倚，自己便要吃亏。

当然，与人交际，也不可一味不转弯地"黑"。一个人太强，必然使人觉得他头上长角，浑身长刺，使人不愿和他相处，这正是"人狠了不逢，茶酽了不喝"。

及时解除下属对你的敌意

作为上级，你可能因为什么事得罪了某位下属而让他对你充满敌意，以致他随时向你进攻。那么，该如何应付这样的下属呢？

第一步，应正确对待这样的下属。

不管下属与你之间有什么过节，也都是由工作引起的。你们之间没有不共戴天之仇，因此没有必要用另外的眼光去看待这样的下属，更不要用不光彩的手段去整治这样的下属。

第二步，找出下属充满敌意的原因，然后对症下药。

下属对你充满敌意，要么是你真的得罪了他，要么是他对你误解了。如果是你在某些事情上得罪了他，并且确实属于你的错误，你要坦诚地向他道歉，并设法予以补偿。假如对方的心胸不是太狭窄，道歉和补偿完全可以化解他的敌意。化解下属的敌意需要时间，不要性急，特别是对敌意很深的下属，更需要上司的耐心。

如果下属因为误解了你才对你充满敌意，你要想办法向下属解释清楚，化解他的敌意。暂时解释不清的，可以另找机会解释，总之，要使他明白是他误解了你。

如果你经过积极的努力仍不能化解下属的敌意，并且你已经做到仁至义尽了，但他对你的敌意还是有增无减，这时候你就不要再心慈手软了，可以将其调离或开除。如果不这样，你将无法正常工作，既然你已经给他机会了，就不必对此感到内疚。

让下属感觉到"人情政治"

说起"政治"，总是显得硬邦邦的没有生气，而添加了几丝"人情"，就显得情意绵绵多了。办公室政治也是如此，不过这里的人情都是有着明确的目的的。电视剧《潜伏》中军统天津站吴站长就深谙此理。

《潜伏》播出以后，粉丝们帮吴敬中总结了一系列精彩语录，其中很经典的一条就是"没有人情的政治是短命的政治"。这句话可谓意蕴深远。当吴敬中跟余则成捅破窗户纸，告诉他已经知晓了他和左蓝的关系时，余则成一时之间有点慌乱，但是吴敬中立马接了这么一句："没有人情的政治是短命的政治。"这句话是对余则成的安抚，是要让他明白吴站长不会追究陈年往事，而余则成也就不必担心什么，一门心思地为吴站长办事就行了。吴敬中明白，与其用严厉的询问和调查来警醒下属，不如用温情政治先麻痹他，让他无所防范时，下一步的行动才更好展开。

军调期间，余则成偷出情报给左蓝他们，让共产党赢得了舆论的支持。军统天津站陷入尴尬局面，吴敬中大为恼火。这个时候，马奎主动请罪要求接受处罚。吴敬中却没有发官威，而是说："处罚是一种可怜的手段，我用不惯。"吴敬中的确很少处罚下属，但他却用这样表面上的宽容让下属更加警醒，尽力完成任务。

吴敬中的人情政治还绵延到关心下属的生活。天津站建立之初，吴敬中就让他的下属们将家眷都接过来，由站里负责安置。他说："咱们抗战为了什么，还不是就为了家人能过上好的生活。……现在是该让他们享受一下了。"俨然一副慈父形象。花红柳绿的太太们到达时，吴敬中还特别在家里设宴款待。宾主尽欢，一派和乐。

而余则成的"临时太太"翠平出场时，显然跟雍容华贵的各家太太差别很大。这个时候，吴敬中的老婆就表现得格外亲和，跟翠平姐妹相称，又是买布料，又是教麻将，尽力跟她搞好关系。这里面虽然有站长太太和翠平出身相仿的原因，但细细一想，站长太太还是在丈夫的吩咐之下行事的。因为安抚了翠平，就是安抚了余则成。

所以，做个领导既要有"铁血"的强硬一面，又要有"柔情"的一面，刚柔并济，你才能全方位地控制你的下属。既让他们心存敬畏，又让他们忠心耿耿。

对待难相处的下属，要因势利导

作为上司，有时候并非比做下属容易。工作中有些下属往往比较难相处。作为管理者，应尽可能地与各种性格的下属保持良好的关系。那么在实际中，针对不同性格的下属又应该如何应付呢？

1. 悲观泄气型性格的下属

特点：这种人对任何事都悲观失望、没有信心，对新形式、新观念、新事物不抱任何希望，这种思想蔓延后会阻碍公司的发展。

方法：要改变他们的这种性格是非常不容易的，上司要给他们做出表率，用乐观进取的精神使他们在心理上消除悲观失望的情绪。对他们提出的合理化建议，应给予极大的鼓励和表扬，使他们增强进取心。

2. 暴躁型性格的下属

特点：这种性格的人脾气暴躁，与他们相处就会时不时地被他们发的火"烧"一下。

方法：对这种性格的人要能正确地引导，在非原则性的问题上不与他争执，不给他发火的机会和场所，并寻找适当的机会严厉指出，他的坏脾气使客户对公司留下不良印象，也会给别人带来不快，给他自己造成坏影响；强调在公司要注意个人形象，不可忘乎所以，更不能恶意伤人。

3. 强硬型性格的下属

特点：这种性格的人非常直爽，做任何事都雷厉风行，不喜欢婆婆妈妈，比较适合担任责任心强、难度大的工作职位。

方法：要时刻提醒他们做事时不可粗心草率。在工作中，你可以直接吩咐他们去完成某项任务，对他们的不满情绪要心平气和地因势利导，而不能针锋相对。

4.变化无常型性格的下属

特点：这种性格的人大多才能较为突出，能为公司作一些贡献，给公司带来财富。但这种人的性格变化无常，行为古怪，令人捉摸不透，他们自以为有才、有能力，不把他人放在眼里，对任何人的建议和劝说都嗤之以鼻，更不接受人们希望他们改变性格的意见。

方法：这种人令上司既爱又恨，为了公司的利益，可以在一定程度上允许他们自由一些，应采用特殊的方法对待特殊的人。

欲震慑"猴"，就在其面前杀鸡

杀鸡儆猴，是中国古代统治者用来镇压民众或威慑人心的惯常手段。人们一旦提起，总感觉其带有些阴暗的色彩。但"杀鸡儆猴"这一潜规则也给我们带来不小的启迪，那就是如果想震慑"猴"，就在其面前杀"鸡"。这样不仅能起到震慑人心的作用，更能让自己处于人生的主动地位。

齐国人孙武是我国古代伟大的军事家，被誉为兵学的鼻祖。他因内乱逃到吴国，把自己所著的兵法敬献给吴王阖闾。阖闾说："您写的兵法十三篇，我都细细读过了，您能当场演习一下阵法吗？"孙武回答说："可以。"吴王又问："可以用妇女进行试练吗？"孙武又答道："可以。"于是吴王派出宫中美女一百八十人，让孙武演练阵法。

孙武把她们分成两队，让吴王最宠爱的两个妃子担任队长，每位宫女手拿一把戟。孙武问她们："你们知道自己的心、左右手和背的部位吗？"她们都回答说："知道。"孙武说："演习阵法时，我击鼓发令：让你们向前，你们就看着心所对的方向；让你们向左，就看着左手所对的方向；让你们向右，就看着右手所对的方向；让你们向后，就转向后背的方向。"她们都齐声说："是。"

孙武将规定宣布完后，便陈设斧钺，又反复强调军法。一切准备妥当后，孙武击鼓发令向右，宫女们却嬉笑不止，不遵奉命令。孙武说："规定不明确，口令不熟悉，这是主将的责任。"于是他重新申明号令，并击鼓发令向左，宫女们仍然嬉笑不止。孙武说："规定不明确，口令不熟悉，这是主将的责任；现在既然已经明确，你们仍然不服从命令，那就是队长和士兵的过错了。"说罢，命令斩杀两名队长。

当时吴王正站在观操台上，见孙武要斩杀他的两个爱妃，大吃一惊，急忙派人向孙武传令："我已经知道将军善于用兵了。没有这两个爱妃，我连吃饭也没有味道，请您不要杀掉她们。"孙武回答说："臣既然已经受命为将帅，就应该尽职尽责做好分内的事。将帅在处理军中的事务时，君主的命令如果不利于治军，可以不接受。"说完，仍下命令斩杀两名队长示众，并重新任命两名宫女担任队长。孙武再次击鼓发令，宫女们按照鼓声向左向右，向前向后，跪下起立整齐划一，一举一动完全符合孙武的要求，没有一个人敢发出嬉笑声。

孙武正是运用了"杀鸡儆猴"的策略，才使众宫女乖乖听从指挥，从而树立了自己的威信。

作为部队的指挥官也是如此，必须做到令行禁止、法令严明，否则，指挥不灵，令出不行，士兵如一盘散沙，怎能打仗？所以，历代名将都特别注意严明军纪，管理部队刚柔相济，关心和爱护士兵，但决不能有令不从，有禁不止。

将这一点推广到我们今天的职场生活中，同样非常适用。想要管理好某些人，有时采用"杀鸡儆猴"的方法，在其面前抓住其他个别典型从严处理，就可以达到树立自己威信、震慑对方心灵的效果。

赞赏能让员工为你积极干活

任何一个团队里，想要管理好下属或其他人，想让他们积极地多做工作，"激励"与"赞赏"是领导者不可缺少的法宝。

下面，我们来看一个有趣的寓言：

有一天，猎人带着一只猎狗到森林中打猎，猎狗将一只兔子赶出了窝，追了很久也没有追到，后来兔子一拐弯，不知道跑到哪去了。牧羊犬见了，讥笑猎狗说："你真没用，竟跑不过一只小小的兔子。"猎狗解释说："你有所不知，不是我无能，只因为我们两个跑的目标完全不同，我仅仅是为了一顿饭而跑，而它却是为了性命啊。"

这话传到了猎人的耳朵里，猎人想，猎狗说得对呀，我要想得到更多的兔子，就得想个办法，消灭"大锅饭"，让猎狗也为自己的生存而奔跑。猎人思前想后，决定对猎狗实行论功行赏。

于是猎人召开猎狗大会，宣布：在打猎中每抓到一只兔子，就可以得到一根骨头的奖励，抓不到兔子的就没有。

这一招果然有用，猎狗们抓兔子的积极性大大提高了，每天捉到兔子的数量大大增加，因为谁也不愿看见别人吃骨头，自己却干看。

可是，一段时间过后，一个新的问题出现了：猎人发现猎狗们虽然每天都能捉到很多兔子，但兔子的个头却越来越小。

猎人疑惑不解，于是，他便去问猎狗："最近你们抓的兔子怎么越来越小了？"

猎狗们说："大的兔子跑得快，小的兔子跑得慢，所以小兔子比大兔子好抓得多了。反正，按你的规定，大的小的奖励都一样，我们又何必要费那么大的力气，去抓大兔子呢？"

猎人终于明白了，原来是奖励的办法不科学啊！于是，他宣布，从此以后，奖励骨头的多少不再与捉到兔子的只数挂钩，而是与捉到兔子的重量挂钩。

此招一出，猎狗们的积极性再一次高涨，捉到兔子的数量和重量，都远远超过了以往，猎人很开心。

有研究表明，如果只是被动服人，缺乏自觉性和积极性的话，员工只能发挥其能力的20%～40%，而如果他们被充分激励后，则可以发挥80%～90%。

激励最有效的手段就是奖励。奖励也是有学问的。奖励不当不仅不能激励员工，而且会打击员工的积极性。这是管理者必须考虑周全的问题。

不过，在运用激励的同时，赞赏的强大作用也不可忽视。它会让员工以良好、饱满的精神状态投入工作。

某城市有个著名的厨师，他做的烤鸭堪称一绝，深受顾客的喜爱。他的老板对他也是格外赏识。不过这个老板从来没有给予厨师任何鼓励，使得厨师整天闷闷不乐。

有一天，老板在店里招待一位远道而来的客人。点了数道菜，头一道就是老板最爱吃的烤鸭。厨师奉命行事。不一会儿，香喷喷的烤鸭就端上了桌。

然而，当老板挟了一条鸭腿给客人时，却找不到另一条鸭腿，他便问身后的厨师说："另一条鸭腿到哪里去了？"

厨师说："老板，咱们这儿的鸭子都只有一条腿！"

老板感到诧异，但碍于客人在场，不便问个究竟。

饭后，老板便跟着厨师到鸭笼去查个究竟。时值夜晚，鸭子们正在睡觉。每只鸭子都只露出一条腿。

厨师指着鸭子说："老板，你看，我们这儿的鸭子不全都是只有一条腿吗？"

老板听后，便拍手鼓掌，睡梦中的鸭子被惊醒了，都站了起来。

老板说："鸭子不全是两条腿吗？"

厨师说："对！对！不过，只有鼓掌拍手，才会有两条腿呀！"

聪明的厨师巧妙地点化了老板。这正如戴尔·卡耐基曾说过的，要想赢得朋友，影响别人，就得表示出"真诚的欣赏"。在大多数公司里，员工总觉得在做错事时，才会引起管理者的注意。这样的公司里有一种"批评文化"。赞赏是要善于发掘人们有哪些好的表现，并对此表示欣赏，以此来进行鼓励。

在麦克尔·勒勃夫出版的一本名为《世界上最伟大的管理规律》的书中他指出，这个规律就是：受到奖赏的行为会不断重复。

这是一条在任何组织中都很重要的规律，但令人遗憾的是，它也是常被人忽略的一条规律。公司对员工的赞赏不应是管理者的简单习惯，而需要确立制度，使之运行自如。

总之，赞赏能为许多人创造良好的工作情绪，不要让这种良好的工作方式只是随机出现，要系统地表现出更多的欣赏和感谢，而非批评和抱怨。

主动为下属承担责任更能赢得下属的心

当老鹰盘旋在天空时，我们看到草地上觅食的老母鸡总是急忙招来小鸡，将它们藏匿在自己温暖的翅膀下。

其实，上司对下属也应如此。

俗话说"大树底下好乘凉"，倘若你能给你的属下提供一个乘凉的好地方，那么你的属下将会由于你的施恩而"报效"于你。

魏扶南大将军司马炎，命征南将军王昶、征东将军胡遵、镇南将军毋丘俭讨伐东吴，与东吴大将军诸葛恪对阵。毋丘俭和王昶听说东征军兵败，便各自逃走了。

朝廷将惩罚诸将，司马炎说："我不听公休之言，以至于此，这是我的过错，诸将何罪之有？"

雍州刺史陈泰请示与并州诸将合力征讨胡人，雁门和新兴两地的将士，听说要远离妻子去打胡人，都纷纷造反。司马炎又引咎自责说："这是我的过错，非玄伯之责。"

老百姓听说大将军司马炎能勇于承担责任，敢于承认错误，莫不叹服，都想报效朝廷。司马炎引二败为己过，不但没有降低他的威望，反而提高了他的声望。

如果司马炎讳败推过，将责任推给下属，必然上下离心，哪还会有日后的以晋代魏的局面呢？

将帅的威信从律己中来，这是一个既浅显又深奥的道理。"身不正则令不从，令不从则生变。"对于雄霸天下的人来说，有了这种威信，就有了感召天下的力量源泉。

在下属眼中，既然你是"头头"，你的下属犯错，那么便等于你犯错，起码你是犯了监督不力或用人不当的错误。

做下属的最担心的就是做错事，尤其是费了九牛二虎之力后却依然闯了大祸的事，因为随之而来的便是惩罚问题、责任问题。而生活原本就是一连串的过失与错误，再仔细、再聪明的人也有阴沟翻船的时候。可翻了自己的小船便也罢了，而一旦不小心捅漏了多人共同谋生的大船，也就真有可能弄个"吃不了兜着走"的下场。因此，没有哪个人不害怕承担责任的。

大多数上司在处理下属乃至自己本人的失误和错事的时候，总是想提出各种理由为自己开脱，唯恐遭到连累，引火烧身。殊不知，既是他人的"上司"，那么下属犯错，即等于是自己的错，起码是犯了监督不力和委托非人的错误。何况上司的责任之一，就是教导下属如何做事。

所以，作为上司，在下属闯祸之后，首先要冷静地检讨一下自己，然后将他叫来，心平气和地分析整个事件；告诉他错在何处，最后重申他的宗旨——每一个下属做事都该全力以赴，漫不经心、应付差事是要受惩罚的。当然，还要让他明白，无论如何，自己永远是他们的后盾。

那种不分青红皂白，无论下属的过错是否与自己有关都大发雷霆，不时强调"我早就告诉你要如何如何"或"我哪里管得了那么多"的上司们，不仅使下属不敢于正视问题，不再感到丝毫内疚，而且避免不了日后同上司大闹情绪，甚至永远不再拥戴他。

所以，当下属在工作中犯了错误，受到大家的责难，处于十分难堪的境地时，作为上司，不要落井下石，更不要找替罪羊，而应勇敢地站出来，实事求是地为下属辩护，主动承担责任。

拉家常，让他不厌恶你的管理

作为管理者，在工作中难免会遇到一些充满"敌意"的人，这时就要试着说一些生活中的事情沟通一下彼此之间的感情，虽然不敢肯定他一定会对你产生好感，但至少也会让他觉得你没有想象中的那么"可恶"。

1952年，尼克松参加了艾森豪威尔总统的竞选班子。就在这时有人揭发：加利福尼亚的某些富商以私人捐款的方式暗中资助尼克松，而尼克松将那笔钱作为参议员所得收入囊中。

尼克松据理反驳，说那笔钱是用来支付政治活动开支的，绝没有据为己有。但是，艾森豪威尔坚决要求他的竞选伙伴必须"像猎狗的牙齿一样清白"。他准备把尼克松从候选人名单中除去。

这样，那一年10月的一天晚上，10点30分，全国所有的电视台、电台将各自的镜头、话筒对准了尼克松——他不得不通过电视讲话解释这些捐款的来龙去脉，为自己的清白作辩护。

尼克松在讲话中并不单刀直入地为自己辩解，以清洗丑闻给他蒙上的灰尘，而是多次提到他的出身如何低微，如何凭借自己的一股勇气、自我克制和勤奋工作才得以逐步上升的。这合乎美国那种竞争面前人人平等的国情，也博取了观众和听众的同情。

说着说着，他话题一转，似乎是顺便提起了一件有趣的往事，他说道："我在被提名为候选人后，的确有人给我送来了一件礼物。那是在我们一家人动身去参加竞选活动的那一天，有人说寄给了我家一个包裹。我前去领取，你们猜是什么东西？"

尼克松故意打住，以提高听众的兴趣。"打开包裹一看，是一个条箱，里面装着一条西班牙长耳朵小狗，全身有黑白相同的斑点，十分可爱。我那六岁的女儿特莉西亚喜欢极了，就给它起了一个名字，叫'棋盘'。大家都知道，小孩子们都是喜欢狗的。所以，不管人家怎么说，我打算把狗留下来……"

这就是历史上有名的尼克松的"棋盘演说"。

事后，美国的一份娱乐杂志马上把这篇"棋盘演说"嘲讽为花言巧语的产物。好莱坞制片人达里尔·扎纳克则说："这是我从未见过的最为惊人的表演。"

尼克松当时还以为自己失败了，为此还流过不少眼泪。可最后事态的发展完全出乎大家的意料，成千上万封赞扬他的电报涌进了共和党全国总部，他因为表现出色而最终被留在了候选人的名单上。

从尼克松的成功演说，我们看到了拉家常的强大魅力。正如古人说得好："意越冷，越投机；语越宽，越醒听。由其冷意，无非苦心，宽语悉是苦心也。"与对方拉家常，犹似盘旋在高空的苍鹰，看起来逍遥自在，其实可让自己窥视、蓄势，不仅可以由此找准目标以便一击即中，而且可以直接拉近彼此的距离，使对方不厌恶你的"管理"。

收放结合，才能把对方牢牢制住

古人云："一张一弛，文武之道。"用到驭人方面，只有懂得收放分寸的人，才能将主动权稳固地把握于己身。

想更深刻理解这一点，我们不妨看看下面的故事。

刘秀当上东汉开国皇帝后，有一段时间很是忧郁。群臣见皇帝不开心，一时议论纷纷，不明所以。

一日，刘秀的宠妃见他有忧，怯生生地进言说："陛下愁眉不展，妾深为焦虑，妾能为陛下分忧吗？"

刘秀苦笑一声，怅怅道："朕忧心国事，你何能分忧？俗话说，治天下当用治天下匠，朕是忧心朝中功臣武将虽多，但治天下的文士太少了，这种状况不改变，怎么行呢？"

宠妃于是建议说："天下不乏文人大儒，陛下只要下诏查问、寻访，终有所获的。"

刘秀深以为然，于是派人多方访求，重礼征聘。不久，卓茂、伏湛等名儒就相继入朝，刘秀这才高兴起来。

刘秀任命卓茂做太傅，封他为褒德侯，食二千户的租税，并赏赐他几杖车马，一套衣服、丝绵五百斤。后来，又让卓茂的长子卓戎做了太中大夫，次子卓崇做了中郎，给事黄门。

伏湛是著名的儒生和西汉的旧臣，刘秀任命他为尚书，让他掌管制定朝廷的制度。

卓茂和伏湛深感刘秀的大恩，他们曾对刘秀推辞说："我们不过是一介书生，为汉室的建立未立寸功，陛下这般重用我们，只怕功臣勋将不服，于陛下不利。为了朝廷的大计，陛下还是降低我们的官位为好，我们无论身任何职，都会为陛下誓死效命的。"

刘秀让他们放心任事，心里却也思虑如何说服功臣勋将，他决心既定，便有意对朝中的功臣们说："你们为国家的建立立下大功，朕无论何时都会记挂在心。不过，治理国家和打天下不同了，朕任用一些儒士参与治国，这也是形势使然啊，望你们不要误会。"

尽管如此，一些功臣还是对刘秀任用儒士不满，他们有的上书给刘秀，开宗明义便表达了自己的反对之意，奏章中说："臣等舍生忘死追随陛下征战，虽不为求名求利，却也不忍见陛下被腐儒愚弄。儒士贪生怕死，只会搅动唇舌，陛下若是听信了他们的花言巧语，又有何助呢？儒士向来缺少忠心，万一他们弄权生事，就是大患。臣等一片忠心，虽读书不多，但忠心可靠，陛下不可轻易放弃啊。"

刘秀见功臣言辞激烈，于是更加重视起来，他把功臣召集到一处，耐心对他们说："事关国家大事，朕自有明断，非他人可以改变。在此，朕是不会人言亦言的。你们劳苦功高，但也要明白'功成身退'的道理，如一味地恃功自傲，不知满足，不仅于国不利，对你们也全无好处。何况人生在世，若能富贵无忧，当是大乐了，为什么总要贪恋权势呢？望你们三思。"

刘秀当皇帝的第二年，就开始逐渐对功臣封侯。封侯地位尊崇，但刘秀很少授予他们实权。有实权的，刘秀也渐渐压抑他们的权力，进而夺去他们的权力。

大将军邓禹被封为梁侯，他又担任了掌握朝政的大司徒一职。刘秀有一次对邓禹说："自古功臣多无善终的，朕不想这样。你智勇双全，当最知朕的苦心啊。"

邓禹深受触动，却一时未做任何表示。他私下对家人说："皇上对功臣是不放心啊，难得皇上能敞开心扉，皇上还是真心爱护我们的。"

邓禹的家人让邓禹交出权力，邓禹却摇头说："皇上对我直言，当还有深意，皇上或是让我说服别人，免得让皇上为难。"

邓禹于是对不满的功臣一一劝解，让他们理解刘秀的苦衷。当功臣们情绪平复下来之后，邓禹再次觐见刘秀说："臣为众将之首，官位最显，臣自请陛下免去臣的大司徒之职，这样，他人就不会坐等观望了。"

刘秀立刻让伏湛代替邓禹做了大司徒。其他功臣于是再无怨言，纷纷辞去官位。他们告退后，刘秀让他们养尊处优，极尽优待，避免了功臣干预朝政的事发生。

放纵是有条件的，在某些方面，该放的就要放；而在另一些方面，该收的也一定要收。收放结合，才能把人牢牢控制住。

需要注意的是，就像历史上的功臣一样，虽然他们所起的作用是巨大的，但如果走向反面，他们的影响力和破坏力也是惊人的。所以，对待你周围那些具有实力和影响力的人，其地位不能降低，以示荣宠，但不要给其实权，就可防患于未然了。在要害处只收不放，这是放纵的首要前提。

温情，留住员工的强大力量

当今，企业的竞争主要是人才的竞争。企业能否吸收和留住人才，成为企业成败的关键。

《亚洲华尔街日报》《远东经济评论》曾联手对亚洲 10 个国家和地区的 355 家公司进行了调研,涉及 26 种产品、9.2 万名员工,最终评选出 20 名最出色的雇主。根据这项调查,员工心目中的"好公司"与公司资产规模、股价高低并没有直接的联系,虽说入选的 20 家上榜公司各有各的绝招,但它们都具备一个共同特征:带着浓浓的人情味。

小何大学毕业后进入一家大型企业工作。工作前三年,公司效益很好,每个月小何都有一笔不菲的工资和奖金。在外人眼里,这一切很不错,他也很知足。然而,随着时间的推移,按部就班的工作节奏使他和同事们变得懒散,总觉得工作缺少激情。所以,他们都想跳槽换个环境。

不料,就在他们决定跳槽的时候,公司由于在一个重大项目上的决策失误,损失惨重,多年来公司创造的辉煌一夜之间化为乌有,面临破产的困境。平时公司的经理带领他们创业,对这些年轻人也格外照顾。在公司处于困境的时候选择跳槽,他们很是过意不去,但是在公司待下去又不会有太大的发展前途。权衡再三,他们决定离开,另谋高就。就这样,他们联合了几个年轻人写好了辞职报告,准备去找经理谈话。

盛夏时节酷暑难耐,为了节约用电,经理把自己办公室空调的温度从 23℃ 提高到 24℃。为此,经理特意在门口贴出了一张小纸条:"关键时刻,让我们从点滴做起。尽管公司处于困境,但困难只是暂时的,如同乌云遮不住太阳。为了节省 1℃ 的电量,你们进入我的办公室时,可以随便减去一件衣服。"

在这个以严格的等级制度进行管理的公司,没有人可以在进入经理办公室之前随随便便脱去西装。尽管经理贴出了小纸条,可是没有人在进入他的办公室之前减衣服。时间长了,经理发现了这一点,立即从自己做起,自己先减去一件衣服,穿着随便些,让来汇报工作的员工放松心情,自然一些。那天他们走到经理办公室,看到小纸条,没敢脱衣服,但心里微微地震动一下。走进办公室,他们发现经理穿着很随便,而且他们观察到经理办公室的空调温度比往常高了 1℃。经理让他们脱去外套,有什么想法慢慢汇报。先前想好的理由顷刻间化为乌有,最后他们都红着脸退了出去。

很难相信,一个企业的兴衰与小小的 1℃ 息息相关,但正是这微小的 1℃ 孕育了一种强大的力量,唤醒了埋在人性深处的一种温情,将个体的命运与集体的命运紧紧地连在一起,形成团队精神,战胜了困难。

为人处世,一个人需要这样的 1℃;营生立业,管理人才更需要这样的 1℃。正是这种温情，使得企业得以留住员工。

娱乐是凝聚人心的途径之一

凝聚人心未必要用金钱，许多东西都能使人心凝聚，比如娱乐。请看下面这个故事：

某局机关一向死气沉沉，有一年，大家都觉得该娱乐一下了，便要求星期六下午在会议室跳跳舞，开始局长同意了。第二个星期，局长说："你们跳我不反对，只要不占用工作时间，我都是赞成的。但是有一条要坚持，一定要保证八小时的严肃性。"

这样一来，再没有人在单位跳舞了，单位又回到以前死气沉沉的状态中。一个单位中的人，虽然每天低头不见抬头见，但彼此还是十分陌生，大家都有一盘散沙的感觉，都觉得像一架机器，每天工作完后，赶快离开这里，否则自己连笑都不会了。

局长对这一点很有感触，他经常对别人说，现在的人和20世纪50年代的人没法比，那个时代大家都齐心协力，拼命工作，人与人之间是一种同志式的互相合作的关系，现在大家都很麻木，真不知是怎么回事。

其实，集体娱乐时，大家可以在一起交谈、了解，彼此熟悉，从纯粹的工作关系过渡到朋友关系，打通一些不必要的隔阂，减少彼此间的"不相似"，在对工作、对问题的看法方面，达到尽可能的一致，使单位出现友好、和谐的新局面，使大家能够更加心情舒畅地彼此合作。

有人把这一套道理讲给局长听后，局长不太相信，但抱着试试看的心理，他同意在星期六下午跳舞，有时自己还上去跳两圈。于是，单位里跳舞的人越来越多，走路的节奏无形中加快了许多，工作效率也提高了，扯皮的事也少了，大家觉得舒畅了很多。

局长对这种现象有些不解，直到有一天，他看到儿子语文课本上吴伯箫的那篇《歌声》后，才有些明白。延安时期，在那样一种艰难困苦的条件下，大家却是那样的士气高昂，万众一心，其中有一个原因就是延安的歌声，那惊天地、泣鬼神的歌声，把大家的心连到了一起，把大家的劲头攒到了一起。看来，集体娱乐的作用还真不小呢！

如果你的公司正处于一种死气沉沉的状态下，那么赶紧用娱乐使气氛活跃起来吧，这也是凝聚人心十分有效的办法。

读懂不同类型的同事，才能制造融洽的氛围

一个公司就是一个社会的缩影，在一个公司里各种性格的人都有可能遇上，有些还是工作当中无可避免的麻烦人物。面对不同性格类型的人，如何调动他们，以使大家相处融洽，促进工作顺利进展呢？

1. 推卸责任的人

对那些习惯推卸工作职责的同事，在请他们协助工作时，目标必须明确，时间、内容等要求要讲清楚，甚至白纸黑字写下来，以此为证据。不为他们所提出的借口而动摇，请温和地坚持原来的决议，表达你知道工作有困难性，但还是需要在一定范围内完成的期望。

如果他们试图把过错推给别人，不要被他们搪塞过去，你只需坚定说明那是另一回事，现在要解决的是如何达成原定的目标。如果他们真的遇到问题，除非真有必要，你不用主动帮他们解决，防止养成他们继续对你使用这招以摆脱工作的习惯。

2. 过于敏感的人

一些同事生性敏感，应尽量避免在其他人面前对他们做出可能冒犯的评语，要批评请私底下讲。即使像"有点"、"可能"、"不太"这类有所保留的语气，都会让他们心乱如麻，因此在批评时尽量客观公正，慎选你的用词，指出事实就好。尤其要让他们了解你只是针对事情本身提出意见，而不是在对他们做人身攻击。

针对他们过度的反应，你不要也跟着乱了手脚急于辩解，那可能会愈描愈黑，只要重申事情本身就好。提出意见时也同时指出他们的优点，以及表现出色的地方，以建立他们的自信心。

3. 喜欢抱怨的人

他们之所以抱怨，是因为他们在意事情的发展。如果抱怨的内容跟你负责的业务有关，最好能有立即的响应或改善；如果他们抱怨的是无关紧要的琐事，听听就算了，也不需要动气反驳。遇到问题时，问问他们觉得最好的解决方法是什么，怎么样才能避免问题再度发生，将他们的力气引导到解决问题上。

4. 悲观的人

脸上总带有悲观情绪的同事害怕失败，不愿意冒险，所以会以负面的意见阻止工作、环境上的改变。你不妨问问他们认为改变后最坏的结果是什么，事先准备好应对的方法。

与悲观的同事合作时，告诉他们如果失败的话是整个团队的责任，而不会光责怪他们，解除他们的心理压力，他们就不会在一旁唠叨。

5. 喜怒无常的人

有些同事属于黏质型的，会喜怒无常。当他们表现出喜怒无常的行为时，不要回应他们无理的行为，找个借口离开现场，等他们冷静一点再回来。面对他们的情绪失控，不要也被撩起情绪，应以冷静、客观的态度响应，陈述事实即可，不需辩解。一旦他们恢复理智，要乐于倾听他们的谈话。万一他们中途又开始"抓狂"，就立即停止对话。

6. 沉默的人

办公室里总有一些不善说话、只在默默工作的同事。在与他们说话时不能语带威胁，要不带情绪，应该放低姿态。

花时间与他们一起将每个工作步骤写成白纸黑字，了解彼此对工作的认知。尽量让他们做自己分内的工作就好。

尽量多问一些开放性的问题，鼓励他们说话，如果他们一时无话可说就耐心等待，给他们时间思考，不用对彼此之间的沉默觉得不自在。称赞他们的成就，以符合他们需求的方式鼓励他们。

7. 固执的人

对待这样的同事，仅靠你三寸不烂之舌是难以说服他的，你不妨单刀直入，把他工作和生活中某些错误的做法一一列举出来，再结合眼下需要解决的问题提醒他将会产生什么严重后果。这样一来，他即使当面抗拒你，内心也开始动摇，怀疑起自己决定的正确性。这时，你趁机摆出自己的观点，动之以情，晓之以理，那么，他接受的可能性就大多了。

8. 清狂高傲型

对清狂高傲的同事，你根本用不着与之计较，他喜欢吹嘘自己，那就由他去吧。就是他贬低了你，你也不要去与他们较量，更不要低三下四，你只需长话短说，把需要交代的事情简明交代完即可。

所以，在公司里，面对不同类型的同事，要把握他们各自的性格特点，积极调动，营造一个和谐融洽的工作氛围。

速炒鱿鱼，对于害群之马的不二选择

虽然我们都知道害群之马对一个组织的危害性极大，破坏组织内部的和谐、阻止企业的发展。然而，在现实中，组织往往又不可避免地出现一些害群之马。

既然如此，那我们该如何应对这些总是出现的害群之马呢？

大卫·阿姆斯壮是阿姆斯壮国际公司的副总裁，他讲述了发生在自己身边的小故事：

偶尔，我们会听到一个绝妙的形容或比喻让人心头一震。当我听到"恶性痴呆肿瘤"这个词的时候，我就有这种感觉。下面我来解释一下这个词是怎么来的，代表什么意义。

当时我正在"讨厌鬼营"倾听某汽车公司一位女士谈论，为什么善待员工不仅是公司的义务，也是重要的生意经。

"我们必须关掉一间工厂，在关掉前六十天我们通知了员工这项决定。"她说，"结果我们发现，最后一个月的生产率反而提高了。这说明了如果公司善待员工，员工就会回馈。"

康乃狄克某杂货商店的史都先生自听众席上提出一个问题："在公司经历快速成长的时候，怎样才能做到既善待员工又兼顾公司的经营作风呢？"

"你做不到。"这位女士回答，"你不可能一下子找来五十个员工，把公司的作风教给他们，然后期望他们个个都安分守己。没有人能做到这一点。五十人当中，总会有四五个害群之马，而且这几个害群之马会带坏其他人。"

这时，苹果电脑的查克马上站起来表示："我们称这种人叫'恶性痴呆肿瘤'。"

"在苹果电脑，我们用恶性痴呆肿瘤形容害群之马。因为他们就像癌细胞一样会扩散。最好的解决办法就是把这些肿瘤割除，以免他们的不良行径贻害他人。"

正如舞台上总会有一两个奸角，员工里面也并不全是忠诚之辈、老实之人，肯定也会有一两个类似于奸角的人。精明的领导当然很容易辨认出来，但偏偏不少领导都患了近视，或者本身不正，有徇情谋私之意。要知道，对于组织中恶性痴呆肿瘤式的害群之马，必须及时切除，否则"肿瘤"一旦扩散，整个组织都会受到严重影响，甚至垮掉。

或许你认为，开除或解雇员工是一件令人不快的事，因为这或多或少地反映了公司存在着某些缺陷或不足之处。但是，如果解雇的是一个存在一天对公司就为害无穷的"捣乱分子"，就应该当机立断，否则他阴谋得逞，公司将后患无穷。只有这样，你才能彻底排除纵容下属、姑息养奸的可能。

大隗是一个很有治国才能的人，黄帝听说后就带领着方明、昌寓、张若等六人前去拜访。不料，七个人在途中迷了路，见旁边有一位牧马童子，就问他知不知道具茨山在哪里，牧童说："知道。"又问他知不知道有一个叫大隗的人，牧童又说:"知道。"还把大隗的情况都告诉了他们。黄帝见这牧童年纪虽小却出语不凡,又问:"你懂得治理天下的道理吗?"牧童说:"治理天下跟我牧马的道理一样,唯去其害马者而已!"

黄帝出访归来,晚上梦见一人手执千钧之弩,驱赶上万只羊放牧。黄帝突然醒悟到那个牧童应该是一位难得的人才,于是就回去找牧童,培养后授其官位,使之辅佐治国。

司马迁说:"黄帝举风后、力牧、常先、大鸿以治民。"其中的力牧,就是那位懂得去除害群之马的牧童。

可见,古往今来,任何一位称职的、杰出的领导,都懂得如何对付手下的害群之马。

第三章
打点外部关系，公关必不可少

漂亮的公关扭转职场上的败局

在《公共关系学》一书中，作者引用了阿历克斯挽救美国第一商业银行的经过：

因贷款给破产的跨国公司，美国第一商业银行将蒙受巨大损失。在泰勒斯维尔，由于当地分行储户十分担心银行可能倒闭，纷纷前往银行取款。当地分行的门口出现了长龙一般的队伍。为了应急，总行决定，将 2000 万美元的钞票送往泰勒斯维尔。数辆满载美钞的卡车驰往泰勒斯维尔……

总行副行长阿历克斯迅速赶到现场，作了一场漂亮的公共关系宣传——

"女士们、先生们，"他的声音铿锵有力、清晰洪亮，"我知道，你们有人担心我们今晚停止营业。这没有必要。我现在郑重声明：为便于本行及时办理兑款，我们将延长营业时间，直到把你们大家的事办完为止。"

人群中传来了表示满意的嗡嗡声和自发的鼓掌声。他的这一招显然赢得了储户的好感。"然而，我想告诉你们的是，在周末你们不可能将大笔钱放在身上或置于家中。那是不安全的。因此，我建议你们将从本行取出的存款存入你们选择的另一家银行。为了帮助大家，我的同僚 D. 奥塞女士正在打电话与其他银行联系，请他们延长营业时间，以便为大家提供存款服务。"

人群中又传来了表示赞许的嗡嗡声。人们从心里感谢这位为他人着想的副行长。

一会儿，阿历克斯宣布："我被告知，已有两家银行同意了我们的请求。其他的正在联系。"

这时，人群中传来了一个男子的声音："您能推荐一家好的银行吗？"

"可以，"阿历克斯回答说，"我本人的选择将是美国第一商业银行。它是我最了解的一家，也是我觉得最有把握的一家。它开办时间长，且享有良好声誉。我只希望你们大家都有同样的感觉。"他的声音中带有一点激动的感情色彩。

阿厉克斯的后面站着一对刚兑完现款的老夫妻。那男的接过阿厉克斯的话头说:"过去我也这样认为。我妻子和我在第一商业银行的存款时间达30多年。现在觉得贵行有点糟糕,所以把钱取出来了。"

"那又为什么?"

"传言很多。无风不起浪,总是事出有因哪。"

"这里向大家说说真相,"阿厉克斯说,"因为原先贷款给跨国公司,所以我行蒙受损失。但本行可以承受得了,也将承受住。"

老人摇摇头:"如果我还年轻,又在供职,也许我会如你所说的去冒险一次。但在那里面的,"他指着妻子的购物袋,"是我们至死所能剩下的所有的钱。这笔钱不多,甚至还不及我们当年挣钱时一半顶用。"

"通货膨胀打击了像你们一样最辛勤工作的善良的人们,"阿厉克斯说,"但不幸的是,你们存款的银行将于事无补。"

"小伙子,那我问你一个问题:你若是我的话,这笔钱是你的,你难道不会和我现在一样这样做吗?"

"会,"他坦率地承认,"我想我会的。"

老人感到惊讶,"不管怎么说,你还算诚实。刚才我听你建议我们说到另一家银行去。我表示赞同。我想我该到另一家去。"

"等一下,"阿厉克斯说,"您有车吗?"

"没有。我就住在离这不远处。我们步行去。"

"不可以这样带着钱走。这样你们可能遭到抢劫。我让一个人开车将你们送到另一家银行去。"阿厉克斯说着就招呼罗兰·文莱特过来。"这是我们的安全部长。"他告诉那对老夫妻。

"很高兴亲自开车送你们去。"文莱特说。

"你会那样做吗?正当我们刚刚将钱从贵行取出的时候——正如你所说的,我们有利益但又不信任你们的时候?"老人问道。

"这也是我们的服务范畴,"阿厉克斯说,"除此之外,你与我们在一起30年了,我们也应该像朋友一样分手才对呀。"

阿厉克斯将老人当做老朋友,老人自然高兴了。

老人停下步子。"也许我们不必分手了。让我再问你一个问题。你已经把真相告诉我了。可你也应知道我们年纪大,这些钱对我们意味着什么。我们将钱存在贵行安全吗?绝对安全?"

经过短暂的数秒钟的思考,阿厉克斯干脆而又自信的回答:"我保证:本行绝对安全。"

"嗨，真见鬼，弗雷达！"老人对妻子说，"看来我们是虚惊一场了。我们把这些该死的钱再存回去。"老人重新将钱存入银行后，取款的人群很快散走了。银行仅比平时晚了10分钟关门。

由于阿厉克斯妥善机灵地处理了泰勒斯维尔分行发生的事情，其他分行没有跟着出现挤兑现款的现象。

阿厉克斯这次成功的宣传，终于挽救了美国第一商业银行。

身在职场的我们，或者我们的组织在其日常活动中，不可避免地会遇到各种不利的形势，有时甚至是十分严峻的、生死攸关的，当事人必须沉着冷静，处变而不惊，方能挽狂澜于既倒，由困境走向坦途。

危机的发生往往是由于组织或个人的某些行为危害了公众的利益，"解铃还需系铃人"，在这种情况下，组织或个人必须以切实的措施对公众利益有所补偿，昭示自己的诚意。案例中，总行副行长阿厉克斯就是将储户的利益放在首位，处处为他们着想，从而感化了储户，危机才得以过去。

对于承诺给公众的物质利益和精神需求的补偿，组织或个人要慎重考虑。但最基本的主导思想是以公众的利益为主，以组织长远利益为主，以提高社会效益为标准开展公关工作。只有这样，才能重新使组织或个人在职场上走上新的发展道路，反败为胜。

破译身体语言，掌握公关主动权

生活中经常会有这样的场景，当我们穿着自认为合体的衣服问朋友时，他可能嘴上说"不错，还可以"，但你仔细观察他的表情，可能会发现他有微微皱眉的动作，或者眼神闪烁，或者双手握拳。这些动作其实代表了他的内心在排斥你，他对你的这身打扮并没有好感。发生这种情况时，你可以多问几个人，如果大部分人都做出同样的举动，口头上赞扬，但身体上抗拒，这个时候，你最好换一身行头。

这就是最简单的口头语言和身体语言发生矛盾的场景，除此之外，生活中还经常能见到一类人，当面恭维你，背后则诋毁你。也就是说，他们在内心是对你有所不满的，却不当着你的面表现出来。如果你能更留意一些，就会发现这些人言不由衷的神情和其他表示排斥的动作。

在公关的过程中充满了这些矛盾，该相信口头语言还是相信身体语言？答案当然是后者。作为职场上的公关高手要掌握以下身体语言，才能在公关中掌握主动权，顺利达到公关的目的：

1. 从观察他的眼睛开始

想要观察一个人，就要从观察他的眼睛开始。因为眼睛是人的心灵之窗，一个人的想法经常会由眼神中流露出来，譬如天真无邪的孩子，目光必然清澈明亮，而利欲熏心的人，则无法掩饰他眼中的混浊不正。

当人情绪不好、态度消极时，瞳孔就会缩小；而当人情绪高涨、态度积极时，瞳孔就会扩大。此外，据相关资料表明，一个人在极度恐惧或兴奋时，他的瞳孔一般会比正常状态下的瞳孔扩大 3 倍。几个人在一起打牌，假如其中一人懂得这种信号，一看到对方的瞳孔放大了，就可以肯定他抓了一把好牌，怎么玩法心里也就有底了。

2. 嘴巴透露人的性格

人嘴部的动作是很丰富的，这些丰富的嘴部动作，从某种程度上可以折射出一个人的性格特征和心理态度。

人的下嘴唇向前撇的时候，表明他对接受到的外界信息，持怀疑态度，并且希望能够得到肯定的回答。

人的嘴唇向前撅的时候，表明此人的心理可能正处在某种防御状态。

在与人交谈中，如果其中有人嘴唇的两端稍稍有些向后，表明他正在集中注意力听其他人的谈话。

3. 手部动作看内心世界

把手心示人通常让人们感到的含义是表示服从和妥协，可以说这是一种表达善意的手势。这个动作首先让我们联想到乞丐乞讨时的惯用动作，表达哀求之意。而从历史上看，这个动作应该是人们用来告知对方：我的手中并没有武器，我是友好的。

与手心向上或者露出手心相对，手心向下或者隐藏手心就有了完全相反的意思。多数时候，这个姿势代表了一种权威性。

4. 交叉的手臂行使否决权

绝大多数人对交叉的双臂这个动作所代表的含义都有共识，那就是：否定或防御。

握拳式交叉双臂将双臂环抱于胸前时，还加上了双拳紧握这个动作，这一动作代表强烈的敌意。紧握的双拳是他在极力克制自己的情绪。

总之，掌握了这些身体语言，会帮助你更好地在公关中认人、识人，在公关场合灵活应对，从而取得公关的主动权。

调节冲突，抬高一方让其主动退出

在对外公关的过程中，难免会遇见别的人为了某些事而发生冲突与纠纷，需要你出面做和事佬的情况。但是，和事老并不好做，这是个两边不讨好的差事，如果没有比较高超的语言技巧，往往会把自己陷进去，成为一方甚至双方攻击的对象。但是冲突总得有人调解，或许这个人就是自己，那该怎么办呢？

俗话说："一个巴掌拍不响。"在双方接受自己来进行调解之后，可以考虑主攻一方，让其主动退出争执，另一方没了冲突对象，纠纷自然化解了。

让当事人为顾全面子而退出争执。对一方当事人进行夸奖，讲述他曾经有过的可引以为自豪的事情，唤起他的荣誉感，使之为了保全荣誉感和面子，主动退出争执。这种方式对于绝大多数受过良好教育的人都非常有效，因为荣誉和颜面往往是他们很看重的，是他们约束自己的动力。

小王与小刘是学校新来的两位年轻教师，小王心细，考虑事情周到；小刘性情鲁莽，但业务能力强。两人因一件小事发生争执，小王说不过小刘，并且被小刘训了一顿，觉得非常委屈，就去向校长诉苦。校长说："小王啊，你脾气好，办事周到，大家都很欣赏。你是个细致的人，小刘是个急性子，脾气上来了连自己说了什么都不知道。你怎么能和他计较呢？你一向都非常注意团结同事、不感情用事的，怎么能为了这么点事情就觉得委屈呢？"一番话说得小王心里又甜又酸，从此再不与同事争执了。

事例中校长就是巧妙地运用了这一方法。他先夸奖小王，然后强调两人之间的差距，让听话者的一方受到赞扬，从而轻易化解了两人之间的冲突。

不过这个调解办法在使用时必须注意不可伤害到另一方的自尊，你对一方的"抬高"最好不要当着另一方的面说，否则会事倍功半，收效不佳。

此外，跟当事人说一件很重要的事让他感觉到自己的地位及价值的存在，从而让他退出争执，也是一种不错的方法技巧。冲突之所以持续，往往是一种非理性情绪支配的结果。所以，如果在调解冲突时，提出一件足以唤起一方理性思考的事情，转移其注意力，往往也能达到让一方退出争执、化解冲突的目的。

形势不好时，学会虚与委蛇

人人都知道，跟君子相处平平淡淡，跟小人相处应该保持一定的距离，跟坏人相处应该见机行事，想得越周到越好。要做到这些，就要求我们在公关场上，客观形势对自己不利时，一定要学会虚与委蛇。

东晋明帝时，大将军王敦十分妒忌中书令温峤。王敦四处找机会除掉温峤，于是请明帝任温峤为左司马，归自己所管理，准备等待时机将之除掉。

温峤为人机智，洞悉王敦所为，便假装殷勤恭敬，综理王敦府事，并时常在王敦面前献计，借此迎合王敦，使他对自己产生好感。

除此之外，温峤有意识地结交王敦唯一的亲信钱凤，并经常对钱凤说："钱凤先生才华能力过人，经纶满腹，当世无双。"

因为温峤在当时一向被人认为有识才看相的本事，因而钱凤听了这赞扬心里十分受用，和温峤的交情日渐加深，便常常在王敦面前说温峤的好话。透过这一层关系，王敦对温峤戒心渐渐解除，甚至引为心腹。

不久，丹阳尹辞官出缺，温峤便对王敦进言："丹阳之地，对京都犹如人之咽喉，必须有才识相当的人去担任才行，如果所用非人，恐怕难以胜任，请你三思而行。"

王敦深以为然，就请他谈自己的意见。温峤诚恳答道："我认为没有人能比钱凤先生更合适的了。"

王敦又以同样的问题问钱凤，因为温峤推荐了钱凤，碍于面子，钱凤便说："我看还是派温峤去最适宜。"

这正是温峤暗中打的小算盘，果然如愿。王敦便推荐温峤任丹阳尹，并派他就近暗察朝廷中的动静，随时报告。

温峤接到派令后，马上就做了一个小动作。原来他担心自己一旦离开，钱凤会立刻在王敦面前进谗言而让王敦召回自己。于是，他在王敦为他饯别的宴会上假装喝醉了酒，歪歪倒倒地向在座同僚敬酒。敬到钱凤时，钱凤未及起身，温峤便以笏（朝板）击钱凤束发的巾坠，不高兴地说："你钱凤算什么东西，我好意敬酒你却不敢饮。"

王敦以为温峤真的喝醉了，还为此劝两人不要误会。温峤去时，突然跪地向王敦叩别，眼泪汪汪。出了王敦府门又回去三次，好像十分不舍离去的样子，弄得王敦十分感动起来。

温峤刚上任，钱凤真的向王敦进言说："温峤为皇上所宠，与朝廷关系密切，何况又是皇上的舅舅庾亮的至交，实在是不能信任的。"

王敦以为钱凤是因宴会上受了温峤的羞辱而恶意中伤，便生气斥责道："温峤那天是喝醉了，对你是有点过分，但你不能因这点小事就来报复嘛！"

钱凤深自羞惭，怏怏退出。

温峤终于摆脱王敦的控制，他回到建康后将王敦图谋叛逆的事报告了明帝，又和大臣庾亮共同计划征讨王敦。消息传到武昌王敦将军府，王敦勃然大怒："我居然被这小子骗了。"

做人固然需要正直，但是如果不知变通，就有可能碰钉子，甚至会遭不测。人的工作环境，有时候是无法选择的，在危险或尴尬的环境中工作，头脑一定要灵活，遇事该方则方，不该方时就要圆熟一些，尤其在遇到对己不利的形势时，应将刚直不阿和委曲求全结合起来，可随机应变，先保护自己以屈求伸。

再回到前面的例子，温峤在处理王敦、钱凤等人的关系中，运用一整套娴熟的处世技巧，不但保护了自己，而且在时机成熟时，对敌人又主动出击，绝不手软。在现实生活中，类似温峤式的人物，一般都不会失败。

直中难取胜，则在曲中求

任何事物的发展都不是沿一条直线进行的。智慧之人能看到直中之曲和曲中之直，并不失时机地把握事物迂回发展的规律，通过迂回应变，达到既定的目标。

《周易·系辞传》说："穷则变，变则通，通则久。""变"是《周易》的核心观念之一，所谓"不可典，唯变所适"。凡事都要讲究变通之道，善于变通的人才能在错综复杂的形势下，达到自己的目标。特别是在公关中面对强劲的对手时，有时不妨灵活些，学学多尔衮，以迂回策略取胜。

多尔衮是努尔哈赤第十四子，他的母亲是努尔哈赤最喜欢的一个妃子。多尔衮生于1612年，卒于公元1650年的年末，年仅38岁。虽然他短命，却拥有谜一样的人生。他战功显赫，成为清朝统一全中国最大的功臣，因此位至极尊，一人之下，万人之上，权倾朝野。

多尔衮之所以能有如此辉煌的人生，与他本人的能力和智慧是分不开的，这在他攻打南明小朝廷、统一全中国的过程中体现了出来。顺治元年（1644年），清王朝迁都北京以后，摄政王多尔衮便着手进行武力统一全国的战略部署。当时的军事形势是：农民军李自成部和张献忠部共有兵力40余万；刚建立起来的南明弘光政权，汇集江淮以南各镇兵力，也不下50万人，并雄踞长江天险；而清军不过20万人。如果在辽阔的中原腹地同诸多对手作战，清军兵力明显不足。况且迁都之初，人心不稳，弄不好会造成顾此失彼的局面。

多尔衮审时度势，机智灵活地采取了以迂为直的策略，先对南明政权实施怀柔政策，集中力量攻击农民军。南明当局果然放松了对清的警惕，不但不再抵抗清兵，反而派使臣携带大量金银财物，到北京与清廷谈判，向清求和。这样一来，多尔衮在政治上、军事上都取得了主动地位。顺治元年七月，多尔衮对农民军的战争取得了很大进展，后方亦趋稳固。此时，多尔衮认为最后消灭明朝的时机已经到来，于是，发起了对南明的进攻。当清军在南方的高压政策和暴行受阻时，多尔衮又施以迂为直之术，派明朝降将、汉人大学士洪承畴招抚江南。顺治五年（1648 年），多尔衮以他的谋略和气魄，基本上完成了清朝在全国的统治。

做人要学会灵活变通。在公关应酬中，智慧之人能看到直中之曲和曲中之直，并不失时机地把握事物迂回发展的规律，通过迂回应变，达到既定的目标；反之，一个不善于变通的人，"一根筋"只会四处碰壁，被撞得头破血流。

情趣诱导让对方一点点上钩

我们在求人办事特别是陌生人时，对方能不能答应你的要求，能不能全力帮助你把事情办成，关键是什么？

关键在他心里是怎么想的。他的心里怎么想问题，就决定了他对你提出的事情是给办还是不给办。心理学家告诉我们，人们怎样想一件事情完全是外在情趣和利益诱惑的结果。比如他对 A 问题感兴趣或者想获得 A，他就会说对 A 有利的话，也会做对 A 有利的事；反之，他便具有原始的不自觉的拒绝注意的心理。

所以，人们在办事时，要想争取对方应允或帮忙，就应该设法引起对方对这件事情产生积极的兴趣，或者设法让对方感觉到办完这件事后会得到自己感兴趣的利益。很显然，人们对什么事情有兴趣或认为什么事情有满意的回报，就会乐于对什么事情投入感情，投入精力，甚至投入资金。这种办事方法就叫做情趣诱导法。

利用情趣诱导法必须让对方感到自然愉悦，深信不疑，大有希望，只有利用情趣或利益把对方吸引住时，对方才肯为你的事情付出代价。曾有这么一则寓言：

有位车夫拉着车上桥，桥很陡，走到半路实在拉不动了。他急中生智，用力顶着车把，放声唱起歌来。他这一唱，前面的人停下来看他，后面的人想看看发生了什么事。而车夫则乘机央求大家帮着推车，大家一齐用力，车就推上了桥。

车夫了解人们好奇围观的心理，所以他不靠蛮力一个人拼死拉车，而是靠在车把上唱歌，如果他没有办法召集人来推车，就算他用尽力气也不能把车拉上桥。

这位车夫的求人策略堪称高超过人，无与伦比。本来是求人帮忙，结果却成了别人自觉自愿的行为，求人求得不露声色，浑然无迹。

不要以为这只不过是一个寓言，说说而已，生活中行不通，现实中还真有这样的事情。

这就告诉我们在求人办事时，有时"央求不如婉求，劝导不如诱导"，要想诱导，首先就要引起别人的兴趣，让对方带着一份兴趣来为你尽力。

现实中，我们在请人帮忙时，如可以通过对工作的介绍，激发对方的好奇和兴趣，诱导其深入地了解工作的原理，和目前所面临的困难，那么，就很可能使对方暂时忽略利益上的得失，从而慷慨解囊。

贝尔是电话机的发明人。有一次，他出门去筹款，来到一个大资本家许拜特先生家中，希望他能对自己正在进行的新发明投一点资。但他知道，许拜特是个脾气古怪的人，向来对电气事业不感兴趣。怎么能让他发生兴趣，并为之解囊呢？

他们见面寒暄之后，贝尔并没有直截了当地向对方说明，预算能获得多少利润，也没有对他讲述科学道理。

他坐下来，先弹起客厅里的钢琴。弹着弹着，他忽然停止，向许拜特说："你可知道，如果我把这只板踏下去，向这钢琴唱一个声音，这钢琴便也会复唱出这声音来。譬如，我唱一个哆，这钢琴便会应一声哆，这事你看有趣吗？"

许拜特放下手中的书本，好奇地问："这是怎么回事？"

于是，贝尔详细向他解释了和音和复音电话机的原理。通过这次谈话，许拜特很愿意负担一部分贝尔的实验经费。贝尔如愿以偿。

另外，利用这种方法让其达到最终目的，还应懂得一个诀窍：要学会循序渐进。向人有所请托，应由小到大，由微至著，由浅及深，由轻加重才是，如果一开始就有太大的请求，一定会遭受对方断然拒绝。

可见，学会循序渐进，一点一点引别人接受，一点一点诱别人上钩，既是求人办事的小技巧，也是嫁接成功的大原则。

不该仁义时，就该对对手狠一点

在战争中，当时机成熟的时候，一定要果断重拳出击，千万不能有不必要的"仁义"，只有这样才不会陷入被动。

春秋时，齐桓公死后，宋襄公不自量力，想接替齐桓公当霸主。但是，遭到了各国的反对。宋襄公发现郑国支持楚国做盟主最积极，便想找机会征伐郑国出口气。

周襄王十四年，宋襄公亲自带兵去征伐郑国。楚成王见势，发兵去救郑国。但他没有直接去救郑国，却率领大队人马直奔宋国。宋襄公慌了手脚，只得带领宋军连夜往回赶。等宋军在涨水（今河南柘城西北）扎好了营寨时，楚国兵马也开到了对岸。公孙固劝宋襄公说："楚兵到这里来，不过是为了援救郑国。咱们从郑国撤回了军队，楚国的目的也就达到了。咱们力量小，不如和楚国讲和算了。"

宋襄公说："楚国虽说兵强马壮，可是他们缺乏仁义；咱们虽说兵力不足，但举的是仁义大旗。他们的不义之兵，怎么打得过咱们这仁义之师呢？"宋襄公还下令做了一面大旗，绣上"仁义"二字，准备用"仁义"去打败楚国的军队。天亮以后，楚军开始过河了。公孙固对宋襄公说："楚国人白天渡河，明明是瞧不起咱们。咱们乘他们渡到一半时，迎头打过去，一定会胜利。"宋襄公还没等公孙固说完，便指着飘扬的大旗说："你难道没见到旗上的'仁义'二字吗？人家过河还没过完，咱们就打人家，还算什么'仁义'之师呢？"

楚兵全部渡过了河，在岸上布起阵来。公孙固见楚兵乱哄哄地还没整好队伍，赶忙又对宋襄公说："楚军还没布好阵势，咱们抓住这个机会，赶快发起冲锋，还可以取胜。"宋襄公瞪着眼睛大骂道："你这个家伙，怎么净出歪主意！人家还没布好阵就去攻打，这算仁义吗？"

正说着，楚军已经排好队伍，洪水般地冲了过来。宋国的士兵吓破了胆，一个个扭头就跑。

宋襄公手提长矛，催着战车，想要攻打过去。可还没来得及往前冲，就被楚兵团团围住，大腿上早中了一箭，身上还受了好几处伤。多亏了宋国的几员大将奋力冲杀，才把他救出来。等他逃出战场，宋国的兵车已经损失了十之八九，兵器、粮草也全部丢光，将士们死的死，伤的伤，溃不成军，那面"仁义"大旗也早已无影无踪。老百姓见此惨状，对宋襄公骂不停口。可宋襄公还觉得他的"仁义"取胜了。公孙固搀扶着他，他还一瘸一拐地边走边说："讲仁义的军队就得以德服人。人家受伤了，就不能再去伤害他；头发花白的老兵，就不能去抓他。我以仁义打仗，怎么能乘人危难的时候去攻打人家呢？"那些跟着逃跑的将士，听了宋襄公的话，都哭笑不得，心想：我们平日打仗，靠拼命才能打败敌人，这回主公靠"仁义"打仗，害得我们差点儿丢掉性命。

其实，不仅在战争中，在没有硝烟的公关中，这一理论同样有道理。在毫无情面的对手面前，若一味地按教条的思维去考虑仁义，认为对方实力弱了，开始怜悯对方，难免会使自己陷入迂腐的误区。如前面宋襄公的可笑，就在于他混淆了"仁义"运用的场景和实际情况，才使得自己一步步地被动起来。

所以，如果你不该仁义之时，千万别心软、手软，而是要竭力地凶狠，将对方彻底打败，不让其有还击的余地。

利用时间的紧迫感来扭转局面

在公关谈判中，有时候可以用时间的紧迫来威逼对方，使其示弱。

美国的谈判专家柯英，在担任美国某企业的顾问期间，曾被派往日本和某企业进行谈判。

他刚到日本羽田机场，发现代表日本企业与柯英谈判的两名职员已恭候在出口了。他们接过柯英的行李，引导柯英乘上已等候多时的豪华轿车，送至订好的酒店。日本方面的招待令柯英很高兴，在车上闲聊时，一个日本招待问柯英："您要回去时，我们也会替您准备好到机场的车子，但不知您预订的是哪天的班机？"柯英受到如此礼遇，非常感动，就把回程机票掏出来给日本人看。

此后的几天里，日本方面绝口不提重要的谈判内容，只是招待柯英参观名胜古迹。到了第十二天，即柯英要返程的前两天，才开始谈判，但因为当天柯英想去打高尔夫球，又取消了谈判。第二天，日本企业方面又要替柯英举行欢送会，再次取消谈判。直到最后一天，谈判正式开始，而刚谈到重要问题时，送柯英去机场的车子到了。于是，双方在去机场的车内完成了谈判。

毫无疑问，日本方面赢了，柯英所取得的谈判结果是不利于美国方面的。

事实上，柯英把回程机票展示给日本人看时，谈判的胜负已定。因为日本方面把自己要与人谈判的最后时限当做机密，而想办法探知对方预订的最后时限。精明的日本人利用最后时限，事前探得对方的行程表，掌握了最佳的谈判时机。

而我们知道，在交涉或会谈的时候，越是重要的案子，越是放在即将结束的时间里，时间越仓促，可考虑的时间越少，对方越被动，也就容易妥协，最终的结果也就有利于我方。这种谈判技巧所适用的情况是：知道自己用于谈判的时间，也探知对方的谈判时间，想办法缩短对方的有效谈判时间，造成对方的被动，可总结为"知己知彼法"。

利用紧迫的心理影响，在时间即将结束前扭转局面，除了"知己知彼法"，还有一种"浑水摸鱼法"。所谓"浑水摸鱼法"就是在众多人讨论很多问题，疲惫不堪且无头绪时，自己主动对其进行归纳，引导大家在放松警惕时接受自己的意见，从而达到自己的目的。

例如，在现实生活中，我们可能会遇到这样一种情况：会议漫长、拖拉，讨论几个小时都没有什么实质性的结论。与会者都变得不耐烦起来，开始抱怨，发牢骚。此时，有一个与会者突然站起来说："各位的意见非常多，但可以总结为以下几点……"其他所有的与会者都很感激他，因为他把冗长的会议给简明扼要地总结了出来，否则，这个烦人的会议还不知道要开到什么时候呢！

然而，当大家回到家里，再重新考虑刚才那个人所说的话，并回忆开会时所讨论的内容，却发现那个人所"总结"出来的几个要点并不合适，其他的重要问题都被漏掉了。再过几天，人们聊起这件事，都有同感。可见，当时那个发言者的话里藏有玄机。因为，他在与会者经过长久讨论，疲惫不堪、放松警惕时，通过"总结"，让大家帮他实现了自己的目的，真可谓利用了"最好的时机"。

无论是"知己知彼法"，还是"浑水摸鱼法"，都是利用了最佳时机。需要强调的是，在时间即将结束前扭转局面，并不是在时间即将结束前仓促行事，而是要利用时间即将结束这一事实给对方造成心理压力，让对方"中套"。对自己来说，时间即将结束前，正是最好时机，最恰当的"火候"，而观察事情的发展就像观"火候"。总之，自己对时机的把握是主动的、胸有成竹的，这样，才可能取得理想的效果。

对于一个谈判者来说，掌握时机与条件是谈判过程中重要的技术环节。时间即将结束前，就是一个扭转局面的最佳时机，这个时机需要把握，也可创造。善于利用这样的策略会对自己起到很大的帮助。

不能破釜沉舟，脚踏两只船才有备无患

在公关交往中，我们没有必要碰得头破血流，运用脚踩两船的策略完全可以让我们有备无患。

管仲与鲍叔牙以及召忽三人很要好，决心在事业上互相合作。他们曾经一起做过生意，但他们更想合作治理齐国。

当时齐王有两个儿子，一个叫纠，一个叫小白。召忽认为公子纠是长子，一定能继承王位，因此对管仲和鲍叔牙说："对齐国来说，我们三人就像大鼎的三条腿，缺一不可。既然公子小白不能继承王位，那干脆我们三人一同辅佐公子纠吧。"管仲说："这样等于吊死在一棵树上。万一公子纠没继位，我们三人都完了。国中的百姓都不喜欢公子纠的母亲和公子纠本人。公子小白自幼丧

母，人们必定可怜他。究竟谁继承王位很难说。不如有一个人侍奉公子小白，将来统治齐国的肯定是这两个人中的一个。这样，不管哪一个当了齐王，我们当中都有功臣，可以相互照顾，进退有路，左右逢源。"于是他们决定鲍叔牙去辅佐公子小白，管仲和召忽辅佐公子纠。

后来，管仲箭射小白，鲍叔牙叫小白装死。管仲以为小白已死，从容地陪公子纠回国继位。不料公子小白已先回国当了国王，成了齐桓公，鲍叔牙成了功臣，管仲和召忽成了罪人。但鲍叔牙并没有忘记旧情，他在齐桓公面前说情。再加上管仲素有贤名，齐桓公不但没杀他，反而让他当了宰相，协助自己干出一番霸主的事业。

管仲的过人之处在于他能够全面客观地分析和考虑问题。如果当时管仲三人全辅佐公子纠，那么一旦公子小白掌权，他们三人就都没命了。在波谲云诡的政治舞台上博弈，绝不能将所有"赌注"押到一处。

公关中的博弈与政治上的博弈其实一样，为了在博弈中求生存，我们必须懂得：不能破釜沉舟，脚踩两船才能有备无患。

虽然"破釜沉舟"一词中体现的不顾一切、拼死一战的精神，已经成了一种鼓舞人心的力量。但是，对于这个词我们必须冷静分析，切不可在公关的交锋中生搬硬套。因为，"破釜沉舟"的前提是抱了必死的决心，是在一种"不是你死就是我活"这种两军对垒的困境下发生的，是一种"不得不"的选择。

脚踩两只船，用到情感中似乎不太明智，但用到职场生存上，不失为一大方略。凡事不可做绝，"留有余地"实际上是给自己留条后路；看问题也不能只看到眼前顺利的局面，看不到可能造成的不利后果，一厢情愿地去处理问题，而要做到"有备无患"、"防患于未然"。

沉着应对是打开难题的万能锁

大家都有面试的经历，一般情况下面试官会给应聘者出一些难题，很多人面对这种情况，往往不能正确应对，而最终导致求职的失败。

如果你能充满信心，面对难题，不卑不亢，沉着应对，那么情况也许就大不一样了。或许，就是因为你的这种心态赢得了面试官的欣赏。

小颖去应聘一家跨国公司总经理秘书的职位，在面试过程中，面试官问了一些看似无关但又十分难答的问题。

"现在还在原公司上班？"

小颖如实回答："没有工作。"

"人们通常找到了工作才辞工，你为什么辞掉了工作才去再找？"

这真是一个棘手的问题，但必须回答。小颖先说了一句："这是一个好问题。"当她说这些话的时候，就开始积极地思考。话一说完，她立即想出了对策，说："只有让自己先失去旧的机会，才有可能有更好的机会，而且凭我的能力和经验，我相信找一份好工作，并不是一件难事。"

面试官又问小颖，五年后想干什么？这又是一个棘手的问题。小颖先答非所问："一个美国人曾说过，挣钱不应该是人类唯一的目的，我们应该停下来，给自己一些时间，想想我们是谁，从哪里来。"然后她又说："五年后我希望有一个好的生活，好的工作，好的人品，好的人际关系。"接着又补充说："谁也不知道明天。"

最后，面试官问了她的工资要求。当小颖提出工资要求时，并没有提出一个具体的数字，只是给了他一个范围。然后强调，工资虽然重要，但工作更重要。之后，面试官让小颖向他提几个问题。

小颖首先关心的问题是他对自己的印象如何。

面试官说，小颖的英语非常好，组织能力也挺强的。不过她没有在工厂工作的经验。完了又说，不过这不是很重要。

小颖又问，她是不是合适的人选？

面试官说，他要比较选择，过几天才会有结果。有的人英文好，但组织能力不好。

面试结束的时候，小颖又伸出了热情的手，说她喜欢这份工作，非常希望能够给她机会，她一定会是一个令公司满意的职员。三天之后，小颖接到录用通知。

小颖应聘成功主要在于她对自己充满信心，面对难题时不卑不亢、沉着应对，最终得到面试官的欣赏，成功地获得了想要的职位。在对外公关的时候也是如此，尤其是遇到困难的时候，我们不能急于求成，要用沉稳的态度应对突发事件，这样才能打开难题的突破口，重新找到问题的症结所在，将难题迅速地解决。

以退为进，把劣势转化为力量

在对外公关的过程中，当你处于弱势地位的时候，不要为了所谓的荣誉而争斗，而要懂得以退为进德道理。

春秋时期最后一个霸主——越王勾践，是一位著名的政治家和军事家。勾践刚刚即位的时候，吴王阖闾趁越国政局不稳之际兴兵伐越，勾践起兵抵抗，打败吴军，阖闾受箭伤死于回国途中。其子夫差即位后，时时不忘杀父之仇，用了两年多的时间练兵。

勾践听说吴王夫差日夜练兵，打算抢先讨伐吴国。谋臣范蠡劝他不要仓促行事，勾践不听，率军攻吴。吴王亲率精兵反击，越军大败。勾践带着剩下的5000人逃至会稽山，被吴军包围。勾践非常后悔，这时范蠡为他出了个主意，让大夫文种贿赂伯嚭，向夫差请求称臣纳贡，暂时投降。夫差答应了勾践的请求，但要勾践夫妇到吴国为他服役。

勾践抵达吴都，夫差有意羞辱他，要他住在阖闾坟前的一个小石屋里守坟喂马，有时骑马出门还故意要他牵马在国人面前走过。勾践忍辱负重，小心伺候，做到百依百顺，胜过夫差手下的仆役。夫差生病，勾践前去问候，时刻关注夫差的病情。3年过去了，由于勾践尽心服侍，再加上伯嚭不断在夫差耳边为他求情，夫差认为勾践已真心臣服，决定放他们回国。

勾践回到越国后，为了激励自己不忘报仇雪耻，卧薪尝胆。为使国家富强，勾践采纳了范蠡、文种提出的"十年生聚，十年教训"之策，要范蠡负责练兵，文种管理国家政事，推行让人民休养生息的政策。国家奖励耕种、养蚕、织布，尤其鼓励生育，增加人丁。勾践与百姓同甘共苦、同心同德，越国迅速恢复生机，国力日渐强盛。

同时，勾践又采取许多办法麻痹吴国，造成吴国内耗。勾践年年月月按时给吴国纳贡，使夫差始终相信他是真心臣服；并派出奸细刺探吴国的消息，散布谣言以离间君臣关系，使夫差杀害忠良；勾践又以越遇灾害为由，不时向夫差借粮，使吴国粮食储存减少，而越国则储备充足；探知夫差要建造姑苏台，勾践派人运去特大木料，说是"神木"，夫差非常高兴，扩大了姑苏台的设计，使吴国更加劳民伤财；勾践又施美人计，为夫差献上美女西施。夫差得到西施，极其宠爱，甚至言听计从。

吴国日渐衰败，勾践认为时机已经成熟，于是趁夫差率精锐部队北上黄池会盟的机会，率5万大军攻打吴国，吴军大败，太子阵亡。这时，夫差打败齐国，正约晋、卫、鲁等国在黄池（今河南封丘县西）会盟，当上了霸主。接到消息，十分懊丧，只好派伯嚭向越求和。勾践和范蠡认为吴国还有实力，一时消灭不了，答应讲和，退兵回国。

不久勾践乘吴国大旱、国内动荡的机会，再次攻吴。吴王夫差被越军长期围困，力不能支，派使节袒衣膝行向勾践求和。勾践于心不忍，正要应允，范蠡上前说："大王您忍辱受苦20余年，为了什么？现在能一旦抛弃前功吗？"转头又回绝使节说："过去是上天把越赐予吴国，你们不受；今天是上天以吴赐越，我们不敢违背天命而听从你们的请求。"吴王夫差见大势已去，自刎而死。

在战场上，为了打胜仗，往往要先避敌锋芒，退避三舍。有的时候，暂时的投降也是一种麻痹敌人的有效策略，在敌人放松警惕的时候赢得一个保存实力、积蓄力量的机会，这是一种智慧，也是一种战场艺术。暂时的投降让勾践扭转劣势，并最终击溃吴国；我们为人处世也一样，成功的人生时时离不开适时的"投降"。

大凡不会投降的人，都以为激流勇进才是英雄，而向人低头则是"窝囊废"。其实，在不丧失原则的前提下，暂时向对方认输，比硬着头皮坚持作战，把自己送上死路要高明得多。古人云"能屈能伸者，大丈夫也"。在公关的时候，也不妨采用这样的策略，以退为进，取得成功。

以柔克刚也是策略

人到老年时，柔软的舌头尚在，但坚硬的牙齿却脱落了，这是为什么呢？是因为柔软的东西比刚强的事物更有生命力啊！

商容疾据说是纣王时的大夫，因屡次直谏荒淫无道的纣王，结果遭到贬谪。后来纣王剖比干，囚箕子，逐微子，商容疾感到心寒，便躲进深山之中，避世隐居，不问世事。武王灭亡商朝后，天下大定。周室表彰商容闾里，想召他出山，商容婉言谢绝。他遗世独立，静心养性，修得一副道骨仙颜，虽然年岁已过数百，仍然精神矍铄，面色如童。到了春秋末年，老子降世，商容疾知道他不是平凡人物，便收他为弟子，传授他天地玄机，处世妙道，所以老子后来成为一代圣人。

却说有一次，商容疾得了重病，自知将不久于人世。老子匆匆赶来问候老师。他先询问了老师的病情，然后对老师说："先生的病确实很重了，有什么教导要嘱咐弟子的吗？"

商容疾说："乘车经过故乡的时候要下车，你知道这是为什么吗？"

老子说："过故乡而下车，大概是表示要不忘故乡吧？"

商容疾说："对了！那么，经过高大的古树的时候，要快速地走过，你知道这是为什么吗？"

老子说："经过高大的古树要快速地走过，这大概是说要尊敬德高望重的长者吧？"

商容疾说："是啊！"

然后张开嘴给老子看，说："我的舌头在吗？"

老子说："在。"

商容疾又说："我的牙齿还在吗？"

老子说："不在了。"

商容疾说："你知道这是什么道理吗？"

老子说："舌存而齿亡，这不是说刚强的东西已经消亡了，而柔弱的东西还存在吗？"

商容疾说："说得好啊！天下的事理正是这样。你没看见那水吗？天下万物，没有什么比水更柔弱的了。然而积水为海，则广阔无际，深不可测，大至于无穷，远极于无涯。百川灌之，无所增加；风吹日晒，没有减少。上天则为雨露，下地则为润泽。万物没有它不能生长，百事离开它不能成功。奔流起来不可遏止，无形无状不可把握。剑刺不能伤害它，棒击无法打碎它。刀斩不会断，火烧不能燃。锋利无比，可以磨灭金石；强健至极，可以承载舟船。深可渗进无形之域，高可翱翔于缥缈之间。涓涓细流回旋于川谷之中，滔滔巨浪翻腾于大荒之野。水为什么能够具有如此大的威力？因为它柔软润滑，所以能够出于无有，入于无间，攻坚克强，无可匹敌。弱而胜强，柔而克刚，世上没人不知，然而无人能行。你明白了吗？"

老子说："先生说得太好了！天下之至柔，驰骋天下之至坚，确实是万世不易的定理。人活着的时候，身体柔软脆弱，死后尸体就变得僵硬坚挺。草木活着的时候，又柔又软，一死就变得枯槁坚硬。所以，刚强的东西是走向死亡的东西，柔弱的东西是生机勃勃的东西。军队太强大，容易被消灭；树木太坚硬，容易被吹折。两国相争，弱国胜；两仇争利，柔者得。皮革太坚固，容易破裂；牙齿比舌头硬，所以先消亡。坚强的东西能胜不如自己的东西，柔弱的东西则可超过自己的东西。所以强大的东西处于劣势，柔弱的东西居于上风。积弱可以为强，积柔也就变成刚。欲刚必以柔守之，欲强必以弱保之。"

商容疾面露慰藉的笑容，说："你已经得到大道了。天下之理都已被你说尽了，我还有什么需要留给你的呢！"

以柔克刚，以弱胜强，是道家守柔主静的动静现，这里面包含着朴素的辩证法。商容疾对老子讲的"舌头"与"牙齿"的故事，还有"水"的能量，均在证明"柔"与"刚"的辩证关系。

从大宇宙的时空观念来看事物，我们会品味出道家人生态度的独特理念。宇宙间的一切生命本体，很难说有大、小、弱、强之分，任何事物都在变化中运行，没有绝对的胜者和败者。

在商务公关应酬中，如果你的对手很强硬，你就可以用以柔克刚之术。直白地讲，以柔克刚只是耐心、信心、恒心、毅力的比较。在这些方面，谁占了上风，谁就是真正的胜利者。具体"以柔克刚"的方式方法很多。例如，感情之柔，柔如密友的细诉、情侣的幽怨，让对方的心湖荡起层层涟漪；服务之柔，柔如夏日的雨水、冬日的阳光，让对方的感觉非常良好；文化之柔，柔如轻音乐的演奏、抒情诗的朗诵，让对方的精神得以升华。

声东击西，诱使对手出错招

在对外公关的活动中，竞争中的声东击西之法，可使对方打乱原有计划，使出新的招数，只是这招数一旦使出，错误就来了，再想撤退就为时已晚了。

20世纪90年代，派克公司和克罗斯公司展开了一场空前激烈的竞争。出人意料的是，实力雄厚、财大气粗的派克公司竟一败涂地，走向衰落。而克罗斯公司则在这次激烈竞争后一跃而起，取代派克公司成了美国制笔业的新霸主。

被称为"世界第一笔"的派克笔，于1889年申请专利，至今已历经100余年而长盛不衰，年销售量达到5500万支，产品销往全世界120多个国家和地区。克罗斯笔有90年以上的历史，年销量达到6000多万支。所不同的是，派克笔占领的是高档的市场，克罗斯笔则热衷于低档的市场。这两家公司的产品流向并不是一开始就这样的，而是经过几番竞争才形成的。数十年来，这两家制笔公司虽然在表面上井水不犯河水，但在暗地里却不断增强自己的力量，双方斗智斗勇，各自使出绝招。

20世纪90年代初，钢笔市场的竞争日趋激烈，为了在激烈的竞争中进一步拓展市场，派克公司任命了新的总裁彼特森。与此同时，克罗斯公司也在采取对策，除调整营销策略外，还加紧搜集彼特森的兴趣、爱好，以及上任后所要实施的营销策略。

当时的美国制笔业，由于多方面的原因，高端笔市场陷入疲软状态，为了不使公司的经济效益受影响，也为了打响上任后的头一炮，彼特森意欲在拓展市场方面下一番工夫。正密切注视彼特森决策动向的克罗斯公司获悉这一信息后，立即召开会议研讨对策。

克罗斯公司通过一家有名的公共关系信息咨询公司向彼特森提出了"保持高档市场，下大力气开拓低档产品市场"的建议。这正中彼特森下怀。于是彼特森决定趁高档产品市场疲软之时，全力以赴地开拓低档产品的市场。

听到这个消息，克罗斯公司非常开心，知道彼特森已经中了他们的圈套，赶紧实施第二步计划。一是装模作样地召开应急会议，做出一副惶恐、胆怯状，制定出了和派克公司争夺低档产品市场的措施。二是由公司总裁给派克公司总裁致函，声言两家产品市场的流向是有协议的，你们不能出尔反尔，逾规行不义之事。克罗斯这么一番逼真的表演，愈发使彼特森觉得他的决定是正确的，更坚定了彼特森的决策信心，紧锣密鼓地开始向低档钢笔市场进军。为了不使派克公司看出破绽，窥出有诈，克罗斯公司还做了几次广告，制造竞争的紧张气氛，摆出一副决战的架势。这一切使派克公司看在眼里，急在心头，为了抢先一步，派克公司凭借其财力和名牌效应，投巨资大做广告，制造声势。

克罗斯公司见已达到预期目标，便倾全力向空虚的高档钢笔市场挺进。尽管派克公司花了不少的力气，却收效甚微。试想，派克笔是高档产品，是人体面的标志，人们购买派克笔，不仅是为了买一种书写工具，更主要的是一种形象、一种体会，以此证明自己的身份。派克笔价格再昂贵，人们也乐意接受。而现在，高贵的派克笔却成了3美元1支的低档大众货，这还有什么名牌可言呢？派克公司虽然顺利地打进了低档市场，但没有达到预期的目的。不仅如此，消费者像受了愚弄似的，拒绝廉价的派克笔。

人常说，兵不厌诈。商场如战场，也存在"无商不奸"的潜规则。见招拆招固然重要，能让对方出错招则更省时、省力，而且决策失误最容易带来"一步错，百步错"的后果，从此一蹶不振。

故意透露虚假信息，以蒙蔽对方

常言道："水至清则无鱼。"意思是说清澈的水潭里如果有鱼的话，早就被人用尽办法捞走了，其实做事情也一样，如果没有计谋，被人一眼看透，那么这件事的成败就可想而知了。所以经常在外应酬的人应有城府，做事要有"心计"，要像狡兔那样有三个窟，这样才能在处处"险恶"的社会环境中生存下来。

"用假信息牵着对方鼻子走"一计，最早的使用者是古代兵家。在战争史上，向敌人透露假信息，而影响其决策，最终将其打败的例子不胜枚举。这里列出两个较为典型的战例：

南北朝混战时代，中国北方有东魏和西魏相互对峙。东魏大将段琛据兵于两国交界的宜阳（今河南宜阳西），派下属牛道恒招募西魏边民，以扩大自己，削弱西魏。牛道恒招募有方，使得大批西魏边民迁移到东魏来。西魏大将韦孝宽非常忧虑。后来，韦孝宽想出了一招"钩鼻计"。他先派人打入牛道恒的内部，获得了牛道恒手迹。又命令手下擅长书法的人模仿牛道恒笔迹，伪造出了一封牛道恒的信。信中写牛道恒对西魏如何向往，对韦孝宽如何崇拜，并表达了伺机投诚的心愿。信写好之后，故意抖落上一些灯灰在信上，以使得天衣无缝。然后利用间谍，把信转到了段琛的手中。段琛因此对牛道恒产生了怀疑，对他不再信任。这样一来，牛道恒对招募工作也就没劲了。

无独有偶，还有一例与之类似：

1936 年，四川发生旱灾，粮食紧张。各大粮商乘机囤积居奇，重庆粮价顿时一涨冲天。当时汉口粮价依旧平稳，但因为交通和社会治安的问题，由汉口运粮至重庆出售，不但难以获利，弄得不好还会亏本，所以重庆粮价一直居高不下。

面粉大王鲜伯良为解重庆之危，经过一番辛苦筹谋之后，带了 3000 包面粉亲自从汉口赶往重庆。

面粉大王抵达重庆之后，第二天便依常规去走访各大粮商。粮商见面粉大王亲临"寒舍"，当然喜出望外，热情备至。但在每一家粮商客厅里，当面粉大王与粮商谈兴正浓的时候，总会匆匆跑来面粉大王的高级助理，递给一纸合约后，在面粉大王耳边神秘细语一番。

就这样，鲜伯良在轻描淡写中把重庆的头号特大新闻一字一句地灌进了每个大粮商的耳朵里：面粉大王将从汉口源源不断地运粮来帮助重庆渡过干旱之年。

对粮商来说，这无疑是平地惊雷。

接着，鲜伯良开始将从汉口带来的 3000 包面粉低价出售。粮商们这一下更急了，争先恐后放弃了囤积居奇的美梦，开始竞相减价抛售。

不多时，重庆复兴面粉公司的仓库里堆满了低价粮食，而等到粮商们突然发觉自己手头无粮食了，而汉口并未向重庆运粮时，便赶紧亲自赶往汉口。没料到，此时汉口的粮价竟比自己刚刚抛售的重庆粮价高得多了。而等到他们再次赶回重庆时，却又发现重庆复兴面粉公司已经开始高价售粮了。

从上面的例子可以看出，商场如战场，在这些没有硝烟的战争中，商人必须懂得"伪"、"诈"之术，懂得巧放烟幕弹的道理；对外应酬也是一样，在残酷的生存竞争中，也要像商人一样懂得运用计谋，让自己在这场"战争"中胜出。

事实上，在与他人交往或竞争的很多场合，故意透露虚假信息，包括你下一步的计划、当前的境况或资源、优势与弱势，等等，这样蒙蔽对方，使其决策失误，往往能让你在不费很大力气的情况下便可制胜，可谓是一条锦囊妙计。

反复催问，不给对方以拖延之机

在对外公关中，求人办事者，总是想尽快解决问题，可实际上，事事往往难以如愿。显然，被动等待是不行的，还须一次又一次地向对方催问。

因此，要求你说话办事要有良好的心理素质，要做到遇硬不怕，逢险不惊，要学会控制自己的感情，喜怒不形于色才行。

有这么一位朋友，去找别人办事，拿出烟来递给对方，对方拒绝了，他便一下子失去了托他办事的信心。这样是不行的，这样的心态什么事也办不成。俗话说，张口三分利，不给也够本，见硬就退是求人办事的大忌。有道是人在屋檐下，不得不低头，想当乞丐又不想张口，有谁会愿意主动地把好处让给你？要是真有那样的事倒要好好地研究一下他的动机了。所以我们说，要想求人应该有张厚脸皮。如上例所说，对方不要你的烟，可能是因为怕你找他去办事，所以才拒绝的。但话说回来，你应该这样想才对，对方不要你的烟，并不等于你不找他去办事，尽管他用这种办法让你求他的念头降了温，但俗话说，让到是礼，你同他一直是处在同一个高度上讲话。如果你决定求人，对方一时不能合作，你不妨一而再，再而三，反复申请，反复渲染，反复强调，那么就一定会精诚所至，金石为开的。

宋朝赵普曾做过太祖、太宗两朝皇帝的宰相，他是个性格坚韧的人。在辅佐朝政时自己认定的事情，就是与皇帝意见相悖，也敢于反复地坚持。

有一次赵普向宋太祖推荐一位官吏，太祖没有允诺。赵普没有灰心，第二天上朝又向太祖提起这件事情，请太祖裁定，太祖还是没有答应。

赵普仍不死心，第三天又提出来。赵普三天接连三次反复地提，同僚也都吃惊了，太祖这次动了气，将奏折当场撕碎扔在了地上。

但令人吃惊的是，赵普又默默无言地将那些撕碎的纸片一一拾起，回家后再仔细粘好。第四天上朝，话也不说，将粘好的奏折举过头顶立在太祖面前不动。

太祖为其所感动，长叹一声，只好准奏。

在商务公关中，说话办事就是不管对方答应不答应，采取不软不硬的方法，反复催问，不达目的誓不罢休。不怕对方不高兴，在保证对方不发怒的前提下，让对方在无可奈何中答应你的要求。但使用这种方法要适度，也就是说这种方法不是让你消极地耗时间，也不是硬和人家耍无赖，而是要善于采取积极的行动影响对方，感化对方，使事态向好的方向转化。

某工地急需一批钢筋。采购员小王接到命令后到物资部门去领，但负责此事的马处长推说工作忙，要等一个月才能提货，小王非常着急，那边工程马上就要开工了，他怎么能等一个月呢？后来他从仓库保管员那里了解到有现货，马处长之所以没有让他提货，是因为他没有"进贡"。得知这个消息，他简直气愤至极，真恨不得马上找到那个厚脸皮的马处长理论一番。

但他竭力控制自己的情绪，思考解决问题的办法。自己手头一无钱二无物，为那位马处长"进贡"是不可能了。可是工期拖延不得，他急得像热锅上的蚂蚁。最后他决心和那位处长大人软缠硬磨。

从第二天起他天天到处长办公室来，耐心地向处长恳求诉说。处长感到烦，根本就不理睬他。他就坐在一边等，一有机会就张口，面带微笑，心平气和，不吵不闹。处长急不得、火不得，劝不走也赶不跑。小王一副"坚决要把牢底坐穿"的样子，就这样一直耗着。等到"泡"到第五天，处长就坐不住了，他长吁一声："唉，我算是服你了。就照顾你这一次，提前批给你吧？"小王终于如愿以偿，高高兴兴地回去交差了。

上面的例子中，采购员小王通过反复催问马处长，直问得那位处长心烦意乱，招架不住，不得不让他提货。表面看来，小王是耗费了四五天的时间，但与一个月的等待时间相比，他还是争取到了更多的时间。试想，对于马处长这样的人，如果小王与他坐下来理论一番，甚至一脸怒气地去质问他，那么事情肯定会变得更糟。小王知道工期不能耽搁，也知道马处长"做贼心虚"，在这种情况下，反复催问也许是最有效的办法。

因此，求人办事也要掌握反复催问的方法，不给别人拖延之机，让你的事情早日办成。

理直气壮的理由对方才更容易接受

在职场中，公关办事也要名正言顺，要有个理由，有个说法，给个交代，或找个借口，做个解释。在求人的理由上做文章，实际上就是为自己的求人办事寻找个好借口。

人类是理性的动物，不论什么事情，希望能给别人一个说法。即使是个无赖之人，也不愿让人说自己无理取闹，他们总会有自己的"歪理"；皇帝杀臣下、除异己，也得给文武大臣有个解释，真是"欲加之罪，何患无辞"，在求人办事中，我们也总要为自己找个借口。借口随处都需要，只是编造技术有好有赖。

借口，其实就是"没理找理"，所以找借口时要绷起脸来，一副"理直气壮"的样子，方能达到目的。

有一个很有趣的故事：说是有一个小偷因偷窃被当场捉到。不料，小偷一点儿也没有畏缩，反而理直气壮地说："如果我拿了东西又逃走，那才算是偷，但我现在只是拿到东西而已，大不了把东西还给你罢了。"说完就大摇大摆地溜走了。

对错且不论，这个小偷确实是寻找借口的高手，在我们看来，这个小偷本应该是理屈词穷，不会想到他还有什么可以诡辩的了。但他却还能理直气壮，说出的理由还有一定的逻辑，这确实不简单。

当然，这里并不是鼓励大家采取拒绝承认错误的态度或学习颠倒黑白的行为。这里强调的是，有些人面对初次见面的人，就以理亏的口吻说话，这种无谓的谦卑，反而会使自己站不住脚，并无益处。

尽管找人办事总是要找一定的理由，但具体应该怎样找理由就应该多下一番工夫了。

以广告人为例，他们可以说个个都是找借口的高手，当速溶咖啡在美国首度推出时，曾有这样一段故事。公司方面本来预测这种咖啡的"简单"、"方便"会大受家庭主妇的欢迎。没想到事与愿违，其销售并无惊人之处。姑且不论味道问题，大概是因为"偷工减料"的印象太强的关系。因为在美国，到那时为止，咖啡一直都是必须在家里从磨豆子开始做起的饮料，而现在速溶咖啡只要注入热水就能冲出一大杯咖啡来，怎么看都太过简单了。

所以，厂商便从"简单"、"方便"的正面直接宣传，改为强调"可以有效利用节省下来的时间"的广告战略——"请把节省下来的时间，用在丈夫、孩子的身上"。

这种改变形象的做法，去除了身为使用者的主妇们所谓"对省事的东西趋之若鹜"的内疚。因为"我使用速成食品，一点也不是为了自己的享乐，而是因为可以把节省下来的时间用到家人身上。"此后，销售量急速上升，自是不在话下。

人都是这样，办事情讲究名正言顺，你给他一个名，他是很乐于做些自我欺骗、掩耳盗铃的事的，尤其是事情对自己有利的时候。实际上，嗜酒者从不主动要求喝酒，却以"只有你想喝，我陪你喝"，或者"我奉陪到底"，"舍命陪君子"这类借口来达到心愿，表面上既不积极，也不干脆。

如果你想在公关中如鱼得水，就一定要擅长这方面，即在办某件事时总要找个理由作为依托，这样才算圆满。而且在这种理由的掩盖下，即使他知道自己的责任，也会一味推卸。利用人们的这种心理，先替对方准备好借口，对方就不会再推辞。比如，送礼给人时，先要说："你对我太照顾了，不知如何感激，这是我一点小意思，请您接受。"由于有了借口，所以对方减少了内疚意识，定会欣然接受礼物。

总之，在求人办事时，先在理由上做足文章，为办事找个台阶。

与政界交好，铺平商路

政治与企业的关系十分密切，政治是经济的导向。100多年前奔驰公司的创始人卡尔·本茨说："与政府修好，是本公司最大的公关。"正泰集团董事长南存辉也认为，企业要做强、做大，必须有一个良好的政治环境，因为信息是企业能否抓住发展机遇的重要因素，所以要抓住市场机遇，就需要把握好与政界人物的关系，以及时从他们那了解到相关的政策与规划等。

但是我们必须注意，和政界人物交往一定要把握好度。

20世纪30年代火柴大王刘鸿生社交非常广泛。他利用校友、同乡关系与宋子文、孔祥熙、蒋介石都建立了良好的关系。但是，他很清楚，自己与他们这些人交往，必须把握好分寸，因为这些人都是政界人物，自己要避免介入他们的政治圈子里。

当时，孔祥熙两次登门邀请，宋子文则一再写信，甚至派人来邀请他出任招商局的总办（不久就改为总经理），刘鸿生都婉言谢绝了。直到1932年11月，由于日寇侵华，当时已经担任国民党政府财政部长的宋子文又派要员来敦请刘鸿生，并作了一些承诺，刘鸿生才出任这个官职，希望企业从中获得转机。

政治与经济密不可分，和政界交好可以使我们获得更多信息，现代社会信息就是财富，但是在与政界人士打交道时切记要掌握好分寸，不可过于疏远，也不可过于亲近。

最好的公关技巧：不辩自明

言语博弈中，如果双方都争强好胜，只知进而不知退，最终极有可能会陷入一种进退两难的斗鸡困境。此时，如果我们懂得不辩而明的博弈策略，就可以很好地化解这种困境。

汉代公孙弘年轻时家贫，后来贵为丞相，但生活依然十分俭朴，吃饭只有一个荤菜，睡觉只盖普通棉被。就因为这样，大臣汲黯向汉武帝参了一本，批评公孙弘位列三公，有相当可观的俸禄，却只盖普通棉被，实质上是使诈以沽名钓誉，目的是为了骗取俭朴清廉的美名。

汉武帝便问公孙弘："汲黯所说的都是事实吗？"公孙弘回答道："汲黯说得一点没错。满朝大臣中，他与我交情最好，也最了解我。今天他当着众人的面指责我，正是切中了我的要害。我位列三公而只盖棉被，生活水准和普通百姓一样，确实是故意装得清廉以沽名钓誉。如果不是汲黯忠心耿耿，陛下怎么会听到对我的这种批评呢？"汉武帝听了公孙弘的这一番话，反倒觉得他为人谦让，就更加尊重他了。

公孙弘面对汲黯的指责和汉武帝的询问，一句也不辩解，并全都承认，这真是一种大智慧呀！汲黯指责他"使诈以沽名钓誉"，无论他如何辩解，旁观者都已先入为主地认为他也许在继续"使诈"。公孙弘深知这个指责的分量，用了十分高明的一招，不作任何辩解，承认自己沽名钓誉。这其实表明自己至少"现在没有使诈"。公孙弘的高明之处，还在于对指责自己的人大加赞扬，认为他是"忠心耿耿"。这样一来，便给皇帝及同僚们这样的印象：公孙弘确实是"宰相肚里能撑船"。既然众人有了这样的心态，那么公孙弘就用不着去辩解沽名钓誉了，因为这不是什么政治野心，对皇帝构不成威胁，对同僚构不成伤害，只是个人对清名的一种癖好，无伤大雅。以退为进，是一种大智慧。博弈中你在这方面如果运用得好，更能受益匪浅。而有些人可能对情况不怎么了解又喜欢乱下结论，甚至有时候会有一些莫须有的罪名加到头上，这时候你去辩解反而会让人觉得你心中有鬼，即便最后得到澄清也极可能给旁人一种不好的印象，更何况有时候你无意之中真的会犯一些错误。

在言语博弈中，面对别人莫须有的责难我们最好不置可否，因为事情终会有水落石出的一天，那时候你就可以得到更多人的尊敬。有了小错就承认也没什么大不了，人家反而会觉得你人格高尚，勇于承认错误更易得到大家的谅解，而且一个光明磊落的人即使错又能错到哪里去呢？

不辩自明，是一种极好的公关技巧。作战如治水一样，须避开强敌的风头，就如疏导水流；对弱敌进攻其弱点，就如筑堤堵流。

第四章
商务往来，懂得拉关系套近乎

连横合纵，将天下资源为我所用

连横合纵是一种智慧。生意场上，将一切能利用的资源聚拢到自己身边，才能给自己带来更多财富。

想要致富，不能孤军奋战，要懂得连横合纵，让天下人为己所用。商场竞争激烈，个人能力再强，也难免势单力薄。孤胆英雄并不是明智之举，费时费力，结果也并不如意。这样做成全的也是你的对手。经商时必须利用各方势力，必要时"化干戈为玉帛"将使你受益匪浅。

有"巧手大亨"美誉的张果喜是江西果喜实业集团公司董事长兼总经理，他在开拓日本市场时能够照顾好各方利益，善待盟友和对手，很快便成为日本佛龛市场的"龙头老大"。

张果喜在日本市场初战告捷后，就与日商建立了稳固的代理关系，全部佛龛产品都由日商代理经销。不久新情况出现，随着张果喜生产的佛龛畅销日本市场，一些日本商人也想通过经营佛龛获利。为降低进货成本，他们绕过代理商直接从张果喜那里进货。

面对这种新情况，张果喜进行了慎重考虑。从眼前利益看，销售商直接订货，减少了中间环节，厂方确实可以得到实惠。但从长远考虑，接受直接订货，意味着失去以往花费了很大力气开辟的销售渠道，会使以往的销售渠道背离自己，走到自己的对立面，得不偿失。所以张果喜回绝了那几家要求直接订货的日本零售商，继续维持与日本代理经销商的盟友关系。日本代理商得知此事后，很感动，对张果喜比以往更加信任。他们在推销宣传方面加大力度，为张果喜打出了"天下木雕第一家"的招牌。与此同时，张果喜清醒地看到，生产佛龛是一种利润丰厚的产业，除了他的果喜集团公司，韩国与中国台湾地区制作的产品也非常具有竞争力，日本本土还有很多同类中小企业，如果单靠原有的销售网络和一两个合资的株式会社，根本无法与强大的竞争对手抗衡。张果喜决定扩大"同盟军",把一些原先的对立派拉到自己身边。他与智囊团仔细分析日本各地中小企业,经过多方协调,张果喜于1991年成立了"日本佛龛经销协会",专门经销果喜集团的漆器雕刻品,变消极竞争为积极合作。当年立竿见影,他在日本佛龛市场的份额占到六成,取得了更大的市场主动权。

这就是张果喜的连横合纵。摆脱眼前利益和一己之利的束缚,开阔视野,正确处理与盟友、竞争对手之间的关系,化被动为主动,变消极为合理,才能变小钱为大钱。富人之所以富肯定有其独到的原因。张果喜被称为改革开放后第一个亿万富翁,他只有初中文化水平,却通过自己超强的商业智谋打拼出一片天下。很多时候,一个人的胸怀和眼光决定他能拥有多少财富。假设张果喜贪图小利,答应那些日本小企业的要求,腰包暂时会鼓,葬送的却是长远利益。张果喜说:"台上靠智慧,台下靠信誉。"这就是他不舍弃日本代理商的信念,也是他最终能够联合各方力量的基础。

大财富只属于大智慧的人。目光短浅,只盯眼前利益,不会有长久的财富。一个梦想致富的人,不能与对手保持永远的竞争关系。生意场上事事难料,审时度势联合对手,将对立变成合作,就可能在竞争中获利。宁可与对手抗争,也不与其合作争取潜在利益,受害的终将是自己,这样的人也不会得到财富的青睐。所以,致富过程中,灵活处理与对手的关系,连横合纵才会取得成功。

如果有必要就利用一些诱饵

在商务往来中,为了在竞争中取胜,如果有必要的话,不妨利用一些诱饵,当对手吞下香饵之时,他将放弃抵抗,乖乖就范,为你所用。同时,要小心别人为你施放的诱饵,切勿因小利而让自己成为任人宰割的对象。

汉高祖刘邦在天下大定之后,在一片等待论功行赏的气氛当中,却只先分封了20多名功劳不大的部将。其他在他眼里说大不大、说小不小的部将,如何分封都还在斟酌考量中。

那些自恃功劳不凡的部将无不伸长脖子,望眼欲穿,而且生怕论功不平、赏赐不公,天天红着眼珠,大眼瞪小眼,一个个焦虑难安。不仅同僚之间钩心斗角,与刘邦之间也衍生出相当紧张的气氛。

刘邦非常苦恼,于是便唤张良前来,想听听他的想法。

张良有些沉重地回答他说:"陛下来自民间,依靠这些人打得天下。过去大家都是平民百姓,平起平坐。现在你成为天子之后,先分封的人大部分都是世交故友，所诛杀的都是关系较疏远的人，不然就是得罪你、让你看不顺眼的人。这样下去，难免会有人心生反意。"

刘邦听了之后，面色凝重，便问张良如果真有这么严重，该怎么办？

张良想了一下，便先反问刘邦说："在这些一起打天下的部将当中，你最讨厌的人是谁？这个人不被陛下喜欢的原因，最好又是大家所熟知的事。"

刘邦回答说："雍齿常常捉弄我，他是我最讨厌的人，我想这也是大家早就知道的事情。"

张良马上提出建议："那么，今天就先将雍齿封为王侯。这样一来，我看就可以解除一些不必要的疑虑，安定大家的心了。"

刘邦采纳了张良的建议，立刻宣布将雍齿封为"什邡侯"。

这件事果然产生了良好的效果。在这些人看来，连皇帝最讨厌的人都有糖吃了，我们还有什么好担心的呢？于是，君臣之间的紧张关系自然得到了暂时的缓解。

一个小小的官职让昔日不满刘邦的雍齿从此也死心塌地，甘为刘氏天下效犬马之力。讨好一个人容易，控制一个人困难。但从张良这个妙计看来，其实并非如此，只要抓住对方的心理，洞察对方内心的想法和需求，而后讨好他，或者在某件事上给予对方一点好处，投下一个诱饵，对方就会从心理上贴近、跟从你，这时你就可以牵制对方的思想，为己所用了。有人说，人都是利益的动物。虽然有失偏颇，但诱饵有时确实能产生神奇的效果。在生意场上，巧施一些诱饵，就能放长线钓大鱼，财源滚滚而来。

设立共同目标，迅速拉近距离

鹏远一位很多年没见的大学同学到北京出差，他叫鹏远出来聚一聚，鹏远按照约定地点来到一个饭店，服务员把鹏远带进包厢里，鹏远看到那位老同学正神采奕奕地等着他。

一番寒暄之后，话题自然是落到了这几年的发展上，"你怎么好好跑去经商了呢，当初你的专业课可是最棒的。"鹏远问他。

老同学笑眯眯地回答道："这并不妨碍啊，我只不过将心理学的研究放到了商场里，你知道我是怎么捞到第一桶金的吗？"

鹏远摇摇头。

老同学开始追溯往昔，刚下海那几年，虽然挣了点钱，但还算不上很成功，那时，他已经成为了公司的经理，手里有了不少客户资源。想来给别人打工不如自己当老板，便开始计划利用现任职位上的客户资源开办一家新公司赚笔大钱。

于是他找了两名以前的手下，共商创业的事。后来他发现他们三个人数太少，很难成功。于是他要他的手下另外再找七个人，组成十个人的创业团队。他的手下顺利地找到了他们所需要的人手。他这时却发现，他与这七个新伙伴根本就不认识，他们是否值得信任实在是一个大问题。

于是他想到了每晚分别与一个新伙伴共进晚餐的好办法。席间他除了交代各人的职责之外，还郑重地向他们表示"我也跟你们一样需要钱"！

结果，由于彼此有了共同的目标，这个计划最后终于成功了。

鹏远这位老同学不愧是心理学的高才生，他很懂得运用人的心理来成事，在他发展的过程中，由于彼此有着共同的目标，因而迅速拉近了彼此之间的距离。在人际交往中，若你与对方有共同的目标，则很容易就能增加彼此之间的亲密感。

当然了，除了共同目标能够增强亲密感之外，还有其他一些增强亲密感的技巧。鹏远的老同学自然也是将这些技能运用纯熟。他提到过一个细节便是，在他邀请这些人吃饭的时候，总是与人肩并肩地谈话，这样就能很快与对方进入熟识的状态。

"我听了你的故事，终于明白了李开复为什么也喜欢请人吃饭了。"鹏远打趣地对同学讲。

"你不要以为这顿饭很好吃，真是要注意很多细节，才能快速打开对方的心防，社交其实就是一场心理游戏啊。"老同学不无感慨地说道。

在商界摸爬滚打的人，自然是要熟知心理技巧，才能总是立于不败之地。李开复请人吃饭可不仅仅是一种联谊的社交手段，更多地能体现出人际交往中的心理学妙用之所在。

在这里要提醒的是，若与对方有共同点，就算再细微的也要强调。对于共同点一定要找出来，这样可以很快地消除彼此间的陌生感，产生亲近的感觉。这样不但可以使对方感到轻松，同时也具有使对方说出真心话的作用。

利益互补，让应酬双方更亲密

在生意场上不仅性格相似的人会相互吸引，彼此之间性格差异较大的人也能够建立较为亲密的关系。当双方的需要或满足需要的途径刚好互补时，彼此就产生了强大的吸引力，即 A 所具有的长处正是 B 所不具备的，B 所拥有的优势正是 A 所没有的，他们对对方的倾慕会使彼此相互吸引。因为他们各自都能弥补对方的不足，互通有无，所以能一拍即合。

商务应酬时，要想迅速获得对方的好感和信任，你需要抓住对方的劣势，以你的优势弥补，从而互通有无，促成一次完满的合作。联想集团一贯擅长强强联合，一再发挥互补的优势作用。

"瞎子背瘸子"是柳传志为联想集团确定的产业发展策略。所谓"瞎子背瘸子"，即优势互补、合作制胜之意。在联想集团，这样的案例不胜枚举，但最具有典型意义的要数柳倪联手卖汉卡的成功了。

20世纪80年代初期，中国的电脑市场存在着一个很大的技术难题——西文汉化。在这个技术难题没有被攻克之前，由于绝大部分中国人不精通英语而导致计算机的使用无法熟练化，这大大抑制了计算机在中国市场的销量。这是计算机销售在中国内地打不开市场的一个根源性问题，不是促销、广告、降价所能解决的，因此，西文汉化问题成为当时在中国推广销售计算机的一个障碍，即使有再多的公司从事销售工作也无法绕开这个制约电脑普及的瓶颈。解决不了这个问题，推广和销售将无从谈起。对此，作为中科院计算机所的新技术公司，柳传志等人显然很早就认识到这个问题了，同时他们也看准了这一历史机遇，准备抓住机遇求发展。与此同时，中科院计算机所的研究员倪光南正忙着LX—80汉字系统向PC的最后移植工作，于是，柳传志等人很快就向倪光南伸出了合作之手。

柳传志投入了70万，扑在了汉卡的研究上。在有资金、有技术、有人才的基础上，倪光南团队研制出来的"联想汉卡"很快上市了，全公司人员都扑了上去。为了推销联想汉卡，柳传志重点做了三件事：第一件是证明联想汉卡是个好东西；第二件是宣传联想汉卡是个好产品；第三件是让更多的人都来买联想汉卡。另外，柳传志还树立了"联想"这面旗帜，在卖联想汉卡的同时，着力打造联想这一高科技企业的形象。

通过柳传志等人的不懈努力，联想汉卡的销售最终取得了突破性的进展：1985～1994年累计销售达15万套；1985年联想集团实现销售收入300万元，1986年收入1800万元。

"柳倪合作"的联想汉卡使联想集团在短短的两年时间内快速积累了上千万元的资本，为联想集团的发展壮大奠定了坚实的基础。正是懂得优势互补的重要性，联想才能创造一路的辉煌。

但值得注意的是，互补是相对的、有条件的，需求的互补性是以商务应酬中的双方都得到满足为前提的，如果不能满足这一要求，那么那些相反的特性就不能够产生互补，如高雅和庸俗、庄重和轻浮、真诚和虚伪等。

再穷也要站在"富人"堆里

富人、贵人所能给予的帮助自然会比普通人大许多，主动和这些人建立关系，可以对自己的发展起到重要作用。

哈里森来到丹佛市，住在第2大道的一套小公寓里，他想在这里开始创业生涯。初来乍到，人们并不认识哈里森。因此，他必须计划好为自己的房地产事业铺平道路的每一个步骤。他要做的第一件事就是尽快加入该市的"快乐俱乐部"，去结识那些出入该俱乐部的社会名流和百万富翁。对哈里森这样一个无名小辈来说，要想进这样高档的俱乐部，实在是很不容易，但他还是决定去大胆尝试一番。哈里森第一次打电话给"快乐俱乐部"，刚说完自己的姓名，随着一声斥责，电话就被对方挂了。哈里森仍不死心，又打了两次，结果仍遭到对方的嘲弄和拒绝。"这样坚持下去，将会毫无结果。"哈里森望着电话机喃喃自语。突然，他心生一计，又拿起了电话。这次他声称将有东西给俱乐部董事长。对方以为他来头不小，连忙将董事长的电话号码和姓名告诉了他。

哈里森立即打电话给"快乐俱乐部"的董事长，告诉他想加入俱乐部的要求。董事长没说同意也没说不同意，却让哈里森来陪他喝酒聊天。

通过喝酒聊天，哈里森逐渐与这位董事长建立了良好的关系。几个月后，在董事长的特殊关照下，他如愿以偿，成为"快乐俱乐部"中的一员。在俱乐部中，哈里森结识了许多富商巨贾，建立了良好的关系网。

1972年，丹佛市的房地产业陷入萧条时，大量的坏消息使这座城市的房地产开发商们严重受挫，丹佛人都在为这个城市的命运担心。然而，在哈里森看来，丹佛市的困境对他来说无疑是天赐良机，从前那些对他来说是可望而不可即的好地皮，现在可以以较低的价格任意挑选收购了。就在这时，哈里森从朋友处得到一个消息：丹佛市中央铁路公司委托维克多·米尔莉出售西岸河滨50号、40号废弃的铁路站场。

哈里森凭着自己敏锐的眼光和经验判断出：房地产萧条是暂时性的，赚大钱的好机会终于降临了。为此，他把自己所拥有的几个小公司合并起来，改称为"哈里森集团"，以使他更具实力。第二天一早，哈里森便打电话给米尔莉，表示愿意买下这些铁路站场。

他们很快便达成协议："哈里森集团"以200万美元的价格购买了西岸河

滨的那两块地皮。不久，房地产升温，哈里森手中的两块地皮涨到了700万美元。他见价格可观，便将地皮脱手了。

经过许多人的帮助以及自己的努力，哈里森终于挖到了人生的第一桶金。此后，他开始了在美国辉煌的经商生涯。

可见让自己成为富人，就先让自己像个富人，和富人有某种接触，即使得不到直接的帮助，这种接触在其他人面前也是一种能提升自己身价的"背景"。

想要在富人堆里站稳，就得挠动贵人心，力就得用巧，否则弄巧成拙，不但没有达到目的，还会白白惹人讨厌。这里提几种方法教你用巧力扰动贵人心。

1. 激励贵人

不激励贵人等于没有贵人。值得注意的是，贵人更看重的是在帮助你后他有什么好处，如果他不帮助你，他有什么损失。一旦他产生不了这种想法，你就不必指望他能真正为你做什么了。

2. 以退为进

康庄大道永远是最好的途径。试想你正置身于游泳池内，你努力地往高处的跳水板爬，可是当你爬到半途时，前面一名也想跳水的人挡住了你的去路。那人爬到一半便已失去勇气，双眼紧闭，死命地抓住栏杆，既不会掉下来，也不再向上爬，而你就是无法超越他，这时，站在跳水板上的朋友虽然拼命为你呐喊加油，结果还是无济于事。

为了到达跳水板顶端，你必须爬上那座被堵塞了的阶梯，横越到另一侧没有障碍的阶梯，然后再顺利地爬上顶端。同样的，在现实社会中，你必须离开挡路人那条道，然后从另一个没有阻碍的管道往上攀爬。只要稍加忍耐多等一些时日，只要出现空缺，你的贵人便能立即提拔你。

3. 争取多位贵人的提拔

"多位贵人的共同提拔，可产生乘数的提拔效果（指贵人人数乘以个别提拔效果）。"乘数效果的产生，系由于这些贵人在他们的谈话里，不断地互相强化你的优点，因而使他们决心提拔你。假使你只有一个贵人，你便得不到这种强化的效果。所以，拥有多位贵人便能获得晋升的机会。

无事也要常登"三宝殿"

中国人常说"无事不登三宝殿"，意思就是登门拜访必然有事相求。然而，现在商务场上的那些应酬达人，早就抛弃了这个陈旧的观念，常常无事也登"三宝殿"，他们懂得用电话、短信、邮件或上门拜访等方式，牢牢拽住商场上的那个"贵人"，费心费力地经营着众多的黄金人脉，等待着这些黄金闪光的时刻，等待他们的光芒闪耀着他们。如果非到有事才求人，那么未免惹人反感。

王妍是某大学人文学院学工处的一名普通职员，她与经管系的系主任刘主任关系处得非常好，而据小道消息说经管系系主任很可能年内就会调任学工处处长一职，这样看王妍将来的日子会比较好过了。然而世事难料，年底人员调整时，刘主任却被调去当图书馆馆长了。这样一来，许多原本巴结刘主任的人立刻散得一干二净，让刘主任见识到了什么叫"人一走茶就凉"。就在这时，王妍来找刘主任，说道："刘主任，这没什么大不了的，哪天咱们一起去逛街散散心吧！"这正是刘主任最难过的时候，王妍的出现让刘主任感动得真不知道说什么好。从那以后，王妍有事没事就过去找刘主任聊天、逛街。

一年半后，该学院的院长调走了，新来的院长把刘主任提拔为主管人事的副院长，不用说王妍自然也跟着时来运转，她成了新一任的学工处处长。

王妍是个聪明人，她知道"三十年河东，三十年河西"这个道理，始终没有放弃她的贵人，也就为自己赢得了更美好的前途。

所有的贵人在成为贵人之前都是一座"冷庙"，平日常去冷庙烧香，在危急之时才能顺利抱住"佛脚"，获得贵人的提携和帮助。生活中是如此，利益攸关的商务应酬场上更是如此。先做朋友，后做生意，这才是绝妙的商务应酬法则。只要有时间，就要去拜访一下那些商场上的朋友，一起坐坐，聊聊天，互通信息的有无，说不定在这看似细微的言谈之间，你就抓住了你绝佳的发展契机。然而，前去拜访客户时要格外注意拜访的一些礼节，以免因小失大，引起客户的反感。

1. 遵时守约

要想做一个受欢迎的客人，首先就要严格遵守预约的拜访，切忌迟到，要知道浪费别人的时间等于谋财害命；预约的拜访不能准时赴约，要提前打电话通知对方，即使责任不在自己，也要表达一定的歉意。

2. 妥善处置自带物品

在进客户办公室之前，要先看看鞋上是否带泥。擦拭之后，先敲门再走进去。雨具、外衣等要放到主人指定的地方。如果主人较自己年长，那么主人没坐下，自己不宜先坐下。自己的交通工具如自行车要锁好，放在不影响交通的地方，如果放的位置不好或忘锁被盗，不仅自己受损失，也给主人带来麻烦。

3. 言行谨慎

在客户处做客，不能大大咧咧地径直坐到席上，而要等主人力邀才"恭敬不如从命"；等人时，不要左顾右盼；主人奉茶之后，先搁下来，在谈话之间啜之最为礼貌。如果要抽烟，一定要征得主人的同意，因为吸烟会危害他人的健康；如果客户处未置烟灰缸，多半是忌烟的；如果掏烟打火，让主人匆忙替你找烟灰缸，是尤其不尊重人的举动。

无事也登"三宝殿"，其实也是为了将来有事相求，不必吃"闭门羹"。然而，商务拜访中如果忽视了这些细节，在这些"冷庙"烧上再多的香，也不能在危难之时顺利抱住"佛脚"，难以拯救自己的职业命运。

反客为主，失礼而不失"理"

《三国演义》中讲到，曹操率领大军南征，刘备败退，无力反击，大有坐以待毙之势。以刘备单独的力量，绝对无法与曹操的势力相抗衡，解决的办法只有一个，就是与江东的孙权联手。此时，诸葛亮自愿出使到江东做说客，他并不是像一般人那样低声下气地求孙权，却采用"反客为主"的方法，表现出一副强硬的态度，硬是激发了孙权的自尊心。

当时，东吴孙权自恃拥有江东全土和十万精兵，又有长江天堑作为天然屏障，大有坐观江北各路诸侯恶斗的态势。他断定诸葛亮此来是做说客，采取了一种居高临下的姿态等待着诸葛亮的哀求。

不想诸葛亮见到孙权，开门见山地说道："现在正值天下大乱之际，将军你举兵江东，我主刘备募兵汉南，同时和曹操争夺天下。但是，曹操几乎将天下完全平定了，现在正进军荆州，名震天下，各路英雄尽被其所网罗，因而造成我主刘备今日之败退，将军你是否也要权衡自己的力量，以处置目前的情势？如果贵国的军势足以与曹军相抗衡，则应尽快与曹军断交才好。"

诸葛亮只字不提联吴抗曹的请求，他知道孙权绝不会轻易投降，屈居曹操之下。孙权听完诸葛亮一席话，虽然不高兴，但不露声色，反问道："照你的说法，刘备为何不向曹操投降呢？"

诸葛亮针对孙权的质问，答道："你知道齐王田横的故事吗？他忠义可嘉，为了不服侍二主，在汉高祖招降时不愿称臣而自我了断，更何况我主刘皇叔乃堂堂汉室之后。钦慕刘皇叔之英迈资质，而投到他旗下的优秀人才不计其数，不论事成或不成，都只能说是天意，怎可向曹贼投降？"

虽然孙权决定和刘备联手，但面对曹操八十万大军的势力，心里还存在不少疑惑——诸葛亮看出这一点，进一步采用分析事实的方法说服孙权。

"曹操大军长途远征，这是兵家大忌。他为追赶我军，轻骑兵一整夜急行三百余里，已是'强弩之末'。且曹军多系北方人，不习水性，不惯水战。再则荆州新失，城中百姓为曹操所胁，绝不会心悦诚服。现在假如将军的精兵能和我们并肩作战，定能打败曹军。曹军北退，自然形成三分天下的局面，这是难得的机会。"

孙权遂同意诸葛亮提出的孙刘联手抗曹的主张，这才有后来举世闻名的赤壁之战。诸葛亮真不愧为求人高手。

人总是欺软怕硬的，遇到弱小的一方总是喜欢以强欺弱，非得把对方逼到无路可退的境地。这是人的一种劣根性。如果在生意场上，你居于弱势地位，当对方不肯轻易顺从你的意见，甚至显示出一种居高临下的姿态时，可以一上来就以"恐吓"压制住对方，从而让对方屈从和改变主意，而你则反客为主，占据主动地位。生意场上，像一场没有硝烟的征战，谁能将主动权控制在手中，谁就能赢得制胜的先机，赢得更多的财富。

不争之争，才是上策

在风景如画的美国加利福尼亚，年轻的海洋生物学家布兰姆做了一个十分重要的观察实验。

一天，他潜入深水后，看到了一个奇异的场面：一条银灰色大鱼离开鱼群，向一条金黄色的小鱼快速游去。布兰姆以为，这条小鱼在劫难逃了。然而，大鱼并未恶狠狠地向小鱼扑去，而是停在小鱼面前，平静地张开了鱼鳍，一动也不动。那小鱼见了，便毫不犹豫地迎上前去，紧贴着大鱼的身体，用尖嘴东啄啄西啄啄，好像在吮吸什么似的。最后，它竟将半截身子钻入大鱼的鳃盖中。几分钟以后，它们分手了，小鱼潜入海草丛中，那大鱼轻松地追赶自己的同伴了。

此后数月布兰姆进行了一系列的跟踪观察研究，他多次见到这种情景。看来，现象并非偶然。经过一番仔细观察，布兰姆认为，小鱼是"水晶宫"里的"大夫"，它是在为大鱼治病。鱼"大夫"身长只有三四厘米，这种小鱼色彩艳丽，游动时就像条飘动的彩带，因而当地人称它"彩女鱼"。

鱼"大夫"喜欢在珊瑚礁或海草丛生的地方游来游去，那是它们开设的"流动医院"。栖息在珊瑚礁中的各种鱼，一见到彩女鱼就会游过去，把它团团围住。有一次，几百条鱼围住一条彩女鱼。这条彩女鱼时而拱向这一条，时而拱向另一条，用尖嘴在它们身上啄食着什么。而这些大鱼怡然自得地摆出各种姿势，有的头朝上，有的头向下，也有的侧身横躺，甚至腹部朝天。这多像个大病房啊！

布兰姆把这条彩女鱼捉住，剖开它的胃，发现里面装满了各种寄生虫、小鱼以及腐蚀的鱼虫。为大鱼清除伤口的坏死组织，啄掉鱼鳞、鱼鳍和鱼鳃上的寄生虫，这些脏东西又成了鱼"大夫"的美味佳肴。这种合作对双方都很有好处，生物学上将这种现象称为"共生"。

在大海中，类似彩女鱼那样的鱼"大夫"共有45种，它们都有尖而长的嘴巴和鲜艳的色彩。

这些鱼"大夫"的工作效率十分惊人。有人在巴哈马群岛附近发现，那儿的一个鱼"大夫"，在6小时里竟接待了300多条病鱼。前来"求医"的大多是雄鱼，这是因为雄鱼好斗，受伤的机会较多；同时雄鱼比雌鱼爱清洁，除去脏东西后，它们便容光焕发，容易得到雌鱼的垂青。有趣的是，小小的彩女鱼在与凶猛的大鱼打交道时，不但没受到欺侮，还会得到保护呢。布兰姆对几百条凶猛的鱼进行了观察，在它们的胃里都没有发现彩女鱼。然而，他却多次看到，这些小鱼进入大鲈鱼张开的口中，去啄食里面的寄生虫，一旦敌害来临，大鲈鱼自身难保时，它便先吐出彩女鱼，不让自己的朋友遭殃，然后逃之夭夭，或前去对付敌害。

在这个例子中，我们看到了生物之间彼此依靠、共栖共生的生存事实，特别是彩女鱼与其他鱼类之间那种温情脉脉的共存关系，不由得让人感到一丝温馨。在人类社会中，也需要合作、共赢。合作是维持秩序、克服混乱的重要法则，一旦要各自居功、互不相让，这个法则必然遭到破坏，世间的秩序将无从谈起。

老子说："只有无争，才能无忧。"利人就会得人，利物就会得物，利天下就能得天下。从来没有听说过，独恃私利的人，能得大利的。所以善利万民的人，如同水滋润万物而与万物无争，不求所得。所以不争之争，才是上争的策略。庸人不知，所以乐与相安；明白人知道，却也不怎么样。所以老子说："只有不争，所以天下无有能与他相争的了。"这就是虚己无我的作用。在生意场上，也可以以不争来争取获得更多的合作和利益。

设身处地为对方着想赢得信任

会打棒球的人都知道，当我们要接球时，应顺着球势慢慢后退，这样做的话，球劲儿便会减弱。与此相似，生意场上在与人合作的过程中，若能运用接棒球的那一套方法，使对方充分说出他的意见，认真倾听，并随时保持询问对方意见的风度，会很容易赢得对方信任，避免许多不必要的冲突。

杰克·凯维是加勒福尼亚州一家电气公司的一位科长，他一向知人善任，并且每当推行一个计划时，总是不遗余力地率先做榜样，将最困难的工作承揽在自己的身上，等到一切都上了轨道之后，他才将工作交给下属，而自己退身幕后。虽然，他这种处理事情的方法是很好的，但他太喜欢为人表率，所以常常让人觉得他似乎太骄傲了。

最近不知怎么搞的，一向神采奕奕的凯维却显得无精打采。原来最近的经济极不景气，资金方面周转不灵，再加上预算又被削减，使得科里的业务差点停顿。凯维看这种情形若继续下去，后果一定不可收拾。于是他实施了一套新方案，并且鼓励员工："好好干吧！成功之后一定不会亏待你们的。"但没想到眼看就要达到目标，结果还是功亏一篑，也难怪他会意志消沉了。平日对凯维就极为照顾的经理看了这些情形后，便对他说："你最近看起来总是无精打采的，失败的挫折感我当然能够了解，但是我觉得你之所以会失败，是因为你只是一味地注意该如何实现目标，却忽略了人际关系这个软体的工程，如果你能多方考虑，并多为他人着想，这种问题一定能够迎刃而解。"经理停顿了一下，又接着说："大丈夫要能屈能伸，才是一个好的管理人员。我觉得你就是进取心太急切了，又总喜欢为员工做表率，而完全不考虑他们的立场，认为他们一定能如你所愿地完成工作，结果倒给了员工极大的心理压力。大概也就是因为这个缘故，大家都说你虽能干，但你的部属却很难为。每个人当然都知道工作的重要性，所以你大可不必再给他们施加压力。你好好休息几天，让精神恢复过来，至于工作方面，我会帮助你的。"

看了杰克·凯维的这一段亲身经历后，你一定也有相同的感触，那就是，要想在生意场上生存，并不是只靠热情与诚意便可取得成功的。如果不设身处地为自己的生意伙伴着想，你也不可能获得成功。只要你能奉"设身处地为对方着想"为圭臬，便可减少许多原可避免的困扰。

在生意场上总有那么一些人喜欢替别人乱出主意，或一开口便牢骚满腹，甚至喜欢改变别人，好管闲事。其实这两种人都并非人们所需要的人，一般人所需要的是可以理解他、了解他、安慰他、喜欢他的人。

"我理解你"，这短短四个字，就是你能向他人说出的最体贴、最温柔的一句话。换句话说，就是对方最乐于听到的一句话。

"我理解你"当你对人说出这句话时，表示你能体会他的心情及他说话的意思，而对他来说，你便具有强大的魔力，而且非常值得信任，也能为自己找到生意上的好伙伴。

把对方该知道的事情告诉他

生意场上，不信任感容易产生在我们未给予对方充分的信息，让对方怀疑你对他隐瞒了什么时。因为双方掌握的信息量有出入，对方会担心自己处于不利的状态。如果不消除对方这种心理状态，就想跟他谈合作条件，他会担心你在利用他的无知，因此就会对你产生不信任感。

在这种情况下，有两点必须引起我们的注意。首先是不要认为对方可能已经知道了某件事情，就不再告诉他。这时"因为他没问，所以我没说"这种说法是行不通的。缺乏信息的对方往往会因为以下两种原因而不去主动询问。第一，不知道自己的不明之处，也就是说，不知道自己在哪方面缺乏信息。第二，因为不知道，所以担心对方知道自己不知道。

所以，为了防止因信息量的差距而产生不信任感，或是已经产生了不信任感想加以消除，你首先应该把你认为"他应该知道"的事情详细告诉对方，以缩小这种信息量的差距。其次必须注意的是，在给予对方信息时，如果都是你这一方的信息，反而会招致对方对你的不信任。因此，你应该自然地说明对方自己可以确认那些信息是否可靠的办法。例如，你可以对他说："你去问某某，就更清楚了。"另外，运用在说服的同时讲明消极信息的做法也是消除不信任感的好方法。

我们平时在日常生活中，不要老是向有求于自己的人说"不"。在可能的情况下，为了以后的求人办事，应尽可能地说是，这样等有朝一日换你想说服他时就会轻松许多。正如卡耐基所指出，要想成功地搭建沟通的桥梁，首先应让对方感觉你是可信的。

恪守信用赢得对方长久的信赖

信用是长时间积累的信任和诚信度，它是我们在生意场上与人竞争和与人共处时最重要的素质和资本。一个生意场上的高手，应该是一个恪守信用的人，以诚信去处理人际关系才会赢得别人的信任与尊重，赢得更多的生意和机会。

一个顾客走进一家汽车维修店，自称是某运输公司的汽车司机。"在我的账单上多写点零件，我回公司报销后，有你一份好处。"他对店主说。但店主拒绝了这样的要求。顾客纠缠说："我的生意不算小，会常来的，你肯定能赚很多钱！"店主告诉他，这事他无论如何也不会做。顾客气急败坏地嚷道："谁都会这么干的，我看你是太傻了。"店主火了，他要那个顾客马上离开，到别处谈这种生意去。这时顾客露出微笑并满怀敬佩地握住店主的手："我就是那家运输公司的老板，我一直在寻找一个固定的、信得过的维修店，你还让我到哪里去谈这笔生意呢？"

面对诱惑，店主没有心动，不为其所惑，坚守诚信，因此他赢得了顾客的信任。诚信是为人之本，立业之基，是打开你人际关系的"万能钥匙"。

如今，社会复杂，世事难料，人心叵测，每一个人都戴着厚厚的眼镜看世界，裹着厚厚的棉被与人交往，彼此之间小心翼翼，思前顾后，人与人之间总有一层隔膜或一道难以逾越的鸿沟，最终只能导致彼此之间逐渐疏远和冷漠。我们需要的是信任和相互扶持，这就需要我们敞开心扉，用真诚对待别人，用诚信之心面对周围的人和事物，因为只有诚信才能征服别人，赢得尊重。

例如，尼泊尔的喜马拉雅山南麓是风靡世界的旅游胜地，但是，谁能想象到这样一块胜地早年却是那样寂寞地无人问津、无人涉足，而它的美貌乍现于天下却源于一位少年的诚信。

起初，有很多日本人到这里来观光旅游，他们想亲眼目睹喜马拉雅山的壮观和伟岸。由于不熟悉当地环境和方言，有一天，几位日本摄影师不得不请当地一位少年代买啤酒，结果，这位少年为之跑了3个多小时买回了啤酒。第二天，那个少年又自告奋勇地再替他们买啤酒。这次摄影师们给了他很多钱，但直到第三天下午那个少年还没回来。于是，摄影师们议论纷纷，都认为那个少年把钱骗走了。但令人意想不到的是，第三天夜里，那个少年却敲开了摄影师的门。原来，他只购得4瓶啤酒，为了购买另外的6瓶，他又翻了一座山，趟过一条河才购得，然而，少年返回时却因绊倒摔坏了3瓶。他哭着拿着碎玻璃片，向摄影师交回零钱，在场的人无不动容。这个故事使许多外国人深受感动。后来，到这儿的游客就越来越多……

不要以为进入市场经济了，就可以抛弃一切"陈规老套"，认为诚信那套东西对当代人早已过时了，不适用了，我们应该耍小聪明的时候就要耍了……如果你这么想，那你就大错特错了。其实，很多老祖宗留下的东西都是"宝贝"，弃之不用，你只会在无数摸爬滚打中"栽跟头"。

譬如诚信，"无信者不足以立于天下"，也许一个背信弃义的人在人际交往中可能取得暂时的利益，能暂时得意，也不会有羞辱之感，但是时间会碾碎他，时间会抛弃他，时间会让他曾经"购买"的"股票"全部贬值，而且贬得一文不值。

在这个世界上有些东西是具有永久的"储藏"价值的，诚信便是，"储存"诚信能让你赢得别人的信任，更能征服别人，让你的"腰板"更直，是助你的学业或者事业取得成功的重要砝码。

放长线，钓大鱼

在生意场上，运用人情效应有预见性地进行感情投资，放长线钓大鱼，却可以起到事半功倍的作用。

日本某电子产品加工企业的老总山本二郎就非常善于使用感情投资，他用这种方法为自己企业的发展赢得了稳定的客户关系。

由于是一家加工企业，所以他必须长期地承包那些大电器公司的工程才能维持企业的生存。为了赢得稳定的客户关系，他对这些电器公司的重要人物常施以小恩小惠。不过他与一般企业家交际方式的不同之处是：不仅奉承公司要人，而且对无关紧要的年轻职员也颇为殷勤。

表面看来，山本二郎的做法似乎没有必要，但谁都知道，山本二郎并非无的放矢。因为在做这些事之前，山本二郎总是想方设法将这些电器公司内部职员的学历、业绩、工作能力以及他们的人际关系，做一次全面的调查和了解。通过调查，他认为某个人大有可为，以后会成为公司的要员时，不管他有多年轻，山本二郎都积极与他建立交情。他这样做的目的，是为日后获得更多的客户资源作准备。

如此一来，十个欠他人情债的人当中有九个会给他带来意想不到的收益。虽然，目前看起来，他做的是"亏本"生意，但日后他会成倍地收回投资。

所以，当他所看中的某位年轻职员晋升时，他便会立即跑去庆祝，赠送礼物，同时还邀请他到高级酒店用餐。一般情况下，年轻人没有什么机会出入这些高级的场所，因此，对他的这种盛情款待自然备受感动。他们都会想山本真是个大好人，以后有机会一定要报答他。无形之中，这位年轻人自然就产生了知恩图报的想法。

正在受宠若惊之时，山本二郎却说："我们企业能有今天，完全是靠贵公司的抬举，因此，我向你这位优秀的职员表示谢意，也是应该的。"他这样说的用意，是不想让这位职员产生不必要的心理负担。

这样，当有朝一日这些职员晋升至处长、经理等要职时，他们都还记着这位山本二郎的恩惠，自然忘不了报答他这位大恩人。因此在经济大萧条时期，许多承包商都倒闭或者破产了，但山本二郎的企业却仍旧生意兴隆，原因就在于他平常就十分注重感情投资。

在这个例子中，山本二郎采用的就是"放长线，钓大鱼"的感情投资策略。事实证明这种策略很有效。所以，平常我们应当尽量把眼光放长远一点，多进行人缘方面的感情投资，即便在短期内这种投资不能获得收益，总有一天我们得到的回报会成倍地翻滚。

用放长线、钓大鱼的方法，去经营商务关系，这和钓鱼的道理有点相似。可通过下面的"三部曲"来实现：

1. 做饵与下钩

这时候你需要掌握要钓的鱼爱吃什么食（即要针对的人用什么能够激起其欲望）；鱼饵是否更能奏效，等等。下钩要找对合适的"鱼塘"（即场合）及合宜的时机。

2. 守竿

此阶段一要有耐心，为人不可急功近利，不要"一下钩就想见到鱼"。二要冷静，给"鱼"一点点"甜头"还不足以使其上当，也许对方是在试探是否安全。

3. 收钩

这是最关键的时刻，到嘴边的肉却没吃到的情况大都发生在这个时候。此时务必要深藏不露，一旦稍露峥嵘或过于急促，便会功亏一篑。老于世故者，定会随机收放，张弛相宜，吊足对方胃口，让钩进嘴更深，钓得更牢。

只有掌握了上面三点才能钓到大鱼。

浇灭客户愤怒的火

与客户打交道对身处商海的人来讲可谓家常便饭，不管你的客户是温文尔雅还是脾气暴躁，你都必须应对。如果客户因为某种原因愤怒了，怎样做才能浇灭他的怒火呢？

1. 细心"听教"

有些客人的投诉令你感到难堪，因为这些投诉具有攻击性，但他们都能告诉你一些你不知道的信息，这些信息可能有助于你改进公司的产品或服务，所以尽量向他们查询详细信息。

2. 认清事实

投诉几乎都含主观成分，顾客不会知道你在工作上付出了多少心力，你自己要认清这个事实，才可能心平气和地听取别人的意见。

3. 先听后说

没等客人说完就迫不及待地为公司辩护，无疑是煽风点火，所以应让客人先说完意见，再作回应。

4. 重点反击

不要对客人的每点意见都进行辩驳，宜集中处理最主要的冲突源头。

5. 忍气吞声

虽然有时候顾客也有不是之处，但你不宜进行反投诉，否则事情会越闹越大。

6. 正襟危坐

如果你是面对面处理客人的投诉，请小心你的肢体语言。

7. 正面回应

听过投诉后，要向客人作出正面的回应，如"多谢你的意见，我们会作为参考"。

当众拥抱你的敌人，化被动为主动

人和动物有些方面是不同的，动物的所有行为都依其本性而发，属于自然反应；但人不同，经过思考，人可以依当时需要，作出各种不同的行为选择，例如当众拥抱你的敌人。

在生意场上，当众拥抱你的敌人，这是件很难做到的事，因为绝大部分人看到"敌人"，都会有灭之而后快的冲动，或环境不允许或没有能力消灭对方，至少也保持一种冷淡的态度，可见要爱敌人多么困难。就因为难，所以人的成就才有高下之分、大小之分，也就是说，能当众拥抱敌人的人，他的成就往往比不能爱敌人的人大。

能当众拥抱敌人的人实际上是站在主动的地位，采取主动的人是制人而不受制于人的，你采取主动，不只迷惑了对方，使对方搞不清你对他的态度，也迷惑了第三者，使其搞不清楚你和对方到底是敌是友，甚至误认为你们已化敌为友。是敌是友，只有你心里才明白，但你的主动，已使对方处于"接招"、"应战"的被动态势。如果对方不能也"爱"你，那么他将得到一个"没有器量"的评语，一经比较，二人的分量立即有轻重。所以当众拥抱你的敌人，除了在某种程度内降低对方对你的敌意外，还可以避免恶化你与对方的关系。换句话说，在敌友之间，留下了一条灰色地带，免得敌意鲜明，反而阻挡了自己的去路与退路，地球是圆的，天涯无处不相逢。

此外，你的行为使对方失去攻击你的立场，若他不理你的拥抱而依旧攻击你，那么他必招致他人的谴责。

所以，竞技场上比赛开始前，二人都要握手敬礼或拥抱，比赛后也一样再来一次，这是最常见的"当众拥抱你的敌人"。另外，政治人物也惯常这么做，明明是恨死了的政敌，见了面仍然要握手寒暄……

事实上，要当众拥抱你的敌人并不如想象中的那么难，只要你能克服心理障碍，你可以肢体上拥抱敌人，例如拥抱、握手。尤其是握手，这是较普遍的社交动作，你伸出手来，对方缩手的话，那是他的无礼；在言语上拥抱敌人，公开称赞对方、关心对方，表示你的诚恳，但切忌过火，否则会弄巧成拙。

为什么一再强调当众呢？就是要做给别人看。如果私下拥抱，没有意义；当众拥抱，表面上不把对方当敌人，至于事实怎么样，只有你自己明白。

有好处分他人一杯羹，别人日后才不会落井下石

一个人做事千万别做绝，好处全部得尽，这样的话你得势时虽然做到了初一，但等你失势时人家就会做到十五，到头来自己说不定就会落得个悲惨的下场，所以有好处时一定要分人一杯羹，这叫"与人方便，自己方便"。

常言道"人在江湖飘，哪有不挨刀"，很少有人能在这江湖是非之地叱咤风云而又全身而退，如果有的话，一来可以认为自己运气太好，没有碰到厉害的角色；二来太会做人，达到了无懈可击的程度。一代"红顶商人"胡雪岩，便是做到了后者的处世高手。

清朝著名的"红顶商人"胡雪岩，一生纵横官场与商场，黑白两道，上下通吃，做人真正地做到了"人精"的地步，他做人一个很重要的原则便是"利益均沾，资源共享"。这才成就了他一段"不朽"的传奇。

胡雪岩做生意，永远会把人缘放在第一位，"人缘"，对内指员工对企业忠心耿耿，一心不二；对外指同行的相互扶持、相互体贴。

胡雪岩对于金钱的看法是有他独到见解的，其中，很重要的一点便是与他人分一杯羹，好处共享。

有一次，胡雪岩打听到一个消息说外面运进了一批先进、精良的军火。消息马上得到进一步的确定，胡雪岩知道这又是一笔好生意，做成一定大有赚

头。他立即找外商联系，凭借他老到的经验，高明的手腕，以及他在军火界的信誉和声望，胡雪岩很快就把这批军火生意搞定。

正当春风得意之时，他听商界的朋友说，有人在指责他做生意不仁道。原来外商已把这批军火以低于胡雪岩出的价格，拟定卖给军火界的另一位同行，只是在那位同行还没有付款取货时，就又被胡雪岩以较高的价格买走了，使那位同行丧失了赚钱的好机会。

胡雪岩听说这事后，对自己的贸然行事感到惭愧。他随即找来那位同行，商量如何处理这事。那位同行知道胡雪岩在军火界的影响，怕胡雪岩在以后的生意中与自己为难，所以就不好开列条件，只好推说这笔生意既然让胡老板做成了就算了，只希望以后留碗饭给他们吃。

事情似乎就这么轻易地解决了，但胡雪岩却不然，他主动要求那位同行把这批军火"卖"给他，同样以外商的价格，这样那位同行就吃个差价，而不需出钱，更不用担风险。事情一谈妥，胡雪岩马上把差价补贴给了那位同行。那位同行甚为佩服胡雪岩的商业道德。

这样一来，胡雪岩避免了将周委员的好处抢去，也避免为自己将来树立一个潜在的敌人。所以说，他的"舍"实在是极有眼光、有远见的。

第六篇

应酬得当，才受欢迎

第一章
得体的形象礼仪，彰显你的魅力

你的风度决定你的高度

一个有风度的人，在为人处世时，一举一动都体现着其智慧和修养。提高个人修养不是一朝一夕就能够做到的，它需要我们用一生时间来培养。

要想使自己有风度，可以从以下几个方面做起：

1. 多读好书

书是人类最好的朋友，读书可明心、清脑、益智、养气。明心指读书可以开阔人的心胸，涤荡人的灵魂；清脑指读书可以拓宽人的思路，开阔人的视野；益智指读书可以增长人的智力和才干；养气指读书可以陶冶人的情操，提高人的自身修养和气质。

首先，要多读与你所从事的工作相关专业方面的书，以养"才气"。作为一个现代人，一定要有较高的才干、能力，才能适应工作环境，并胜任自己的工作，这就需要靠多读专业书来实现。

其次，要多读文学艺术方面的书籍，以养"灵气"。现代人工作、生活纷繁复杂，要保持敏捷的思想，才不至于陷入呆板、机械的教条主义中。为此，就需要多读一些文学、艺术方面的书籍，提高自己的文学修养，增强自己的想象力、创造力和影响力。

最后，多读政治方面的书籍，以养"大气"。要培养一种"大气"，就要多读政治理论方面的书籍，准确把握其实质和精髓，做到理论联系实际，学以致用。

2. 多实践

要多接触社会，多向他人学习。所谓三人行必有我师，要从群众中汲取智慧与经验。

思考要付诸实践，在实践中思考。只有不断改变自己、砥砺自己、提高自己，让自己成为一个有风度的人，才能在为人处世中更加游刃有余。

好印象来自最初的几秒钟

人与人的交往，第一印象非常重要，尤其是在初次见面的时候。信纳法·佐宁博士在《沟通》一书中这样写道："当你在社交场合遇到陌生人时，你应在最初几秒钟内把注意力集中到他的身上。很多人的际遇会因此而改变。"

英国伦敦大学学院一位系主任在谈到一位讲师时说："从她一进门，我就感到她是我所渴望的人。她身上散发着某种精神，被她那庄重的外表衬托得越发迷人。因为只有一个有高度素养、可信、正直、勤奋的人才有这样的光芒。30分钟之后，我就让她第二天来系里报到。她没有让我失望，至今她是最优秀的讲师。"

有研究证明：产生第一印象的7秒钟可以保持7年。人的第一印象一旦形成，就很难改变，如果第一印象不好，也许下面的事情就可能泡汤、失败。

一个业务员的失败，80%是因为留给客户的第一印象不好。也就是说，在你还没开口之前，别人就把你给否定了。

不知大家是否有过这样的经历：在电话里跟一位女士谈得很好，对方的声音很甜。这时你在心里就会有种种的猜想，比如，猜想她长得肯定跟她的声音一样美，肯定漂亮；她的素质一定很不错；她的气质一定会很高雅，等等，就会有一种想和她见面的冲动，希望很快见到她。这是一种正常心理。

但有的时候，一旦见了面，或者还没见面，远远地看见，就可能使你大失所望，没有了兴趣。为什么？具体也说不清楚，就是一种总体的感觉。这种感觉和原来的想象有很大的落差。就这么一瞬间，脑子里便会闪出一个非常感性的决定：不行，这人不行。

心理学家研究发现，人们的第一印象是非常短暂的，只有几秒到几十秒之间。也就是说，在如此短暂的时间内，人们就对你这个人盖棺定论了。

在心理学中第一印象被称为"首因效应"，无论它是正确的还是错误的，大部分人都依赖于第一印象的信息，而这个第一印象的形成对于日后的决定起着非常大的作用。它比第二次、第三次的印象和日后的了解更重要。第一印象的好与坏几乎可以决定人们是否能够继续交往。美国勃依斯公司总裁海罗德说："大部分人没有时间去了解你，所以他们对你的第一印象是非常重要的。如果你给人的第一印象好，你才有可能开始第二步，如果你留下一个不良的第一印象，很多情况下，我们会相信第一印象基本上准确无误。对于寻求商机的人，一个糟糕的第一印象，就失去潜在的合作机会，这种案例数不胜数。你必须花费更多的时间才能够抹去糟糕的第一印象。"

尽管人们理直气壮地告诉别人，不要仅凭一个人的外表妄下结论。但事实上是，全世界的人都在这么做。

可见，第一印象对于人们来说有着太大的作用，但常常被人们忽视。如果你不想失去任何成功的机会，如果你想在人际交往中如鱼得水，那么请别忘记第一印象的作用，并且要努力给别人留下良好的第一印象。

外表是打动对方最直接的方式

我们在看到别人的第一眼时，都希望别人能够打动自己；同样的，我们更希望自己也能打动别人，这点对求人办事是很重要的，如果我们能够打动别人，那么对方很自然地就会帮助我们。反之，如果让别人看我们一眼就不想看第二眼，那事情很难再有指望了。

俗话说："相由心生。"这句话的意思是说我们的容貌是在爹妈给的基础上自己塑造的，难怪林肯说："一个男子40岁后就必须为自己的脸负责了。"

人人都希望看到也希望拥有动人的容貌，从古至今都是如此。人们往往都是很重外表形象的，殊不知很多人都会下意识地把一些正面的品质加到外表漂亮的人身上，像聪明、善良、诚实、机智，等等。

形象就是一种魅力，运用形象的魅力是杰出领袖的智慧之一。形象所产生的巨大领导力和影响力使世界上成功的巨人们无不在乎自己的形象。

人际交往中，求人办事时，形象同样具有重大的作用。有一个例子就很能说明问题。1999年，在中国网络腾飞时代，一位华裔英国投资商到了北京的中关村，和一位电脑才子会谈投资。事后，他说："我怎么也不能相信头发如干草，说话结巴的人会向我要500万美元的投资，他的形象和个人素养都不能让我信服他是一个懂得如何处理商务的领导人。"当然，谈判结果就可想而知了。

所以在办事前先把自己的仪表、形象修饰好。"欲把西湖比西子，浓妆淡抹总相宜"。只有掌握了修饰美的"修饰即人"的指导思想及"浓淡相宜"的美学原则，才能使美的修饰映照出一个人蓬勃向上的精神风貌，才能帮助我们提高办事能力。

"修饰即人"是说修饰美能反映一个人的追求及情趣。《小二黑结婚》里的"三仙姑"，醉心于"老来俏"，可是："宫粉涂不平脸上的皱纹，看起来好像驴粪蛋上下了霜。"这样的打扮如果说是跟她的年龄、身份不符的话，那么这和她这个人物的那种虚荣、轻浮和愚昧的人格倒是挺相称的。美的修饰要考虑被修饰者的年龄、身份、职业等，教师、医生就不宜打扮得过艳，学生应当讲究整洁。

"浓淡相宜"是说修饰不能片面追求某一局部的奇特变化，而应注意统一协调，否则会失去比例平衡，以致俗不可耐，变美为丑。一个人如果想受人尊敬，首先必须注意的是衣着的整齐清洁，让人觉得自己为人端庄、生活严谨。况且化妆的本意是为了掩饰缺点以表现优点，所以，如果为了掩饰缺点而化妆过浓时，优点反而被破坏无遗。因此，欲将良好的风度、气质呈现在众人面前，应持淡雅宜人的化妆，不可把脸当作调色盘，不可把身体当做时装架，这也就是所谓有个性的妆饰，它是在表现本身的修养，同时也表现人格，因此必须使看的人感到清爽和产生好感才行。

然后，你再去找人办事时，自然就会留给别人一个深刻的、难以磨灭的印象。这会为你的成功办事增"辉"不少。

做西装"达人"，当应酬"标兵"

"西装革履"常用来形容文质彬彬的绅士俊男。西装的主要特点是外观挺括、线条流畅、穿着舒适。若配上领带或领结后，则更显得高雅典朴。

美国行为学家迈克尔·阿盖尔做过实验：当他以不同的仪表装扮出现在同一个地点，得到的反馈相当不同。当他身着西装以绅士的面孔出现时，无论是向他问路还是打听事情的陌生人都彬彬有礼，显得颇有素养；而当他装扮成流浪者模样时，接近他来对火或借钱的人以无业的游民居多。

这不是要鼓励人们在商务应酬中以貌取人，而是意图说明商务应酬中仪表表达出的意义胜过语言，完全可以透视出一个人的灵魂和内在气质，决定你是否能获得别人的好感。

尽管如此，在人际交往中，许多人还是会因为西装穿着上的失误，严重破坏了自己的形象。下面，我们就来看一看，到底有哪些西装穿着的细节成为你形象的败笔。

1. 西装大了一号

在与人交往时，一个人如若穿着大一号的西装，往往暴露出一种"小人穿大衣"的滑稽感。在选择西装的尺寸时，第一要点是合肩、笔挺合身，长度是把双手垂下，衣长刚好到臀部下缘为宜，或差不多到手自然下垂后食指第二关节处，袖长刚好到手掌虎口，或服摆与拇指处齐平，过长或过短都不对。

2. 颜色花色不考究

有些人喜欢追逐时尚潮流，为了显示自己的时尚品位，穿一些时尚的色彩鲜艳或发光发亮的西装，前去参加应酬，却反而遭人鄙夷。这是因为他们不知道西装穿着时的颜色搭配讲究三色原则和三一定律。三色原则是指男士穿西装时全身颜色必须限制在三种以内，三一定律是男士穿西装时必须保证全身三个部位的色彩协调统一，即鞋子、腰带、公文包的颜色必须统一。

3. 扣子通通扣上

交际应酬时，穿西装出席是一种稳重、专业的表现，主要目的不是为了御寒。如果把西装的扣子通通扣上，这时极其失礼的行为，必定会在客户心中留下不懂礼仪的坏印象。一般来说，穿西装时，单排单颗扣时，可扣可不扣；双颗扣时则可以全扣；三颗扣以上，宜保留最下一颗扣不扣；但双排扣时，则一定要扣。

4. 保留袖口卷标

品牌西装的袖口处都会有品牌卷标，在穿西装前一定要把它去掉，否则你将在应酬场上落人笑柄。无论你买的西装价值如何昂贵，都要放弃炫耀的念头，去掉袖口的品牌卷标，才不至于在客户面前失礼。

5. 大肚腩遇上三颗扣

应酬场上，如果你发现你的客户的大肚腩被紧紧地绷在一件三粒扣的西装之中，你是不是会为他紧张，感觉扣子随时都可能蹦开来，你心里的鄙夷之情顿生：这人会不会穿西装？如果一个人身材肥胖，就应选择双排扣西装，给人稳重感，要避免穿腰身过于明显的西装，特别是三粒扣以上款式，容易自曝缺点，造成别人视觉上的压力。

6. 衬衫过于破旧

穿西装时，不仅要注重外在的西装美，也要注意内在的衬衫美。许多男士总以为穿在外套内的衬衫就算有些小污点、磨了边应该也不至于影响体面的外观才是，然而这正是容易给人一种不修边幅的表现，特别是领口的磨损更是明显。一般来说，衬衫袖长超过西装袖长约 0.5 ~ 1 厘米为美观与礼貌。

此外，穿西装不能搭配短袖衬衫。

7. 鼓起的西服口袋

平时的生活中，男士会在衣服口袋塞满皮包、钥匙、手机、零钱等物品，但在穿西装参加商务应酬时，你鼓起的西装口袋就会彻底破坏西装的优雅质感，最好选一个质感不错的皮质提包来放置。

8. 黑皮鞋搭白色运动袜

应酬时，西装革履的你却伸出了一双白色运动袜搭配运动鞋，或是白色袜子搭配黑色皮鞋的脚，你在客户心目中的形象就开始急剧下降。一般来说，穿西装时，应穿黑色、灰色等深色袜子搭配黑色皮鞋。

看似小小的西装穿着细节，却大大影响着你交际应酬的成败。从现在开始，关注这些细节，做一个西装达人，才能当好应酬标兵。

领带，彰显男人个性风采

许多时候，一个小细节的失误就足以影响整个全局。在交际场上，一条领带的错误，也可能引发一场灾难，直接或间接导致整个应酬的失败。

领带被称为西装的"画龙点睛之处""灵魂"。领带应多准备几条，哪怕只有一身西装的男士，只要经常更换不同的领带，往往也能给人以耳目一新的感觉。男士穿西装，特别是穿西装套装不打领带往往会使西装黯然失色。但是如若领带打得不好，则会成为整个应酬活动中的笑话。

1. 忽视衬衣领和领带结的搭配

一般来说，如果你穿着大尖领的衬衣，还配上三角形的领带结，容易给人尖锐感，觉得你不好相处。因此，要注意衬衣领和领带结的搭配：大尖领与饱满的领带结，小方领与方型领带结，圆领与三角领带，纽扣领与长型领带结，搭袢领与三角领带结。

2. 色彩斑斓的领带不讨喜

应酬场合大多较严肃，如果西装革履的你配了一条色彩斑斓的领带，注定是不讨喜的。从色彩上讲，领带有单色、多色之分。单色领带适用于商务活动，并以蓝色、灰色、黑色、棕色、白色、紫红色最受欢迎；多色领带一般不应超过三种色彩。

3. 领带探出衣襟外

交际中，如果你的西装上衣下面有领带"探头探脑"的身影，你又一次陷入了尴尬局面。一般来说，领带的长度为130～150厘米。领带打好之后，外侧应稍长于内侧，其标准的长度，应当是下端正好触及腰带扣的上端，这样，当外穿的西装上衣系上扣子后，领带的下端便不会从衣襟下面显露出来。当然，领带也别打得太短，不要让它动不动就从衣襟上面跳出来。

4. 领带搁于羊毛衫外

在寒冷季节，男士出席应酬会在西装里面搭配西装背心或者羊毛衫，此时要记得将领带放于西装背心或羊毛衫与衬衫之间，而不要放在它们与西装之间。要知道，在西装背心或羊毛衫外看见一条飘扬的领带实在大为失礼。

5. 乱用领带配饰

有时候，男士们为了美观或者防止领带飘荡带来的不便，会酌情使用一些领带配饰，主要有领带夹、领带针和领带棒。

领带夹，主要用于将领带固定于衬衫上，因此不能只用其夹着领带，或是将其夹在上衣的衣领上。使用领带夹的正确位置，在衬衫从上朝下数的第四粒、第五粒纽扣之间。最好不要让它在系上西装上衣扣子之后外露。若其往上夹得过分，甚至被夹在鸡心领羊毛衫或西装背心领子开口处，是非常土气的。

领带针，主要用于将领带别在衬衫上，并发挥一定的装饰作用。其一端为图案，应处于领带之外，另一端为细链，则应免于外露。使用它时，应将其别在衬衫从上往下数第三粒纽扣处的领带正中央。其有图案的一面，宜为外人所见。但要注意，别把领带针误当领针使用。

领带棒，主要用于穿着扣领衬衫时，穿过领带，并将其固定于衬衫领口处。使用领带棒，如果得法，会使领带在正式场合显得既飘逸，又减少麻烦。

总之，使用领带配饰时，宁肯不用，也不要乱用。

在了解了以上这些领带的礼仪误区时，人们在应酬时就能避免一条领带引发的"蝴蝶效应"，不至于因为领带的失误而造成应酬的失败。

过紧的套裙让你成了"肉粽"

在重要的交际场合，男士宜穿西装，女士则宜穿西装套裙。套裙把潇洒、刚健的西装上衣和柔美、雅致的裙子结合在一起，刚柔并济、相得益彰，很好地表现女性端庄、典雅、高贵的气质。

但是，如若你不注重穿着套裙的礼仪，而一味地追逐当前服装瘦小贴身的潮流，为自己选择一个小一号的套裙，紧贴着自己的身体曲线，以显出你身材的玲珑美感，反而会成为交际场上的大笑话。这时的你，在他人的眼中就仿佛一个可移动的"肉粽"一般，让人惊目咋舌。

谢婷婷是某公司的总经理助理，平日里喜欢打扮自己，喜欢追赶潮流，尽管她体态丰满，却喜欢穿紧窄的衣服，总是把自己穿得像个鼓鼓囊囊的肉粽一般，总经理多次旁敲侧击地劝她衣服穿宽松一点，可谢婷婷总是装聋作哑，依旧我行我素。鉴于她出色的工作能力，总经理也没有再追究下去。

一次，总经理让谢婷婷代他前去接待一位重要的女客户，为此，总经理特别嘱咐谢婷婷选一身合身的正式服装。谢婷婷倒是挑选了一身白色的简单款套装穿上，可衣服穿在她身上明显小了一号，腰部被勒得死死的，反而衬托出丰满的胸部，还是一如既往的"肉粽"形象。总经理本想发怒，叫谢婷婷回去换一套衣服，可一看时间来不及了，只得作罢。

到了约定地点，女客户一看到谢婷婷的打扮，眼里就闪过一丝惊讶的神色，在随后的谈话中，女客户总是顾左右而言他，明显带着轻视的神色。总经理怒火中烧，却又不便发作。

事后，总经理对谢婷婷的着装大肆批评了一通，责令她立即改正，否则就走人。谢婷婷更是委屈不已，她不明白：我不就是穿得紧身了一点吗？至于这么小题大做吗？

可以说，谢婷婷的委屈完全是自找的，她没有根据自己的身体条件来选择合适的衣服，让自己穿成了一个鼓鼓囊囊的"肉粽"，严重损害自身形象的同时，也损害了公司的形象。应酬时，女士们如果不懂得套裙的着装礼仪，也必然落得谢婷婷这样的委屈结果。

一般来说，交际应酬时的套裙着装，女士们主要注意这样几个方面：

如何选择一身合适的套裙，在体现自身的专业性的同时又不缺乏女性的柔美，商务女士们需要注意下面这几个方面。

1. 尺寸适宜

交际场合中，女士身着的套裙过长过短皆不宜，尤其是不能上衣过长，而下裙又过短。通常情况下，套裙的上衣最短可齐腰，下裙最长可达小腿中部。裙子下摆恰好抵达小腿肚的最丰满处，此为最标准的套裙裙长。此外，套裙不宜过紧，以免有失庄重，也不宜过于宽松，以免有邋遢之嫌。

2. 不选劣质面料

女人在参加应酬时所穿的套裙，应该由高档面料缝制，最好是选用纯天然质地的面料，追求匀称、滑润、平整、光洁，丰厚、悬垂、柔软、挺括，要求面料不仅弹性、手感要好，而且应当不起毛、不起球、不起皱。上衣和裙子要选用同一质地、同一色彩的素色面料。

3. 色彩宜素净

套裙应当以冷色调为主，如藏青、炭黑、茶褐、紫红等一些冷色彩为佳，借以体现出着装者的典雅、端庄与稳重。一套套裙的全部色彩最好不要超过两种，以免有杂乱无章之感。在选择套裙的颜色时，女士应注意契合自身的条件，如果你体型偏胖，最好是选择深色套裙，如果你体型偏瘦，则应选择浅色套裙。

4. 套裙的图案

套裙不应以符号、文字、花卉、宠物、人物为主体图案，可适当选用以各种或大或小的圆点、或明或暗的条纹、或宽或窄的格子为主要图案的套裙。

5. 套裙的鞋袜搭配

穿着套裙时，女士宜搭配黑色等深色皮鞋和肉色等浅色丝袜。并注意鞋、袜、裙之间的颜色是否协调，鞋、裙的色彩必须深于或略同于袜子的色彩。

此外，套裙上的点缀宜少不宜多、宜简不宜繁、宜精不宜糙。

应酬交际场上，如果不想出现移动"肉粽"这样的难堪局面，女士们就要特别注意套裙的穿着细节以简洁大方为主，着重突出女性的端庄之美，用服装给他人一种专业、可信赖的印象，才便于应酬的顺利。

饰品失礼，"画虎不成反类犬"

在人际交往的过程中，女人的着装尽管要求端庄大方，但仍旧以透露女人的柔美为原则，正如一个著名的公式所说的：三分姿色 + 一分化妆 + 二分服装 + 二分首饰 + 二分手袋 = 十全十美的女人。由此可知，首饰虽小，但在打造一个美人的十分资色中就占据了两分。只要女人将饰品点缀得恰到好处，便可夺取二分，实在比那三分姿色要来得容易。

但是，假若你不懂得饰品佩戴的一些原则，而是盲目跟风，或者是单凭个人喜好，随意佩戴，在应酬时就可能因饰品失礼，闹出"画虎不成反类犬"的笑话来，你在客户心目中的形象也大大减分。

方小姐作为一家公司的英文翻译，经常需要和经理去见客户。方小姐本人对穿衣戴帽也很在行，她会针对见什么样的客户穿不同的衣服。

一次，方小姐和经理去跟一个外商谈业务。方小姐选择了一件浅白色的碎花短旗袍，下面搭配了一双白色高跟皮鞋，中国情调十足。正好前段时间方小姐过生日，好友赠送了一个夸张的骷髅头胸针，款式十分别致，方小姐特别喜欢，这段时间天天都佩戴着。这次的旗袍打扮，方小姐也没忘记别上这枚骷髅头胸针。

方小姐和经理此次前去拜访的外商是英国人，他们刚一见面，方小姐的衣着就引起了英国商人的注意，刚想夸方小姐真会穿衣服之类的，却又一眼看到了那枚夸张的骷髅头胸针，欲言又止，原本欣喜的神色顿时又黯淡了下来。

在接下来的谈判中，那位英国商人的情绪不高，多少显得有些敷衍。最后，这次谈判双方终究未能达成协议。经理大为不解：原来还谈得好好的，英国商人兴趣很高，怎么这次见面他的态度这么冷淡？

事后，经理从那位英国商人的中国翻译那得知，原来那位英国商人极其注重服装礼仪，那天方小姐在极具中国风情的旗袍上点缀了那么夸张的一个骷髅头胸针，显得十分突兀，甚至有些不伦不类，十分碍眼，当时就让英国商人倒了胃口，失却了谈判的兴致。

方小姐怎么也想不到，她的一枚胸针，毁了一桩生意。

应酬时，女人不想让自己的商务着装显得平庸乏味，可以适当选择一些饰品，以达到"画龙点睛"的点缀效果。但如果选到了不合适的饰品，不仅不能"画龙点睛"，甚至会"画虎不成反类犬"，遭人笑话。

饰品之所以越来越引人注意，主要是因为两个方面的原因：第一，它是一种无声的语言，可借以表达使用者的知识、阅历、教养和审美品位。第二，它是一种有意的暗示，可借以了解使用者的地位、身份、财富和婚恋现状。这两种功能，特别是第二种功能，是普通服装所难以替代的。

一般来说，女士在选用饰品时，讲究点到为止，不同种类的饰品尽量只选择一件，不可多用，比如，戒指一只、项链一条、耳环一对、手表一块、手镯一个、胸针一枚等，全身上下的饰品最多不超过三件。避免选用款色、色彩超时尚绚丽的那种，以免有失商务人士的稳重感。

好人缘，可以从"头"开始

好印象从头开始。按照一般习惯，注意和打量他人，往往是从头部开始的。而头发生长于头顶，位于人体的"制高点"，所以更容易引起人的注意。鉴于此，要想在交际应酬中给对方留下好印象，就要用心打理自己的头发，别让你的发型给对方留下"老土"或者"不修边幅"的印象。这就需要我们平时注意打理好自己的头发，以便随时都能以端庄的形象出入商务应酬之中。

反之，如果你头发凌乱，顶着"鸡窝头"出场，甚至脏兮兮的，你在客户心目中的形象也和你的头发一样恶劣，惹人讨厌，哪里还会产生与你合作的念头，甚至是唯恐避之不及。

一个周五的晚上，几个好朋友为了给曹蒙庆祝生日，特意拉着他到理发店给烫了个时髦的"鸡窝头"，然后再拉着他去一家知名的摇滚乐酒吧吃喝玩乐，直到凌晨四点，这帮好友才各自道别，回家睡觉。

早上八点的时候，曹蒙的电话响了，一接，是曹蒙单位经理的电话，因为经理临时有事，让曹蒙代他去和一个重要客户签署合同书，时间安排在上午九点。从曹蒙家到客户那里至少要四十分钟的路程，要是堵车的话就可能迟到。

曹蒙不敢怠慢，赶紧起床，拿起一套西装穿上就出了门。

果然，曹蒙在去的路上遇上了堵车，还好他在最后几分钟顺利赶到了客户那里。一见到曹蒙，客户的眼里闪过耐人寻味的神色，先让曹蒙坐下，客户就去了隔壁房间。过了一会儿，客户对曹蒙说："我看今天这个合同就暂时别签了，咱们以后再约时间，好吧！这样，麻烦你跑一趟，还请你先回去吧！"

曹蒙觉得莫名其妙，却又不便深问原因，只得快快地回去了。随后，曹蒙接到了经理的电话，问他搞什么鬼，顶着一个鸡窝头就去了，客户还以为他是个小混混，把客户吓了一跳，合同的事情也就暂缓了。

曹蒙的一个鸡窝头，就这样毁了一桩生意。由此可以看出，在应酬时，一个人的头发形象不仅体现着个人的素质和修养，还代表着公司的素质和修养。一个好的发型才能赢得客户的信任和好感，一个坏的发型是注定不讨喜的。

一般来说，应酬中的人们要注意这样几个头发上的细节，才不至于失礼于人。

1. 第一要求：干净整洁

如果你没有时间过多照顾你的头发，至少应保持它的干净整洁，一般两天清洗一次头发为宜（夏天可适当增加频率）。平时也应注意对头发的养护，使其具有自然光泽。

2. 啫喱使用有量

不要过多使用啫喱、喷彩之类的东西，如要使用，也最好选择无香型，免得和香水、化妆品等气味混杂在一起，令人闻之窒息。

3. 发型不拖沓

发型要大方、高雅、得体、干练，前发不要遮眼遮脸为好。男士不留披肩长发，不剃光头，不留怪异发型。女士身材短小者适宜短发、盘发；身材丰满者适宜盘发；身材瘦削者适宜波浪长发。

4. 发色与肤色匹配

一般来说，经常出席商务场合的人们不宜染发，如若染发，则要注意使发色和肤色协调。

与深棕色的搭配肤色：任何肤色，肤色白皙者尤佳。

与浅棕色的搭配肤色：白皙肤色或麦芽肤色、古铜肤色者均可。

与铜金色的搭配肤色：白皙或麦芽肤色，也很适合肤色微黑的女士。

与红色的搭配肤色：自然肤色或白皙肤色，非常适合肤色偏黄的女士。

切忌染过于夸张的黄色、蓝色、绿色等等，这些都是属于街头的颜色，和办公室严肃的工作氛围不协调。

应酬时，别忘了注意你的头发形象，就不至于引发"一颗鸡窝头，毁掉一桩生意"的悲剧。

优雅的举止体现的是一种内涵

在社会交往活动中，要想给对方留下美好而深刻的印象，外在的美固然重要，而高雅的谈吐、优雅的举止等内在涵养的表现，则更为人们所喜爱。这就要求我们应当从举手、投足等日常行为方面有意识地锻炼自己，养成良好的站、坐、行姿态，做到举止端庄、优雅得体。

人们经常会有这样的体验，喜欢某个人，往往不是喜欢对方漂亮的外表，而是为对方那通体的气质所着迷。这也正应了那句话：一个人的真正魅力主要在于特有的气质。例如，20 世纪 80 年代，中国青年女性大多喜欢日本影星高仓健，他之所以受女性青睐，就是因为他塑造的人物身上所表现出来的那种男子汉刚毅、坚强、勇敢的特有气质。

所谓气质美主要是表现在言行举止上的，一举手、一投足，说话的表情，待人接物的分寸，皆属此列。朋友初交，互相打量，立刻产生好的印象，这个好感除了言谈之外，便是气质的潜移默化。

说一个人气质高雅，突出的表现就在于：仪表修饰得体，言辞幽默不俗，态度谦逊，接人待物沉着稳定、落落大方、彬彬有礼，让人一见肃然起敬。站在这样的人面前，如同走进一层典雅的殿堂，令人自然脱去几分俗气，平添几分庄重。

下面就介绍一下关于站、坐、行三方面基本的举止礼仪。

1. 站如松

所谓站如松，是指站姿要正要直。人的正常站姿，也就是人在自然直立时的姿势。其基本要求是：头正、颈直，两眼向前平视，闭嘴、下颌微收；双肩要平，微向后张，挺胸收腹，上体自然挺拔；两臂自然下垂，手指并拢自然微屈，中指压裤缝；两腿挺直，膝盖相碰，脚跟并拢，脚尖张开；身体重心穿过脊柱，落在两脚正中。从整体看，形成一种优美挺拔、精神饱满的体态。

在站立时，切忌无精打采地东倒西歪，耸肩勾背，或者懒洋洋地倚靠在墙上、桌边或其他可倚靠的东西上，这样会破坏你的形象。站立谈话时，两手可随谈话内容适当做些手势，但在正式场合，不宜将手插在裤袋里或交叉在胸前，更不要下意识地做小动作，如摆弄打火机、香烟盒，玩弄衣带、发辫，咬手指甲等。这样，不但显得拘谨，给人以缺乏自信和经验的感觉，而且也有失仪表的庄重。

2. 坐如钟

所谓坐如钟，是指坐姿要端正。人的正常坐姿，在其身后没有任何依靠时，上身应挺直稍向前倾，头平正，两臂贴身自然下垂，两手随意放在自己腿上，两腿间距与肩宽大致相等，两脚自然着地。背后有依靠时，在正式社交场合，也不能随意地把头向后仰靠，显出很懒散的样子，这就是我们常说的"坐有坐相"。

但在日常生活中，我们不可能处处这样端庄稳重。但是为了保证坐姿的正确优美，你还是必须注意以下几点：一是落座以后，两腿不要分得太开，这样坐的女性尤为不雅。二是当两腿交叠而坐时，悬空的脚尖应向下，切忌脚尖向上，并上下抖动。三是与人交谈时，勿将上身向前倾或以手支撑着下巴。四是落座后应该安静，不可一会儿向东，一会儿向西，给人一种不安分的感觉。五是坐下后双手可相交搁在大腿上，或轻搭在沙发扶手上，但手心应向下。六是如果座位是椅子，不可前俯后仰，也不能把腿架在椅子或沙发扶手上或架在茶几上，这都是非常失礼的。七是端坐时间过长，会使人感觉疲劳，这时可变换为侧座。八是在社交和会议场合，入座要轻柔和缓，离座要端庄稳重，不可猛起猛坐，弄得坐椅乱响，造成紧张气氛，更不能带翻桌上的茶杯等用具，以免尴尬。总之，坐的姿势除了要保持腿部的美以外，背部也要挺直，不要像驼背一样，含胸曲背。坐时如两边有扶手，不要把两手都放在两边的扶手上，给人以老气横秋的感觉，而应轻松自然、落落大方，方显得文静优美。

3. 走姿优美

行走的姿势是行为礼仪中所必不可少的内容。每个人行走的时间比站立的时间要多，而且行走一般又是在公共场所进行的，所以要非常重视行走姿势的轻松优美。

走路时，两只脚所踩的是一条直线，而非两条平行线。特别是女性走路时，如果两脚分别踩着左右两条平行线走路，是有失雅观的。此外，走路时，膝盖和脚踝都要富于弹性，两臂应自然、轻松地摆动，使自己走在一定的韵律中，显得自然优美；否则，就会失去节奏感，显得非常不协调，看起来会很不舒服。正确的走路姿势应是：轻而稳，胸要挺，头抬起，两眼平视，步度和步位合乎标准。

优雅的举止有助于你形成高雅的气质。而气质高雅的人往往受人尊重、喜欢。大家都认为这样的人办事稳重，有分寸，有高度的责任感。所以，许多大公司经常委派这样的人员负责公关部的接待工作，用以树立公司的形象，赢得客户的信赖与合作。拥有这种气质类型的人，在工作中业绩往往比较突出。因为这种气质给人的感觉是诚恳、实在、不虚妄，容易让人产生信任感。信任人同信任产品一样重要，人们接受你的产品，首先要接受你这个人。

在社交场合，人们不仅要注意自己的举止风度，而且更应该从理想、情操、思想学识和素质上努力完善自己、培养自己，使外在举止风度美的绚丽之花开在内在精神美的沃土之上。"桃李不言，下自成蹊。"举手投足间尽显迷人风采的人们必然会以其优美的举止言谈、高尚的品德情操，赢得更多人们的喜爱，从而拥有更为丰富的人脉资源。当然，找人办事也就能顺利通畅了。

交换名片是继续联系的纽带

名片在大家交往中可用以证明身份，联络老朋友，结交新朋友。可以说，名片是你的第二张脸，使用越来越普及。它不仅是自己身份的介绍，更是自己的脸面、形象。

名片一般要随身携带，就像你的身份证。比如说，出席重大的社交活动，一定要记住带名片。如果总是和人家说"不好意思，我的名片刚用完"，这是很牵强的理由，没有名片也可以说是交流第一步就失败了。对方会认为你不重视他或者是你的职业、身份不值得拥有自己的名片。发送名片可以在刚见面或告别时，但如果自己即将发表意见，在说话之前发名片给周围的人，可以帮助他们认识你。

1.如何递接名片

递接名片是不可忽视的环节，短短的一个过程可以透露出你这个人的素养，别人会以这个为标准认为你值不值得交。

在取出名片准备送给别人时，要双手轻托名片至齐胸的高度，并将正面朝向对方，以方便别人接收时阅读。如果人多而自己左手正拿着一叠名片，也应该用右手轻托，左手给以辅助，一张张地发给每个人，不要像发扑克牌一样随便乱丢。

双手接过他人的名片看过之后（边看边读出声音来，效果也不错），精心放入自己的名片夹或上衣口袋里，也可以看后先放在桌子上，但不要随手乱丢或在上面压上杯子、文件夹等东西，那是很失礼的表现。

2.如何交换名片

交换名片是人们之间建立人际关系的关键步骤。交换名片也蕴藏着大学问。

首先是名片交换的次序安排。一般情况下，双方交换名片时是地位低的人先向地位高的人递名片，男性先向女性递名片。当然，相互不了解时就没有先后之分了。在商场中，女性也可主动向男性递名片。

当交往对象不止一人时，应先将名片递给职务较高或年龄较大的人，如分不清职务高低和年龄大小时，则可依照座次递名片，应给对方在场的人每人一张，不要让别人认为你势利眼，如果自己这一方人较多，则让地位高者先向对方递送名片。另外，千万不要用名片盒发名片，这样会让人们认为你不注重自己的内在价值，以为你的名片发不出去。

其次，交换名片时态度也需要热情、诚恳，从而表示你是真心地想与对方交朋友。残缺褶皱的名片不能使用，因为那样既不尊重对方也不尊重自己，同时名片还不宜涂改。

双手是你的第二张脸

小李的口头表达能力不错，对公司产品的介绍也得体，人既朴实又勤快，在业务人员中学历又最高，老总对他抱有很大期望。可做销售代表半年多了，业绩总上不去。问题出在哪儿呢？

原来，他是个不爱修边幅的人，双手拇指和食指喜欢留着长指甲，里面经常藏着很多"东西"，有时候手上还记着电话号码。每当他伸出手时，别人总是感觉"眼前一黑"。在大多情况下，根本没有机会见到想见的客户。

对于大多数女性来说，都希望拥有一双健康美丽的纤纤玉手。因为这不只是女性的爱美心理在作怪，更是由于她们深深懂得双手在公众形象中所起的重要作用。因此，她们会细心呵护自己的双手。

别人看到你的双手，不可避免地会看到你的指甲。因此，保持指甲的良好状态也是保护双手所必不可或缺的。

如果你对自己的双手足够的重视，就必须经常修剪指甲。因为在职场中或是商务交往等场合，没人喜欢留着长指甲的人。指甲的长度，不应超过手指指尖。因为长指甲不仅不利健康，社交中也容易伤到他人。

现代社会，很多女性都喜欢给自己的手指涂上各色的指甲油，如果在工作之外的场合，涂一点也无妨，但在工作场合，你就需仔细考虑一下了。

如果想让你的手指看起来比较修长的话，把指甲稍微磨尖，同时使用一种透明稍带粉红或肉色的指甲油来增加效果，不仅仅是因为这些指甲油的颜色和所有衣服颜色都很般配，还因为一旦指甲油脱落，看起来也不会太明显。

许多忙碌的女性都认为，一个月专门去拜访专业的美甲店几次是值得的，尤其是她们要经常旅行的时候。如果你以前从未去过的话，去一次看看对你有没有效。你每次不用花太多的时间就能让你的指甲美观一点。这样，每次当你看着自己的手时，都能给自己增添一份自信。

一定要记得让美甲店给你使用上面推荐的天然的或者是珍珠粉的颜色，另外别忘了再多涂一层。千万不要听他的劝说使用双色的、过暗或者过亮的指甲油。

如果你由于各种原因不能让专业的美甲师给你设计整修指甲，那么就要靠你自己了，可千万不要找借口对自己的双手置之不理啊，它们可是你的第二张脸。以下提供几条简单易行的针对指甲的小办法：

长度：手指甲长度不能超过 2 毫米。

缝隙：不能有异物。

习惯：养成"三天一修剪，每天一检查"的良好习惯。

美甲：日常生活中，涂指甲油要均匀、美观、整洁。

行规：服务行业上班时不允许涂指甲油或只允许涂无色的指甲油。

手的美没有绝对的标准，但对年轻的女子来说，理想的手要丰满、修长、流畅、细腻、平滑，它应具有一种观感上形态美与接触中感觉美，因而要对手部进行清洁、保养和美化。

人的双手因为长时间暴露在空气中，而且还要去做各种各样的劳动，因此手部皮肤特别容易干燥、老化。因此，就要时刻注意对手部皮肤的保养，延缓皮肤衰老，让双手健康美丽。

平时饮食要注意营养的摄取，多食富含蛋白和纤维素的食物，少食辛辣食物，多饮水，禁烟。要注意劳逸结合，保证充足睡眠，保持精神愉快。要少晒太阳，烈日下撑伞遮光，如果对光过敏还要外涂防晒霜。搽化妆品时要选择适合自己皮肤的品牌。

保持手部皮肤清洁是至关重要的一步，清洁皮肤就要养成勤洗手的习惯。手部每天接触的物体很多，因而要及时将污物、灰尘等有害皮肤的东西洗净，要认真做到"三前三后"，即上班前、接触入口食物前、下班前要洗手；手脏后、去过卫生间后、吸烟后要洗手。

社交活动中，人与人之间需要经常握手。即使不握手，手也是仪容的重要部位。

在招待客人端茶给对方时，在签字仪式上众目注视时，如果自己的手非常漂亮，不但可表现出自己的魅力，同时也会让他人觉得很舒服。因此，健康美观的双手是你绝对不可以忽视的部分。

握手的礼仪是从掌心开始的交流

据说握手礼最早始于欧洲，当时是为了表示友好，是手中没有武器的意思。但现在已成为世界性的"见面礼"。

握手是人们日常交际的基本礼仪，握手可以体现出一个人的情感和意向，显示一个人的虚伪或真诚。握手在人际交往中如此重要，可有人往往做得并不太好。

艾丽是个热情而敏感的女士，目前在中国某著名房地产公司任副总裁。那一日，她接待了来访的建筑材料公司主管销售的韦经理。韦经理被秘书领进了艾丽的办公室，秘书对艾丽说："艾总，这是××公司的韦经理。"

艾丽离开办公桌，面带笑容，走向韦经理。韦经理先伸出手来，让艾丽握了握。艾丽客气地对他说："很高兴你来为我们公司介绍这些产品。这样吧，让我看一看这些材料，我再和你联系。"韦经理在几分钟后就被艾丽送出了办公室。几天内，韦经理多次打电话，但得到的是秘书的回答："艾总不在。"

到底是什么让艾丽这么反感一个只说了两句话的人呢？艾丽在一次讨论形象的课上提到这件事，余气未消："首次见面，他留给我的印象不但是不懂基本的商业礼仪，而且没有绅士风度。他是一个男人，位置又低于我，怎么能像王子一样伸出手让我来握呢？他伸给我的手不但看起来毫无生机，握起来更像一条死鱼，冰冷、松软、毫无热情。当我握他的手时，他的手掌也没有任何反应，我的选择只有感恩戴德地握住他的手，只差跪下来吻他的高贵之手了。握手的这几秒钟，他就留给我一个极坏的印象，他的心可能和他的手一样冰冷。他的手没有让我感到对我的尊重，他对我们的会面也并不重视。作为一个公司的销售经理，居然不懂得基本的握手礼仪，他显然不是那种经过严格职业训练的人。而公司能够雇用这样素质的人做销售经理，可见公司管理人员的基本素质和层次也不高。这种素质低下的人组成的管理阶层，怎么会严格遵守商业道德，提供优质、价格合理的建筑材料？我们这样大的房地产公司，怎么能够与这样作坊式的小公司合作？怎么会让他们为我们提供建材呢？"

握手是陌生人之间第一次的身体接触，只有几秒钟的时间。但这短短的几秒钟是如此的关键，立刻决定了别人对你的喜欢程度。握手的方式、用力的大小、手掌的湿度等，像哑剧一样无声地向对方描述你的性格、可信程度、心理状态。握手的方式表现了你对别人的态度是热情还是冷淡，积极还是消极，是尊重别人、诚恳相待，还是居高临下，敷衍了事。一个积极的、有力度的正确的握手，表达了你友好的态度和可信度，也表现了你对别人的重视和尊重。一个无力的、漫不经心的、错误的握手，立刻传送出不利于你的信息，让你无法用语言来弥补，它在对方的心里留下了对你非常不利的第一印象。有时也会像上面的那位销售经理那样失去极好的商业机会。因此，握手在商业社会里几乎意味着经济效益。

玛丽·凯·阿什是美国著名的企业家，她是退休后创办化妆品公司的。开业时，雇员仅有10人，20年后发展成为拥有5000人、年销售额过亿美元的大公司。

玛丽·凯在其垂暮之年为何能取得如此巨大的成就？她说，她是从懂得真诚握手开始的。

玛丽·凯在自己创业前，在一家公司当推销员，有一次，开了整整一天会之后，玛丽·凯排队等了三个小时，希望同销售经理握握手。可是销售经理同她握手时，手只与她的手碰了一下，连瞧都没瞧她一眼，这极大地伤害了她的自尊心，工作的热情再也调动不起来。当时她下定决心："如果有那么一天，有人排队等着同我握手，我将把注意力全部集中在站在我面前同我握手的人身上——不管我有多累！"

果然，从她创立公司的那一天开始，她无数次地和人握手，总是公正、友好、全神贯注地与每一个人握手，结果她的热情与真诚感动了每一个人，许多人因此心甘情愿地与她合作，于是她的事业蒸蒸日上。

所以，为了在这轻轻一握中传达出热情的问候、真诚的祝愿、殷切的期盼、由衷的感谢，我们对握手的分寸、握手的细节的把握是十分必要的。

握手是很有学问的。美国著名盲聋作家海伦·凯勒写道："我接触的手，虽然无言，却极有表现力。有的人握手能拒人千里之外，我握着他们冷冰冰的指尖，就像和凛冽的北风握手一样。也有些人的手充满阳光，他们握住你的手，使你感到温暖。"

有心的人能准确喊出对方的名字

人对自己的姓名最感兴趣。把一个人的姓名记全，并很自然地叫出口，这是一种最简单、最明显而又最能获得对方好感的方法。特别是在上流社会的社交中，因为每个人都是有身份和地位的人，每天都会应付很多人，所以如果还能记住对方的名字并且能够亲切地喊出来，那么对于对方来说，这无疑是一种尊重和肯定。

二战期间美国民主党全国委员会主席、邮务总长吉姆是一位传奇人物。他小时候家里很穷，十岁就辍学去一家砖厂做工，他把沙土倒入模子里，压成砖瓦，再拿到太阳下晒干。吉姆没有机会受更多的教育，可是他有爱尔兰人乐观的性格，使人们自然地喜欢他，愿意跟他接近。在成长过程中，吉姆逐渐养成了一种善于记忆人们名字的特殊才能，这对他后来从政起到了重要的作用。

罗斯福开始竞选总统前的几个月中，吉姆一天要写数百封信，分发给美国西部、西北部各州的熟人、朋友。而后，他乘上火车，在十九天的旅途中，走遍美国二十个州，行程一万两千里。他除了乘坐火车外，还用其他交通工具，像轻便马车、汽车、轮船等。吉姆每到一个城镇，都去找熟人进行一次极诚恳的谈话，接着再开始下一段的行程。当他回到东部时，立即给在各城镇的朋友每人一封信，请他们把曾经和他们谈过话的客人名单寄来给他。名单上那些不计其数的人，他们都得到吉姆亲密而极礼貌的复函。

吉姆早就发现，一般人对自己的姓名最感兴趣。把一个人的姓名记住，并很自然地叫出口，你便对他含有微妙的恭维、赞赏的意味。若反过来讲，把那人的姓名忘记，或是叫错了，不但使对方难堪，而且对你自己也是一种很大的损害。

但仅仅记住别人的姓名，还远远不够，在上流社会的社交中，称呼对方时要做到合宜而得体。

许多人认为，只要不是哑巴，喊名字是一件最容易不过的事情。虽然在日常生活中，我们每天要喊出许多人的名字，但仔细回想起来效果却不一样。卡耐基说："记住他人的名字是远远不够的，更重要的是怎么喊名字。"

用清晰的声音喊出别人的名字，是人际交往的第一步。它意味着你对别人持一种重视的态度。含糊不清地叫喊会使对方感到不愉快，以为你把他看得无足轻重，或者根本不把他放在心上。当多年未见的朋友突然出现在你面前，清晰地叫出他的名字将是最好的欢迎，它说明无论隔多少年，你仍然记得友情。当你置身在许多人中间，没有什么比一一清晰地叫出他们的名字更能够说明你对他们的关注了。

喊别人的名字也是一门学问，它能给你带来好人缘，也能给你带来坏名声。喊名字要懂得语言和地域差别，用北方话直呼他人姓氏令人感到亲切，用某些南方话恐怕就不行。南方人叫阿贵顺口而亲热，北方人叫起来就未免别扭。喊名字还要懂得分寸和对方的特点，对女性尽量不要称"老"，对不熟异性不要称呼得过于亲热，在姓氏后面加以"老"字是一种至尊称呼，不是随便用的。例如，你可以对任何一个年老的人称呼："老李"，"老陈"，但一般不能叫"李老"或"陈老"，因为后一种称呼法已超出一般符号意义，而且包含着相当强烈的尊敬色彩。

牢记他人的姓名并得体地称呼对方，是对对方的一种尊重，也是树立自己良好形象的一个有效方法。所以在社交中，聪明的人一定要多费心思，记住与你交往的人的姓名，大方得体地叫出来，你会发现发生在你身上的变化与惊喜。

公共场合不要给他人带来听觉"污染"

西方的一些沟通专家把声音誉为"沟通中最强有力的乐器"，然而很多人却不知道自己的声音是坏了的乐器发出的噪音，其恐怖程度可媲美"超声波"，常常令周围人深感头痛。

蔺戴是公司新来的员工，刚刚大学毕业，性格活泼好动。这天公司在附近餐厅举办迎新会，以便新员工与老员工进一步交流，为以后的公事交际打下基础。

蔺戴作为新员工代表发言，可能是性格原因，也可能是想在大家面前出出风头，蔺戴开始了她的即兴演讲，只见她侃侃而谈，超高分贝的声音震慑全场，甚至连玻璃杯都在隐隐颤动。或许是对自己太过自信，蔺戴发表了半小时的演讲后还意犹未尽，丝毫不顾主持人在一旁朝她使了半天眼色，还在那里没完没了地讲，经理看了直皱眉头，在场的其他同事碍于情面又不好遮起耳朵，临近门边的同事都借故闪出了门外。

蔺戴原想通过即兴发言给大家留下一个好的印象，谁知由于她的声音过于刺耳，反而让人感到不舒服，更何况她完全忘记了自己所处的场合和身份，只顾没完没了地"自我表现"，怎么能不让人头痛呢？

语言沟通在宴会中是必不可少的，既然如此，我们必须注意塑造自己的声音。要知道，动听的声音应该是饱满的，充满活力的，能够调动他人的情感，引起他人的共鸣。

如果不注意声音的塑造，以尖锐的声音去获取别人的注意力，只会在不经意间毁坏自己的形象。毕竟谁愿意让那会令自己头痛的"超声波"刺激自己的双耳，扰乱自己的听觉神经，破坏自己的情绪呢？

所以，无论你在什么样的社交场合，无论你是男士还是女士，都要注意在社交进行中以生动的声音表现自己，尽量避免自己的地方口音，力求以抑扬顿挫的声调表现自己充满激情的精神风貌，并且要明确自己的身份以及与宴的目的，把握好音量，切忌"不拘小节"，以"超声波"蹂躏宴会上的其他人，惹人生厌。

"身送七步"，注意送人的礼节

俗话说："出迎三步，身送七步。"在应酬接待中，许多人对客户的迎接礼仪往往热烈隆重，却常常忽视了对客户的欢送礼仪，这样就常常给人以"人一走茶就凉"的悲凉感，无形中引起别人的反感，为自己的成功增加了阻力。

在中国的应酬中，许多的知名企业家都深知"身送七步"的重要性，也格外注意送人的礼节，中国商业巨人李嘉诚就是其中一个绝佳的典范。一位内地企业家在接受电视采访时谈到了他去李嘉诚办公室拜访李嘉诚的经历。那天，李嘉诚和儿子一起接见了他。会谈结束之后，李嘉诚起身从办公室陪他出来，送他到电梯口。更让人惊叹的是，李嘉诚不是送到即走，而是一直等到电梯上来，他进了门，再举手告别，一直等到电梯门合上。身为亚洲首富的李嘉诚日理万机，可他依旧注重礼节，严格遵循"身送七步"的礼仪，亲自送客，没有一丝一毫的怠慢之举。这位内地企业家面对着电视机前的亿万观众动情地说："李嘉诚这么大年纪了，对我们晚辈如此尊重，他不成功都难。"

"身送七步"，商业巨人李嘉诚都不忘的待客礼仪，经常在应酬场上的人更要铭记在心，以实际行动给客户贴心之感，才能拉近和客户的心理距离，促成、促进合作。

作为常应酬的人员，不仅要认识到迎接客人的重要性，更要明白送客礼仪的重要性。不要做到了"迎人三步"，却忘记了"身送七步"，否则会给客户留下"虎头蛇尾"的印象，甚至造成前功尽弃、功亏一篑的局面。

送客时应注意以下几点：

1. 让客户先起身

当客户提出告辞时，要等客户起身后再站起来相送，切忌没等客户起身，自己先于客户起立相送。更不能嘴里说再见，而手中却还忙着自己的事，甚至连眼神也没有转到客户身上。

2. 送客也不失热忱

当客户起身告辞时，应马上站起来，主动为客户取下衣帽，帮他穿上，与客户握手告别，同时选择最合适的言辞送别，如希望下次再来等礼貌用语。每次见面结束，都要以期待再次见面的心情来恭送对方回去。尤其对初次来访的客户更要热情、周到、细致。

3. 代客提重物

当客户带有较多或较重的物品，送客时应帮客户代提重物。与客户在门口、电梯口或汽车旁告别时，要与客户握手，目送客户上车或离开，要以恭敬真诚的态度，笑容可掬地送客，不要急于返回，应鞠躬挥手致意，待客户移出视线后，才可结束告别仪式。否则，当客户走完一段再回头致意时，发现主人已经不在，心里会很不是滋味。

4. 晚一步关门

许多时候，商务人士将客户送出门外，不等客户走远，就"砰"的一声将门关上，往往给客户类似"闭门羹"的恶劣感觉，并且很有可能因此而"砰"掉客户来访问期间培养起来的所有情感。因此，商务人士在送客返身进屋后，应将房门轻轻关上，不要使其发出声响，最好是等客户远离后再轻声关上门。

心理学上不但有首因效应，也有"末因效应"——"最初的"和"最后的"信息，都能给人们留下深刻印象，"最初的"印象尚可弥补，而"最后的"信息往往无法改变——"送往"的意义大于"迎来"。做到"出迎三步"，你的商务应酬级别只能属于初步及格水准，做到"身送七步"，你才能迈入商务应酬优秀者的行列。商务应酬场上，"身送七步"你做到了吗？

商务赞助会，助人利己不可颠倒主次

在现代这个商业社会，企业不仅会选择在媒体硬广告的形式，也会选择进行商务赞助会这样的软广告形式，既能扶危济贫，向社会奉献自己的爱心，体现出自己对于社会的高度责任感，以自己的实际行动报效于社会、报效于人民，而且也有助于获得社会对自己的好感，也扩大了自己的知名度和美誉度，为自己塑造良好的公众形象。

因此，商务赞助会日益成为现代商务应酬中的一个重要组成部分。

但是，如果不能把握好商务赞助会"赞助他人为主，宣传自己为辅"的主次之分，不仅仅是一种失礼的行为，也会导致主次颠倒，就容易使赞助会沦为变质的商务宣传会，反而引起公众的反感，得不偿失。

要正确发挥商务赞助会的作用，既帮助他人又使自己从中得利，需要注意这些小细节。

1. 双方事先约定

在开展商务赞助活动之前，双方必须对赞助活动的种种细节达成协议，最好签订正式的赞助协议，某些大型的商务赞助活动更是要请公证机关进行公证。尤其是要"把丑话说在前头"，分清彼此的责任和义务，才能合作愉快。这样才能在面临种种变故时迅速应对，确保赞助会的成功召开。

2. 场地布置宜简洁

一般来讲，赞助会的会场不宜布置得美轮美奂，过度豪华张扬。否则，极有可能会使赞助单位产生不满，因为它由此可能产生受赞助单位不务正业、华而不实的感觉。

举行赞助会的会议厅之内，灯光应当亮度适宜。在主席台的正上方还需悬挂一条大红横幅，在其上面应以金色或黑色的楷书书写着"某某单位赞助某某项目大会"，或者"某某赞助仪式"的字样。前一种写法是突出赞助单位；后一种写法，则主要是为了强调接受赞助的具体项目。整个会场布置宜简洁大方。

3. 重点邀请新闻人士

参加赞助会的人士，既要有充分的代表性，又不必在数量上过多。除了赞助单位、受助者双方的主要负责人及员工代表之外，赞助会应当重点邀请政府代表、社区代表、群众代表以及新闻界人士参加。在邀请新闻界人士时，特别要注意邀请那些在全国或当地具有较大影响力的电视、报纸、广播等媒体人员与会。

4. 时间宜短不宜长

依照常规，一次赞助会的全部时间，不应当长于一个小时。太短达不到宣传自己的目的，难以给新闻媒体提供可报道的资料，太长则容易让与会者产生疲惫感，也让在众多新闻中奔波的新闻媒体心生恶感。因此赞助会的具体会议议程，必须既周密，又紧凑。

此外，商务赞助会的整体风格是庄严而神圣的，因此任何与会者都不能与之唱反调。

做好以上这些细节工作，自然不会出现主次颠倒的尴尬局面，就能举办一次成功的商务赞助会，达到双赢的目的。

预约电话，选择对方方便的时间打

给别人打电话，尤其是商务电话，最好是事先约定一个通话时间，或者是选择一个对方方便的时间。选择适宜的通话时间，关键是要替对方考虑，这个时间对于他来说是否合适。此外选择通话时间也要考虑到你和客户的交往程度。只要考虑到这两点，就可以找到一个适宜打电话的时间，也会让客户更容易接受你，赢得一个更高的起点。

在不恰当的时间打电话是很失礼的，尤其是在拨打商务电话时，更应该注意时间是否恰当。现代社会由于工作关系，很多人作息时间并不一致，因此，不要以自己的作息时间来规范别人。初次认识交换名片或互留电话时，可先询问对方方便接听电话的时间。

如果你对客户的作息时间不了解，那么一般而言，大多数人一天的作息时间如下：

1. 早上 8：00 ~ 10：00

这段时间大多客户会紧张地做事，这时接到一般的电话也无暇顾及。所以这时你不妨安排一下自己的工作。

2. 上午 10：00 ~ 11：00

这时你的客户大多不是很忙碌，一些事情也会处理完毕，这段时间应该是电话沟通的最佳时段。

3. 上午 11：30 ~ 下午 2：00

午饭时间，除非你有急事，否则不要轻易打电话。

4. 下午 2：00 ~ 3：00

这段时间人会感觉到烦躁，尤其是夏天，所以不要去和客户谈生意。

5. 下午 3：00 ~ 6：00

努力地打电话吧，你会在这时取得成功。

当然，如果你想确保万无一失，了解客户的作息时间，你可以在不同时间打几个电话试试，那么你很快就可掌握联系不同客户的最佳时间。你要记住向客户提下面这几个问题：

"每天什么时间给您打电话最好？"

"请您告诉我每天的什么时间最容易找到您？"

"在一天里，什么时间您最方便？"

同时，由于在商务电话沟通过程中为了达到成交的目的，往往需要与客户进行三番五次的沟通。在这一过程中，如果有重要的事情需与客户沟通，可以事先约好时间，这样才能保证商务计划的顺利进行。

曾经有个著名的网站邀请培训师给他们公司做一场内训，因为培训师的时间很紧，便由助理帮他约好时间。该网站的培训部要求他们公司的几个经理全部在线上，在电话里聆听他们将要讨论的细节，这样他们通过电话就把所有的问题解决了。

如果他们没有提前预约，到时候一定会因为有人临时有事而不能参加讨论，那么耽误的便是大家的时间，问题也不可能那么容易就得到解决。

另外，打公务电话尽量要公事公办，不要在别人私人时间，特别是在节、假日时间里麻烦对方。如果能有意识地避开对方的通话高峰时间、业务繁忙时间、生理厌倦时间，打电话的效果会更好。

会计师最忙是月头和月尾，不宜接触；医生最忙是上午，下雨天比较空闲；销售人员最闲的日子是热天、雨天或冷天，或者上午 9 点前下午 4 点后；行政人员 10 点半后到下午 3 点最忙；公务员最适合的时间是上班时间；教师最适合的时间是放学的时候；家庭主妇最适合的时间是早上 10~11 点；忙碌的高层人士最适合的时间是早上 8 点前、下午 5 点后。

总之，在你所从事的业务与客户的工作有直接利害关系的情况下，你可以在客户工作时间拨打电话，这样可能会更有利于沟通；如果你的业务对客户的工作没有直接的利害关系，客户可能对这样的事情不太感兴趣，你最好要等到客户清闲下来的时候再拨打电话。

打错电话时，先说一声"对不起"

小胖："周杰伦给我打电话啦！"

小黑："天啦！你可真幸运，他对你说了什么？"

小胖："他说了六个字——对不起，打错了。"

这虽然只是一则幽默小对话，但我们却可以从中学到打错电话时的必要礼仪——首先要跟对方说一声"对不起"。

生活中，我们难免会打错电话。有的人在打错电话时会感到尴尬，不知道说什么就直接挂掉电话，这会让接电话的人感到莫名其妙，同时也会感到气愤，因为你干扰了他的生活，却连句道歉也没有。如果我们在发现打错电话以后，就理智地向对方表示道歉，取得对方的原谅，再挂断电话，能让双方都感到坦然。

其实打错电话的情况各种各样，常见的情形如下：

有时一时手痒想赶时髦，便用手边的一支笔快速拨，如此极易将号码拨错。有时是因为对方电话号码更改或区域号码变了，而拨不到正确号码，当对方已经接起了电话，而你又毫无礼貌地"啪"的一声挂断了。这一挂，不仅对对方失礼，而且对打错的原因不检讨，只会一错再错。因此，在打电话时要先确认一下号码，心平气和地定下心来打电话，如果还是打错，你可以参照下面的做法：

"喂！您好！这里是 A 公司。"

"请问不是 B 公司吗？"

"不是，是 A 公司。"

"啊！非常抱歉，那请问您的电话号码是不是 ×××××××？"

"是的，号码是对的，但是我们确实是 A 公司。"

"那非常抱歉，耽误您的时间。"

"没关系，拜拜！"

"对不起，拜拜！"等对方挂断电话之后，自己再挂电话。

因此，当得知自己打错电话时，一定不可慌张或出言不逊，最好经过这样的确认，才可以清楚了解到底是拨错号码打错电话，还是记错了号码，既可以坦然地向对方表示歉意，又可弄清问题症结所在。

当我们打错电话时，应该怎么办呢？

一是如果打错了电话，一定要向对方表示歉意，不要一言发就挂断电话了事。

二是第二次拨号时，一定要加倍小心，不要再次打错，这会比不道歉就挂断电话更糟糕。

三是若第二次拨号时仍发生错误，可以首先询问对方："这里是……号码吗？"如果对方回答"是"，那么就要检查自己的记录是否正确了，并且要再次向对方道歉。

接电话，别让铃响多于三声

每个人打电话时，都习惯于在等待电话被接通前的时间里最后调整一下思绪，再次在心里重申着此次去电的目的。这个电话被接通前的等待时间，往往被人们的惯性所设限，大多以电话铃响三声为限，电话铃三声之内接听，则容易打乱等待者的思绪，而电话铃响过了三声还无人接听，等待者就会焦躁起来，不满情绪由此滋生。因此，在电话铃响过三声之后才接起电话，就要做好面对来电者的怒气和不满的准备，给予对方合理的解释，并致以诚挚的歉意。这才能扭转因接电话失礼而在对方心中造成的恶劣印象。

因此，电话铃一响，应尽快接听，而不要置若罔闻，或有意延误时间，让对方久等。拖延时间不仅失礼，甚至会产生许多不必要的误会。

总之，电话铃声一旦响起，要立即放下手头的事，在铃响的第一时间段内，也就是电话铃响三声的时候，迅速接起电话，即使是离电话机很远也要赶紧过去接电话。

接听是否及时不仅反映了一个人待人接物的真实态度，更代表了一个公司工作效率的高低，直接影响到来电客户对公司的印象。

你的微笑由你的声音传达

在电话沟通中，我们要让对方听到我们的微笑，因为带有微笑的声音是非常甜美动听的，也是极具感染力的。将你带笑的声音传递给电话另一端，他会更容易接受你，更乐意与你交谈下去。因为人是追求美和快乐的动物，笑声则传达了一名电话沟通人员的快乐，如果你是在和客户沟通，电话那端的客户当然愿意和一个快乐的人交谈。

有句名言："人一悲伤就会哭，因为哭就是悲伤。"现在我们借用这句话，把它改成："人一高兴就会笑，因为笑就是高兴。"的确，笑容不只表示自己心情的好坏与否，那种亲切明朗的快乐会感染身旁的每个人。比如心烦意乱的时候，会使人一颗心直往下沉，如果也能努力展开笑颜，那么，不知不觉中气氛就会轻快许多，跟周遭人们的沟通也容易、顺利得多了。

不管何时，只要笑容可掬地接听电话，声音便会把明朗的表情传达给对方。在接听电话的那一时刻，对方态度是热情的还是冷漠的，是感兴趣还是不感兴趣，是关心的还是烦躁的，是能理解还是没有耐心，是接受还是拒绝，这些都是可以感受得到的。为什么？这是因为声音能够展示与构建出电话接听者的形象。

例如下面的两组对话，虽然谈话的内容是一样的，但由于自己的声音表达的不同，产生了两种结果。

第一组："喂！钢铁公司吗？××同志在吗？"

"××同志不在。"

（急不择言）"为什么不在？"

（火了）"我怎么知道！你又没叫我看着。"

（语塞了）"那，那，就跟你说吧。"

"对不起，你待会儿再打吧！"

电话挂了，得罪了人，又没办成事。

第二组：（微笑）"喂，纺织工厂吗？请问××同志在不在？"

"对不起，他不在。"

"哦，同志，那对你说也一样，我是光明商店的。"

"好，请说吧。"

事情很顺利地办好了。

微笑着打电话，不仅仅是一种礼貌，还可以让对方"听"到你亲切、友善的形象，从而有利于双方的沟通，给你的工作带来方便。当你微笑着接听电话，你就在构建一个好的形象，客户会感到受尊重、受欢迎，就会和你保持长期的、忠诚的业务关系。

电话暂停，别让对方等太久

接听电话时，有时会遇到须搁置电话或让对方等待的情况，这时要给予说明并表示歉意。这是一项很重要的商务礼仪。让对方等待时，切记不可让对方等太久，在电话搁置 15 秒钟之后一定要有所回应，表明你时刻关注对方。

有些人认为，反正我在为你查找咨询材料，所以让你在电话中等候一些时间也是无所谓的。但是，不管你是否在为对方查找咨询材料，你所做每一件事的劳动时间，实际上代表着你这家公司的工作效率以及你的办事能力。同时，你是否礼貌应对会影响到公司的形象。

另外，如果你只是将电话搁在一边而没有按等候键的时候，你办公室其他人员的谈话就会传到对方耳里，这些谈话可能有公司的机密，也可能是一些无关人员的闲聊，这样无形中要么泄露你办公室的机密，要么让对方感到你公司的员工怎么上班时谈论这些与工作无关的事情，从而影响公司在客户眼中的形象。

所以，为了表示礼貌，在让人"稍候"时应先征询其意见。不过为避免误解，不要这样问："能否问一下您是否能持机稍候？"因为如果对方回答"可以"时，也许意味着"可以如此提问"，而并非"可以持机稍候"。正确的说法应该是："您能持机稍候一会儿吗？"或"您可以持机稍候吗？"说完要等一下，待得到对方的肯定答复后再离开。到再次拿起话筒时，还要先表示一番谢意。

让人等候时，每隔 15 ~ 30 秒钟就应核实一下对方是否还在等着，并让对方知道你此时在干什么。如说："还要几分钟才能整理好您要的资料，麻烦您久等了。要不，过会儿我再给你去电话？"要让对方有选择的余地才合乎礼仪，因为这表示对对方意愿的尊重，同时也表明你在时刻关注对方。

需请对方等候多久，不能含糊其辞，更不能弄虚作假，一定要诚实。在不确定的情况下不要说："我马上就回来。"可以说："请等我接完那个电话马上再来。"若不能在短时间内找齐对方所需要的资料，最好不要让他久等，应另约时间回话。

要是自己处理不了，转交旁人办理时，应先接通那个人的电话，再转过去，以免来电人联系不上。

对将要接听电话的人，应扼要介绍一下来电人的要求，以免来电人再次重复，同时也可使接电话的人知道来电人已等了很久，这样，不致再添不必要的麻烦。

如果做到这些，你的客户一定会因为你如此礼貌而对你以及公司产生好感，这样，就更容易促进合作的达成。

第二章
人人会为你特殊的礼物而感动

有礼走遍天下，既要礼貌也要礼物

所谓"有'礼'走遍天下"，又所谓"伸手不打笑脸人"，都是在强调"礼"的重要性。时时不忘以"礼"示人的人，人际关系才能良好，你才能在交际应酬场上赢得好人缘。

一个刚刚走出大学校门的女孩，接到一家大企业的面试通知，她在兴奋之余又非常紧张。面试那天，尽管作了充分的准备，她还是没能够表现出自己应有的水准，她实在太紧张了，说话结结巴巴、语无伦次，对面的几个考官都皱起了眉头。这时，一位中年男士走进办公室和考官耳语了几句，在他离开时，女孩听到人事主管小声说了句"经理慢走"。那位男士从女孩身边经过，给了她一个鼓励的眼神，女孩非常感激，立刻站起来，毕恭毕敬地对他说："经理您好，您慢走！"她看到了经理眼中些许的诧异，然后他笑着点了点头。等她再坐下时，她从人事主管的眼中看到了笑意……一个星期后，她竟然获得到了这份宝贵的工作。就是因为她对经理那句礼貌的称呼，让人事部觉得她对行政客服工作能够胜任，所以对她的印象非常好，才给了她这份工作。

一句礼貌的称呼为女孩赢得了一次难得的机会。这是一种无形的"礼"。还有一种物质形态的礼物，忽略了它也会给我们带来不少麻烦。

在寸土寸金、繁华的慕尼黑，最好的安身立命之地就是学生宿舍了。而这其中竟也大有文章可做。一开始，小张是被告知要排队等半年到两年才能住进宿舍，她也就信了。直到一个比她迟申请宿舍的同学都拿到了房子的钥匙，小张才大吃一惊，当时的她还四处颠沛流离，为住房发愁，而那位同学却享受到了德国政府资助的学生宿舍。原来，有"礼"走遍天下，大家都懂得要送礼给房管，比如中国结之类的小东西。于是小张也决定送点礼物，她给房管送了一小罐泉州的铁观音，不料真有奇效，早上送的礼，当天下午房管就打电话给她了。过去搬家的艰辛涌上心头，由于舍不得坐出租车，几十公斤的行李都是小张一个人拖着，从城南搬到城北，从城东搬到城西。其实这个礼，无非是个小礼，却让小张折腾了这么久。回想一下，当时到房管处三番五次地苦苦哀求，却没有任何效果，如今一个小礼物，竟打发了多少惶恐和泪水。

"礼"不是溜须拍马，而是交往应酬中的必需品。这里的礼，既有表示人文素质和修养的礼貌、礼仪，也包括能传情达意的现实的礼物。正是"礼"长期规范和维系着人与人的交往。礼在某种意义上就是情，礼少了，情也就淡了。

找个借口，用礼物联络感情

现实中找个借口或名堂给要建立关系的人送点礼物，也会赢得好人缘，但送礼要讲究艺术，否则送不到位也会把送礼这件好事弄得适得其反。

送礼之所以称为艺术，关键在一个"送"字，你的聪明才智将在这个字上表现得淋漓尽致，也可能你的蠢笨愚拙在这个字上落得个一览无遗。

"送"是整个礼物馈赠过程中的最后一环，送得好，方法得当，会皆大欢喜，境界全出。送得不好，让人挡回，触了霉头，定会堵心数日。所以，只有巧妙掌握送礼的技巧，才能把整个送礼过程划上一个漂亮的句号。

送礼者最头疼的事，莫过于对方不愿接受或严词拒绝，即使婉言推却，或事后送回，都令送礼者十分尴尬，弄得个钱已花，情未结，赔了夫人又折兵，真够惨兮兮的。那么，怎样才能防患于未然，一送中的呢?

现实中有如下经验可以借鉴：

1. 借花献佛

如果你送的是土特产品，你可说是老家来人捎来的，分一些给对方尝尝鲜，东西不多，又没花钱，不是单独给他买的，请他收下。一般来说受礼者那种因盛情无法回报的拒礼心态可望缓和，会收下你的礼物。

2. 暗度陈仓

如果你送给对方的是酒一类的东西，不妨避谈"送"字，假说是别人送你两瓶酒，来和对方对饮共酌，请他准备点菜。这样喝一瓶送一瓶，关系近了，礼也送了，还不露痕迹，岂不妙哉!

3. 借马引路

有时你想送礼给人，而对方却又与你八竿子拉不上关系，不好直接去送，你不妨选受礼者的生日，邀上几位熟人一同去送礼祝贺，那样一般受礼者便不好拒绝了，当事后知道这个主意是你出的时，必将改变对你的看法。借助大家的力量达到送礼联情的目的，实为上策。

4. 间接迂回

A 有事要托 B 去办，想送点礼物疏通一下，可是又怕 B 拒绝驳了自己的面子。A 的爱人与 B 的爱人很熟，A 便走起了夫人外交，让爱人带着礼物去拜访，一举成功，礼也收了，事也办了，两全其美。看来，有时直接出击不如迂回运动能收奇效。

5. 醉翁之意

假如你是给家庭困难者送些钱物，有时他们自尊心很强，轻易不肯接受救助。你若送的是物，不妨说这东西我家撂着也是闲着，让他拿去先用，日后再还回；如果送的是钱，可以说拿些先花，以后有了再还。受礼者会觉得你不是在施舍，日后又还，会乐于接受的。这样你送礼的目的就会达到了。

6. 锦上添花

一位学生受老师恩惠颇多，一直想回报，苦无机会。一天，他偶然发现老师红木镜框中镶着的字画竟是一幅拓片，跟屋里雅致的陈设不太协调。正好，他的叔父是全国小有名气的书法家，他手头正有叔父赠的字画。于是他马上把字画拿来，主动放到镜框里。老师不但没反对，而且喜爱非常。学生送礼回报的目的终于达到了。如不能"雪中送炭"，"锦上添花"也是良策。

7. 异曲同工

有时送礼不一定自己掏钱去买，然后大包小包地送去，在某种情况下人情也是一种礼物。比如，你能通过一些关系买到出口转内销的商品。

送礼一定要权衡利益得失

交际应酬场上，从"礼尚往来"这一层面上讲，送礼也是有很多讲究的。首先，"送多少"是一个笼统的概念，从礼物的数量多少、体积大小以及价格的高低来说，送礼是有讲究的。

一般社交场合送的礼品要以小、少、轻为宜。少，就是不求数量多，要求少而精；小，指体积不宜太大，小巧玲珑，易送易存最好；轻，则指价格适中，不求昂贵。总的原则是礼品要有精神价值和纪念意义。

一位在大学任教的医生到偏远的小城去行医，他医好了一个穷苦的山民，没有收他一文钱。

山民回家，砍了一捆柴，走了三天的路才到城里，把一大捆柴送给医生。他不知道在城市里生活，几乎没有烧柴这个概念，他的礼物和他的辛苦让人觉得不合时宜。

但医生十分感动地收下了山民的礼物。后来，他向人讲述这个故事时总是说："在我的行医生涯中，从来没有收过这样贵重的礼物。"

一大捆荒山中枯去的老枝，本没有价格上的优势，但由于感谢的至诚，使它成为医生记忆中珍贵的礼物。

我们通常出于面子的需要，觉得价格低的东西拿不出手，要送就得送多些，送得货真价实。钱虽然花了不少，但效果未必好。特别是第一次见面，你一下子送了那么多礼物，人家还认为你有什么不可告人的目的呢！谁还敢收？如果主人不肯收，你的处境就尴尬了，拿走不好，不拿走也不好。于是你推我让，最后难下台的还是你。

就算主人收下礼物，心里也不一定愉快，所谓"礼尚往来"来而不往，非礼也。你这一次送我这么多礼品，下一次可够我还的。你自认为是好意，人家的心里却有了压力。

其实礼物不在多，送礼不怕少，只要精致美观，富有创意，送出去就会受到欢迎。因此，当你送礼时一定要分清轻重，权衡利益后再送，所送的礼品应与你的经济实力相一致。

礼物厚薄贵贱有说道

送礼是一种很巧妙的应酬艺术，在许多场合下，选择价格不菲的贵重礼物并不一定能够给对方留下好印象，而价格低的礼物也适合在相宜的场合送出。这就是与厚礼相对应的薄礼。

薄礼的价格当然不会很昂贵，一颗小小的红豆，一张薄薄的贺卡，甚至不经意间一个善意的微笑，都会起到非同寻常的作用。

薄礼在任何时候皆可送出，而不需要特殊的场合。其实在日常生活中，经常送些小礼物比在一个特别的日子送一份厚礼更有价值。

薄礼经过情意的渲染，经过刻意的设计，也能增加其价值。因为这份特殊的礼品，对于送受双方而言，具有其他人了解不到的特殊意义。

因此礼品不论厚薄，都是用来表达心意的。礼物再丰厚，厚不过你的那份感情；礼物再微薄，它总能表达你深厚的情感。从这个意义上说，礼物是否厚重并不是主要的，关键是你送得是否适当。

再者，礼物的厚薄也是相对的，在不同的地区，或送给不同的对象，有时薄礼也会成为厚礼，有时厚礼也会失去意义。

在大都市里很普通的东西，到了贫困的边远地区就很贵重了。在未通电的山沟里，你送给亲戚一台彩电，反而抵不上送去一些食品。

因此在与人交往时，千万不可一味追求厚礼，而应根据不同情况送出适当的礼品。这样才能通过送礼以显示你的人品和人缘。

要送好礼，千万莫碰对方禁忌

送礼有时候也会送出麻烦，所以送礼前应了解受礼人的身份、爱好、民族习惯，免得送礼送出问题。

有个人去医院看望病人，带去了一袋苹果以示慰问，哪知引出了麻烦。那位病人是上海人，上海话中"苹果"跟"病故"二字发音相近。送去苹果岂不是咒人家病故？由于送礼人不了解情况，弄得不欢而散。

送礼有许多禁忌——个人的、传统的、民族的、宗教的、文化上的。有时候辛辛苦苦选择的一份礼物却因为触犯了某些禁忌，而让对方不悦甚至生气。因此送礼时一定不要触犯对方禁忌。

1. 忌不考虑风俗禁忌

送礼前要对受礼人的身份、爱好、禁忌等有所了解，以免礼不得当，使双方感到尴尬。例如，对方结婚，忌送"钟"。因为"钟"与"终"谐音，"送终"是很不吉利的。此外，送礼还要尊重对方的民族习惯。

2. 忌送违法违规礼品

国家公务员在执行公务时，即使关系再特殊，也不能向他们赠送任何礼品。送外国友人礼品的时候，要考虑到不违犯对方所在国家的现行法律等。

3. 忌送礼时不看人下"菜碟"

将礼送到别人的"心坎儿"上，有一点是必须考虑的：要看人下"菜碟"，不同的礼物送不同的人。一般而言，精巧礼物送富人，有纪念性的礼物送恋人，趣味性的礼物送朋友，实用性礼物送老人，启智的礼物送孩子，特色礼物送外宾。另外还要考虑到高血压患者不能吃含高脂肪、高胆固醇的食品，糖尿病患者不能吃含糖量高的食品。如果送错礼品，对方反而会认为你不尊重他。

4. 忌送有害健康的礼品

有一些东西会对人们工作、学习、生活以及身体健康、家庭幸福有害。比如，香烟、烈酒、赌具以及庸俗低级的书刊、音像制品等。

在人际交往的过程中，只有掌握了以上送礼的禁忌，才能达到送礼赢得好人缘的目的。

把礼包送给关键人物

送礼是一门艺术，要想让自己的礼物起到应有的作用，就要遵循"送礼送对人"的原则。

送礼就是为了办事，那送礼当然就要送给办事的对象，但是有时候办事对象并不止一人，或者说事情要办成功，需要多方的努力和协调。这个时候把礼送给谁呢？有必要全送吗？这的确是个大问题。在现实生活中选错了送礼对象的人不在少数，比如说把礼物送过去了，事情却没有办成——因为对方并非是起关键作用的人物，所以即便送了礼，也是徒劳的。

送礼要送给关键人物，不能送张三一点又送给李四一点，王五也收到一点，结果礼物被分割零散了，分量显得很轻，有时可能起不到利益驱动的作用。这还不算，送的对象多了，难免人多嘴杂，心机泄漏，对事情有百害而无一益。

当哈默的西方石油公司来到利比亚的时候，正值利比亚政府准备进行第二轮出让租借地的谈判。政府出租的地区大部分都是原先一些大公司放弃了的利比亚租借地。根据利比亚法律，石油公司应尽快开发他们租得的租借地，如果开采不到石油，就必须把一部分租借地归还给利比亚政府。

在灼热的利比亚，同那些一举手就可以把他推翻的石油巨头们进行竞争，同时还要分析估量那些自称可以使国王言听计从的大言不惭的中间商所说的话到底有多少真实性，这对哈默来说处境很不利。但哈默就是哈默，绝对不会因此而气馁，善罢甘休不是他的作风。他明白，为能在第二轮租借地的谈判中挫败实力雄厚的竞争对手，只能巧取，不能豪夺，而唯一可行的方案就是暗中向利比亚政府申请：如果西方石油公司能得到租借地，将给予政府更多好处，同时也请利比亚政府给予西方石油公司比其他竞争对手更优惠的条件。

哈默在随后的投标上用了与众不同的方式：他的投标书采用羊皮证件的形式，卷成一卷后用代表利比亚国旗颜色的红、绿、黑3色缎带扎束。在投标书的正文中，哈默加上一条：西方石油公司愿从尚未扣除税款的毛利中取出5%供利比亚发展农业之用。此外，投标书还允诺在库夫拉图附近的沙漠绿洲中寻找水源，而库夫拉图恰巧就是国王和王后的诞生地，国王父亲的陵墓也坐落在那里。挂在招标委员会鼻子前面的还有一根"胡萝卜"：西方石油公司将进行一项可行性研究，一旦在利比亚采出石油，该公司将同利比亚政府联合兴建一座制氨厂。

1966 年 3 月，哈默的计划果然成功，同时得到两块租借地。其中一块四周都产油的油井，本来有 17 个企业投标竞争这块土地，且多是实力雄厚的知名公司，可结果个个名落孙山，唯有西方石油公司独占鳌头；另一块地也有 7 个企业投标，但最终还是归在了西方石油公司名下。

这第二轮谈判招标的结果使那些显赫一时的竞争者大为吃惊，不明其所以然，深深为哈默高超的谈判手段、技巧而叹服。

夺得这两块租借地后，西方石油公司凭着独特有效的经营管理，使之成为其财富的源泉。1967 年 4 月，西方石油公司的黑色金子流到了海边，在那个令人难忘的纪念日，仅规模宏大的庆典就用去整整 100 万美元之巨。

投标书的设计、5% 的毛利投资利国农业、在国王诞生地找水、同利国政府联合建造制氨厂，这几件礼物大大赢得了利比亚政府的好感。细细看来，投标书设计迎合了利比亚的民族自豪感，5% 毛利投资利国农业解决了其经济发展的主要困难之一，在国王诞生地找水在满足国王的同时也造福于民，同利国政府联合兴建制氨厂能够同时发展利比亚的工业和农业。这几个礼物，有送给国家的，有送给国王的，还有无形中送给权贵们的，真可谓得其实、得其人啊。

因此在求人办事送礼之前，一定要权衡好各位"要人"的利弊，查问好谁对这件事有裁决权，起主导作用。谁是办事的关键人物就把礼物送给谁，礼物送到了点子上，要办的事情可能也就迎刃而解了。相反，如果把礼物送给了次要人物，不仅收不到预期的效果，还有可能横生枝节，导致事情越来越难办。

走出"礼重情意轻"的怪圈

虽说"千里送鹅毛，礼轻情意重"，可随着人们物质欲望的日益膨胀，馈赠日益陷入"礼重情意重，礼轻情意轻"的尴尬局面。在馈赠礼物时，人们往往把目光投向贵重的物品，生怕自己的礼物过于廉价以至于拿不出手，不能博得客户的欢心。尤其是彼此之间的攀比心理，更是使得馈赠的档次日益向贵重化攀升。

一次，国内某知名企业接待了美国某知名研究所前来进行技术指导的著名工程师，在欢送美国工程师的仪式上，这所大学赠送给美国工程师的礼物是一盒包装精美考究的茶叶，而美国工程师回敬的礼物则是一支极其普通的签字笔，笔身上印着该美国研究所的名字。

事后，面对美国工程师回赠的签字笔，企业的接待方大呼吃亏。一行人在一起七嘴八舌地议论说："我们的那盒茶叶经过几十道工序加工，包装的盒子也非常讲究，成本在2000元人民币左右，由于是企业专门委托某大学的一个茶叶课题组专门加工的该大学官方送礼的礼品茶，十分珍贵。可他回赠的签字笔最多也就值个1～2美元，这也太不划算了，这次我们是亏大了。"

确实亏大了，茶叶的包装盒上没有一个英文字母，美国工程师估计过一段时间后就记不清盒里装的是什么了，也许美国工程师没有喝茶的习惯，尽管是价值不菲的茶叶，对他来说还不如一支签字笔实用。可是笔身上印有美国研究所名字的签字笔，一时半会用不完，当人们在使用这支笔的时候，都会回忆起当时接受这支笔的来历。

在这次馈赠礼物中，接待一方就陷入了"礼重情意轻"的怪圈，花费了无数心思的珍贵礼物，在别人的眼中仅等同于一支签字笔的价值，甚至还不如。所以说，馈赠礼物时，礼品的价值并不简单地与礼品的价格成正比，美国工程师回赠的1～2美元的签字笔，实际上比2000元人民币（约合300美元）的茶叶更有意义。

要想摆脱"礼重情意轻"的怪圈，人们须斟酌好礼物的价值，不以价钱为衡量标准。

一般来说，最好的礼品具有的特点：

最好的礼品是选择受礼者特别想要的东西。

最好的礼品是意外的。

最好的礼品代表一种友谊。

最好的礼品流露出一种幽默感。

最好的礼品可以流露出高贵的思想。

最好的礼品是不会超出你预算的东西。

其实，在馈赠礼物时，你能送出的最大礼物就是你的真心。礼物的价值与金钱毫不相干，关键在于你是抱着什么样的情感送的。只要抓住送礼时机、认真包装礼物、用心写好卡片上的祝福语，你就一定会带给受礼一方无尽的快乐。

送礼，一场品位的赌博

馈赠礼品其实就是一场品位的赌博，你根据自己的观察来揣测对方的品位，为其选择相应的礼物来进行人际投资。如果你的选择迎合了对方的品位，自然是一切顺利；但倘若你猜错了对方的品位，就可能落得"弄巧成拙""鸡飞蛋打"的惨淡结局。

要避免落得"弄巧成拙"的惨淡结局，又要不失自己的品位，选用文化气息浓厚的礼物就是一个两全的选择。中国的文化艺术历史悠久，为世人所称颂，文化艺术礼品特别是名家的墨宝，更令许多人垂涎三尺，得到一幅肯定会视为最爱。书法给人高雅脱俗的气质，"可远观而不可亵玩焉"。无论谁家的客厅中有幅名人字画，都会令来访者肃然起敬。

馈赠礼品之时，赠送客户一幅墨宝的现象并不少见。这不仅能显出你谦虚不俗的品位，更是极大地表达了对客户的尊重和重视。即使接受馈赠的一方对字画并无多高的鉴赏水平，甚至并不了解，也会装出几分含蓄深沉，乐于接受礼物的同时，也会大力为你提供帮助。

所以，馈赠礼品之时，如果你面对的赠送对象是一位很有文化品位的人，最好的送礼选择就是送其具有文化品位的礼物。如果送一些大红大紫之类的俗气之物，反而显出对他的不尊重，认为你看低了他的品位，对你心生恶感，也让你日后的事难办。所以，馈赠时赠送文化气息浓厚的礼物是一个绝佳的选择。

在应酬中，馈赠礼品要注意选择与受礼者身份相宜的礼品，这样才能使你们的关系朝着如鱼得水的方向发展。在任何时代，特别是在有着悠久传统的中国，人们的身份和等级观念都很强，身份不同，送礼的方式和礼物的轻重都不一样。对什么人都一视同仁，则可能会被对方视为无大无小，无尊无贱。

所以，作为送礼者，想要送一份让对方满意的礼品，必须要了解他的身份。身份是一种地位的象征，一般而言，送礼者经常以社会地位高低为标准，送给地位高的人高价物品，送给一般地位的人普通物品，这已成为一种风气。事实上，礼物的轻重与对方在自己心目中的地位成正比，因此送礼时难免要将受礼者的身份衡量一番。

只有对送礼对象的品位心中有数，投其所好进行馈赠，才能在这场品位的赌博中下对赌注，赢得胜局。

别让礼物"赤身裸体"

俗话说，"人靠衣装马靠鞍"，实际上，一个容貌姣好的人穿着褴褛，总会令人感到遗憾。礼品包装也是一样，包装是外在形式，礼品是内容，只有二者统一起来，才会产生和谐美。

反之，如果你直接将未经包装的礼物送给客户，让礼物"赤身裸体"呈现于他人面前，往往会让他人觉得你对他不够尊重，而且这样也大大降低了礼物的身价，即便他们勉强收下了这份原本十分昂贵的礼物，也会以为它不过是你随意在某个小店买的便宜货而已，并不会因为这份礼物而对你心怀感激。

一次，某知名品牌服装公司要为该品牌新上市的春夏服装举办一个大型的宣传推广活动，想要邀请某位影视女星当嘉宾。为了增强活动的宣传效果，公司特别为那位影视女星量身定做了一套漂亮的晚礼服，让女星在活动当天穿戴，配合公司现场讲解的宣传计划。

这套晚礼服做好之后，公司委派入职不久的新人李燕拿着包装好的礼服和该品牌春夏新款服装，前去送给那位影视女星。那天正好下雨，李燕下车的时候不小心跌倒了，弄脏了晚礼服的包装袋，湿淋淋地完全不能再用，李燕就把晚礼服取出来，随手装在了一个袋子里。

能够亲眼见到那位影视女星，李燕特别激动，以至于只顾着欣赏女星的美貌，而忘了交代那件晚礼服的事情。

活动当天，前来出席的影视女星穿着一件漂亮的礼服，可惜却不是该品牌为她量身定做的那一件，自然那个独特的宣传手法也没能用上。活动结束之后，公司领导对李燕大发雷霆，质问原因。李燕联系那位女星才知道：女星看那衣服随手装在一个袋子里，以为不过是件寻常衣衫，随手扔在了一个角落里。

在这个故事中，李燕因为忽视了对晚礼服的包装，从而让女星没能识别出那件晚礼服的尊贵，也破坏了公司的宣传活动。应酬场上凭包装辨礼物的事情时有发生，如果你的礼物没有与之匹配的精美包装，只能让送礼又一次成为"无用之举"，甚至引起客户的反感，起到一定程度上的反效果。

馈赠礼品时，送礼的人不仅要为自己的礼物准备与之匹配的精美包装，更要在包装上出新出奇，利用包装的新颖独特给客户以视觉、心理上的冲击，增添客户心中对你的好感。这就需要送礼的人在选择礼物包装的时候，注意做到以下几点：

1. 在形状上出新

如果你将赠送给他人的礼物设计成一些别出心裁的形状，比如旅行鞋、邮箱、星星等形状，就能让对方在收到礼物的时候会心一笑，心中充满愉悦感，你的创意也足以让他对你好感倍增。

2. 在简洁中突破

馈赠礼物时，礼物的包装宜选用色彩浅淡清新的种类，不宜弄得过于花里胡哨，降低自己的品位。如果你善于用纸包，几层彩色或白色的棉纸就可以设计出活泼美丽吸引人的包装。你还可以在纸上印鉴或印上喜爱的图案。比如，白色的包装纸上贴上黑色的纸块，捆上麻绳再系个铃铛，真是有型有色有声。

3. 善用丝带的美感

不管什么物品，即使不使用包装纸、箱子、袋子等包装材料，只是系一根丝带，就能在瞬间制造出礼物的精美感。如果打上漂亮的蝴蝶结，就会立刻增添礼物本身的魅力。

为了不让你的礼物"赤身裸体"地出现在他人面前，或不让礼物粗俗的包装而吓跑了客户，只要你开动脑筋，总能改变商务礼物"死气沉沉"、"老气横秋"的旧日容颜，为它换上新颖别致、生动有趣的"新装"，从而博得客户的欢心。

正面入手难，就侧面出击

作为一种战术，从侧面进攻是行之有效的攻击谋略，特别是在战争中，当自己的力量还不足以与对手抗衡的时候，运用此策略更为有效。历史上，哥特人和匈奴人曾用此法打败了强大的罗马帝国，蒙古用此法进攻亚欧国家。今天，在应酬送礼时仍可灵活运用，它可以打通对方的筋脉，增添成功的机会。

印度的帕特尔振兴尼尔玛化学公司在与对手竞争的时候，用从侧面打击对手的方法，最终取得了胜利。

20世纪60年代，帕特尔开始了他的创业生涯。

创业之初，帕特尔利用自己的专长，在自己的厨房里利用简陋的设备，生产出一种成本极其低廉的洗衣粉，并且把这种洗衣粉命名为尼尔玛。

为了打开销路，帕特尔开始四处奔波，试图为他的洗衣粉在竞争激烈的市场上分得一杯羹。

但是根据印度传统的经营理论，城市富裕家庭主妇的钱袋是大多数产品销售的唯一来源。而在当时这一巨大的财源几乎被印度制造业的跨国公司——印达斯坦·勒维尔公司独占着。

勒维尔公司在全世界都设有分公司，实力极其雄厚，它的业务范围也相当广泛，而且它所生产的冲浪牌洗衣粉，在印度洗涤市场一直占据着统治地位。

作为刚刚起步的尼尔玛公司，可以说根本没有力量与勒维尔公司正面交锋。帕特尔看清了这一点，他决定寻找另一条出路。

帕特尔针对勒维尔公司只注重城市富裕家庭主妇的钱袋，而忽略了广大中下层人民的需要这一弱点，开始做文章。

他绕开与勒维尔正面交战的战场，把注意力放在了无力购买高价洗衣粉的广大中下层人民身上，他相信这是一个潜力巨大而又无人涉足的广阔市场，并制定了灵活的销售策略。

一是坚持薄利多销。

二是在产品上做文章。他不断推出新产品。20世纪80年代中期，尼尔玛公司根据市场的需求，先后推出块状洗衣皂和香皂。当这两种产品投入市场的时候，购买者趋之若鹜。为此，公司迅速增大了产量，显示出其广阔的发展前景。

随着时间的推移，产品牢牢地把握了市场地位，块状洗衣皂成为尼尔玛公司的主要经济来源之一，仅此一项销售额就达到了公司营业总额的1/4。

另一方面，香皂生产也迅速扩大，并在这一领域对勒维尔公司造成了严重的威胁。

为了争取更多的客户，拓展业务，做大做强，尼尔玛公司打起了广告的策略。

对于作广告，他们不像有的商家那样，先用大量广告刺激起消费者的购买欲望，紧接着就把产品送到，而是先将自己的产品运送到各个销售点，然后才登广告进行宣传。

尼尔玛公司这样做也有它的优势，因为产品广告与充足的货源能够紧密地结合起来，这样可以进一步提高公司在消费者心目中的地位，给消费者一种信赖感。

在公司正确的战略指导下，到了1988年，公司生产的尼尔玛牌洗衣粉销售达到50万吨。而这时，它的主要竞争对手——勒维尔公司已经被抛在了后面，他们生产的冲浪牌洗衣粉，只售出了20万吨。

自此之后，尼尔玛公司以产品的良好信誉、优良质量和低廉价格深入人心，终使尼尔玛公司在洗衣粉市场后来居上，独领风骚。

帕特尔的胜利为我们提供了处世的经验：当与对方不得不交手的时候，在正面无法取得胜利的时候，就要灵活多变，迂回到对手的后方和侧面采取积极的行动。

在送礼时也是如此，正面送礼的话，对方可能不好意思，或者是出于公众形象不能接受，此时我们就应该侧面出击，找到他的身边人，将礼物通过他的身边人送到他的手中。

时机不对，你就成了"贿赂"者

中国是礼仪之邦，相互馈赠礼物以增进彼此感情的事情是常有的，在这样一个讲"礼"的环境里，如果你不讲"礼"，就会寸步难行。应酬中，为了营造更为融洽的合作关系，对客户进行商务馈赠是很普通的事情。

但是，如果送礼的时机抓得不对，你就无法完成送礼的任务，也就无法达到自己感谢、拉拢关系、求人办事等目的。

更可怕的是，如果你选择了错误的送礼时机，不仅让礼物送不出去，还可能一不小心成了"贿赂"者，身陷囹圄。

张梅是一位美籍华人，回故乡探亲，本打算待几个月就回去，却因为签证的问题耽误了下来，一耽误就是好几个月。

张梅特别着急。后来好不容易通过审核，让张梅去办理返美签证。那天在移民局里，张梅遇到的是一个态度非常友好的移民官，一会儿工夫就办好了她要的证件。

高兴之余，她拿出 100 美元送给移民官以示感谢，不巧站在张梅身后的是一名调查人员，他把张梅请进了办公室进行详细的询问调查。尽管张梅百般辩解，还是被当做贿赂者，在档案中留下了一个不良记录。

张梅就是选择了一个错误的送礼时机，才为自己惹来了麻烦。尽管她的本意是想表示感谢，但她的行为难逃"贿赂"之嫌。

在馈赠中更是没有无缘无故的礼，礼物的背后都潜藏着送礼者的利益用心，抓住好的时机送礼，才能顺利成事，选择了一个错误的时机送礼，就可能把事情弄砸。

在馈赠时，如何避免让自己的送礼成为一次贿赂呢？这就需要送礼者细心分析形势，抓住那些送礼的良机：

1. 忌当着别人的面送礼

馈赠一般是为了求人办事，难免会涉及双方当事人的一些个人问题，有时候还会让办事的一方有受贿的嫌疑，所以送礼最好在私下里送，避免给别人留下你们关系密切完全是靠物质的东西支撑的感觉。

2. 逢年过节时送礼

中国有许多传统节日，如春节、元宵节、端午节、中秋节、重阳节等，这些节日备受人们的重视。

有很多人都知道在求人办事时应提前送礼，但苦于找不到合适的时机，其实逢年过节就是不错的送礼时机。

3. 因客户的个人因素而送礼

馈赠也可针对客户的个人因素送礼，比如在客户生日、娶妻生子之时等。在获知客户的这些私人信息后，首先要打电话前去表示恭贺，然后在适宜的时机奉上自己的礼物。

人们一般不会无缘无故地接受别人的礼物。所以找不准送礼的时机，往往会令人误解，引起对方的不快。所以送礼一定要把握住时机。而只有在适当的时候送礼，才会让受礼者自然接受，而你要办的事情也就水到渠成了。

礼物不实用，反而成"垃圾"

如果你尚不算一个应酬高手，那么送礼时，你一定要知道对于受礼者来讲，实用的礼物对他们来讲才是最好的。

一般来说，日常生活用品可以作为你送对方的礼物，因为它和人们的生活息息相关，人们每天都在和它打交道，或是洗漱，或是做饭，或是品酒饮茶。所以将日常生活用品作为礼物，往往会让朋友、亲人觉得实用。

日常生活用品的种类很多，像炊具、餐具、茶具、酒具等均在其列。还有一种礼品化的组合性日用品，通过重新包装也很受欢迎。有童装与玩具的组合，儿童食品与小玩具的组合，名酒与酒具的组合，服装与个性化饰品的组合，笔与手表的组合，笔与打火机的组合等。

具有深刻含义的礼物，如酒与杯组合，象征酒逢知己；茶与茶具组合，象征君子之交等。

赠对方毫无用处的东西是一大忌讳。例如，送汽车配件给一个没有汽车的人，送酒给一个不喝酒的人，或把一套运动器材送给一个腿脚有残疾的人，这些都是不恰当的。

此外，还要考虑到受礼者在日常生活中能否应用得上的礼品。比如朋友乔迁之喜，你准备送他一幅很大的装饰画，首先应考虑：他家里摆得下这么大的画吗？

根据性别可将送礼对象分类，如男人、女人，根据职业有旅行家、经理、文员等，每个人的职业特点不同，他们收到的礼物也应不一样。

因此，实用性永远是选择礼品和送礼的一个重要因素。礼物不实用就会被束之高阁，不会被受礼者放在心上，甚至会被当做垃圾扔掉，这样就起不到礼物应有的作用，也发挥不了它应有的价值。

送有个性的礼物方显与众不同

世界上没有两片相同的叶子，同样每个人性格都是不一样的，一个人与别人不一样的地方就叫做个性。

可别小瞧了个性，送礼时如果能把受礼者的个性考虑进去，那么你会收到意想不到的效果。

好莱坞著名女影星吉娜·劳拉伯·吉达从她的影迷、新闻界以及其他场合收到过许多礼物，其中有一把用火柴造的小提琴，在她的记忆中占有特殊地位。

这把小提琴全部由用过的火柴棍做成，火柴棍都被涂上了漆，做成与真乐器一样大，共有8根弦，还可以用来弹奏乐曲。

吉娜回忆说："有一天，这把包装好的小提琴寄到了我在罗马的住处，包裹里还夹带着送礼者的信。送礼者是一个囚犯，他在信中说他很崇拜我。他在漫长黑暗而又孤独的监狱中生活，为了表达对我的崇拜，做了这把小提琴送给我，作为给我演奏小夜曲的象征。他还称我是囚犯的女王。"

吉娜被这位囚犯的执著所打动，也为他不用工具能做出这一礼物而惊喜。

她写信给这个囚犯以示对他的感谢。

以后，这把小提琴一直作为她的珍藏存放在罗马的家中。

极具个性特征的礼物是很少有人会讨厌的，若你送给别人这样一份礼物，肯定会给别人带去惊喜。

忽视受礼人的个性需要，就是忽视自己的情感表达。

在礼物品种上，大多数人追求个性化，购买礼品越来越讲究新颖别致。如一套精美的蜡烛杯，一个可折叠的便携式坐椅等，这些新颖的物品都成为表情达意的好礼。

相反，那些刻意用做礼品出现的商品，如各种礼盒、金箔画等，反而因千篇一律而失去其吸引力。

有时候个性化礼物具有个人特点和纪念意义。因此，个性化的礼物比精挑细选的礼品更能表达你的心意和感情。

第三章
男女交往，有距离才不会有雷池

男女交往，有距离才不会有雷池

异性之间，除了性别的差别，还要注意防范流言蜚语，尤其是在办公室要时刻注意彼此之间的距离。

同异性交往中一个很重要的原则是对异性采取大方、不轻浮的态度，其中包括言语和行为两方面。在办公室和异性同事交往，要以尊重对方是异性工作伙伴的态度来处理办公室中的一些事务，将会使某些复杂的事情变得简单。千万不要将异性关系演绎成类似恋爱关系所期望的那种暧昧的结果，也不要与某个异性发展成比其他异性更为亲密的关系。

在办公室做朋友是下班以后的事，但在办公室内千万要区分利害关系。物以类聚，人以群分。同事中肯定有与你有共同语言、互有好感的人，如果你并没有意愿将这种关系发展为恋情，就应当将感情发展限制在友谊的范围内，即使很有好感，也不应过度表露出来。如果对方真的射来丘比特之箭，也应巧妙地将其化解，千万不要给对方以默许和鼓励。

男同事有男同事的苦恼，女同事有女同事的担忧，他们可能会因为工作繁重而忙得废寝忘食，可能会因为事业发展阻力大、停滞不前而眉头紧锁，可能会为家庭纠纷而闷闷不乐……大部分同事遇到这种情况会采取躲避的姿态，其实只要你说出一句"需要我帮忙吗"的话语，同事就可能感激不已。当他（她）有困难时，或者大家都不敢接近时，如果你能不计利害去帮助他（她），他（她）心中的感激是可想而知的。

做任何工作都不应将性别摆在第一位，工作做得好才是真正有价值的。所以，男同事在与女同事相处时与其强调区分性别，不如教她学会和提高某项专门技艺，这更有助于赢得信任。

在办公室里，白领丽人如何与男同事并肩工作，也是一门学问。

首先，白领女性和男同事相处时，要仔细聆听他们的谈话，以便从中获取有价值的信息，得到有益的启悟；其次，白领女性也可以主动约男同事或男主管外出喝茶或吃饭，以便交换意见，但要言之有物，避免闲聊，这样可达到互相沟通感情的目的；再次，与男同事相处时要有助人的精神，下班时间到了，不要急着回家，设法帮助还在忙于工作的他们，这样可以在工作中建立情谊，改善人际关系；最后，人一忙就会闹情绪，变得事事不耐烦，因此白领女性务必要注意，即使工作再忙，也要注意说话的态度，不要让同事们产生敌意，或误认为"女人爱闹别扭"。

其实许多男同事对女性说笑时的尖锐和娇滴滴的声音反感，因此，白领女性应时常反省自己是否有这样的不足，努力做到"有则改之，无则加勉。"

白领女性除了应让男同事和主管看见自己理性、坚强的一面外，也要适时地展现出温柔的一面，如带鲜花到办公室，插在人们容易看见的地方，可给人留下美好印象。

男女授受不亲，交谈不能"零距离"

男女不仅仅是性别上有差异，而且在经历和思想上也有差异，我们在和异性打交道的时候说什么一定要斟酌。

一个男子在火车站候车，看见坐在身边的一位女士风韵照人，穿着一双很好看的丝袜，便凑上前去搭讪。

男子：你这双袜子是从哪儿买的？我想给我的妻子也买一双。

女士：我劝你最好别买，穿这种袜子，会招来不三不四的男人找借口跟你妻子搭腔的。

女士的回答再简练不过，分量却极重，直说得那位男子面部肌肉痉挛。在前后一问一答中，虽然话题同为一个——袜子，但是，一个是女士穿着，另一个是要给妻子买，女士从中寻到一个一语双关的进攻点，即你妻子穿上也会惹来不三不四的男人搭腔，让那位或许有点居心不良的男士很下不来台。

男士因为某些话题被女士搞得很尴尬，这绝不是个案。究其原因，可能是男士更外向，女士更内向，矜持一些，许多男士因为缺乏对女士的了解而使交谈进行得并不愉快。

所以，男士同女士交谈，一定要对她们的心理有一定的了解，注意男女有别，一定要保持应有的距离，而不能把男人圈里的东西随便搬过来。

女士大多善于表达，谈话的需要比男性强，但这种需要大多出于感情的满足，所以女性交谈时容易忘记正事、正题，这就需要男性及时将话题转到要谈的事情上。

男士要充当"谈话"的引导者，否则会使交谈变得漫无边际。

女性的观察力很强，但她们对具有逻辑推理的幽默语言有时反应要慢一些，她们得慢慢地理解、消化。所以第一次同她讲话，尽量不要用一些夸张语言和说一些俏皮话，否则容易产生误解。如"你今天的发式真漂亮，连白云见了都会躲起来。"这样的话让女士听起来马上会敏感地同"白发""乱发"联想，而不会联想到"秀发如云"。

女士大都喜欢听赞扬的话，但赞扬不可太露骨，要含蓄一些。对于那些年轻貌美、性格开朗的女性，可以赞扬她容貌的靓丽，如"你长得真漂亮，很清纯。"对那些内向性格的女性，不可直言赞扬，而应委婉地说："你很文静，也很漂亮。"否则你会被认为"不正经"、轻佻。对相貌平平的女士，则可以称赞"你很有气质，一看便知是一名知识女性。""一看你就能感到你是一个善良纯朴的女性。"这样说对方会感到非常高兴。

不了解女士的生活背景，不要轻易询问她年龄、婚姻及薪水情况，可以先问一问她的父母、家人、学历、工作等情况。如果你对她一见钟情，迫切要了解她的私生活，可以问："你是同父母住在一起吗？"如果对方对你有好感，且愿意相交的话，会主动如实告诉你的。切不可初次见面就问："你丈夫在什么单位工作？""你同丈夫感情还好吗？"

女子不轻易拒绝别人，而往往用沉默、注意力转移或假装没听见来表示婉转推辞。遇到这种情况，你应立即结束交谈，或者转到其他话题。不要等到人家下了"逐客令"，你再起身告辞，那会很没面子的。

在一些场面开黄腔实在是不明智的做法。大多数的人说黄色笑话往往成了下流不堪的话，造成对方的尴尬，弄不好还惹上"性骚扰"的罪名，得不偿失。

在与女士交谈或女士在场的时候，一定要注意说话的内容和方式，此外话语一定要有礼有节，这样才能给对方留下好的印象。

小错误能增加吸引力

美国心理学家阿伦森发现，与十全十美的人相比，能力出众但有一些小错误的人最有吸引力，是人们最喜欢交往的对象。这种现象就是"犯错误效应"。

阿伦森的实验验证了这一现象的存在：

他让人们试看四个候选人的演讲录像，这四个人是：几乎是一个完人；一个犯过错误但能力超众的人；一个平庸的人；一个犯过错误的平庸人。看完录像后，让人们评价哪一种人最具有吸引力。

结果表明，犯过错误、能力超众的人被认为最有吸引力。几乎是完人的人居于第二位，其次是平庸的人和犯过错误的平庸人。

阿伦森的实验很好地证明了生活中常见的一些现象：有一些看起来各方面都比较完美的人，却往往不太讨人喜欢；而讨人喜欢的，却往往是那些虽然有优点，但也有一些明显缺点的人。

为什么会这样呢？这是因为一般人与完美无缺的人交往时，总难免因为自己不如对方而有点自卑。如果发现精明人也和自己一样有缺点，就会减轻自己的自卑，也就更愿意与之交往。你想，谁会愿意和那些容易让自己感到自卑的人交往呢？所以不太完美的人更容易让人觉得可亲、可爱。

从另一个角度来看，世界上不可能存在真正完美、没有缺点的人。如果一个人总是表现得很完美，倒很容易让人怀疑其中有造假的成分。或者说，故意把自己表现得很完美，这本身就是一个缺点。

并且那些追求完美的人，一定活得比一般人更累，而且与他们生活在一起或合作的人，也容易因为被他们要求而活得比较累。在异性交往的过程中，如果你在合适的时候透露出你的一些小缺点，会增加你的魅力，从而让更多的人喜欢你，好人缘也就不请自来了。

道歉时把诚意表达出来

道歉，形式上只不过是"对不起"简简单单三个字，其实它是内心世界的外在表现。一位中国访问学者在美国曾遇到过这么一件事。

有一天，她埋头赶路，一边走一边考虑问题，因为有点儿走神，没注意马路上走来一位男士，一时收不住脚步，一脚踩在男士的鞋上。当然，她脱口而出说了声："I'm sorry！"令她十分奇怪的是在她道歉的同时，那位男士也说了一声："I'm sorry！"这位女士好奇地问："我踩了你，你为什么要向我道歉呢？"那位男士十分真诚地说："夫人，我想，是因为我挡了您的路您才踩到我脚上的，所以是我妨碍了您，我应该向您道歉！"

从这番话里我们可以看出，勇于道歉的人是善于体谅别人、善于设身处地为他人着想的人。

道歉并非耻辱，而是真挚和诚恳的表现。伟人有时也道歉。丘吉尔起初对杜鲁门的印象很坏，但后来他告诉杜鲁门说以前低估了他——这句话是以赞誉方式作出的道歉。有的人虽然道歉了，但总想为自己的过失寻找借口，以保住自己的面子。这样做，只能让人觉得你没有诚意。没有诚意的道歉是不会获得他人的谅解的。

在与异性交往之时，会不可避免地说错话、做错事，为此得罪人也就在所难免了。严重时，甚至给别人造成沉重的精神痛苦和巨大的经济损失。对此，我们需要及时认识到自己的错误，诚恳道歉，主动承担责任，一般情况下能得到别人的原谅。

真心实意地认错、道歉，不必找客观原因作过多的辩解。如果确有非解释不可的客观原因，最好在诚恳道歉之后略为解释，而不宜一开口就辩解不休。这样只会扩大双方思想感情的裂痕，加深彼此的隔阂。

诚心诚意的道歉应该语气温和、坦诚直率、堂堂正正，不必躲躲闪闪、羞羞答答，更不要夸大其词、奴颜婢膝，一味往自己脸上抹黑。那样，别人不仅不会接受你的道歉，还会觉得你很虚伪。

有时，没有错也需要道歉。例如，由于客观原因（如变幻无常的天气情况、出乎意料的交通事故等），你没有准时赴约或耽误了时机，造成了对方的麻烦和损失，为什么不道歉呢？如果一味找客观原因，虽然对方表面上不会责怪，但内心还是会抱怨的，那就不利于增进友谊。

如果你有求于人，对方尽了最大的努力，由于受多方面条件的限制，事未办成，而他为此付出了艰辛的劳动；或事办成了，对方因此遇到了超乎想象的麻烦，这时为什么不能表示发自肺腑的谢意和歉意呢？这体现了对他人劳动的尊重，而且以后有求于他时，也好再开口。

总之，道歉时一定要诚恳。

男士也需要关心，嘘寒问暖要得当

常言道"其实男人更需要关心"。如果女孩能在言语上表现出对男士的关心，他实际脆弱的心会得到极大慰藉和满足。

女孩子在言语交际中具有其得天独厚的优势：她们在表达时，多以情感人；在安慰时，多是表示同情，让自己和对方形成感情上的共鸣，使人得到慰藉；交谈时，常富于温和的情调，表达含义时常拐弯抹角，表现女性特有的含蓄美。

每个人的生活环境都不同，即使是情侣，也会有意见不一致的时候和嗜好上的差异，这是应该想到的，而且必须正视，不能佯装看不见。只要谈话，就会有分歧和不一致，若能在分歧的地方加以细心地体谅，那谈话就会生动活泼了。

如果谈话时意见不一致，那就赶快扩大范围，或转换言谈话题，这样彼此仍会获得快乐；否则，一直围绕着分歧的话题打转只会徒增烦恼。

男士的责任很重，经济负担也重，所以女孩子在和男友交往时，不能整天嚷着要吃好穿好过奢侈生活，应该体谅男友的困难，并在语言中表现出来，甚至不惜说些谎言。

有效的谎言有很多种："上次跟你见面回去后，我又独自在公寓里徘徊，虽然时间已经很晚了，可是我却没有一点倦意。我觉得那天的夜色，好美，好静！"这种谎言，是属于那种略带神秘性的谎言。

"每次和你约会时，总是在衣柜里翻半天，老觉得每件衣服都不好看，真觉得自己有点神经了……"这种谎言，是一种俏皮、可爱的谎言，更深远的意思已经在无言中流露出来了，对方必定会为你所动。

有的女孩子很会为自己男友着想，担心对方的经济能力不够，因此，在约会的时候说：

"不知道怎么回事，我对出租车有畏惧感。"

"每次坐在高级餐厅或咖啡厅时，我总觉得浑身不自在，觉得那种地方过于庄严，不适合我这个土包子。说起来，我还是喜欢坐在阳台上欣赏夜色，吃自己煮的面，这样没有拘束感。"若对方没有充裕的经济能力，听到这些话，一定会为女方的温存体贴而感动。

赠送礼物有其意想不到的价值，也是交往的一种手段。

如果女性赠男性围巾，自己可先围着再交给他。由于围巾里留着你的芳香，更能使他觉得你朦胧的情意。

又如要赠送威士忌时，先放在自己的房间里，然后若无其事地邀请他来，说："这个房间内，有一样我要送你的东西，你猜猜它是什么呢？"然后在交给礼物时，不能只说"给你"。如果是圣诞礼物，带一句"今年以来，你给了我非常快乐的日子，谢谢你。"如是围巾等礼物，附加一句"你常穿橘色的衣服，所以选这条青白格子相间带花纹的给你。"只此一句，就会让他飘飘欲仙地高兴起来。

男人看似坚强，其实内心非常脆弱，也渴望理解，渴望温情。如果说女人容易被感动，男人也是一样的。女孩关心的话，能让他们感动不已，从而内心中对你产生更深的好感。

利用异性效应，让男人听话

柳兰是某公司公关部经理，她人脉很广，出师必胜，为公司作了很大贡献。

公司的原料奇缺，材料科的同志四处奔走，连连碰壁，而柳兰一出马，问题便迎刃而解。公司资金周转不灵，急需贷款，急得总经理像热锅上的蚂蚁，而柳兰周旋于银行之间，没多久，就获得贷款上百万元。柳兰因此得到了领导的格外器重。

有人笑说："女将出马，一个顶俩。"而人们仔细观察就发现，柳兰成功的秘诀，有两方面的原因。首先，她具有清醒的头脑、敏捷的口才、丰富的知识和阅历，接物待人也比较灵活。此外，她的成功其实也和她端庄的容貌、娴雅的仪表有很大的关系。可以说，富有女性魅力的外表为她加分不少。

懂物理学的人都知道，磁极是"同性相斥，异性相吸"，其实人与人之间也与之类似，否则"男女搭配，干活不累"就不会广为流传了。在一男一女的社交场合中，男性常常想表现出举止潇洒、气度不凡、才华横溢、谈吐幽雅、妙语连珠，这样很容易唤起女性的好感。当然，男性在这种社交场合中，想取悦对方从而得点好处常常不是本意，而是一种潜在的心理意识。所以，当男人与女人单独交往时，沉默寡言的男性会表现得谈吐自如、滔滔不绝；胆小懦弱的男性会变得勇猛异常；粗俗野蛮的男性会变得儒雅温存。这种异性之间在交往中表现出的超出正常的热情，可以促进事情成功的效应，是异性效应中的正效应。

这种异性正效应，在青年男女身上表现得更为强烈。这是因为青年人随着身心发育的成熟，正处于对异性的亲近、爱慕和追求期，常常会不由自主地将注意力移到异性方面。他们在情感上渴望与异性交流，以发现自我、完善自我和理解别人，从而体验到深深的情感依恋，渴望得到异性的肯定以增加自信心。

在男性的潜意识中，愿世上只有自己是男性，世上所有的女性都钟情于自己。所以，当男性听说某位女性，尤其是漂亮的女性有了男朋友或结了婚，常常会莫名其妙地产生一种失落感。在男性的社交中，如对方是一对情侣，那么他对那位女性的热情和帮助将会锐减，他会自觉不自觉地让那位男性难堪。而那位男性在情侣面前要极力维护自己的尊严和在情侣心目中的地位，这时两位男性很容易发生冲突。因此，对于一对情侣来说，在某些社交场合最好分开。

在交往中，异性效应常常不像上面所说的那样直露，甚至有时会恰恰相反。如：一位男人在择偶中屡受挫折，他可能对女性有种憎恨的心，所以在他与异性交往中便不会产生异性效应的正效应，甚至还会产生负效应。但是，总而言之，交往中异性效应是比较普遍存在的。在日常交往中，如果你想让男人"听话"，不妨利用一下这种"异性效应"。

揣摩男人的心思，把话说进心窝

实际上，男人是一种很容易听女人话的动物，尤其是陌生的男人，由于他们对你也同样陌生，出于礼貌一般不会直接拒绝你。但是，如果你不能把话说进他们的心窝，很快便会遭到拒绝了。

想要把话说到男人心窝里，就需要一些小技巧了。你可以通过他们在无意中显示出来的态度了解其心理，从而进行有针对的谈话。例如，对方抱着胳膊，表示在思考问题；抱着头，表明一筹莫展；低头走路、步履沉重，说明他心灰气馁；昂首挺胸，高声交谈，是自信的流露；抖动双腿常常是内心不安、苦思对策的举动；若是轻微颤动，就可能是心情悠闲的表现，等等。了解了男人在当下的这些心理，你就会很容易抓住他们的要害，让他们完全听命于你。

当然，对男人的了解还不能停留在静观默察上，还应主动侦察，采用一定的侦察对策，去激发对方的情绪，才能够迅速准确地把握对方的思想脉络和动态，从而顺其思路进行引导，这样的会谈会更易于成功。

面对陌生的男人，谈话需要考虑以下几个方面：

1. 年龄差异

对年轻人应采用煽动的语言；对中年人应讲明利害，供他们斟酌；对老年人应以商量的口吻，尽量表示尊重的态度。

2. 地域差异

生活在不同地域的人，所采用的劝说方式也应有所差别。如对我国北方人，可采用粗犷的态度；对南方人，则应细腻一些。

3. 职业差异

要运用与对方所掌握的专业知识关联较紧密的语言与之交谈，对方对你的信任感就会大大增强。

4. 性格差异

若对方性格豪爽，便可单刀直入；若对方性格迟缓，则要"慢工出细活"；若对方生性多疑，切忌处处表白，应不动声色，使其疑惑自消，等等。

5. 文化程度差异

一般来说，对文化程度低的人所采用的方法应简单明确，多使用一些具体数字和例子；对于文化程度高的人，则可采用抽象说理方法。

6. 兴趣爱好差异

凡是有兴趣爱好的人，当你谈起有关他的爱好这方面的事情来，对方都会兴致盎然。同时，对你无形中也会产生好感，为你找人办事儿打下良好的基础。

女人提出的问题要回答到点子上

出于女性心思细腻而又多疑的天性，通常女性恋爱后会有很多"突发奇想"，会提很多魔鬼问题，一旦男人答不到点子上，每一个问题都有可能成为感情爆炸的引线，引起很多无谓的争执。

俗话说："女人的心，海底的针。"这句话形象地说明了女人的心思难以捉摸。又有言："言为心声。"女人既然想了，自然会说；既然心思难以捉摸，说出的话就不会太容易回答。

男人应该使用什么样的对策来"接招"呢？

1. "你在想什么？"

这个问题恰当的回答当然应该是："对不起，亲爱的，沉思使我冷落了你！不过我在想，遇见你是多么幸运，你那么温柔、漂亮、聪明。"显然，这种表白跟实际所想的问题风马牛不相及，不过若能博爱人一笑，又未尝不可。然而，SASSY杂志从读者提供的众多回答中为我们评出了另一种更切实际的说法，它是艾尔·邦迪对妻子派格的回答："我会告诉你，而不是思考。"

2. "你爱我吗？"

最好的回答是："是的。"若想更进一步地表示，你可以说："是，亲爱的。"

错误的表述包括：

（1）"我想是吧！"

（2）"如果我回答是，你会感觉好点吗？"

（3）"这取决于你所说的'爱'是指哪方面。"

（4）"这有什么关系吗？"

（5）"谁？我？"

3. "工作和我，哪个更重要？"

一个人的生活有许多方面。对男性来说，工作和妻子属于不同的生活层次，对属于不同生活层面的事物，实在是很难进行比较的。

女性也并非不懂这层道理，但她还是要问。与其说她是在探测男子的选择意向，不如说是向男子提出抗议，你对我不够好。

最好的处理方法就是："正因为你对我很重要，所以我更要发奋地工作，开创我们美好的未来。"这种模棱两可的话既避开了她的锋芒所指，同时也是在暗示她：我无法决定到底哪一样比较重要。这是一种很聪明的处理方法。

错误的表述是：

（1）"两个都重要。"

（2）"很难选择。"

（3）"我很需要你，但也不能放下工作。"

（4）"工作是根本。"

（5）"你希望我选哪一个？"

4."我看起来身材不好吗？"

男人回答这个问题时应该是肯定且断然地说："好，当然好！"然后迅速扭转话题。或者可以说："我觉得你很美，而且我喜欢这样的你。"然后给她一个拥抱。

错误回答包括：

（1）"我不会说你不好，但也不会说你好。"

（2）"跟什么相比？"

（3）"你稍微胖点儿好看。"

（4）"比你胖的人我见得多了。"

（5）"你说什么？再重复一遍好吗？我刚才在想其他的事儿。"

（6）"是啊，你是没有模特儿的身材，可是模特儿都是饿出来的。"

（7）"你不需要这么苛求自己，我不在乎你的身材。"

5."你认为她比我漂亮吗？"

这里的"她"可能是你的前女朋友、一位你行了多个注目礼的过路女孩或电影里的女明星，无论哪种场合，最好的反应是："不。你比她美多了。"

会引起女性不满的回答包括：

（1）"不比你漂亮，她的漂亮属于另外一种。"

（2）"我不知道评判的标准是什么。"

（3）"是的，但你比她的性格好。"

（4）"她只是比你年轻、苗条。"

（5）"你说什么？我刚才想其他的事情去了。"

恋爱中的女性喜欢得到重视，或者担心自己的地位不够高，还有一些女性会在感情冲动难以自制或有气无处可泄的时候，提出这种胡搅蛮缠的问题。这时你想指出问题本身所固有的矛盾，让她知道此问题没有正确的答案可言，似乎是件不大可能的事。最明智的方法就是顺着她的意思，以满足她的虚荣心为原则来作出回答。

女人冷淡时，你要猛攻

聪明的男人必须要懂得，恋爱的诀窍在于"猛攻"。只要把握时机，果断地发动强劲的攻势，女人必定招架不住而向你屈服。

曾经有一个男人爱上了一个女人，他觉得她无论容貌还是人品都是上等的，她正是他所要找的梦中情人。于是，他就对她展开了猛攻。比如，约她出来吃饭，送她玫瑰花，等等。当然，这些都被她拒绝了，因为她觉得他不是自己要找的理想对象。

后来，女人找到了她要找的恋人，就更不用正眼瞧男人了。可是，这个男人还是没有灰心，他给女人的恋人写恐吓信。结果，女人的恋人怕被人杀害就离开了女人。女人伤心极了，就跑到公安局去报警，男人被判了刑。可男人不恨女人，仍继续关心着女人。当公安局来带人的时候，女人却后悔了。她心想：他其实也挺优秀的，如果错过了他，也许就再也找不到对自己这么好的男人了。于是，女人撤销了起诉，接受了男人的爱。

正如有人所形容的那样："恋爱就像跷跷板，男人热时女人冷，男的死心，女的就积极，又仿佛是海边与浪嬉戏的少女。"所以，在男人巨浪般的冲击下，女人爱情力学上的平衡就会遭到破坏，致使女人心理动荡不定。

女人对这种攻势是气愤的，甚至她会发出歇斯底里："没皮没脸的，真叫人讨厌！"然而，在对方一再强攻之下，她又会想：这家伙还真有点儿毅力，真拿他没办法，也许是真的爱我爱得很深！

如果男人再来上那么几句："没有了你，我将……"那一定更加激发起她的"自我崇拜欲"，满足她的"被虐待狂心理"，到了这个时候，你说她怎么能不举手投降呢？

说得明白些，女人之所以经不住男人的猛攻，与其说是由于爱，还不如说是由于她们喜欢被爱。塞万提斯曾借堂·吉诃德的口说过这样的话："露骨地求爱，在女人看来未必不是件愉快的事。并且，不论这个女人多么冷淡，即使嘴上说着讨厌得要死，也会在心底深处留下对爱她的人的疼惜。"

另外，圣·西尔也说过："不顾一切向女人发动进攻的男人，只有在他没有付诸实施或半途而废的时候，才会被认为是没有价值的男人。"

听了这些话，也许给男人增添了不少的勇气吧！但是，在这里还是要给你一个忠告：如果仅仅作为手段，一意孤行，也是不妥当的。心理学家海伦·德伊琪说："女人是天生的被虐待者。"然而，这有一个限度，如果你偏信了这种说法，以为女人口头上说讨厌，内心是在高兴，而以虐待狂的方式向女人发动猛攻的话，那势必要栽跟头，因为女人的心理并不至于达到这种懦弱的地步。

第四章
与陌生人也能一见如故

巧说第一句话，陌生人也能一见如故

与陌生人打交道，说好第一句话，就会给对方留下好印象，从而带动对方的谈话欲望，这样，就能打开对方的话匣子，谈话便会自然而然地顺利进行下去。

与陌生人打交道，谁都会存有一定的戒心，这是初次交往的一种障碍。而初次交往的成败，关键要看如何冲破这道障碍。如果你用第一句话吸引对方，或是讲对方比较了解的事，那么，第一次谈话就不仅仅是形式上的客套了。如果运用得巧妙，双方会因此打成一片，变得容易相处了。

比如，在一个严冬的夜晚，你与一位陌生人见面，"今晚好冷"这句话自然会成为你们之间所使用的开场白。单纯地使用它，虽然也能彼此引出一些话来，但这些话也可能对彼此无关紧要，这样，再深一步的交谈也就困难了。但是，如果你这样说："哦，今晚好冷！像我这种在南方长大的人，尽管在这里住了几年，但对这种天气还是难以适应。"如果对方也是在南方长大的，就会引起共鸣，接着你的话头说出一些有关的事。如果对方是在北方长大的，他也会因为你在谈话中提到了自己的故乡在南方，而对你的一些情况产生兴趣，有了想进一步了解你的欲望，这样就可以把交谈引向深入。而且把自我介绍与谈话有机地结合，也不致令人觉得牵强、不自在。人们在不知不觉之中，就放弃了戒备的心理，从而产生了"亲切感"。

有的人采用一种很自然的、叙述型的谈话开头，也能给人一种亲切感，同时还能让人想继续向他询问一些细节。

说第一句话的原则是：亲热、贴心、消除陌生感。总结起来常见的有这么三种方式：

1. 攀认式

赤壁之战中，鲁肃见诸葛亮的第一句话是："我，子瑜友也。"子瑜，就是诸葛亮的哥哥诸葛瑾，他是鲁肃的挚友。短短的一句话就定下了鲁肃跟诸葛亮之间的交情。其实，任何两个人，只要彼此留意，就不难发现双方有着这样或那样的"亲"、"友"

关系。

例如，"你是 ×× 大学毕业生，我曾在 ×× 进修过两年。说起来，我们还是校友呢！"

"您来自苏州，我出生在无锡，两地近在咫尺，今天得遇同乡，令人欣慰！"

2. 敬慕式

对初次见面者表示敬重、仰慕，这是热情有礼的表现。用这种方式必须注意：要掌握分寸，恰到好处，不能胡乱吹捧，不要说"久闻大名，如雷贯耳"之类的过头话。表示敬慕的内容也应该因时因地而异。

例如，"您的大作《教你能说会道》我读过多遍，受益匪浅。想不到今天竟能在这里一睹作者风采！""桂林山水甲天下。我很高兴能在这里见到您这位著名的山水画家！"

3. 问候式

"您好"是向对方问候致意的常用语。如能因对象、时间的不同而使用不同的问候语，效果则更好。对德高望重的长者，宜说"您老人家好"，以示敬意；对年龄跟自己相仿者，称"老 ×（姓），您好"，显得亲切；对方是医生、教师，说"李医师，您好""王老师，您好"，有尊重意味。节日期间，说"节日好""新年好"，给人以祝贺之感。早晨说"您早""早上好"则比"您好"更得体。

说好了第一句话，仅仅是良好的开端。要想谈得有味，谈得投机，你还得在谈话的过程中寻找新的共同感兴趣的话题，这样才能吸引对方，使谈话顺利地进行下去。

精彩地说出自己的名字

在向陌生人作自我介绍时，首先要做的就是自报姓名，但许多人在这方面却做得不太好，在介绍时只是简单地报出自己的姓名："我姓 ×，叫 ××。"自以为介绍已经完成，然而这样的介绍肯定算不上有技巧，也许只过了三五分钟，别人已经把他的姓名忘得一干二净，这样也就无法给别人留下深刻的第一印象。

一个人的姓名，往往拥有丰富的文化积淀，或折射凝重的史实，或反映时代的乐章，或寄寓双亲对子女的殷切厚望。因此，推衍姓名能令人对你印象深刻，有时也会令人动情。

1. 利用名人式

在新同事见面会上，代玉作自我介绍时说："大家都很熟悉《红楼梦》里多愁善感的林黛玉吧，那么就请记住我，我叫代玉。"

再如王琳霞："我叫王琳霞，和世界冠军王军霞只差一个字，所以，每次王军霞获得世界冠军时，我也十分激动。"

利用和名人的名字相近的方式来介绍自己的名字，关键是所选的名人是大家都知道的，否则就收不到效果。

2. 自嘲式

如刘美丽介绍自己时说："不知道父母为何给我取美丽这个名字。我没有标准的身高，也没有苗条的身材，更没有漂亮的脸蛋，这大概是父母希望我虽然外表不美丽，但不要放弃对一切美丽事物的追求吧。"

3. 自夸式

如李小华介绍自己时说："我叫李小华，木子李，大小的小，中华的华。都是几个没有任何偏旁的最简单的字，就如我本人，简简单单、快快乐乐。但简单不等于没有追求，相反，我是一个有理想并执著的人，在追求理想的路上我快乐地生活着。"

4. 联想式

如一个同学叫萧信飞，他便这样做自我介绍："我姓萧，叫萧信飞。萧何的萧，韩信的信，岳飞的飞。"绝大多数人对"萧何月下追韩信"的典故和民族英雄岳飞都很熟悉，这样一来，大家对他的名字当然印象深刻了。

5. 姓名来源式

如陈子健："我还未出生，名字就在我父亲的心中了。因为他很喜欢这样一句古语'天行健，君子以自强不息'，于是毫不犹豫地给我取了这个名字，同时希望我像君子一样自强不息。"

6. 望文生义式

如秦国生："我出生在陕西，我叫秦国生。"

与其他方法相比，望文生义法有更大的发挥余地，例如下面的几例：

夏琼——夏天的海南，风光无限。

杨帆——一帆风顺，扬帆远航。

皓波——银色的月光照在水波上。

秀惠——秀外慧中，并非虚有其表。

7. 理想式

如向红梅："我向往像红梅一样不畏严寒，坚强刚毅，在各种环境中都要努力上进，尤其是在艰苦的环境里，更要绽放出生命的美丽。"

8. 释词式

即从姓名本身进行解释。如朱红："朱是红色的意思，红也是红色的意思，合起来还是红色。红色总给人热情、上进、富有生命力的感觉，这就是我的颜色！"

9. 利用谐音式

如朱伟慧："我的名字读起来像'居委会'，正因为如此，大家尽可以把我当成居委会，有困难的时候来反映反映，本居委会力争为大家解决。"

10. 调换词序式

如周非："把'非洲'倒过来读就是我的名字——周非。"

11. 激励式

如展鹏在新生见面会上说："同学们，我们从五湖四海来到这里，为了什么？不就是为了好好学习，今后在社会这片广阔的天空中大鹏展翅，自由翱翔吗？"

12. 摘引式

如任丽群："大家都知道'鹤立（丽）鸡群'这个成语，我是人（任），更希望出类拔萃，所以，我叫任丽群。"

总之，自我介绍是有很大发挥空间的，我们应该想方设法把它丰富起来，不要放过任何一个吸引人注意的机会。

把握好开头的五分钟，攀谈就会自然而然

人们第一次相遇，需要多少时间决定他们能否成为朋友？美国伦纳德·朱尼博士在所著的一本书中说："交际的点，就在于他们相互接触的第一个五分钟。"朱尼博士认为：人们接触的第一个五分钟主要是交谈。在交谈中，你要对所接触的对象谈的任何事都感兴趣。无论他从事什么职业，讲什么语言，以什么样的方式，对他说的话都要耐心倾听。如果你这样做了，你会觉得整个世界充满无比的情趣，你将交到无数的朋友。

而许多人同陌生人说话都会感到拘谨。建议你先考虑一个问题，为什么你跟老朋友谈话不会感到困难？很简单，因为你们相当熟悉。相互了解的人在一起，就会感到自然协调。而对陌生人却一无所知，特别是进入了充满陌生人的环境，有些人甚至怀有不自在和恐惧的心理。你要设法把陌生人变成老朋友，首先要在心目中建立一种乐于与人交朋友的愿望，心里有这种要求，才能有行动。

以到一个陌生人家去拜访为例：如果有条件，首先应当对要拜访的客人作些了解，探知对方一些情况，关于他的职业、兴趣、性格之类。

当你走进陌生人住所时，你可凭借你的观察力，看看墙上挂的是什么？国画、摄影作品、乐器……都可以推断主人的兴趣所在，甚至室内某些物品都会牵引出一段故事。如果你把它当做一个线索，就可以由浅入深地了解主人心灵的某个侧面。当你抓到一些线索后，就不难找到开场白。

如果你不是要见一个陌生人，而是参加一个充满陌生人的聚会，观察也是必不可少的。你不妨先坐在一旁，耳听眼看，根据了解的情况，决定你可以接近的对象，一旦选定，不妨走上前去向他作自我介绍，特别对那些同你一样，在聚会中没有熟人的陌生者，你的主动行为是会受到欢迎的。

应当注意的是，有些人你虽然不喜欢，但必须学会与他们谈话。当然，人都有以自我兴趣为中心的习惯，如果你对自己不感兴趣的人不瞥一眼，一句话都不说，恐怕也不是件好事。别人会认为你很骄傲，甚至有些人会把这种冷落当做侮辱，从而产生隔阂。和自己不喜欢的人谈话时，第一要有礼貌；第二不要谈论有关双方私人的事，这是为了使双方自然地保持适当的距离，一旦你愿意和他结交，就要一步一步设法缩小这种距离，使双方容易接近。

在你决定和某个陌生人谈话时，不妨先介绍自己，给对方一个接近的线索，你不一定先介绍自己的姓名，因为这样人家可能会感到唐突。不妨先说说自己的工作单位，也可问问对方的工作单位。一般情况，你先说说自己的情况，人家也会相应告诉你他的有关情况。

接着，你可以问一些有关他本人的而又不属于秘密的问题。对方有一定年纪的，你可以向他问子女在哪里读书，也可以问问对方单位一般的业务情况。对方谈了之后，你也应该顺便谈谈自己的相应情况，才能达到交流的目的。

和陌生人谈话，要比对老朋友更加留心，因为你对他所知有限，更应当重视已经得到的任何线索。此外，他的声调、眼神和回答问题的方式，都可以揣摩一下，以决定下一步是否能纵深发展。

有人认为见面谈谈天气是无聊的事。其实，这要具体问题具体分析。如果一个人说："这几天的雨下得真好，否则田里的稻苗就旱死了。"而另一个则说："这几天的雨下得真糟，我们的旅行计划全给泡汤了。"你不是也可以从这两句话中分析两人的兴趣、性格吗？退一步说，光是敷衍性的话，在熟人中意义不大，但对与陌生人的交往还是有作用的。

如遇到那种比你更羞怯的人，你更应该跟他先谈些无关紧要的事，让他心情放松，以激起他谈话的兴趣。和陌生人谈话的开场白结束之后，特别要注意话题的选择。那些容易引起争论的话题，要尽量避免，为此当你选择某种话题时，要特别留心对方的眼神和小动作，一发现对方厌倦、冷淡的情绪时，应立即转换话题。

在与人聚会时，常常会碰到请教姓名的事，"请问你尊姓大名"。你要牢牢记住对方的姓名，对方说出姓名之后，你应立即用这个名字来称呼他，当你碰到一个可能已经忘记了的人，你可以表示抱歉，"对不起，不知怎么称呼您？"也可以说半句"您是——""我们好像——"，意思是想请对方主动补充回答，如果对方老练他会自然地接下去。

顺利地与陌生人开始攀谈，给人一个好印象，积累人脉资源为你所用。学会和陌生人攀谈，谁都可能成为你的朋友。

微笑，赢得他人好感的法宝

微笑是人际交往的通行证，是打开每个心门的钥匙。在与人交流中，主动报以微笑能迅速拉近彼此心与心的距离，赢得他人好感。

飞机起飞前，一位乘客请求空姐给他倒一杯水服药。空姐很有礼貌地说："先生，为了您的安全，请稍等片刻，等飞机进入平稳飞行状态后，我会立刻把水给您送过来，好吗？"十五分钟后，飞机早已进入平稳飞行状态。突然，乘客服务铃急促地响了起来，空姐猛然意识到：糟了，由于太忙，忘记给那位乘客倒水了。空姐来到客舱，看见按响服务铃的果然是刚才那位乘客。她小心翼翼地把水送到那位乘客跟前，面带微笑地说："先生，实在对不起，由于我的疏忽，延误了您吃药的时间，我感到非常抱歉。"这位乘客抬起左手，指着手表说道："怎么回事，有你这样服务的吗？"无论她怎么解释，这位挑剔的乘客都不肯原谅她的疏忽。

在接下来的飞行途中，为了补偿自己的过失，每次去客舱为乘客服务时，空姐都会特意走到那位乘客面前，面带微笑地询问他是否需要帮助。然而，那位乘客余怒未消，摆出一副不合作的样子。

临到目的地前，那位乘客要求空姐把留言本给他送过去。很显然，他要投诉这名空姐。飞机安全降落。所有的乘客陆续离开后，空姐紧张极了，以为这下完了。没想到，她打开留言本，却惊奇地发现，那位乘客在留言本上写下的并不是投诉，相反却是一封热情洋溢的表扬信："在整个过程中，你表现出的真诚的歉意，特别是你的十二次微笑，深深打动了我，使我最终决定将投诉信写成表扬信。你的服务质量很高，下次如果有机会，我还将乘坐你们这趟航班。"空姐看完信，激动得热泪盈眶。

在人际交往中，我们要赢得他人的好感，必须要学会微笑，像故事中的那位空姐一样，用自己迷人的微笑来赢得他人的好感。微笑就像温暖人们心田的太阳，没有一块冰不会被融化。要带着真心、诚心、善心、爱心、关心、平常心、宽容心去微笑，别人就会感受到你的心意，被你这份心感动。微笑可以使你摆脱窘境，化解人们彼此的误会，可以体现你的自信和大度。

在现实生活中，微笑能化解一切冰冷的东西，容易获得他人的好感。比如朋友、同事之间的吵架、误解，家人、邻居之间的矛盾，恋人、兄弟之间的隔阂等，都可以一笑了之，一笑泯恩仇。所以人际交往中，不管是遇到什么困难，不管遇到多么尴尬的事情，要常常告诉自己要微笑，没有什么事情不能用微笑化解的，只要你是真心的！

俗话说，"伸手不打笑脸人"，微笑能够化解矛盾和尴尬，取得意想不到的效果。微笑是人与人之间最短的距离，纵使再远的时空阻隔，只要一个微笑就能拉近彼此的心灵距离。当别人取笑你时，用微笑还击他，笑他的无知；当别人对方愤怒时，用微笑融化他，他会知道自己是在无理取闹；当彼此发生误解，争执不休时，用微笑打破僵局，你会发现事情其实并没有你们想象的那么复杂和严重……

微笑是人际交往的通行证，没有一个人不喜欢和微笑的人打交道！

制造戏剧性，与众不同地吸引他人注意

千篇一律的东西容易让人感到乏味。人与人打交道也是这样，普通的人总是容易被忽视。不妨用些小技巧，制造一些戏剧性的效果，以引起别人的注意。

公元前140年，汉武帝刘彻登基做了皇帝，征召天下各地贤良人士。于是，全国各地的读书人纷纷涌进长安城上书应征，一时间长安城人满为患。当时写作使用竹简，刘彻翻阅了堆积如山的竹简，但只有一篇自荐书深深打动了他，获得了御笔亲点的唯一名额。此人便是后来著名的"智圣"东方朔。靠着一封自荐书，东方朔成为唯一的幸运儿，从此开始汗青留名的生涯。

那封让东方朔在万人之中脱颖而出的自荐书是这样写的："我东方朔少年时就失去了父母，依靠兄嫂的抚养长大成人。我13岁才读书，勤学刻苦，3个冬天读的文史书籍已够用了。15岁学击剑，16岁学《诗》《书》，读了22万字。19岁学孙吴兵法和战阵的摆布，懂得各种兵器的用法以及作战时士兵进退的钲鼓。这方面的书也读了22万字，总共44万字。我钦佩子路的豪言。如今我已22岁，身高9尺3寸。双目炯炯有神，像明亮的珠子，牙齿洁白整齐得像编排

的贝壳，勇敢像孟贲，敏捷像庆忌，廉俭像鲍叔，信义像尾生。我就是这样的人，够得上做天子的大臣吧！臣朔冒了死罪，再拜向上奏告。"

东方朔这番"个人简历"，《史记》评之为"文辞不逊，高自称誉"。不过，他出奇制胜，先声夺人，一下让汉武帝记住了他。不过汉武帝还是很有分寸，毕竟这只是"高自称誉"的小打小闹，没有任何治国之道。

汉武帝虽然用了东方朔，但只让他做了个管公车的小官，平日很难见到皇帝更不用说得到皇帝的重用，而且一天领取的钱米只够一宿和三餐。

东方朔思来想去，决定从给皇上喂御马的"弼马温"入手。一日，他借机向那班侏儒恐吓道："你们死在眼前了，还不知道吗？"侏儒们惊问为什么。东方朔又说道："我听说朝廷召入你们这些侏儒，名为侍奉天子，实际上是设法除掉你们。因为你们既不能当官，又不能种田，也不能当兵打仗，对国家毫无用处，还要消耗粮食和衣物，还不如处死了好，可以省得许多费用。主要是怕杀你们没有借口，所以骗你们进来，暗地里加刑。"侏儒们听了这话，个个吓得要死。东方朔又假装劝他们说道："你们按我的计去做可以免去一死。"侏儒们忙问有何妙计，东方朔说道："你们必须等到皇帝出来时，叩头请罪，如果天子问你们何事请罪，可推到我东方朔身上，包管无事。"

侏儒们信以为真，随后天天到宫门外等候，好容易等到皇帝出来，便一齐到车驾前，跪伏叩头、泣请死罪。武帝莫名其妙，惊问是何原因？众侏儒齐声说道："东方朔传言，臣等将尽受天诛，故来请死。"武帝道："朕并无此意，你们先退下，待朕问明东方朔便知道了。"

众侏儒拜谢而去，武帝即命人召见东方朔。东方朔正愁没有机会见到武帝，因此特设此计，既听到召令，立即欣然赶来。武帝忙问道："你敢造谣惑众，难道目无王法么？"东方朔跪下答道："臣东方朔生固欲言。死亦欲言，侏儒身长只有三尺多，每次领一份食物及钱二百四十文。臣东方朔身长九尺多，也是只得同样食物一份及钱二百四十文，侏儒吃不完用不完，臣东方朔饿得要死。臣以为陛下求才，可用即用，不可用应该放我归家，省得在城里吃不饱穿不暖的，反正难免一死！"武帝听了，不禁大笑，随后任命他为待诏金马门，这样离皇帝更近了。

东方朔就是这样另辟蹊径，不按常规出牌，在处理事情上善于用一些可以产生戏剧性效果的方式，来引起皇上的注意，博得皇上的好感，可谓是效果显著。

今天，我们不妨效仿一下这位"东方智圣"，换一种思维方式，不随波逐流，能够多运用智慧、幽默等制造出一些特别的效果来，定会为你的人际交往增色不少。

不过，在应用的时候，也要注意切不可弄巧成拙。

渲染氛围，增强自己的吸引力

生活中，无论是吃饭，还是学习，大家总喜欢说："要有氛围！"没错，氛围真的很重要，尤其在与人交往的时候，如果渲染得当，可以大大增强你的吸引力。不信吗？那不妨来看一看下面的例子吧！

为了丰富学生的课余生活，某大学专门邀请一位著名教授举办了一个讲座，但由于临时改变地点，时间仓促，又来不及通知，结果到场的人很少。教授到了会场才发现只有十几个人参加。

他有点尴尬，但不讲又不行，于是他随机应变，说："会议的成功不在人多人少，中共第一次党代会才到了12人，但意义非同小可。今天到会的都是精英，我因此更要把课讲好。"

这句话把大家逗得开怀大笑。这一笑，活跃了气氛，再加上教授讲课充满激情，使得那一次讲座非常成功。

人际交往就如同舞台上的演出，为了演出的成功，不仅需要很好的台词、演技，还需要一种看不见、摸不着，却必不可少的氛围，就像电影中要有背景音乐来渲染气氛。在人际交往的场合，也往往需要营造点氛围，好像交际的润滑剂，使交际能顺利地进行下去。

在交际活动中，如果把交际桌看成是会议桌，气氛就很难营造起来，也无法让对方投入。想让对方投入，一半要靠自己的带动。有一种生意人，他们可以在会议桌上非常严肃、非常理智，然而，一旦到了社交场合，却又放得很开，与人斗酒、唱卡拉OK、开各式各样的玩笑，一副百无禁忌的样子。这么做事实上也是为了营造交际气氛。

在日常生活中，个人的情绪体验是受多种因素影响的，如光线、气温、噪声以及卫生条件等都会左右我们的情绪，而这些情绪反应又影响到人际吸引力。国外一项实验研究就证明了不同的音乐背景对人际吸引力的影响。他们以女大学生为例，首先测定她们最喜欢和最不喜欢的音乐，然后请她们评定一些陌生男性的照片，在评定过程中播放不同的背景音乐作为衬托。结果发现，当碰到她们喜欢的音乐作为背景时，对照片中的人物评价较高；当用她们不喜欢的音乐作为评价背景时，对照片中的人物的评价往往较低；而在没有音乐背景配合时，评价介于上述两种情况之间。

个体的体验不仅受物理环境的影响，同时还受个人的知识、经验、个性等因素的影响，带有强烈的个人主观色彩。在人际交往中，我们应当看到个体的主观体验会影响我们对一个人的评价。当我们作为社交活动的组织者或主导的一方时，应当注意环境布置的细节问题，使客人们能在清洁舒适、平等友好的场合中畅所欲言。同时，在具体的交往场合中，我们自己又要发挥理智的、能动的调节作用，尽量客观地评价交往对象，不要受环境氛围的困扰和迷惑。

在和谐、融洽的交际氛围中，在平等、自由等具有安全感的人际情境中，我们更愿意进行主动的交流与沟通。因而在人际交往时，我们要善于通过环境、幽默的言谈等营造良好的交际氛围，以增加吸引力。

接触多一点，陌生自能变熟悉

俗话说："远亲不如近邻。"这是因为在生活中人们和自己的邻居总是"抬头不见低头见"，接触较多，而和自己的远亲一年里也难得见上几回面，甚至几年也难得见一回面，接触较少。在危难时刻，更是"远水救不了近火"，因此，人们对自己身边的"近邻"总是亲切有加，维持着良好的关系。

由此得之，在交际场上，要想迅速引起对方的注意，并进一步赢得对方的好感和信任，不妨选择做他的"近邻"，多和对方接触，缩短和对方之间的空间距离和心灵距离，从而拉近彼此的关系。

黎雪经营一家广告公司，她打听到国内一家知名企业打算为新产品作广告宣传，就努力争取这笔生意。但他们公司是家新公司，在业内没有什么名气，被拒绝了。

黎雪十分气馁，好友为了安慰她，特意邀请她前去自己的新居吃饭。到了楼下，她进了电梯，正要关电梯时，一个人急匆匆地赶了过来。黎雪不经意地看了那人一眼，暗暗惊喜。原来这人正是那家知名企业的宣传部主管，要是能和他拉拢关系，还是有望赢得这次机会的。更巧的是，这位主管居然和好友住对门，黎雪不由心生一计，主动和那位主管搭讪："你好，我是住在你家对门的黎雪，还请多多指教。"

随后，黎雪暂时住在了好友家里，经常制造电梯偶遇的机会。眼看时机成熟，黎雪选在某次那位主管单独进电梯时，刻意抱了一大堆的资料，急匆匆地跑进电梯。一不小心，资料洒了一地，都是黎雪公司精心制作的一些广告作品文本册。主管帮忙捡拾起来，并对这些广告作品十分感兴趣，打听是哪家广告公司的作品。黎雪一脸谦虚："这是我们公司的作品，做得不好，还请多多指教。"

不久，黎雪公司的广告策划案被那位主管推荐给公司，并最终被选中了。

黎雪正是懂得利用邻近心理，多次制造偶遇，增加和那位主管的接触，才能借机毛遂自荐，赢得那笔生意。

在交际应酬中，要想赢得别人的好感和信任，就得让别人注意到你，在彼此频繁的接触中由陌生变熟识。一般来说，接触次数越多，心理上的距离越近，越容易建立友谊，赢得好人缘也指日可待。

寻找与陌生人的共同兴趣，激发对方的情绪

事前规划，可事半功倍。与陌生人交往之前，要尽量对对方的职业、性格、兴趣等有一个比较全面的了解，这样在交往过程中你就能做到有的放矢。

清末，在大太监李莲英的保荐下，盛宣怀才受到权势显赫的醇亲王的接见，详细汇报有关电报的事宜。盛宣怀以前没有见过醇亲王，但与醇亲王的门客张师爷过从甚密，从他那里了解到了醇亲王两个方面的情况：

第一，醇亲王跟恭亲王不同，恭亲王认为中国要跟西洋学，醇亲王则不认为中国人比洋人差，自己的一套才是最好的。

第二，醇亲王虽然好武，但自认为书读得不少，颇具文人风范。

盛宣怀了解到这些情况后，就到身为帝师的工部尚书翁同和那里抄了些醇亲王的诗稿，背熟了好几首，以备不时之需。"文如其人"这句话一点都不错，盛宣怀还从醇亲王的诗中悟出了些醇亲王的心思。谒见之时，当他们谈到电报这一名词的时候，醇亲王问："那电报到底是怎么回事？""回王爷的话，电报本身并没有什么了不起，就是一个活用，所谓'运用之妙，存乎一心'，如此而已。"醇亲王听他能引用岳武穆的话，不免有所欢喜，随即问道："你也读兵书？""在王爷面前，怎么敢说读过兵书？不过英法内犯，皇帝大臣人人忧国忧民，那时如果不是王爷神武，力擒三凶，大局真不堪设想了。"盛宣怀略停了一下又说："那时有血气的人，谁不想洗雪国耻，宣怀也就是在那时候，自不量力，看过一两部兵书。"盛宣怀真是三句话不离醇亲王的"本行"，他接着又把电报的作用描绘得神乎其神，醇亲王也觉得飘飘然，觉得中国非办电报不可。后来醇亲王干脆把督办电报业的事托付给盛宣怀。

从上面这个例子我们明白，当你要特意去结识一位陌生人时，一定要多加准备，

将其当成你人生中的一个重要经历。你可以通过多种渠道事先了解对方的背景、经历、性格、喜恶，在对对方基本情况了如指掌的前提下，还要设想有可能出现的变故，做好以不变应万变的心理准备。求同存异，在交往中要尽力寻找双方在兴趣喜好等方面的共同点，以加深彼此交流。

"酒逢知己千杯少"，两个意气相投的人碰到一起，往往能产生相见恨晚的感觉，双方日后的交往也会变得如鱼得水。

用细微的动作拉近与陌生人的距离

与陌生人相处时，必须在缩短距离上下工夫，力求在短时间内了解得多些，在感情上融洽起来。孔子说："道不同，不相为谋。"志同道合，才能谈得拢。

我们在百货公司买衬衫或领带时，女店员总是会说："我替你量一下尺寸吧！"这是因为对方要替你量尺寸时，她的身体势必会接近过来，有时还接近到只有情侣之间才可能的极近距离，使得被接近者的心中涌起一种兴奋感。

每个人对自己身体周围，都会有一种势力范围的感觉，而靠近身体的势力范围内，通常只能允许亲近之人接近。如果一个人允许别人进入他的身体四周，就会有种已经承认和对方有亲近关系的错觉，这一原理对任何人来说都是相同的。

本来一对陌生的男女，只要能把手放在对方的肩膀上，心理的距离就会一下子缩短，有时瞬间就成为情侣的关系。推销员就常用这种方法，他们经常一边谈话，一边很自然地移动位置，跟顾客离得很近。

因此，只要你想及早造成亲密关系，就应制造出自然接近对方身体的机会。

有一场篮球比赛，一位教练要训斥一名犯了错的球员。他首先把球员叫到跟前，紧盯着他的眼，要这位年轻小伙子注意一些问题，训完之后，教练轻轻拍了拍球员的肩膀和屁股，把他送回到球场上。

教练这番举动，从心理学的观点来看，确实是深谙人心的高招：

第一，将选手叫到跟前。把对方摆在近距离前，两人之间的个人空间缩小，相对地增加对方的紧张感与压力。

第二，紧盯着对方的两眼。有研究表明，对孩子说故事时紧盯着他的眼，过后孩子能把故事牢牢记住。教练盯着球员的眼睛，要他注意，用意不外乎是使对方集中精神倾听训斥。否则球员眼神闪烁、心不在焉，很可能会把教练的训示全当成耳边风，毫不管用。

第三，轻拍球员身体，将其送回球场。实验显示，安排完全不相识的人碰面，见面时握了手和未曾握手，给人的感受大大不相同。握手的人给对方留下随和、诚恳、实在、值得信赖等良好印象，而且约有半数表示希望再见到这个人。另一方面，对于只是见面而没有肢体接触的人，则给人冷漠、专横、不诚实的负面评价。

正确接触对方身体的某些部位，是传达自己感情最贴切的沟通方式。如果教练只是责骂犯错的球员，会给对方留下"教练冷酷无情"的不快情绪。但是一经肢体接触之后，情形便可能大大改观，球员也许变得很能体谅教练的心情："教练虽然严厉，但终究是出于对我的一番好意！"

此外，与陌生人交谈，应态度谦和，有诚意，力求在缩短距离上下工夫，力求在短时间里了解得多一些。这样，感情就会渐渐融洽起来。我国有许多一见如故的美谈，许多朋友，都是由"生"变"故"和由远变近的，愿大家都多结善缘，广交朋友。善交朋友的人，会觉得四海之内皆朋友，面对任何人，都没有陌生感。这有不少方法：

1. 适时切入

看准情势，不放过应当说话的机会，适时插入交谈，适时的"自我表现"，能让对方充分了解自己。

交谈是双边活动，光了解对方，不让对方了解自己，同样难以深谈。陌生人如能从你"切入"式的谈话中获取教益，双方会更亲近。适时切入，能把你的知识主动有效地献给对方，实际上符合"互补"原则，奠定了"情投意合"的基础。

2. 借用媒介

寻找自己与陌生人之间的媒介物，以此找出共同语言，缩短双方距离。如见一位陌生人手里拿着一件什么东西，可问："这是什么……看来你在这方面一定是个行家。正巧我有个问题想向你请教。"对别人的一切显出浓厚兴趣，通过媒介物引发他们表露自我，交谈也能顺利进行。

3. 留有余地

留些空缺让对方接口，使对方感到双方的心是相通的，交谈是和谐的，进而缩短距离。因此和陌生人的交谈，千万不要把话讲完，把自己的观点讲死，而应是虚怀若谷，欢迎探讨。

不同的人、不同的心情，会有不同的需要。要想打动陌生人，就得不失时机地针对不同的需要，运用能立即奏效的心理战术。通过对方的眼神、姿势等来推测其当时的心思，再有效地运用，如拍肩、握手、拥抱等非语言沟通方式来传情达意，如果你懂得运用这些技巧，便能很快地拉近与陌生人的心理距离。

亲和力让你和别人一见如故

亲和力是一种难得的个人魅力，它能唤起人们的热爱之情，并使人们愿意与之交往。

林肯，这位美国历史上最伟大的总统之一，他的品行已成为后世的楷模，他是一位以亲切、宽容、悲天悯人著称的杰出领袖。而这一切成就，都与他的亲和力密不可分。

在林肯的故居里，挂着他的两张画像，一张有胡子，一张没有胡子。在画像旁边的墙上贴着一张纸，上面歪歪扭扭地写着：

亲爱的先生：

我是一个 11 岁的小女孩，非常希望您能当选美国总统，因此请您不要见怪我给您这样一位伟人写这封信。

如果您有一个和我一样的女儿，就请您代我向她问好。要是您不能给我回信，就请她给我写吧。我有四个哥哥，他们中有两人已决定投您的票。如果您能把胡子留起来，我就能让另外两个哥哥也选您。您的脸太瘦了，如果留起胡子就会更好看。所有女人都喜欢胡子，那时她们也会让她们的丈夫投您的票。这样，您一定会当选总统。

格雷西

1860 年 10 月 15 日

在收到小格雷西的信后，林肯立即回了一封信。

我亲爱的小妹妹：

收到你 15 日前的来信，非常高兴。我很难过，因为我没有女儿。我有三个儿子，一个 17 岁，一个 9 岁，一个 7 岁。我的家庭就是由他们和他们的妈妈组成的。关于胡子，我从来没有留过，如果我从现在起留胡子，你认为人们会不会觉得有点可笑？

忠实地祝愿你的亚·林肯

次年 2 月，当选的林肯在前往白宫就职途中，特地在小女孩的小城韦斯特菲尔德车站停了下来。他对欢迎的人群说，"这里有我的一个小朋友，我的胡子就是为她留的。如果她在这儿，我要和她谈谈。她叫格雷西。"这时，小格雷西跑到林肯面前，林肯把她抱了起来，亲吻她的面颊。小格雷西高兴地抚摸他又浓又密的胡子。林肯笑着对她说："你看，我让它为你长出来了。"

这就是林肯的亲和力。亲和力让人萌发亲近的愿望，亲和力使得即使是陌生人也会"一见如故"。人们总是喜爱与谦和、温良的人交往，而不会心甘情愿地将自己置于一个威严的人之下。

如何具有令人着迷的亲和力？这是芸芸众生所共求的一个目标。对此，千言万语只有一个关键，那就是对别人要有发自内心的兴趣。

社会上有许许多多的人，明显缺乏的便是这种对人的兴趣。其原因大多是他们在应酬人际关系的人生舞台上既不具备天生的人格魅力，又不去努力。

我们应当建立起对别人真诚的兴趣，明白我们应该怎么做，不能做什么，友好与人相处，就能发挥我们健全人格的威力，成为具有魅力的赢家。

对于你所欲左右的人，对于希望与你合作的人，对于你人脉圈子中的所有人，你务必获得他们的敬爱。而获得他们的敬爱，全凭你人格的魅力。要知道，一个浑身上下透出亲和力的人，与一个整天板着脸的严肃的人相比，绝大多数的人都会选择前者作为自己的交往对象。

幽默让对方向你靠近

幽默使生活充满了情趣，哪里有幽默，哪里就有活跃的氛围。

在人际交往中，幽默是心灵与心灵之间快乐的天使，拥有幽默就拥有爱和友谊。

一个秃头者，当别人称他"理发不花钱，洗头不费水"时，他当场变了脸，使原本比较轻松的环境变得紧张起来。一位演讲的教授，也是一个秃头，他在自我介绍时说："一位朋友称我聪明透顶，我含笑地回答：'你小看我了，我早就聪明绝顶了。'"然后他指了指自己的头说，"我今天演讲的题目是外表美是心灵美的反映。"教授就这样开始了自己的演讲，整个会场充满了活跃的气氛。

同样是秃头，同样容易受到别人的揶揄和嘲谑，为什么不同的人得到的却是别人不同的认可，其间的缘故就是没有幽默感。

幽默家兼钢琴家波奇，有一次在美国密歇根州的福林特城演奏，发现听众不到一半，他当然很失望也很难堪，但是他走向舞台时却说："福林特这个城市一定很有钱，我看到你们每个人都买了两三个座位的票。"于是整个大厅里充满了欢笑，波奇也以寥寥数语化解了尴尬的场面。

由此可见，幽默不仅反映出一个人随和的个性，还显示了一个人的聪明、智慧以及随机应变的能力。但需要注意的是，幽默既不是毫无意义的插科打诨，也不是没有分寸的卖关子、耍嘴皮。幽默要在入情入理之中，引人发笑，给人启迪。

生活中应用幽默，可缓解矛盾，调节情绪，促使心理处于相对平衡状态。著名的喜剧大师卓别林曾说："通过幽默，我们在貌似正常的现象中看出不正常的现象，在貌似重要的事物中看出不重要的事物。"

幽默并非天生就有，而是需要自己用心培养。那么，怎样培养幽默感呢？

1. 首先要领会幽默的真正含义

幽默不是油腔滑调，也非嘲笑或讽刺。正如有位名人所言：浮躁难以幽默，装腔作势难以幽默，钻牛角尖难以幽默，捉襟见肘难以幽默，迟钝笨拙难以幽默，只有从容、平等待人、超脱、游刃有余、聪明透彻，才能幽默。

2. 扩大知识面

幽默是一种智慧的表现，它必须建立在丰富的知识基础上。一个人只有具有审时度势的能力、广博的知识，才能做到谈资丰富，妙言成趣，从而作出恰当的比喻。因此要培养幽默感，必须广泛涉猎，充实自我，不断从浩如烟海的书籍中收集幽默的浪花，从名人趣事的精华中撷取幽默的宝石。

3. 陶冶情操

幽默是一种宽容精神的体现，要使自己学会幽默，就要学会宽容大度，克服斤斤计较，同时还要乐观。乐观与幽默是亲密的朋友，生活中如果多一点趣味和轻松，多一点笑容和游戏，多一份乐观与幽默，那么就没有克服不了的困难，也不会出现整天愁眉苦脸、忧心忡忡的痛苦者。

4. 培养敏锐的洞察力

提高观察事物的能力，培养机智、敏捷的能力是提高幽默的一个重要方面。只有迅速地捕捉事物的本质，以诙谐的语言作出恰当的比喻，才能使人们产生轻松的感觉。

当然，在幽默的同时还应注意，重大的原则总是不能马虎，不同问题要不同对待，在处理问题时要极具灵活性，做到幽默而不俗套，使幽默为人们的精神生活提供真正的养料。

陌生人会对自信的人产生好感

"有自信的人最美"是因为那种自信的容貌，会让人觉得充满希望，让人觉得活力十足、魅力万分。培养自信心，要从自己有兴趣的事情着手，多接触自己喜好的事物，这样自信自然而然就会产生了。

在人际关系上，不论在什么场合，初次见面时太过于热衷地争取某种事情时，只会使人们以为你是一个惯于使用手段的人，还是一个自以为聪明的人。其结果大都是聪明反被聪明误。

人们对于使用手段的人往往心存一道防线，并且本能地降低对对方的人格评价，怀疑他为人的诚实性，认为他心怀叵测，别有企图。

这种急于成功的人，其实还是对自己没有信心。他们害怕得不到别人的友情、喜欢、支持，害怕得不到自己所期望的东西。他们不敢告诉自己："对方是喜欢我的，支持我的。"甚至会不安地怀疑自己："对方是否讨厌我？"于是他们的这种想法传染给对方，却无意中流露出了自己没有信心的内心，对此，有心人是一目了然的。

所以初次见面时，不论是何种状况，要做到镇定，并善于用眼神表达自己的友善、关怀和愿望，这是一种自信的表现。说话时善用眼神接触，能带来认真、可靠的印象。一般人对于自信的人，都会另眼相看，并使人产生信赖的好感。如果你充满信心，对方会对你产生好感；如果你含含糊糊地进行自我介绍，流露出羞怯心理，会使对方感到你不能把握自己，以致对你有所保留。这样，彼此之间的沟通便有了阻隔。

有个求职者自我介绍道："俗话说'胆小不得将军做'，对此，我却不敢苟同，有例为证：汉代韩信为渡过险境，忍了街上小人的胯下之辱，可谓胆小，但是最终成了将军。本人素以胆小著称，却偏有鸿鹄之志，故斗胆前来应聘，我自信能够胜任酒店的这份工作。"言辞之间，充分展现了求职者的聪慧与自信，具有一定的吸引能力。

因此，任何时候都要相信自己，按照你的想法去开始吧！做事可以胆小，而做人只要堂堂正正，你就可以放开勇气面对，这是一种心态，这种心态决定了你的命运。大多数人往往会在不到一分钟内就对所遇的人迅速地作一个判断。你的命运也许在十五秒钟内就被决定了。

在交往应酬中如果你缺乏信心时，不妨也穿戴上最华贵的"服饰"，找出优点，那么你将不会因感到低人一等而自卑了。所以尽量找到自己的长处，即使是自认为不值一提的特长，利用自我扩大法，扩大成足以自豪的优点，借以缩短与对方的心理距离，这样就会增加自己的自信心。